제2판

재무관리

| 임석필 이춘범 김병모 공저 |

FINANCIAL MANAGEMENT

창 민 사

개정판 머리말

이 책의 개정판 작업에 참여할 수 있었던 것은 제게 큰 행운이었으며, 값진 배움의 시간이었습니다. 전작의 훌륭한 토대 위에 조금이나마 보탬이 될 수 있기를 바랍니다. 부족한 점이 있다면 모두 저의 책임입니다. 이 책이 독자 여러분의 학문적 성장과 실무적 도전에 작게나마 기여할 수 있기를 바랍니다. 출간에 도움을 주신 모든 분들과 이 책을 읽어주실 독자들께 깊이 감사드립니다.

2025년 1월
저자 드림

머리말

이 책은 저자가 사용해온 강의노트와 강의 경험을 바탕으로 작성되었다. 교재 저술에 있어서 가장 어려운 일은 책의 범위와 내용의 깊이를 정하는 것일 것이다. 대다수 학생들이 어려워하는 과목인 재무관리에서는 특히 그러할 것이다. 이 책을 저술하면서 기본원칙은 재무관리를 이해하는데 "넓고 깊지 않지만 다음 단계로 전진할 수 있는 발판"을 제공하는 책으로 정했다.

재무관리가 어려운 이유는 우선 경제학, 통계학 등 다양한 관련 학문에 대한 최소한의 이해는 물론 정치 · 사회적인 시대의 흐름에 대한 종합적인 이해가 필요하기 때문이다. 뿐만 아니라 끊임없이 혁신이 일어나고 있는 기업과 자본시장의 움직임을 교과서로 이해하기란 매우 어려운 일이다.

이러한 어려움을 극복하기 위해서는 기본적인 개념은 분명하게 이해하고 이를 기업과 자본시장에서 일어나고 있는 현상에 접목하여 끊임없이 관찰하고 확인하는 노력이 필요할 것이다. 이를 위해 기본적인 개념은 충분한 지면과 예제를 통해 설명하였다. 반면 수식이 포함된 이론은 최소한으로 제한하고 보충설명으로 분류하여 각 장의 끝에 위치시켰다. 이는 재무관리를 이해하는데 있어서 이론이나 수식보다는 직관적인 이해가 우선한다는 것을 강조하기 위한 것이다. 재무의사결정에서 많은 경우 계산된 수치가 중요한 역할을 하는데 이를 위해 수리적인 계산식과 더불어 Microsoft excel의 재무함수를 소개하였다. 부족한 설명은 excel manual을 활용할 것을 권고한다. 한편 기업과 자본시장의 움직임을 현재 진행 중인 사건을 통해 이해하고 확인하기 위해 관련 기사를 요약하였으며 매년 새로운 기사가 교체 또는 추가될 것이다.

이 책을 준비하는 과정에서 이미 출간된 국내외의 교재들로부터 많은 도움을 받았으며 이 책 또한 다음 세대의 저자들에게 도움이 되기를 바란다. 끝으로 이 책이 출간되기까지 참을성과 인내로 도와준 많은 분들께 감사드린다.

2021년 1월

저자 드림

차 례

제Ⅰ편 • 재무관리의 기초

제1장 재무관리 소개

제Ⅱ편 • 자산의 가치평가

제3장 화폐의 시간가치

제4장 채권과 주식의 가치평가

제Ⅲ편 • 자본투자(자본예산)

제5장 투자프로젝트의 가치평가

제7장 투자위험과 자본투자의사결정

제Ⅳ편 • 자본조달과 배당

제8장 자본비용

제11장 증권발행

제V편 • 단기재무계획과 유동성관리

제12장 단기재무계획

제13장 유동성관리

제VI편 • 재무관리의 다른 주제들

제14장 리 스

제16장 선 물

제17장 옵 션

제18장 국제재무관리

제 I 편

재무관리의 기초

제1장 재무관리 소개
제2장 재무제표의 이해

제 1 장

재무관리 소개

재무관리란 자금을 조달하고 사용하는 재무활동과 재무의사결정을 말한다. 모든 경제주체에서 재무관리는 핵심적인 역할을 하는데 개인의 소득 창출과 소비 지출, 기업의 투자와 자금조달, 정부의 예산(재정 수입과 지출) 등이 모두 이에 해당된다. 이 책의 중심 주제인 기업재무관리가 중요한 이유는 기업이 경제에서 차지하는 비중이 워낙 크기 때문에 기업재무관리의 성과는 개별기업을 넘어서 경제 전체의 성과로 나타나기 때문이다. 기업재무관리의 목표인 "**기업가치의 극대화**"는 개념이 뚜렷하고 자본시장을 통해 그 성과를 계량적으로 측정할 수 있다는 특징(장점)이 있다. 개인에서 개인 행복의 극대화 또는 정부에서 국민 복리의 극대화 등은 개념이 주관적이고 추상적일 뿐더러 그 결과를 계량적으로 측정할 수 없다. 그래서 흔히 **재무관리는 기업재무관리를 뜻하는 말로 사용되고 있다.**

제1절 재무관리의 영역

기업의 재무활동은 '어떤 사업에 투자를 하고, 투자에 필요한 자본을 어떻게 조달하며, 일상적인 경영활동에서 유동성을 어떻게 관리할 것인가'로 요약할 수 있다. 이러한 재무활동은 각기 독립적인 것은 아니지만 설명의 편의를 위해 다음과 같이 구분하기로 한다.

1. 자본투자

기업의 **자본투자**(capital investment)는 어떠한 사업을 할 것인가, 즉 어떠한 제품과 서비스를 생산 · 판매할 것인가를 결정하는 장기투자를 말하는데, 이에 따라 기업의 내용과 성격이 결정된다고 할 수 있다. 자본투자를 계획하고 관리하는 과정을 **자본예산**(capital budgeting)이라고 하는데, 여기에서 가장 핵심적인 일은 투자의 가치를 평가하는 것이다.

투자의 가치는 투자와 관련된 미래 현금흐름의 크기와 발생 시점, 불확실성 등에 의해 결정되는데 상세한 내용은 화폐의 시간가치와 현금흐름할인법(제3장)과 투자프로젝트의 가치평가(제5장)에서 설명한다.

인수 · 합병(M&A)

기업이 어떠한 사업을 시작할 때 사업체나 생산시설을 처음부터 새로 건설하는 대신 이미 영업활동 중인 사업체나 생산시설을 **인수 · 합병**(M&A)하는 방법도 있다. M&A(merger and acquisition)는 사업체를 건설하는 데 소요되는 시간을 단축할 수 있어서 불확실성을 줄일 수 있으며, 부실기업을 저렴한 가격에 인수할 수 있다는 장점이 있다. 특히 경영 환경이 급변하는 상황에서 M&A를 통한 대규모의 투자에 의해 기업과 산업의 판도가 바뀌는 경우가 많다. 따라서 M&A의 경제적 의미와 가치를 평가하고, 이와 관련된 법규와 제도를 이해하는 것도 재무관리의 중요한 영역이다.

2. 자본조달

자본조달은 자본투자에 필요한 자본을 조달하는 일이다. 기업에서 자본투자는 그 진행과 결과가 장기간에 걸쳐 이루어지는 장기투자이기 때문에 자본조달은 장기자본조달(long-term financing)을 의미한다. 기업이 조달하는 자금은 크게 **자본**(equity)과 **부채**(debt)로 구분된다. 자본은 주주들에게 주식을 발행하여, 부채는 채권자들에게 회사채를 발행하여 조달하는 것을 말한다. 자본은 **자기자본**으로, 부채는 **타인자본**으로 부르기도 한다.

기업의 **재무구조**(financial structure) 또는 **자본구조**(capital structure)는 기업이 조달한 자본과 부채의 종류와 구성을 말한다. 자본구조의 핵심은 '부채를 얼마나 사용할 것인가'이다. 부채의 내용과 크기는 자본비용과 기업가치, 그리고 기업의 안정성에도 영향을 미친다.

자본투자와 자본조달은 독립적인 의사결정이 아니다. 자본조달방법에 따라 투자결정이 달라지기도 하고, 투자의 성격에 따라 자본조달방법이 결정되기도 한다. 주주에게 이익을 분배하는 배당도 넓은 의미로는 자본조달의 문제이다. 이익배당이 증가하면 기업 외부에서 더 많은 자금을 조달해야 하고, 반대로 투자에 필요한 자본을 자본시장에 의존(외부금융)하지 않고 기업 내부에서 조달(내부금융)하기 위해서는 이익배당을 줄여야 하기 때문이다. 따라서 자본투자, 자본조달, 배당 등의 기업재무는 종합적으로 해결해야 할 문제이다.

자본을 사용하는 기업의 상대편에는 자본을 제공하는 투자자가 있다. 그러므로 기업의 자본조달은 기업만의 의사결정이 아니라 자본시장에서 투자자의 투자의사결정이기도 하다. 따라서 기업의 자본조달을 이해하기 위해서는 채권과 주식의 가치평가(제4장), 자본비용(제8장), 자본구조(제9장), 배당(제10장), 증권발행(제11장) 등에 대한 종합적인 이해가 필요하다.

3. 유동성관리(운전자본관리)

유동성(liquidity)은 자산이 얼마나 빠르고(신속성) 쉽게(용이성) 현금으로 전환할 수 있는가를 나타내는 지표이다. 유동성이 높은 자산은 많은 가치 손실 없이 단기간에 현금으로 전환할 수 있는 반면, 유동성이 낮은 자산은 현금으로 전환하는데 오래 걸리거나 많은 가치 손실을 감수해야 한다. 현금은 그 자체가 유동성이다. 따라서 유동성 부족은 흔히 현금 부족을 의미한다. 보통예금은 예금액 그대로 현금으로 인출할 수 있기 때문에 현금성자산으로 분류한다. 자산과 부채는 유동성의 상대적 크기에 따라 유동자산과 비유동자산, 그리고 유동부채와 비유동부채로 구분한다. 유동부채는 단기간(통상 1년 이내)에 상환해야 하는 부채를 말한다.

기업의 유동성관리는 **운전자본** 또는 **순운전자본**(NWC: net working capital)관리를 통해 이루어진다.

(순)운전자본 = 유동자산 − 유동부채

운전자본이 음(−)이라는 것은 기업이 단기간(통상 1년 이내)에 상환해야 하는 부채가 현금화할 수 있는 자산을 초과하며 가까운 시일 내에 유동성 부족에 따른 **재무적 곤경**(부도, 파산 등)에 처할 가능성이 높다는 것을 의미한다.

유동성이 높은 자산은 **수익성**이 떨어진다. 현금에서는 아무런 수익이 없고, 재고자산을 유지하기 위해서는 오히려 비용이 발생한다. 그럼에도 유동자산을 보유하는 이유는 기업의 **안정성**과 편리성을 확보하기 위해서이다. 수익성을 강조해 유동자산을 너무 적게 보유(투자)하면 기업의 생존과 안정성이 위협받을 수 있다. 반대로 유동자산을 과다하게 보유(투자)하면 기업의 안전성은 높아지지만 수익성은 하락할 수밖에 없다. 유동성이 주는 효익과 이를 유지하기 위한 비용과의 상반(교환)관계를 고려하여 기업의 실정에 맞는 적절한 유동성을 보유(확보)하여 수익성과 안정성을 유지하는 것이 유동성관리의 핵심이다. 유동자산과 유동부채 항목과 내용은 재무제표의 이해(제2장)에서 설명한다.

제2절 재무관리의 목표와 대리인 문제

재무관리의 목표는 곧 기업의 목표이다. 영리를 추구하는 기업에서 재무관리의 목표는 **기업가치를 극대화**(firm value maximization)하는 것이며, 이는 모든 재무의사결정의 기준이 된다.

1. 기업가치의 극대화

기업가치는 기업이 소유 · 운용하고 있는 자산의 가치를 말한다. 기업의 자산에는 건물 및 기계와 같은 유형자산(tangible assets)뿐만 아니라 특허권, 영업권, 브랜드 가치와 같은 무형자산(intangible assets)도 포함되어 있다. 특히 지식산업사회에서는 무형자산의 가치가 더욱 중요하다. 유형자산의 경우에도 그 자산이 시장에서 일상적으로 거래가 되는 것이 아니고, 그 자산을 어떤 기업이 소유 · 운용하느냐에 따라 가치가 달라지기 때문에 자산의 가치를 자산시장에서 직접 평가하는 것은 매우 어려운 일이다.

기업이 발행한 주식이나 회사채는 기업이 자산을 운용해서 창출해낼 미래 현금흐름에 대한 분할적인 청구권을 나타낸다. 주식이나 회사채가 자본시장에서 거래되는 경우에는 수시로 가격을 관찰할 수 있기 때문에 기업가치는 자본시장에서 평가된 주식가치와 회사채가치의 합으로 정의할 수 있다. 다시 말해서 기업가치는 기업의 자산 취득에 필요한 자금을 제공한 주주와 채권자의 부(wealth)를 합한 값으로 정의하는 것이다.

$$V = D + E \text{ 또는 } V = B + S$$

V: 기업가치(firm value)

$D(B)$: 부채(타인자본)가치(debt value, bond value), 채권자의 부

$E(S)$: 주식(자기자본)가치(equity value, stock value), 주주의 부

주주의 부(주식가치)와 채권자의 부(부채가치)는 주주와 채권자에게 지급될 미래 현금흐름의 가치를 자본시장에서 평가한 것이다. 채권은 미리 정해진 이자와 액면금액을 지급할 것을 약속한 증서이므로 채무불이행(지급불능, 부도)과 같은 극단적인 상황이 아니라면 부채의 가치는 고정되어 있다. 따라서 채무불이행이 발생할 가능성이 없는 정상적인 상황에서 기업가치의 극대화는 곧 주식가치(주주가치, 주주의 부)의 극대화로 이해될 수 있다. 한편 주식가치(주주가치)는 주가(P)와 발행주식수(Q)의 곱이고, 단기적으로 발행주식수가 일정하게 유지되는 상황에서는 **주주가치(주주 부)의 극대화**(stockholder's wealth maximization)는 곧 **주가의 극대화**(stock price maximization)를 의미한다. 이러한 의미에서 재무관리에서 기업가치의 극대화, 주주 부(가치)의 극대화, 주가의 극대화는 모두 같은 의미로 이해할 수 있다.

회사채를 발행한 기업은 채권자에게 정해진 이자를 지급하고 만기에 액면금액을 상환해야 하는 법적 의무(지급의무)를 지고 있다. 그러나 모든 지급의무(임금, 이자, 세금 등)가 이행된 다음에 남는 나머지는 모두 주주에게 귀속된다. 이런 의미에서 회사채를 **확정소득증권**(fixed income security), 주식을 **잔여소득증권**(residual income security)이라고 한다.

2. 재무관리와 재무제표

(1) 기업가치와 회계적 이익

경제학의 기업이론에서는 기업의 목표를 **이익의 극대화**(profit maximization)로 정의하고 있다. 여기에서 이익(profit)은 회계적인 개념의 당기순이익(net income)을 말한다. 기업가치와 회계적 이익의 가장 큰 차이는 기업가치는 자본시장에서 투자자들에 의해 평가되고, 회계적 이익은 정해진 기업회계원칙에 따라 계산된다는 것이다.

자본시장의 세계화로 기업가치는 전 세계의 투자자들에 의해 평가된다. 정보통신기술의 발달로 시장 상황이 즉각 반영되고, 높은 투자수익을 얻기 위한 투자자들의 경쟁에 의해 정보가 기업가치에 신속하게 반영된다.

이에 비해 기업회계원칙은 인위적으로 정한 원칙이며, 적용 방법에 따라 이익의 계산이 달라질 수도 있다. 다시 말해서 하나의 사실(fact)에 대해서도 측정하는 기준에 따라 결과가 달라질 수도 있다는 것이다. 그렇다고 회계정보가 중요하지 않다는 것은 아니다. 세계적으로 거의 동일한 원칙이 적용되어 작성된 회계정보는 기업과 국가 간 비교가 가능하기 때문에 정보로서 많은 가치를 가지고 있다.

자본시장에서 기업(증권)의 가치는 미래 현금흐름의 현재가치로 평가된다. 이 과정에서 현금흐름이 실현될 때까지의 시간과 그 실현가능성(불확실성)이 반영된다. 예를 들어, R&D투자의 성과가 나타나는데 오랜 시간이 걸린다면 단기이익과 장기이익 중 어떤 것을 목표로 할지에 따라 의사결정이 달라질 수 있다. 그러나 R&D투자로 장기이익이 증가할 것으로 시장이 판단한다면 단기이익의 감소에도 불구하고 주가는 상승하게 될 것이다. 이와 같이 주가는 경쟁적인 시장에서 불확실성을 포함해 기업에 관한 모든 정보를 반영하기 때문에 재무의사결정의 가치를 나타내는 가장 객관적인 수치라고 할 수 있다. 따라서 재무의사결정의 기준으로 회계적 이익보다는 기업가치가 더 적절하다고 할 수 있다.

(2) 재무관리와 재무제표

재무의사결정은 정기적으로 그 결과가 재무제표로 정리되어 나타난다. 재무관리에서 자본투자, 자본조달, 유동성관리 등은 재무상태표에 자산항목과 부채 · 자본항목으로 나타난다. 이러한 의미에서 재무관리는 **최적의 자산구성**(optimal mix of assets)과 **최적의 자본구성**(optimal mix of financing)을 만들기 위한 의사결정이라고 할 수 있다. 다시 말해서 재무관리는 최적의 재무의사결정을 통해 자산의 가치를 극대화함으로써 자기자본(주주의 부)의 가치를 극대화하는 행위로 이해할 수 있다.

재무관리와 재무제표의 차이점은 재무관리는 미래의 재무행위에 대한 사전적(事前的: ex ante)인 계획(planning)이며, 재무제표는 과거에 행해진 재무행위의 사후적(事後的: ex post)인 결과(results)가 정해진 원칙에 따라 정리된 것이다. 재무관리에서는 현재의 시장가격을 기준으로 가치를 평가하고, 재무제표에서는 자산을 취득한 시점의 가격(역사적 원가, 취득원가)을 기준으로 가치를 평가하는 것도 다른 점이다.

하지만 재무의사결정의 결과는 재무제표로 나타나고, 재무제표에 나타난 회계정보는 재무의사결정에서 중요한 자료로 활용되고 있기 때문에 재무관리와 재무제표는 끊임없는 순환과정으로 이해할 수 있다.

3. 대리인 문제

성장에 필요한 자금을 창업자 개인의 자금이나 부채로 조달하는 데는 한계가 있기 때문에 대부분의 주식회사들은 유상증자를 통해 새로운 주주들을 영입하게 된다. 이러한 과정에서 주식회사의 소유권은 다수의 주주들에게 분산되고, 경영에 직접 참여할 수 없는 주주들은 기업의 경영을 경영진(대주주 또는 전문경영인)에게 위임하는 **소유와 경영의 분리**가 이루어진다. 이때 경영진이 과연 경영권을 위임한 주주의 이익을 위해 행동한다는 보장이 있을까?

소유와 경영이 분리된 주식회사의 경우처럼 누군가(**주인**: principal)가 자신의 이익을 대변하도록 다른 사람(**대리인**: agency)에게 권한을 위임했을 때 주인과 대리인의 이해가 상충해서(일치하지 않아서) 발생하는 문제를 **대리인 문제**(agency problem)라고 한다. 대리인 문제가 기업에만 발생하는 것은 아니다. 대부분의 단체나 조직에서는 구성원들이 직접 의사결정과 운영에 참여할 수 없기 때문에 대리인에게 의사결정권과 운영을 위임하는 경우가 많다. 선거를 통해 정치인에게 정치적 권한을 위임했을 때나 친목단체의 대표에게 그 단체의 활동에 관한 권한을 위임했을 때에도 대리인 문제는 발생한다. 그러나 기업은 추구하는 이익이 서로 다른 다양한 주체들이 모인 집합체이기 때문에 대리인 문제가 가장 심각할 것이다.

기업에는 경영진(대주주 또는 전문경영인)과 소액주주, 채권자, 근로자, 납품업자, 지역사회, 정부 등 다양한 이해당사자들이 관련되어 있기 때문에 이들의 상충되는 이해관계를 합리적으로 조정하는 것이 필요하다. 그러나 기업재무에서는 대리인 문제를 기업재무와 직접적으로 관련된 이해당사자인 주주, 채권자, 경영진 간의 문제로 한정하기로 한다.

경영진과 관련된 대리인 문제는 경영의사결정의 결과가 당장 나타나지 않을 뿐만 아니라 그 결과만으로 경영의사결정의 동기를 정확하게 평가하기 어렵기 때문에 발생한다. 이러한 경영진과 관련된 대리인 문제를 해결(완화)하기 위해서 다음과 같은 수단과 제도가 활용되고 있다.

- 회계 자료는 경영자의 의사결정을 시장참여자들에게 전달하는 중요한 정보 채널이다. 빈번한 **회계 감사**는 투자자들이 회계 자료의 검토를 통해서 경영자의 의사결정이 올바르게 이루어졌는지를 감독할 수 있는 기회를 제공하므로 대리인 문제를 줄일 수 있다.
- **경영진에 대한 보상**을 주가와 연계(스톡옵션을 지급)시킴으로써 주주와 경영진의 이해를 일치(이해의 괴리를 최소화)시킬 수 있다.
- **노동시장**에서 전문경영자의 능력과 명성(fame)이 효율적으로 평가되고 보상에 반영(거액의 연봉을 받고 스카웃)된다면 대리인 문제가 해소될 것이다.
- 주주들은 주주총회에서 이사회(board of directors)를 구성하고 이사회는 경영진을 고용 · 해고 한다. 따라서 주주들이 **이사회를 효율적으로 통제**하는 것이 대리인 문제를 해결하는 수단이 될 수 있다. 같은 목적으로 우리나라는 사외이사를 이사회에 포함하도록 규정하고 있다. 사외이사는 경영진(지배대주주)과 관계없는 외부 인사를 의미한다. 본래 이사회는 주주의 대표로서 경영진의 의사결정을 감시하고 감독하는 역할을 가진다. 그런데 우리나라 기업들의 지배구조 특성상 이사들이 지배대주주의 영향력 아래에 있는 경우가 많아서 이사회가 대리인 문제를 완화시키는 본연의 역할을 다하기 어렵다. 이에 대한 방안으로 사외이사를 일정 부분 이사회에 포함할 것을 강제하는 것이다. 현재 상장기업에서는 사외이사가 이사 수의 1/4 이상이어야 하며, 자산총액이 2조원 이상인 상장기업에서는 사외이사가 3명 이상이고 비중이 1/2을 초과해야 한다.
- **인수합병(기업 지배권 시장)의 활성화**가 대리인 문제 완화에 도움이 될 수도 있다. 인수합병의 매력적인 대상이 되는 기업은, 가진 잠재력에 비해 주가가 저렴한 기업이다. 이러한 기업을 싸게 인수해서 경영상의 문제를 해결하고 주가가 상승하게 되면 비싼 값에 되팔 수 있기 때문이다. 그런데 이 과정에서 피인수 기업의 경영자는 직장을 잃게 될 가능성이 크다. 따라서 경영자의 입장에서는 경영권의

유지를 위해 경영을 효율화해서 주가를 끌어올리는 것이 중요하다. 주가의 상승은 주주의 이해관계와 일치하므로 이 과정에서 대리인 문제는 감소할 수 있다.

주주와 채권자간의 대리인 문제가 발생하는 이유는 주주들이 자기들의 이익을 위해 경영에 참여하지 못하는 채권자의 이익을 침해하는 결정을 내릴 수도 있기 때문이다. 채권자들은 이러한 사실을 감안하여 제약적인 채권조항(bond covenants)을 통해 자신들의 이익을 지키려고 할 것이다.

전문경영 vs 오너경영, 승자는?

경영학에서 빠지지 않는 게 주인과 대리인 이론이다. 주인(주주)이 대리인(전문경영인)에게 일을 맡겼을 때 대리인이 권력과 정보를 틀어쥐고 제 잇속을 챙기는 문제가 발생할 수 있다는 이론이다.

학계에서 주인-대리인 문제의 사례로 거론하는 게 대한전선이다. 전문경영인이 경영을 맡은 뒤 회사의 경영성과는 일시적으로 좋아졌으나 오래가지 못했고, 결국엔 회사를 부실로 몰고갔다.

대한전선은 LS전선과 곧잘 비교된다. 전선사업의 양대축을 이룬 두 기업은 공교롭게도 2004년을 기점으로 경영진을 교체했다. 대한전선은 설원량 회장의 갑작스러운 사망으로 재무 출신 전문경영인인 L씨가 경영을 맡았고, LS전선은 LG그룹에서 분리되면서 오너인 구씨 일가가 회사를 이끌었다. 전문경영인과 오너경영인간 대결구도가 펼쳐진 것이다.

초기엔 대한전선의 성과가 더 나았다. L씨는 "기업이 한우물만 파는 시대는 지나갔다"며 공격적인 사업다각화를 꾀했고, 취임 2년만에 시가총액이 1조원을 넘으며 LS전선을 앞섰다. 그러나 이 같은 성과는 오래가지 않았다. 무분별한 사업확장이 부메랑으로 돌아와 대한전선의 기업가치는 LS의 8분의 1 수준으로 쪼그라들었다.

대한전선이 수익성만 바라보고 기존 사업과 동떨어진 영역으로 사업을 확장한 것과 달리 LS전선은 전선과 제조업 중심의 수직적 사업다각화를 추진했다. 매출액 대비 연구개발비 비중에서도 LS전선은 1%로 대한전선(0.6%)을 앞섰다. 현재 LS전선은 이탈리아 프리즈미안, 프랑스 넥상스에 이어 세계 전선업계 3위를 기록 중이다.

> 이는 전문경영진에 의한 단기적 수익창출보다 소유경영자에 의한 장기적 전략이 기업의 장기생존에 더 도움을 줄 수 있음을 시사하는 것이다.
>
> (비즈니스워치: 2014. 05)

지금까지 기업에 다양한 형태의 대리인 문제가 존재할 가능성을 살펴보았다. 그러나 대리인 문제를 직접 논의할 때를 제외하고는 '**재무관리의 목표는 주주 부의 극대화**'라는 전제 하에 재무관리를 논의하기로 한다.

4. 주주가치 극대화에 대한 비판

자본시장에서 (탐욕스러운) 투자자들에 의해 평가되는 주가의 극대화가 재무관리의 목표로 적절한가? 기업에는 주주 이외에도 채권자, 근로자, 지역사회, 정부 등 다양한 이해당사자가 있는데 오로지 주주의 관점에서 재무관리의 목표를 설정하는 것이 공정한가? 이러한 질문에도 기업재무의 목표를 '주주가치의 극대화'로 설정할 수 있는 이유는 재무의사결정의 시작과 끝(최종 책임)은 모두 주주들 자신들의 몫이기 때문이다.

주주들은 다른 모든 이해당사자들에 대한 지급의무가 이행된 다음에야 이익을 챙길 수 있다. 채권자에 대해 채무불이행이 발생하면 주주들은 경영권행사에 제약을 받게 되고, 극단적으로는 경영권과 소유권을 잃을 수도 있다. 근로자에 대한 임금 체불, 정부에 대한 세금 체납 등은 모두 법적으로 제재를 받는다. 뿐만 아니라 주주들의 이익을 위해 다른 이해당사자들의 이익을 침해하는 행위는 시장의 감시와 규율에 의해 지속될 수 없을 것이다. 정치, 경제, 사회 등 모든 분야에서 높은 도덕적 기준이 요구되는 상황에서 당장의 가치극대화를 위한 불공정한 기업재무활동은 자본시장에서 좋은 평가를 받을 수 없다. 자본시장에서 평가되는 기업가치에는 탐욕스럽고 이기적인 투자자들의 평가와 함께 기업에 요구되는 사회적, 도덕적 책임도 함께 반영되고 있는 것이다.

이 밖에도 매출이나 시장점유율의 극대화, 이익의 증대, 안정성 확보와 같은 목표를 생각할 수 있다. 당기 매출이나 시장점유율의 증가는 외상 매출의 기준을 느슨하게 조정하고 판매 가격을 낮춘다면 어느 정도 달성할 수 있다. 연구개발비나 판관비의 시행을 지연시키면 당기 이익은 증가할 수 있다. 위험적 투자를 회피하고 타인 자본을 사용하지 않는다면 안정성은 증가하고 파산위험은 감소할 것이다. 그러나 이러한 목표들은 장기적으로 지속될 수 없고 미래의 이익과 성장성을 훼손할 가능성도 있다. 따라서 모든 부서와 시점에 관계없이 포괄적이고 항상적인 의사결정의 기준으로 사용하기는 어렵다.

5. 개인회사와 비상장 주식회사의 재무관리

주주가치는 자기자본의 가치를 말한다. 상장주식회사는 주식시장에서 주가를 통해 자기자본의 가치를 직접 관찰할 수 있다. 하지만 자기자본의 가치를 직접 관찰할 수 없는 개인회사나 비상장 주식회사의 경우에는 재무관리의 목표에 '자기자본가치의 극대화'라는 개념적인 원칙을 적용할 수밖에 없다.

개인회사나 비상장 주식회사에서 재무의사결정이 기업가치에 미치는 영향이 즉각 파악되지는 않지만 좋은 재무의사결정은 결국 재무제표에 반영되고 **기업공개**(IPO: initial public offering) 또는 **기업매도** 과정에서 그 가치가 반영될 것이다.

6. 이해관계자 자본주의(stakeholders capitalism)

기업의 성과와 직간접적으로 연계되어 있는 기업의 모든 구성 주체를 이해관계자라고 일컫는다. 즉, 주주와 채권자 외에 경영자, 고객, 원재료 공급자, 정부 그리고 넓게는 지역 사회를 포함하는 개념이다. 시대가 변화하면서 기업의 경영 목표가 주주의 부 증가에만 치우치면 안 되고 모든 이해관계자의 복지를 함께 고려해야 한다는 이해관계자 자본주의를 지지하는 목소리가 점차 높아지고 있다.

그러나 주주 자본주의와 이해관계자 자본주의는 서로 배타적인 개념이라고 보기는 어렵다. 기업이 이익을 추구하는 과정에서 이해관계자에게 헌신하지 못하고 복지를 고려하지 않는다면, 궁극적인 주주 가치의 증가로 이어지지 못할 가능성이 크기 때문이다.

한편, 이해관계자 모두의 이해를 고려하는 과정에서 오히려 이해관계자들 간의 갈등이 야기될 가능성도 있다. 이에 대해 주식 가치 증가라는 공동의 목표를 제시하는 주주 자본주의와는 달리 이해관계자 이론은 갈등에 대한 명확한 해결 지침을 제시하지 못한다는 비판도 존재한다. 그러나 주주 가치 극대화를 위해 이해관계자의 이익과 복지가 고려되어야 한다는 도구적 관점에서, 이제는 이해관계자의 복지 자체를 더 중요하게 여기는 방향으로 시대적 가치가 변화하고 있음은 분명하다. 미국의 경영자 모임인 Business RoundTable[1)]은 2019년 고객, 직원, 공급업체, 지역 사회를 포함한 광범위한 이해관계자에 대한 기업의 근본적 약속을 명시하는 성명서를 새로이 발표했고, 2020년 세계경제포럼[2)]에서도 '모든 이해관계자가 지속 가능한 가치를 창출하고 이를 공유하는 것'으로 기업의 목적을 새롭게 정의한 바 있다.

7. ESG

ESG 경영은 이해관계자의 범주를 전 지구적 환경과 미래 세대까지 확장한 개념이다. 기업이 수익 극대화 과정에서 환경과 사회에 얼마나 도움(피해)을 주는지 그리고 이를 결정짓는 지배구조는 어떠한 지를 일컫는 개념이다. 지속 가능 경영을 위한 기업의 경영 방침으로 이해할 수 있다.

환경(Environment)은 기업이 사업 과정에서 소비하는 에너지, 배출하는 폐기물, 사용하는 자원들이 지구 생명에 미치는 결과를 의미한다. 이와 관련해서 탄소 배출에 의한 기후 변화 이슈가 강조되고 있다. 사회(Social)는 기업이 사업을 수행하는 지역, 그

1) https://www.businessroundtable.org/opportunity-commitment

2) https://www.weforum.org/stories/2019/12/davos-manifesto-2020-the-universal-purpose-of-a-company-in-the-fourth-industrial-revolution/

지역에 준거하는 현재와 미래의 사람 및 조직들, 그들에 대한 기업의 헌신, 그들로부터 얻는 평판을 포함하는 개념이다. 지배구조(Governance)는 기업이 스스로를 통치하고 의사결정을 내리고, 법을 준수하고, 외부 이해관계자의 이해를 충족시키기 위해 채택한 관행(practices), 규율(rules), 절차(procedures)를 의미한다.

ESG의 개념은 사업 과정에서 광범위한 이해관계자의 만족이 기업의 수익 추구를 초과하는 포괄적 목적이 되어야 한다는 함의를 가지고 있다. 하지만 아직까지 수익 창출 과정에서 침해된 이해관계자의 편익을 기부, 봉사와 같은 전시적 활동으로 일부 보상하는 수준에서 대다수 기업들의 ESG 활동이 시행되고 있다. 주주 가치의 증가를 위한 도구적 개념의 차원으로 이해되는 것이다.

기업의 형태

1. 주식회사

기업재무에서 가장 중요한 기업형태는 **주식회사**(corporation)이다. 주식회사는 **법인**(legal person)으로 실제 사람(자연인)과 같은 법적 책임과 권리가 부여된다. 주식회사는 재산을 소유하고, 차입하고, 투자하고, 계약의 당사자가 될 수도 있으며, 고소할 수도 고소를 당할 수도 있다. 주식회사를 인류의 가장 위대한 발명품이라고 하는 이유는 다음과 같은 장점을 가지고 있기 때문이다.

- 주식회사에서 주주들은 **이사회**(board of directors)를 선출하고 이사회는 경영자를 선임한다. 따라서 '**소유와 경영의 분리**'에 의해 주주가 경영에 직접 참여하지 않더라도 기업을 지배할 수 있다.
- 주주들은 지분을 이전(양도)할 수 있고, 주주의 수명과는 상관없이 회사의 수명은 무한하게 영속할 수 있다.
- 주식회사는 회사 명의로 차입을 할 수 있기 때문에 주주는 회사의 부채에 대해 한정된 책임(**유한책임**: limited liability)만을 진다. 즉, 주주의 최대 손실은 자기의 투자 금액으로 한정되기 때문에 투자에 참여하기가 쉽다.
- 위와 같은 장점 때문에 주식회사는 불특정다수의 투자자를 상대로 많은 자본을 조달할 수 있다.

주식회사의 단점은 세금을 이중으로 부담(double taxation)한다는 것이다. 주식회사는 법인으로서 이익에 대해 법인세(법인소득세)를 내고 배당금으로 주주들에게 지급된 이익에 대해 주주들은 다시 세금(개인소득세)을 내야 한다.

기업공개(going public)는 1인 또는 몇몇 대주주가 소유하고 있는 주식회사의 지분을 일반 대중에게 공개모집(공모)을 통해 매각하여 주식소유를 분산시키는 것을 말한다. 기업공개를 통해 소유지분이 분산된 기업을 **공개기업**(public corporation)이라고 한다. 한국에서 기업공개는 기업공개 후에 가지게 될 자본금의 30% 이상을 공모방식으로 일반투자자로부터 조달하는 경우를 말한다. 기업공개를 통해 공모된 주식은 증권시장에 상장되어 거래되므로 기업공개는 **상장기업**이 되는 것을 의미한다.

2. 개인회사

개인회사(sole proprietorship)는 개인이 소유하고 있는 기업을 말한다. 개인회사는 가장 간단한 형태의 회사로 시작이 쉽고 규제도 적으며 그 숫자도 가장 많다. 실제로 많은 기업들은 개인회사로 시작하여 후에 주식회사로 성장하는 경우가 많다.

개인회사를 소유한 개인과 회사와는 구분이 없다. 따라서 모든 회사의 소득은 개인의 소득으로 과세되고, 개인회사의 수명은 소유자의 수명으로 제한된다. 개인회사의 소유권은 분리해서 매각할 수 없고 회사 전체를 팔아야 하므로 이전하기 어렵다. 또한 개인의 사업자금 조달에는 한계가 있으므로 회사의 성장에 한계가 있다.

개인회사의 가장 큰 단점은 소유주가 회사의 채무에 **무한책임**(unlimited liability)을 져야 한다는 것이다. 다시 말해서, 회사의 부채를 개인재산으로 상환해야 한다는 것이다.

3. 합명회사 · 합자회사

합명 · 합자회사(partnership)는 회사의 소유자(출자자)가 다수라는 점을 제외하고는 기본적으로 개인회사와 유사하다. 합명회사와 합자회사는 출자자들의 경영참여와 회사의 채무에 대한 책임의 한도에 따라 구분된다.

합명회사(general partnership)에서는 모든 출자자가 회사의 이익과 손실을 공유하고 회사의 부채에 대해 출자자가 무한책임을 져야 한다. **합자회사**(limited partnership)에는 회사 경영에 적극적으로 참여하며 무한책임을 지는 **무한책임사원**(general partners)과 적극적으로 경영에 참여하지 않으며 유한책임만을 지는 **유한책임사원**(limited partners)이 있다.

보충설명 재무관리와 국민경제(금융시스템)

기업의 재무의사결정과 재무활동을 이해하기 위해서는 기업경영의 장(무대)이라고 할 수 있는 국민경제의 흐름과 금융시스템을 이해하는 것도 중요하다. [그림 1-1]은 개인, 기업, 정부 등의 역할과 거래를 통해 국민경제의 흐름을 나타낸 것이다.

개인은 생산요소(노동과 자본)를 기업에 제공하고 그 대가로 받는 소득으로 소비, 저축, 투자 등의 경제활동을 한다. 기업은 생산요소를 결합하여 재화 및 서비스를 생산 · 판매하는 과정에서 가치를 창출하는 역할을 한다. 시장경제의 특징(장점)은 희소한 자원의 배분이 시장의 가격기능에 의해 이루어지기 때문에 효율적 배분이 가능하다는 것이다.

그림 1-1 국민경제의 흐름과 금융시스템

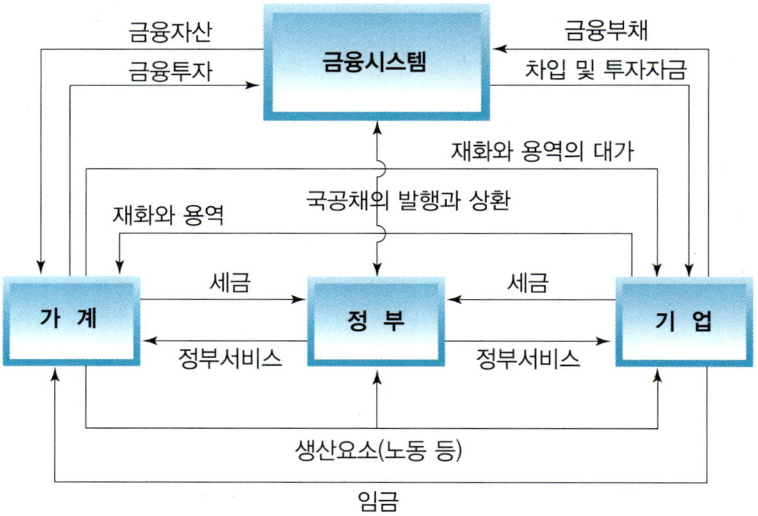

1. 개 인

개인에게 경제활동의 궁극적인 목표는 **평생 효용의 극대화**(life-time utility

maximization)이다. 개인은 생산요소(노동과 자본)를 기업에 제공하는 대가로 벌어들인 **소득**(income)을 **소비**(consumption)하여 효용을 얻게 된다. 그러나 각 개인이 원하는 소비의 흐름과 실제 소득의 흐름이 시간상 일치하지 않는 경우에는 저축 또는 차입(마이너스 저축)으로 조정하게 된다. 원하는 소비보다 소득이 적은 경우에는 부족한 만큼을 **차입**(borrowing)해서 소비하고 나중에 상환할 수도 있고, 미래의 소비를 위해 현재 소득 중 일부를 **저축**하기도 한다. 이와 같이 소득과 소비 사이에는 항상 다음과 같은 등식이 성립하게 된다.

소득 = 소비 + 저축(또는 차입)

저축(saving)은 미래의 소비를 위해 현재의 소비를 유보(희생)하는 행위이며, **투자**(investment)는 희생(유보한 현재 소비)에 대해 최대한의 보상(미래 소비)을 받기 위해 미래에 소득을 창출해낼 자산을 취득 · 운용하는 적극적인 행위를 말한다. 투자 대상에는 실물자산(생산설비, 부동산, 귀금속 등), 인적자산(교육, 기술 등), 금융자산(은행예금, 보험, 주식, 채권 등)이 있다. 이 중 금융자산은 소액으로 분할해서 투자할 수 있고, 거래가 편리해서 환금성(시장성)이 높은 장점이 있다.

2. 기 업

기업은 생산요소(노동과 자본)를 결합하여 재화와 용역을 생산 · 판매하는 과정에서 가치를 창출하는 역할을 한다. 기업이 창출한 가치는 기업활동(가치창출)에 기여한 당사자들(근로자, 경영자, 주주, 채권자, 지역사회, 정부 등)에게 분배된다. 기업활동은 인적자원의 개발과 관리, 기술과 상품개발, 생산과 판매활동, 자본의 조달과 운용 등 다양하지만 재무관리에서는 **자본의 조달과 운용**이 주된 관심사이다.

기업은 자본시장에서 금융부채(은행차입, 어음, 주식, 회사채 등)를 발행하여 자본을 조달하는데 이 자본은 금융자산에 투자하는 투자자들로부터 제공되는 것이다.

3. 금융시스템

물이 높은 곳에서 낮은 곳으로 흐르듯이, 자금(돈)도 남는 곳에서 부족한 곳으로 흐르게 마련인데 이러한 자금의 흐름을 **금융**(financing)이라고 한다. 금융, 즉 자본이 어디에서, 어떻게 조달되어 경제에 투입되는지는 금융시장에서 결정되는데 이때 금융(중개)기관이 중개역할을 하게 된다.

금융시스템(financial system)은 금융시장, 금융기관, 금융제도와 관행 등 금융과 관련된 총체적인 시스템을 말한다. 인체의 활동에 필요한 산소와 영양분이 혈액의 순환작용에 의해 신체 각 부분에 공급되듯이, 경제의 각 부문에 필요한 자금은 금융시스템을 통해 배분된다. 금융시스템이 제대로 작동되어 잉여부문의 자금이 경제활동에 투입되어 효율적으로 운용되면 생산-고용-소득-저축-투자가 연쇄적으로 증대되는 선순환이 지속되고 경제 전체의 부와 복리가 증대된다. 반대로 금융시스템이 효율적으로 작동하지 않는다면 생산-고용-소득-저축-투자가 연쇄적으로 위축되는 악순환에 빠지게 된다. 따라서 경제가 안정적으로 유지되고 지속적으로 성장하기 위해서는 효율적인 금융시스템이 필수적이다.

금융기관의 구분

금융업은 업무의 성격에 따라 은행업, 보험업, 증권업으로 구분할 수 있다. 은행업의 핵심은 여 · 수신기능(예금을 유치하고 대출해주는 업무)과 지급결제기능이다. 이러한 은행의 고유 업무는 통화를 창출해내는 역할을 하기 때문에 은행을 금융의 중심으로 보며 은행을 '**제1금융권**'으로 구분하기도 한다. 저축은행이나 금융회사는 여수신업무는 수행하지만 지급결제기능이 없기 때문에 '**제2금융권**'이라고 한다. 하지만 지금은 증권회사도 제한적이나마 지급결제기능을 수행하고 있으며 점차 그 기능과 역할이 확대되는 추세에 있다(예, 증권회사의 MMF). 우리가 은행이라고 할 때는 보통 여 · 수신업무를 수행하는 **상업은행**(commercial banking)을 의미한다. 은행의 주된 수익원은 여신(대출)금리와 수신(예금)금리의 차이, 즉 '예대마진'이다.

투자은행(IB: investment banking)은 유가증권을 발행해 장기자금을 조달하려는 자금수요자(주로 기업)와 자금공급자(투자자)를 연결해 주는 중개 기능을 주 업무로 하는 증권인수업자를 말한다. 투자은행의 전통적인 업무는 증권의 발행과 유통, M&A 등이지만 최근에는 고객의 주식거래를 자체 중계, 부동산 프로젝트파이낸싱(PF) 등의 거액 대출, 자회사를 통한 헤지펀드 운용 등 새로운 영역으로 다양하게 진화하고 있다.

현재 한국에는 IB 업무만 전담하는 금융회사는 없으며 증권사의 기업금융 · 자기자본 투자 파트, 은행과 보험사의 일부 부서가 IB 업무를 담당하고 있다. 국제금융시장에는 Merryl Lynch, Goldman Sachs, Credit Suiss(CS), UBS, JP모건, 노무라 등과 같은 초대형 IB가 활동하고 있다. 한국에서도 세계적 투자은행들과 국제금융시장에서 경쟁할 수 있는 대형 IB를 육성하는 일이 절실하다고 할 수 있겠다.

4. 정 부

정부 역할 중의 하나는 영리를 목적으로 하는 기업이 할 수 없는 **정부서비스**(국방, 치안, 교육, 복지, 사회간접시설 등)를 생산 · 공급하는 일이다. 정부는 필요한 자금을 세금과 정부서비스에 대한 사용수수료를 징수해서 조달한다. 하지만 정부의 세입(수입)과 세출(지출)이 일치하지 않는 경우에는 개인이나 기업과 마찬가지로 금융을 통해 자금의 과부족을 해결하게 된다. 정부의 세출이 세입을 초과(재정 적자)하는 경우에는 국채를 발행하여 부족한 자금을 조달할 수 있다. 정부가 국채의 발행을 늘리면 자본시장에서는 자금의 수요가 증가하고 시중 금리가 상승하는 효과가 발생한다. 반대로 정부가 국채를 상환하는 경우에는 자본시장에 자금의 공급이 늘어나 시중 금리를 낮추는 역할을 하게 된다. 따라서 정부의 금융은 자본시장에서 금리와 자금흐름 등에 직접적인 영향을 미치고 개인과 기업의 재무활동도 많은 영향을 받게 된다. 정부의 중요한 역할 중 하나는 금융감독원과 같은 금융감독기구를 통해 금융시스템이 효율적으로 운용되도록 감시하고 규제하는 파수꾼의 역할을 하는 것이다.

이밖에도 정부는 금융, 재정, 조세, 산업 등 경제정책을 수립하고 시행하는 과정에서 개인과 기업의 경제활동에 직 · 간접적인 영향을 미치고 있다. "작은 정부"란 정부의 직접적인 경제활동의 범위를 최소화하는 것을 말하는데 그럼으로써 시장중심의 경제활동을 통해 경제의 효율성을 높이자는 것이다.

연습문제

1. 국민경제에서 기업의 역할을 설명하라.

2. 국민경제의 흐름에서 개인(가계)과 기업 간의 금융거래를 설명하라.

3. 국민경제에서 정부의 역할을 설명하라.

4. 재무관리의 영역, 즉 재무관리자의 역할을 설명하라.

5. 회계적 이익과 기업가치의 차이를 설명하라.

6. '기업가치의 극대화'가 기업재무관리의 목표로서 적절한 이유에 대해 설명하라.

7. 소유와 경영이 분리된 현대 기업에서 발생할 수 있는 대리인 문제를 설명하라.

8. 직접금융과 간접금융의 특성과 차이에 대해 설명하라.

9. 주식회사의 특성과 장점에 대해 설명하라.

10. 일반적으로 재무관리의 목표는 기업가치 극대화라고 말한다. 기업가치가 아니라 이익을 극대화하는 것을 재무관리의 목표로 설정하면 어떤 문제점이 있는지 5줄 이내로 설명하라. (2014년. CPA)

제 2 장

재무제표의 이해

제 1 절 재무제표의 개념

기업은 이해관계자에게 정기적으로 기업의 재무상태와 경영성과, 그리고 그 전망을 사업연도별로 **사업보고서**(annual report)를 작성하여 발표해야 한다. 사업보고서에는 전년도 사업기간 중의 사업결과에 대한 설명과 미래의 사업계획서, 그리고 기본적인 재무제표가 포함되어 있다. 상장회사는 사업보고서를 금융위원회와 거래소에 제출하여 3년 동안 비치하고, 인터넷 홈페이지 등을 통해 일반인도 열람할 수 있도록 해야 한다.

재무제표(financial statements)란 기업의 재무상태와 경영성과 등에 관한 정보를 전달하기 위해 기업회계기준에 따라 측정하고 작성된 회계보고서를 말하는데 재무상태표, 손익계산서, 자본변동표, 현금흐름표의 네 가지가 있다. 재무제표는 투자자, 신용평가기관, 종업원, 세무당국, 정부기관, 금융감독기관 등 기업 외부의 이해관계자(외부이용자)뿐만 아니라 재무제표를 작성한 경영자(내부이용자)도 자신의 경영의사결정에 활용한다.

'주식회사의 외부감사에 관한 법률(일명 외감법)'에 의해 자산 120억 이상 주식회사, 매출액 100억원 이상, 부채총액 70억원 이상 주식회사, 종업원수 100인 이상 주식회사 중 2가지 이상 해당 시에는 기업회계기준에 의거하여 재무제표를 작성한 후 의무적으로 외부감사인(공인회계사(CPA))으로부터 회계감사를 받아야 한다. 외부감사인이 감사보고서에 표명하는 **감사의견**에는 다음의 4가지가 있다.

한국채택국제회계기준(K-IFRS)은 국제회계기준(IFRS: International Financial Accounting Report)에 맞춰 2007년에 제정되어 2011년 이후 모든 상장기업이 의무적으로 적용하고 있는 회계기준이다.

① 적정의견: 경영자가 「한국채택국제회계기준」을 준수하여 재무제표를 적정히 작성하였다고 인정되는 경우

② 한정의견: 감사범위가 부분적으로 제한되었거나, 「한국채택국제회계기준」을 부분적으로 위배하여 작성된 경우

③ 부적정의견: 「한국채택국제회계기준」을 위배한 정도가 커서 재무제표가 중대한 영향을 받았을 경우

④ 의견거절: 감사범위가 크게 제한됨에 따라 감사의견을 표명할 수 없는 경우

감사의견이 **적정의견**인 경우에는 재무제표를 충분히 신뢰할 수 있다. 재무제표가 정보로서 가치를 인정받는 이유는 이처럼 일정한 기준에 따라 작성되고 독립적인 외부감사인으로부터 신뢰도를 검증받기 때문이다.

쌍용자동차 감사의견 거절

쌍용자동차는 2020년 1분기 보고서에서 회계 법인으로부터 '의견 거절'을 받았다. '의견 거절'은 회계감사인이 보고서를 만드는 데 필요한 증거를 얻지 못하거나, 기업의 존립에 의문이 들 때 제시되는 것으로, 4개 중 가장 부정적인 의견이다. 당장 업계에서는 기업 주식 거래가 제한되는 '관리종목지정'이나 '상장폐지' 얘기까지 나오고 있다. 쌍용차는 대체 어떤 상황에 처해 있어서 이런 결과를 받게 된 걸까?

쌍용차는 이번 분기 영업손실이 986억원, 순손실이 1,935억원으로 13분기 연속 적자이다. 진짜 문제는 3,900억원에 이르는 쌍용차의 단기차입금에 있다. 만기는 다가오는데, 현금이 없어 갚기가 어려워 보인다는 거다. 게다가 원래 쌍용차의 대주주인 인도의 마힌드라 그룹(Mahindra)에서는 쌍용차에 2,300억원 규모의 신규 투자를 계획했었지만 코로나19로 경제 상황이 심각하게 악화하자 2,300억원의 투자 계획을 철회하고 대신 400억원만 지원하기로 계획을 바꿔버렸다.

쌍용차에 대한 회계감사를 진행한 삼정KPMG는 이러한 상황에 대해 아래의 설명과 함께 '의견 거절'을 제시했다.

"당사는 재무구조 악화 등으로 보고기간 종료일 현재 986억원 영업손실과 1,935억원 분기 순손실이 발생하였습니다. 또한, 당사의 유동부채가 유동자산보다 5,674억원 초과하고 있습니다. 이러한 상황은 계속기업으로서 그 존속능력에 유의적 의문을 제기하고 있습니다."

제2절 재무상태표

재무상태표(statement of financial position)는 일정시점(회계기간 말) 현재 기업의 재무상태를 스냅사진으로 찍은 것이라고 할 수 있다. 기업의 재무상태는 자산, 부채, 자본에 의해 결정되는데 기본적 구조는 다음과 같다.

재무상태표

<table>
<tr><td rowspan="2">자 산</td><td>부 채</td></tr>
<tr><td>자 본</td></tr>
</table>

재무상태표에서 왼쪽(차변)에 표시되는 **자산**(assets)은 '기업이 수익을 창출하기 위해 보유하고 있는 자원'을 나타낸다. 재무상태표의 오른쪽(대변)에 표시되는 부채 및 자본항목은 '기업이 자산을 취득하는데 필요한 자금의 조달 원천'을 나타낸다. **부채**(liabilities)는 기업이 채권자로부터 차입한 자금, 즉 기업이 채권자에게 부담하고 있는 경제적 의무를 나타내는데 기업의 자산에 대한 채권자의 청구권이라고 할 수 있다. **자본**(owners' equity, stockholders' equity)은 소유주(주주)가 투자한 자금이며 기업의 자산에 대한 주주(소유주)의 청구권 또는 지분을 나타낸다.

주주는 채권자의 권리가 행사된 후에 남는 자산에 대해서만 자신의 청구권을 행사할 수 있다. 따라서 자본은 기업의 자산에 대한 잔여청구권을 의미하며 다음과 같은 등식으로 표시할 수 있다.

자 본 = 자 산 − 부 채

자본이 기업의 자산에서 부채를 차감한 잔여지분(residual equity)이라는 점에서 자본을 순자산(net assets)이라고도 한다. 자산에 대한 조달 원천을 구분하기 위해서 부채를 **타인자본**, 자본을 **자기자본**이라고도 한다. 하지만 한국의 회계기준에서는 주주가 투자한 자금에 대해서만 자본이라는 용어를 사용하고 있다.

1. 자 산

자산(assets)은 미래에 경제적 효익을 창출할 것으로 기대되는 기업의 경제적 자원을 말한다. 자산은 유동성의 크기에 따라 유동자산(current assets)과 비유동자산(non-current assets)으로 나누어진다.

(1) 유동자산

유동자산은 현금과, 회계기말로부터 1년 이내에 현금화되거나 사용될 것으로 예상되는 자산을 말한다.

- **현금 및 현금성자산**

  현 금: 통화는 물론 언제든지 현금으로 교환할 수 있는 증서(타인발행수표, 송금수표, 우편환증서 등)를 말한다.

  현금성자산: 취득 당시 만기가 3개월 이내이며 큰 거래비용 없이 쉽게 현금으로 전환이 가능한 금융자산을 말한다.
- **단기금융자산**: 회계기말로부터 1년 이내에 만기가 도래하는 단기투자자산과 단기대여금을 말한다.
- **매출채권**: 외상매출금(고객의 신용에 의존하는 외상매출)과 받을어음(약속어음을 받고 판매하는 신용매출)을 말한다.
- **재고자산**: 영업활동을 통해 판매할 목적으로 보유하는 자산(상품, 제품, 재공품 등)을 말한다.
- **기타유동자산**: 선급금(상품, 원재료 등의 매입대금의 일부 또는 전부를 미리 지급한 것)과 선급비용(선급보험료, 선급임차료 등)을 말한다.

(2) 비유동자산

비유동자산은 유동자산에 속하지 않는 자산을 말한다.

- **장기금융자산**: 여유자금의 장기적 활용 또는 장기투자 목적으로 취득한 금융자산(장기예금, 장기대여금 등)을 말한다.
- **관계기업투자**: 타 기업의 주요 경영의사결정에 중대한 영향력을 행사할 수 있을 정도로 보유한 주식(보통주의 20% 이상)을 말한다.
- **유형자산**: 장기간 영업활동에 사용하기 위해 보유하는 물리적인 형태가 있는 자산(토지, 건물, 구축물, 기계장치, 차량운반구, 비품, 공기구, 건설 중인 자산 등)을 말한다.
- **무형자산**: 물리적 형체가 없지만 장기간 기업활동에 사용하기 위해 보유하는 자산(산업재산권(특허권, 실용신안권, 디자인권, 상표권), 영업권, 개발비, 컴퓨터 소프트웨어, 라이선스와 프랜차이즈, 광업권, 어업권 등)을 말한다.

유형자산과 무형자산의 감가상각

유형자산은 기업의 수익창출활동에 사용되면서 물리적으로 마모나 진부화가 일어나 가치가 떨어진다. 그 가치 감소분을 사용기간에 걸쳐 비용으로 **인식**하는 것을 **감가상각**(depreciation)이라고 하며, 그렇게 인식된 비용을 **감가상각비**(depreciation expense)라고 한다. 토지와 건설 중인 자산을 제외한 모든 유형자산은 감가상각 대상자산이다. 토지는 무한 수명을 가지므로 감가상각을 하지 않는다. 건설 중인 자산은 건설이 완료되어 영업활동에 사용가능하면 그 때부터 감가상각비를 인식한다. 감가상각은 사용에 따른 가치 감소를 내용연수에 걸쳐 비용으로 인식하는 회계절차일 뿐 실제 현금유출을 동반하는 비용은 아니기 때문에 비현금비용(non-cash expense)이라고 한다.

기업의 R&D 능력, 소비자 인지도 등도 중요한 무형자산이다. 그러나 기업이 창출한 무형자산은 가치를 평가하기 어렵기 때문에 외부에서 유상으로 취득한 것만을 그 취득원가대로 무형자산으로 계상한다. 무형자산도 유형자산과 마찬가지로 그 내용연수에 걸쳐 취득원가를 상각하는데 이를 **감모상각**(amortization)이라고 한다.

2. 부 채

부채(liabilities)는 기업이 부담하고 있는 경제적 의무를 말한다. 부채는 상환만기가 빠른 순서에 따라 유동부채와 비유동부채로 구분된다.

(1) 유동부채

유동부채(current liabilities)는 정상적 영업주기 내 또는 회계기말로부터 1년 이내에 결제(지급)되어야 하는 부채를 말한다.

- **단기차입금**
- **매입채무**(trade payables)는 외상매입금과 지급어음을 말한다.

(2) 비유동부채

비유동부채(non-current liabilities)는 유동부채에 속하지 않는 부채를 말한다.

• **사채**는 증권시장에서 회사채를 말한다.
• **장기차입금**은 은행과 같은 금융기관에서 장기간 차입한 부채를 말한다.
• **장기충당부채**는 미래 지출 시기와 금액이 불확실한 비유동부채(퇴직급여충당부채, 장기제품보증충당부채 등)를 말한다.

3. 자 본

기업의 소유주지분(owners' equity)인 자본은 납입자본, 이익잉여금, 기타포괄손익누계액 등으로 구분된다.

(1) 납입자본

납입자본은 자본금과 주식발행초과금으로 나누어 기록된다.

• **자본금**은 기업이 발행한 주식의 총액면가액이다.
• **주식발행초과금**은 액면금액을 초과하여 주주들이 납입한 금액을 말한다. 예를 들어, 액면가가 500원인 보통주 10,000주를 주당 1,500원에 발행(할증발행)하는 유상증자를 생각해보자. 이때 납입된 자본금 1,500만원을 자본금(500만원)과 주식발행초과금(1천만원)으로 구분하여 기록한다.

액면가

주식의 액면가는 주권에 표시된 금액으로 주식회사의 자본금을 나타낸다. 액면가는 주식의 종목명 앞에 붙는 영문자로 구분되는데 A는 100원, B는 200원, C는 500원, D는 1,000원, E는 2,500원, 기호가 없는 주식은 5,000원을 나타낸다. 상법에 의해 주식회사는 6단계의 액면가 중 하나를 선택할 수 있고, 2012년부터는 액면가를 정하지 않아도 되도록 변경되었지만 대부분 주식회사는 액면가를 정하고 있다.

(2) 이익잉여금

이익잉여금은 기업이 창업해서 현재까지 창출한 당기순이익 중 주주에게 배당으로 분배하지 않고 기업 내에 **사내유보**한 누적액이다.

기업이 이익을 사내유보하는 이유는 기업의 유지 · 성장과 채권자 보호를 위한 것이다. 기업이 이익을 모두 배당으로 지급하면 나중에 필요한 현금을 조달하기 위해서는 자산을 매각하거나 외부에서 차입을 해야 한다. 현금 부족으로 부채의 원리금을 상환하지 못하는 채무불이행상태가 되면 주주들이 권리를 보장받지 못하기 때문에 채권자 보호는 궁극적으로 주주 자신을 보호하는 것이다.

한편 계속된 당기순손실(음(−)의 당기순이익)로 인해 이익잉여금의 잔액이 음(−)이 되면 이를 결손금(deficit)이라고 한다. 결손보전이란 이익잉여금으로 결손금을 상계하는(줄이는) 것을 말한다. 결손금이 커져서 나머지 자본항목의 금액을 상쇄하고도 남으면 재무상태표의 자본이 음(−)이 되는데 이러한 경우를 **자본잠식**(capital impairment)이라고 한다.

이익잉여금은 규정에 의해 적립하는데 이를 이익잉여금의 **처분**(appropriation)이라고 한다. 이익잉여금은 법정적립금, 임의적립금, 미처분이익잉여금으로 구성되는데 이 중 법정적립금과 임의적립금이 처분된 이익잉여금이다. 이익잉여금의 처분(적립)은 배당을 제한하기 위해 이익이 유보되었다는 사실을 회계적으로 나타낼 뿐 그 금액만큼 실제로 현금이 별도로 적립되는 것은 아니다.

- **법정적립금**은 상법에 의해 기업의 유지와 채권자 보호를 위해 자본금의 1/2에 달할 때까지 매 결산기에 현금배당액의 1/10 이상의 금액을 의무적으로 적립(내부유보)한 이익잉여금을 말한다. 법정적립금은 주주배당에 사용할 수 없으며 결손보전의 목적으로만 사용할 수 있다.
- **임의적립금**은 주주들 스스로 주주총회의 결의에 의해 자발적으로 적립한 이익잉여금을 말한다. 임의적립금은 사업확장적립금, 감채적립금, 배당평균적립금 등으로 사용목적이 정해진다. 감채적립금은 사채상환에 대비해 적립하는 것이며, 배당평균적립금은 이익이 많은 해에 적립했다가 추후 이익이 적을 때에도 안정적으로 배당을 지급하기 위해 적립하는 것이다.

• **미처분이익잉여금**은 사용목적을 정하지 않고 일시적으로 유보한 이익이며 배당 가능한 이익잉여금이다.

제3절 손익계산서

손익계산서(income statement)는 회계기간 동안의 수익과 비용을 대응시켜 기업의 경영성과를 나타내는 회계보고서이다.

손익계산서에서 수익(revenue)은 한 기간 동안 영업활동을 통해 자산을 증가시킨 항목을 말한다. 대표적인 수익항목은 기업의 매출수익이다. 비용(expenses)은 수익을 창출하기 위해 자산을 소비시킨 항목 또는 부채를 증가시킨 항목을 말한다. 비용항목에는 영업비용, 이자비용, 법인세비용 등이 포함된다. 손익계산서에서는 매출액(판매수익)에서 비용이 차례대로 차감되면서 매출총이익, 영업이익, 법인세차감전순이익, 당기순이익 등이 차례로 계산된다.

손익계산서

+	매출액
−	매출원가
=	매출총이익
−	판매비와 관리비
−	연구개발비
+	기타영업수익
−	기타영업비용
=	영업이익
+	금융수익
−	금융비용
=	법인세비용차감전순이익(세전이익)
−	법인세비용
=	당기순이익(세후이익)

손익계산서의 수익과 비용 항목을 설명하면 다음과 같다.

- **매출액**은 상품 · 제품의 판매, 용역의 제공과 같은 중심적 영업활동에서 획득되는 수익을 말한다.
- **매출원가**는 판매된 상품 · 제품의 취득원가(제조원가)를 말한다.
- **매출총이익**은 매출로부터 획득한 총이익을 말한다.
- **판매비와 관리비**는 판매활동과 기업의 일반관리활동에서 발행하는 비용으로 임금, 판매수수료, 감가상각비, 보험료, 임차료 등이 포함된다.
- **기타영업수익**은 매출 이외의 영업활동에서 발생한 수익을 말한다(임대료수익, 수수료수익, 로열티수익, 유형자산처분이익).
- **기타영업비용**은 판매와 관리, 연구개발 이외의 기타 영업 관련 활동에서 발생한 비용을 말하는데 유형자산처분손실도 여기에 속한다.
- **영업이익**은 영업 관련 활동에서 발생한 이익으로 기업의 장기적인 이익창출능력을 파악하는 지표로 볼 수 있다.
- **금융수익**은 보유 금융자산에 발생하는 수익(이자수익 등)을 말한다.
- **금융비용**은 이자비용이다.
- **법인세차감전순이익**
- **법인세비용**은 기업의 이익에 부과되는 세금비용을 말한다.
- **당기순이익**은 주주에게 귀속되는 이익으로 그만큼 주주의 청구권인 자본이 증가하게 된다. 순이익이 음수(−)인 경우에는 순손실이라고 부르며 그만큼 자본이 감소하게 된다.

순이익과 현금흐름의 차이

발생주의 회계(accrual accounting)는 현금흐름과 상관없이 수익과 비용을 발생시키는 경제적 사건(거래)이 일어났을 때 수익과 비용으로 인식(재무제표에 기록)하는 회계처리 원칙을 말한다. 손익계산서는 발생주의 원칙에 의해 작성되기 때문에 손익계산서 상의 순이익과 실제 현금흐름과는 차이가 있다.

감가상각과 현금흐름

22%의 법인세율이 적용되는 기업에서 현금 100만원을 지급하고 구입한 기계설비에 대해 내용연수 5년 후의 잔존가치는 0이며 매년 동일한 금액으로 감가상각하는 정액법을 적용하는 경우를 생각해보자.

기계설비에 대한 비용은 5년 동안 매년 20만원((100만원 – 0)/5년)의 감가상각비를 통해 인식된다. 그러나 감가상각비 20만원은 '수익 · 비용 대응의 원칙'에 의해 계산된 회계상의 숫자일 뿐 실제 현금지출이 아니다. 실제 현금유출(100만원)은 기계설비를 구입할 당시에 이미 발생한 것이다.

감가상각비 20만원은 5년 동안 손익계산서에 비용으로 계상되어 그 금액만큼 세전이익을 감소시키고, 결과적으로 매년 4.4만원(20만원×22%)의 법인세비용을 감소(절약)시킨다. 실제로 현금이 유출되는 비용인 법인세가 감소하므로 결과적으로 현금유입이 증가하는 효과가 발생하는 것이다.

여기에서 내용연수 5년은 세법이 정하는 감가상각기간일 뿐 기계설비에 대한 기술적 · 경제적 사용기간과는 아무 상관이 없다. 잔존가치도 세법에서 정하는 금액일 뿐 5년 후 또는 실제 사용기간 후의 시장가치(실제로 지금은 알 수도 없지만)와는 상관이 없다.

제4절 현금흐름표

현금흐름표(statement of cash flows)는 기업이 실제로 현금흐름을 얼마나 창출하여 어떻게 사용하였는지 그리고 현금이 부족한 경우에는 어떻게 조달하였는지에 대한 정보를 제공한다. 현금흐름에 대한 정보가 중요한 이유는 회계적인 당기순이익만으로는 기업의 경영 상태를 파악하는 데 한계가 있다. 그리고 현금흐름은 기업가치와 주주가치, 그리고 기업의 채무이행능력을 평가하는 데 중요한 자료로 활용된다.

현금흐름의 관점에서 본 기업의 활동

"주주와 채권자로부터 조달한 현금으로 영업에 필요한 자산에 투자하고, 영업을 통해 현금흐름을 창출한다. 창출된 현금의 일부는 영업활동을 유지 · 확대하기 위해 재투자되고, 나머지는 자본투자자들에게 이자와 배당으로 지급된다. 이러한 과정에서 현금이 부족하면 재무활동을 통해 자본투자자들로부터 현금을 조달한다."

1. 현금흐름표의 구조

현금흐름표에서는 기업의 활동에 따라 다음과 같은 구조로 현금흐름을 보고한다.

현금흐름표

	영업활동 현금흐름(= 유입 − 유출)
+	투자활동 현금흐름(= 유입 − 유출)
+	재무활동 현금흐름(= 유입 − 유출)
=	현금의 증가/감소(= 총유입 − 총유출)
+	기초의 현금
=	기말의 현금

기업의 현금흐름은 기업의 활동에 따라 3가지로 구분된다.

(1) 영업활동 현금흐름

영업활동 현금흐름은 기업 경영의 주된 목적이 되는 재화와 용역을 생산 · 판매하는 상거래로 인한 현금유입과 현금유출이다. 즉 주로 손익계산서 항목과 관련된 현금의 수취와 지급을 말한다.

현금유입액: 매출액, 이자수익, 배당금수익 등

현금유출액: 매입비용, 판매관리비, 법인세비용 등

(2) 투자활동 현금흐름

투자활동 현금흐름은 영업활동에 필요한 유·무형의 영업자산을 취득(현금유출)하고 처분(현금유입)하면서 발생하는 현금흐름을 말한다.

현금유입액: 영업자산(유형자산, 무형자산)의 처분대금
현금유출액: 영업자산(유형자산, 무형자산)의 취득대금

(3) 재무활동 현금흐름

재무활동 현금흐름은 영업·투자활동에 필요한 자금을 조달(주식 및 사채발행)하고, 과거에 조달했던 자금을 반환(사채상환)하고, 자본의 사용대가를 지급(이자지급, 현금배당지급)하는 현금흐름을 말한다.

현금유입액: 사채발행가액, 주식발행가액, 장·단기차입금
현금유출액: 사채상환액, 이자지급액, 장·단기차입금 상환액

2. 잉여현금흐름

기업이 현금흐름을 창출하는 원천은 영업활동이다. 영업활동에서 창출한 현금흐름에서 영업자산을 보충하고 미래 성장을 위한 재투자액을 차감한 것이 기업이 창출한 **순현금흐름**(net cash flow) 또는 **잉여현금흐름**(FCF: free cash flow)이다. "잉여(free)"는 채권자와 주주에게 자유롭게 배분할 수 있다는 의미이며, FCF는 기업의 현금창출능력을 평가하는 중요한 지표이다.

영업·투자활동을 통해 창출하는 순현금흐름은 **자산에서의 현금흐름**(cash flow from asset)이라고 할 수 있다. 한편 기업의 자산가치는 부채와 자본가치의 합과 같다는 재무상태표의 개념을 따라 영업·투자활동을 통해 창출한 순현금흐름(FCF)은 재무활동을 통해 자본투자자(채권자와 주주)에게 배분된다.

순현금흐름(FCF) = 채권자에 대한 순지급액 + 주주에 대한 순지급액

재무활동 현금흐름은 FCF의 배분(처분)을 나타내므로 FCF가 음(−)인 경우에는 신규차입이나 유상증자와 같은 재무활동을 통해 자금을 조달했다는 것을 의미한다. 만약 재무활동을 통한 자금조달이 충분하지 않았다면 이자지급, 부채상환, 배당지급 등을 할 수 없었을 것이다.

FCF가 음(−)이 되는 경우는 다음의 두 가지로 구분해 볼 수 있다.

첫째, 영업활동의 수익성이 낮아 영업활동 현금흐름이 부족한 경우이다. 이 경우에는 기업유지와 성장에 필요한 자금을 기업이 자체적으로 조달할 수 없다. 이러한 상황에서 외부자본조달(신규차입, 유상증자)이 어려운 경우에는(이러한 기업은 실제로 그러할 가능성이 높다) 투자를 축소해야 하고, 영업활동 현금흐름이 하락하는 악순환을 겪게 되어 결국은 채권자에 대한 지급의무를 이행할 수 없게 되는 등 부실기업으로 전락할 가능성이 높아진다.

둘째, 영업활동 현금흐름이 충분히 창출되고 있지만 성장을 위한 대규모 투자 때문에 일시적으로 FCF가 음(-)이 되는 경우이다. 투자의 결과로 미래에 더 많은 영업활동 현금흐름이 창출되면 FCF는 많은 양(+)의 값으로 전환될 수도 있다. 따라서 FCF가 음(-)이라는 것만을 가지고 현금창출능력이 없는 부실기업이라고 단정할 수는 없다.

3. 잉여현금흐름의 내용

자산에서의 현금흐름(FCF)은 내용에 따라 영업현금흐름, 자본지출, 순운전자본의 변동으로 구분할 수 있다.

- **영업현금흐름**(operating cash flow: OCF)은 일상적인 영업(생산 · 판매)활동으로부터 발생하는 순현금유입, 즉 영업활동현금유입에서 모든 영업비용을 차감한 순유입을 말한다. 영업현금흐름은 기업의 근본적인 현금창출능력을 나타내기 때문에 중요한 의미를 갖는다. 손익계산서에서 영업현금흐름은 다음과 같이 계산된다.

OCF = 영업이익 - 이자비용 - 법인세비용 + 감가상각비

- **자본지출**(net capital spending)은 비유동자산에 대한 순지출(비유동자산 매입대금 - 비유동자산 매각대금)을 말하며 재무상태표에서 자본지출은 다음과 같이 계산된다.

자본지출 = 기말 비유동자산 - 기초 비유동자산 + 감가상각비

기말 비유동자산은 자본지출과는 상관없이 기초에 비해 감가상각비만큼 감소하기 때문에 자본지출을 계산하기 위해서는 감가상각비를 다시 더해주어야 한다. 예를 들어, 기초(전기말)에 비유동자산이 100억원이고 감가상각비가 10억원인데 비유동자산에 대한 투자가 없었다면 기말 비유동자산은 90억원으로 계상되고 감가상각비를 더해주지 않으면 자본지출이 −10억원으로 계산되는 오류가 발생하게 된다.

- **순운전자본**(net working capital: NWC)의 변동은 순운전자본(유동자산−유동부채)에 추가로 투입된 금액을 말하며 재무상태표에서 다음과 같이 계산된다.

순운전자본의 변동 = 기말 순운전자본 - 기초 순운전자본

4. 채권자와 주주에의 현금흐름

- **채권자 현금흐름**(cash flow to creditors(bondholders))은 채권자에게 지급하는 이자비용에서 순차입금(신규차입금−차입금 상환액)을 차감한 금액이다.

채권자에 대한 순지급액 = 이자비용 + 차입금 상환액−신규차입금

- **주주 현금흐름**(cash flow to stockholders)은 현금배당지급액에서 유상증자를 통한 신규주식발행액을 차감한 금액이다. 신규주식발행액은 재무상태표에서 자본금

과 주식발행초과금의 증가액으로 나타난다.

주주 현금흐름 = 현금배당지급액−신규주식발행액

5. 주주잉여현금흐름(FCFE: free cash flow to equity)

주주들은 자산을 운용해서 얻은 기업 전체의 현금흐름에서 채권자에 대한 재무적 부담과 재투자자금을 차감한 잔여현금흐름에 대해서만 청구권을 갖는데 이를 **주주잉여현금흐름**이라고 한다. 기업가치 또는 주주가치(주가)는 주주잉여현금흐름에 의해 평가되기 때문에 주주에게 주주잉여현금흐름은 매우 중요한 의미를 갖는다.

손익계산서 형식을 이용하면 주주잉여현금흐름은 다음과 같이 계산된다.

	매출액
−	영업비용
=	이자, 법인세, 감가상각비, 감모상각비 차감전 이익(EBITDA)
−	감가상각비 및 감모상각비
=	이자 및 법인세 차감전 이익(EBIT)(영업이익)
−	이자비용
=	법인세 차감전 이익(EBT)
−	법인세
=	법인세 차감후 순이익(당기순이익)
+	감가상각비 및 감모상각비
=	영업현금흐름(OCF)
−	자본지출
−	순운전자본 증가액
=	잉여현금흐름(FCF)
−	차입금 상환액
+	신규차입금
=	주주잉여현금흐름(FCFE)

EBITDA: Earnings Before Interest, Tax, Depreciation and Amortization
EBIT: Earnings Before Interest and Tax
EBT: Earnings Before Tax

6. 현금흐름과 순이익

기업의 경영성과와 주주의 수익성을 파악하는 데는 일반적으로 회계적인 당기순이익을 사용한다. 그러나 당기순익만으로는 기업의 경영상태를 파악하기 어려운 경우가 있으며 이러한 경우에 현금흐름은 중요한 역할을 한다. 그리고 기업과 주주가치 평가에는 당기순이익이 아니라 현금흐름이 사용된다. 당기순이익과 현금흐름의 차이는 다음과 같은 요인에 의해 발생한다.

- **비현금비용**(non-cash expense)

정확한 현금흐름을 계산하기 위해서는 감가상각비와 같이 현금지출을 수반하지 않는 비현금비용이 당기순이익에 더해져야 한다. 거액의 설비투자가 필요한 장치산업에서는 감가상각비의 규모가 크기 때문에 보고된 당기순이익은 실제 현금흐름에 비해 적게 나타날 것이다.

- **자본적 지출과 순운전자본**

당기순이익에는 자본적 지출과 순운전자본의 변동이 반영되지 않는다. 따라서 설비와 영업확장을 위해 많은 자본적 지출과 순운전자본이 필요한 고성장기업에서는 당기순이익이 발생했음에도 불구하고 부족한 현금을 신규차입이나 주식발행으로 조달해야 할 것이다.

- **감가상각법**

기업의 회계처리방식에 따라 순이익은 증가하지만 현금흐름이 감소할 수도 있고, 반대로 순이익은 감소하지만 현금흐름이 증가할 수도 있다. 예를 들어, 감가상각을 정액법에서 가속상각법[1]으로 변경하면 감가상각비(비현금비용)가 증가하여 순이익은 감소하게 된다. 하지만 증가된 감가상각비만큼 세전이익(과세대상 이익)과 법인세비용이 감소하고, 절약된 세금만큼 현금흐름은 증가하게 된다. 이때 세금절약액은 감가상각비

---

1) 가속상각법(accelerated depreciation): 감가상각방법의 하나로 내용연수 초기에 많은 금액을 상각하고 내용연수가 지나감에 따라 감가상각비를 줄여서 회계에 반영하는 원가배분법을 말한다(제5장 투자프로젝트의 가치평가 참조).

증가액에 법인세율을 곱한 값이다. 반대로 가속상각법에서 정액법으로 변경하면 현금흐름을 희생해서 순이익을 증가시킬 수 있다.

• **재고자산 평가**

인플레이션기간에 재고자산 평가를 선입선출법(FIFO: First In First Out)에서 후입선출법(LIFO: Last In First Out)로 변경하면 매출원가가 증가하고 당기순이익은 감소한 것으로 나타난다. 하지만 법인세비용을 절약할 수 있어 그만큼 현금흐름은 증가하게 된다.

7. 현금흐름표의 예시

〈표 2-1〉는 현금흐름의 창출과 배분을 설명하기 위한 예시이다.

(주)한국은 재화 · 용역을 판매하는 영업활동에서 100억원을 벌어들였고, 영업활동에 투자한 60억원을 차감한 결과 40억원의 순현금흐름(FCF)을 창출하였다. 이 40억원은 채권자에게 30억원, 그리고 주주에게 10억원이 배분되었다. 채권자에 대한 순지급

표 2-1 (주)한국의 순현금흐름 창출과 배분 (단위: 억원)

기업이 창출한 순현금흐름		
영업활동에서의 순현금유입	100	← 영업활동 현금흐름
운전자본 투자	(10)	← 투자활동 현금흐름
비유동자산 투자	(50)	
순현금흐름(FCF)	40	
자본투자자에 대한 현금흐름 배분		
채권자에 대한 순지급 (이자+부채상환−신규차입)	(30)	← 재무활동 현금흐름
주주에 대한 순지급 (배당−유상증자 납입)	(10)	
현금흐름 배분액	(40)	

액 30억원은 이자지급 20억원과 금융부채 상환 20억원에서 신규차입 10억원을 차감한 금액이다. 주주에 대한 순지급액 10억원은 배당지급 20억원에서 유상증자 납입액 10억원을 차감한 금액이다.

기업의 순현금흐름(FCF)이 순유입(+)이면 이 금액이 자본투자자에게 지급된 것이기 때문에 재무활동 현금흐름은 순유출(−)로 나타난다. 기업의 순현금흐름(FCF)이 순유출(−)인 경우에는 외부에서 자금을 조달해야 하므로 재무활동 현금흐름은 순유입(+)으로 나타나게 된다. 즉, 신규차입이나 유상증자를 통해 유입된 현금이 이자, 부채상환, 배당 등으로 유출된 현금보다 많다는 것을 의미한다.

연습문제

1. '주식회사의 외부회계감사에 관한 법률(일명 외감법)'에 의해 자산규모가 일정액(직전 연도 자산총액 120억원 초과 등)을 넘는 주식회사는 기업회계기준에 의거하여 재무제표를 작성한 후 의무적으로 외부감사인(공인회계사(CPA))으로부터 회계감사를 받아야 한다. 외부감사인이 감사보고서에 표명하는 감사의견이 "부적정의견"으로 제시되었다면 이는 무엇을 의미하는 것인가?

2. 기업에서 이익잉여금을 법정 적립금 또는 준비금 이외에 자발적으로 임의적립금으로 처분(appropriation)하는 이유는 무엇인지 설명하라.

3. 기업의 경영성과를 파악하기 위해서 일반적으로 회계적 이익인 당기순이익을 사용한다. 이때 실제 기업에서 발생하는 현금흐름의 크기와는 차이가 발생하게 되는데 그 이유를 설명하라.

4. (주)한국의 유동자산은 350억원, 비유동자산은 1,500억원, 유동부채는 290억원 그리고 비유동부채(장기부채)가 900억원이라면, (주)한국의 자기자본과 순운전자본(NWC)는 얼마인가?

5. (주)대한의 2021년도 매출액은 500억원이고 매출원가는 350억원이다. 감가상각비가 45억, 이자비용 30억원, 법인세가 40%라면 (주)대한의 순이익은 얼마인가? 또한 배당을 50억 예상하고 있다면 이익잉여금은 얼마가 증가되겠는가?

6. 아래에 주어진 (주)한국의 2021년도 회계자료를 이용하여 2021년도 요약손익계산서 및 2020년도, 2021년도 요약재무상태표를 작성하라(단 법인세율은 22%, 단위: 억원).

	2020년	2021년
매출액	5,314	5,618
매출원가	3,522	3,744
감가상각	896	963
이자	290	296
배당	336	350
유동자산	3,316	3,530
비유동자산	8,455	8,760
유동부채	2,114	2,366
비유동부채	4,217	3,196

제 Ⅱ 편

자산의 가치평가

제 3 장

화폐의 시간가치

C	현금흐름	FV_n	n시점의 미래가치
C_t	t시점의 현금흐름	PV	현재가치
n	마지막 현금흐름이 발생하는 시점	r	이자율, 수익률, 할인율
FV	미래가치	g	성장률

제1절 화폐의 시간가치

1. 화폐의 시간가치 개념

"지금 100만원"과 "내일 100만원" 중 하나를 선택하라면 누구나 "지금 100만원"을 선택할 것이다. 그 이유는 "미래의 100만원"보다 "현재의 100만원"의 가치를 크게 평가하기 때문이다. 이처럼 같은 금액이라도 시점에 따라 가치가 다르게 평가되는데 이를 화폐의 시간가치(time value of money)라고 한다. 화폐의 시간가치를 감안하면 **"빨리 받고, 천천히 줘라"**는 금전 거래의 원칙이 성립한다.

2. 미래가치와 현재가치

(1) 미래가치와 복리

"100만원을 연 10%의 이자에 정기예금하면 2년 후에는 얼마를 받을 수 있을까?" 이처럼 현재 시점의 일정 금액을 미래 특정 시점의 가치로 환산한 금액을 **미래가치**(future value: ***FV***)라고 한다. 정기예금의 경우 미래가치는 원금과 이자의 합으로 계산되는데 이자를 계산하는 방식에는 단리와 복리의 두 가지가 있다.

- **단리**(단순이자: simple interest)는 이자가 재투자되지 않고 원금에 대해서만 이자가 발생하는 방식이다.
- **복리**(복합이자: compounding interest)는 원금과 함께 과거에 발생한 이자에 대한 이자가 반복하여 발생하는 방식이다. 실제 금융거래에서 별도의 언급이 없는 경우에는 복리계산방식을 적용한다.

연이자율 r에 대해 현재의 현금(C_0)에 대한 미래의 n시점의 미래가치는 다음과 같다.

$$\text{단리}: FV_n = C_0(1 + r + \cdots + r) = C_0(1 + nr)$$
$$\text{복리}: FV_n = C_0(1 + r) \cdots (1 + r) = C_0(1 + r)^n$$

$(1+r)^n$은 현재의 1원에 대한 n기간 말의 미래가치를 나타내며, 이를 복리이자요소 또는 **미래가치계수**(future value interest factor: ***FVIF***(r, n))라고 한다. 부록의 〈미래가치표〉는 미래가치계수를 표(table)로 수록한 것이다. [그림 3-1]은 미래가치표를 그래프로 표시하여 복리효과를 시각적으로 나타낸 것이다.

이자계산방식과 정기예금 원리금

단리: 100만원(1+0.1+0.1)=120만원
복리: 100만원(1+0.1)(1+0.1)=121만원

단리에서는 2년차에도 원금 100만원에 대해서만 이자가 발생한다. 하지만 복리에서는 2년차에 원금 100만원에 1년차 이자 10만원이 더해진 110만원에 대해 이자 11만원이 발생한다.

(2) 현재가치와 할인

현재가치(present value: *PV*)는 미래 특정 시점($t=n$)의 일정한 금액을 현재시점($t=0$)의 가치로 환산한 것이다. 미래가치를 현재가치로 환산하는 것을 **할인**(discount)이라고 하며 이때 적용하는 환산율 r을 **할인율**(discount rate), $1/(1+r)$을 할인요소(discount factor)라고 한다.

미래가치가 현재가치에 대해 이자율 r로 n기간 동안 복리를 적용한 것이라면, 현재가치는 미래가치에 대해 할인율 r로 n기간 동안 할인을 적용한 것이다. 따라서 현재가치 계산은 미래가치 계산의 역으로 생각할 수 있다.

$$FV_n = C_0(1+r)^n$$

$$PV = \frac{C_n}{(1+r)^n} = C_n(1+r)^{-n}$$

그림 3-1 복리효과와 미래가치

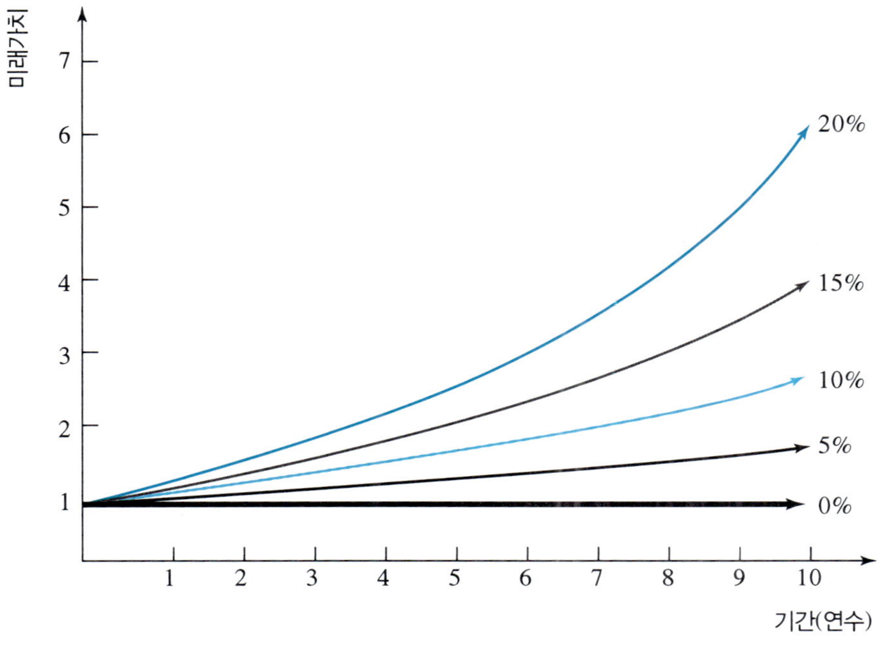

그림 3-2 **할인효과와 현재가치**

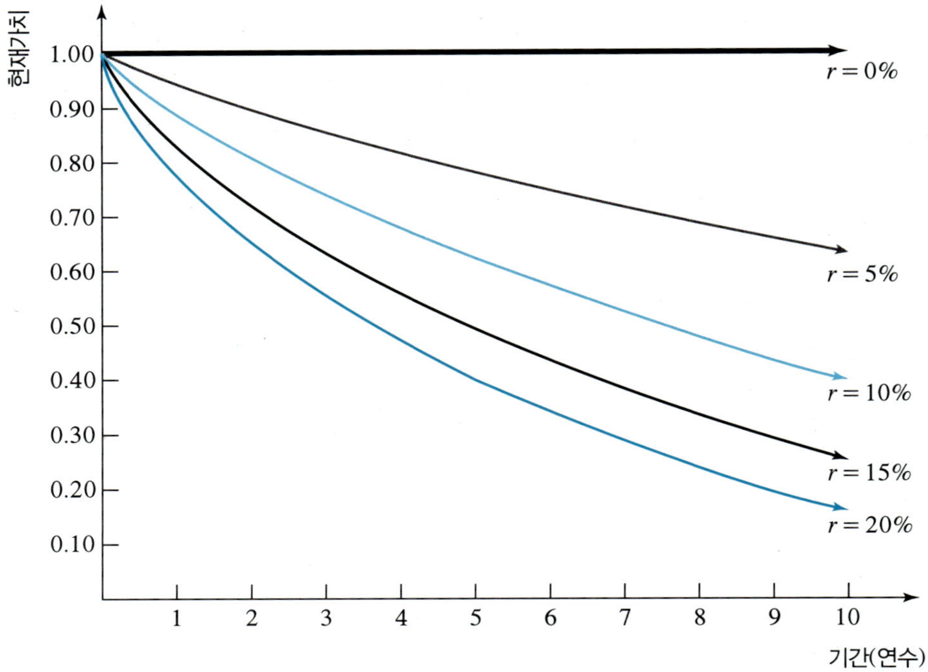

$1/(1+r)^n$은 미래 n시점의 1원에 대한 현재가치를 나타내며, 이를 현가이자요소 또는 **현재가치계수**(present value interest factor: $PVIF(r, n)$)라고 한다. 부록의 〈현재가치표〉는 현재가치계수를 표(table)로 수록한 것이다. [그림 3-2]는 현재가치표를 그래프로 표시하여 할인효과를 시각적으로 나타낸 것이다.

맨하탄의 투자가치

세계의 금융중심지 월가(Wall Street)가 위치한 맨하탄(Manhattan Island)은 1626년 네덜란드인 총독이 원주민으로부터 $24에 상당하는 물건(보석이라는 설과 술이라는 설이 있음)을 주고 구입하였다고 한다. 맨하탄 구입가격 $24를 5%, 7.5%, 10%의 수익률로 2021년까지 395년 동안 투자했을 경우의 투자수익은 다음과 같다.

$\$24(1+0.05)^{395}=\$5,623,210,928$ (약 56억 달러)

$\$24(1+0.075)^{395}=\$66,172,273,432,467$ (약 66조 달러)

$\$24(1+0.1)^{395}=\$537,429,967,315,080,000$ (약 53경 달러)

53경 달러는 맨하탄뿐 아니라, 전 미국과 캐나다, 그리고 멕시코를 모두 사고도 남는 돈이라고 한다. 기간이 길어질수록 복리효과가 어마어마하게 증가하는 것을 알 수 있다.

투자기간이 길어질수록 투자수익은 수익률에 민감하게 영향을 받는다. 마찬가지로 현재로부터 멀어질수록 미래 현금흐름의 현재가치도 할인율에 민감하게 영향을 받게 된다. 따라서 정확한 현재가치와 미래가치를 계산하기 위해서는 정확하게 추정된 이자율과 할인률을 사용하는 것이 매우 중요하다.

알라스카의 가치

미국의 49번째 주인 알라스카(Alaska)는 1867년에 미국의 국무장관인 Seward가 주도하여 제정 러시아로부터 720만 달러에 구입한 것이다. 당시 미국 정부는 쓸모없는 황무지를 구입하는데 막대한 세금을 낭비한다는 비난을 받았다. 그 후 알라스카에서 막대한 지하자원과 함께 전략적인 가치가 발견되면서 알라스카 매매는 러시아에게는 "인류 역사상 가장 어리석은 거래"로, 미국에게는 엄청난 이익으로 평가되고 있다. 알라스카 제2의 도시인 Seward는 국무장관 Seward를 기리기 위한 것이다. 알라스카 구입가격 720만 달러를 수익률 5%와 10%로 2021년까지 154년 동안 투자했을 경우의 투자가치과 현재 알라스카의 가치 중 어떤 것이 클 것인가?

$720만 $(1+0.05)^{154}=\$13,197,283,713$ (약 132억 달러)
$720만 $(1+0.10)^{154}=\$17,053,204,920,192$ (약 17조 달러)

제2절 이자율과 수익률

1. 수익률의 개념

투자란 "유보(희생)된 **현재** 소비를 최대한의 미래 소비로 전환하기 위해 **미래**에 소득을 창출해낼 자산을 취득하는 행위"이다. 즉 투자는 "현재의 현금흐름을 미래의 현금흐름으로 교환"하는 일이다. 이 과정에서 투자자는 두 가지 희생에 대한 보상을 요구하게 된다.

우선 생명이 유한한 투자자는 본능적으로 미래 소비(현금흐름)보다는 현재 소비(현금흐름)를 선호하는데 이를 **시간선호**(time preference)라고 한다. 따라서 투자자는 현재 소비를 미래로 연기하는데 대해 보상을 요구하는데 이를 **시간보상**이라고 한다.[1)]

한편 **현재** 소비를 희생하는 것은 **확실**하지만 **미래**의 투자성과(미래 소비)는 **불확실(위험)**하다. 불확실성(위험)을 싫어하는 투자자는 투자위험(투자성과의 불확실성)에 대한 보상을 요구하는데 이를 **위험보상** 또는 **위험프리미엄**(risk premium)이라고 한다.

기대수익률 = 시간보상 + 위험프리미엄

수익률은 미래에 대한 기대(예상)에 근거한 것이기 때문에 **기대수익률**(expected rate of return)이다.[2)]

투자를 위해서는 위험수준이 같은, 즉 같은 기대수익률을 제공하는 투자기회를 포기해야 한다. 그런 의미에서 기대수익률은 자본의 기회비용(**기회자본비용**(opportunity cost of capital))이다. 또한 기대수익률은 주어진 투자위험에 대해 투자자가 받아들일 수 있는 최소한의 수익률이며 이런 의미에서 **요구수익률**(required rate of return)이다. 가치를 증가시키기 위해서는 기회자본비용(요구수익률)보다는 높은 수익률을 제공하는 투자를 선택해야 한다. 기회자본비용(요구수익률)보다 수익률이 낮은 투자를 선택하면 투자손실(가치 하락)이 발생한다.

잘 작동하는 자본시장에서는 동일한 위험수준의 투자에 대해 동일한 기대수익률이 결정될 것이다. 그런 의미에서 기대수익률은 **시장수익률**(market rate of return)이다. 즉 투자(현금흐름)의 가치 평가와 투자 선택에 사용되는 기대수익률 또는 할인율은 투자자가 결정하는 것이 아니라 시장에서 결정되는 것이다.

---

1) 시간선호는 주관적인 것으로 개인의 특성(성격, 연령 등)이나 문화적인 차이에 따라 다를 수 있다. 남은 여생이 길지 않은 노년층은 젊은층보다 시간선호가 클 것이다. 현재보다 미래를 중시하는 미래지향적 사회분위기에서는 시간보상이 상대적으로 적을 것이다.

2) 불확실성의 세계에서 기대수익률이 실현된다는 보장은 없다. 사후적으로 실현된 수익률을 **실현수익률**(realized rate of return) 또는 **역사적 수익률**(historical rate of return)이라고 한다.

우정의 시장가격

은행 정기예금 이자율이 10%인 상황에서 절친인 A가 "1년 후에 110만원을 갚는 조건으로 100만원을 빌려달라"는 요청을 하였다. 1년 후 A로부터 110만원을 돌려받을 확률은 은행예금보다는 상대적으로 적을 것이다.[3] 설명을 편의를 위해 은행(자본시장)의 신용평가 결과 A의 신용위험(채무불이행위험)에 적절한 기대수익률(또는 대출이자율)이 17%라고 가정하자. 이런 상황에서 A에게 대여(투자)하면 기대되는 투자손실은 약 6만원이다.[4] 절친 A로부터 투자수익을 얻기 위해서는 17% 이상의 고금리를 취해야 한다.

$$\text{대여(투자)의 가치: } -100\text{만원} + 110\text{만}/(1+0.17)$$
$$= -100\text{만원} + 94\text{만원} = \text{약 } -6\text{만원}$$

(1) 이자율, 수익률, 할인률

이자율(interest rate)과 수익률(rate of return)은 흔히 r로 표시되는데 일정 기간(통상 1년) 동안의 투자성과를 나타낸다. 현재가치를 미래가치로 환산할 때에는 $(1+r)$이 승수로 사용된다. 이자율과 수익률은 혼용되지만 다음과 같이 구분할 수 있다. **이자율**은 정기예금과 같이 투자 당시에 수익이 약속된(확정된) 경우에 사용한다. **수익률**은 주식, 채권, 은행의 신탁상품, 투자신탁의 수익증권, 각종 투자펀드, 부동산투자 등과 같이 투자 수익이 사후에 결정되는 경우에 사용한다.[5]

할인율(discount rate)의 개념은 이자율(수익률)과 같다. 다만 미래가치를 현재가치로 환산할 때에는 $1/(1+r)$이 승수로 사용된다.

---

3) 은행이 예금을 상환하지 못할 가능성은 현실적으로 매우 낮다. 뿐만 아니라 은행예금은 5,000만원 한도 내에서 예금보험공사에서 지급을 보증하고 있다.

4) 다른 각도에서 생각하면 A와 위험수준이 같은 대여(투자)에는 94만원(110만원/1.17)만이 필요하다. 6만원의 손실을 예상하면서도 A에게 대여하는 것은 우정 때문일 것이다. 따라서 기대손실 6만원은 우정의 시장가격이라고 할 수 있다.

5) 채권에서는 이자율(액면이자율)과 수익률이 다른 의미를 갖고 있기 때문에 명확하게 구분해서 사용해야 한다. 이 내용은 제4장(채권과 주식의 가치평가)에서 설명한다.

(2) 무위험수익률

투자에는 다양한 위험이 수반된다. 그중에서 가장 기본적인 위험은 지급약속이 이행되지 않는 **신용위험**(credit risk)이다. 국채는 국가의 발권력을 바탕으로 발행되기 때문에 약속된 이자와 액면가를 상환하지 못할 위험, 즉 **채무불이행위험**(default risk) 또는 **지급불능위험**(부도위험)이 없다. 이처럼 지급불능위험이 없어 투자 당시의 지급약속이 보장되는 자산을 **무위험자산**(risk-free asset)이라고 하며, 무위험자산의 수익률을 **무위험이자율**(r_f: risk-free interest rate) 또는 **무위험수익률**이라고 한다.[6)]

2. 이자율(수익률)의 표시 방식

(1) 표시이자율과 실효이자율

지금까지는 편의상 1년 동안 이자가 한 번 지급(복리가 1회 계산)된다고 가정하였다. 그러나 보통예금과 회사채는 이자가 매 3개월마다(1년에 4회) 계산된다. 때로는 매월(1년에 12회) 이자를 계산하는 월복리금융상품이 판매되기도 한다. 복리는 이자에 이자를 지급하는 것이므로 이자를 계산하는 횟수(복리 계산 횟수)가 늘어날수록 미래가치(원리금)는 커지게 된다.

표시이자율(annual percentage rate: *APR*)은 계약서나 금융상품에 명시되는 이자율(quoted interest rate)을 말한다.[7)]

$$APR = \text{복리를 계산하는 기간당 이자율} \times \text{연간 복리계산 횟수}$$

같은 표시이자율에 대해서도 연간 복리계산 횟수가 많을수록 실제 지급받는 이자는 커진다. 반대로 대출의 경우에는 연간 이자지급 횟수가 늘어날수록 많은 이자를 부

6) 국채수익률을 무위험이자율로 정의하지만 실제 채권시장에서는 다양한 만기의 국채수익률이 존재하지 않는다. 따라서 실제로는 거래가 활발해서 유동성이 풍부하고 다양한 만기의 수익률을 관찰할 수 있는 양도성예금증서(CD) 수익률을 무위험수익률로 대용하고 있다.

7) 월 1%의 이자를 지급하는 대출의 APR은 12%(1% × 12)이다.

담하게 된다.

실효이자율(effective annual rate: *EAR*)은 1년 동안 실제로 지급받거나 부담하는 이자율을 말한다.

$$EAR = \left(1 + \frac{APR}{m}\right)^m - 1$$

m: 연간 복리계산 횟수

EFFECT(Nominal_rate, Nprey) = EFFECT(연간 명목이자율, 연간 복리계산 횟수)

8%의 명목이자율에 대해 연간 복리계산 횟수에 따른 실효이자율은 다음과 같다.

복리방식	계산식	excel	EAR(%)
연	$(1+0.08)-1$	EFFECT(8%, 1)	8.0000
6개월	$\left(1+\frac{0.08}{2}\right)^2-1$	EFFECT(8%, 2)	8.1600
3개월	$\left(1+\frac{0.08}{4}\right)^4-1$	EFFECT(8%, 4)	8.2432
월	$\left(1+\frac{0.08}{12}\right)^{12}-1$	EFFECT(8%, 12)	8.3000
일	$\left(1+\frac{0.08}{365}\right)^{365}-1$	EFFECT(8%, 365)	8.3278
연속[8]	$e^{0.08}-1$		8.3287

APR과 EAR

이자계산방식이 다른 금융상품은 실효이자율로 비교할 수 있다.

---

8) **연속복리**(continuous compounding)는 무한번(∞) 복리를 계산하는 개념이다. 이자율 r에 대한 연속복리 실효이자율은 e^r-1이다. 여기에서 e(exp, exponential)는 자연대수라고 하며 2.7182818⋯ 값을 갖는 상수이다. C_0를 r의 이자율로 n년 동안 연속복리로 계산한 미래가치는 다음과 같다. $FV_n = C_0e^{rn}$.
연속할인(continuous discounting)은 같은 개념을 할인에 적용한 것이다. C_n을 할인율 r로 n년 동안 연속할인한 현재가치는 다음과 같다. $PV = C_n/e^{rn} = C_ne^{-rn}$.
연속복리는 근사치를 구하는데 유용하다. 예를 들어, 월복리와 연속복리의 EAR에는 큰 차이가 없음을 알 수 있다. 한편 연속복리에 사용하는 지수함수(e^x)는 미분과 적분 과정에서 함수의 형태가 변하지 않는다는 장점이 있다.

A: 10.00%의 월복리 정기예금

B: 10.10%의 3개월복리 정기예금

C: 10.40%의 연복리 정기예금

$$EAR_A = (1 + 0.10/12)^{12} - 1 = 10.47\%$$

$$EAR_B = (1 + 0.101/4)^4 - 1 = 10.46\%$$

$$EAR_C = (1 + 0.104)^1 - 1 = 10.40\%$$

A가 명목이자율은 제일 낮지만 실제로는 가장 수익률이 높다. 반대로 대출의 경우라면 C가 대출계약서상에 표시되는 이자율은 가장 높지만 실제 이자 부담은 가장 적다.[9)]

(2) 명목수익률과 실질수익률

인플레이션(물가상승)에 의해 화폐의 구매력이 감소하면 미래 현금흐름의 구매력은 감소하게 된다. **실질수익률**(real rate of return)은 인플레이션을 반영하여 실질구매력을 기준으로 표시한 수익률이다.

$$1 + \text{실질수익률} = \frac{1 + \text{명목수익률}}{1 + \text{물가상승률}}$$

이 식을 실질수익률로 정리하면,

$$\text{실질수익률} = \frac{\text{명목수익률} - \text{물가상승률}}{1 + \text{물가상승률}} \approx \text{명목수익률} - \text{물가상승률}$$

수익률은 대부분 명목수익률로 표시한다. 하지만 투자의 본질이 미래 구매력을 극대화하는 것이기 때문에 실질수익률이 투자의사결정의 기준이 된다.[10)]

9) 화폐의 시간가치에 의한 재무의 제1원칙: 받는 돈을 빨리, 주는 돈은 천천히

10) 물가상승률은 투자기간 동안 예상되는 물가상승률이다. 경제가 안정적이라면 실질수익률과 물가상승률은 크지 않은 숫자이며, 정확한 숫자도 아니다. 따라서 편의상 약식을 이용해 근사치를 사용하는 경우가 많다.

장밋빛 노후, 지금부터 준비하자

노후준비 같은 중장기 재무목표는 투자자산으로 준비해야 하고, 젊을수록 투자자산의 비중을 높여야한다는 것은 상식이다. 20대는 80%, 40대는 60%, 50대는 50%가 투자자산의 연령대별 적정비율이라고 한다. 왜 그런지는 화폐의 시간적 가치 개념을 이해해면 쉽게 알 수 있다.

화폐는 시간이 지남에 따라 그 가치 또는 구매력이 떨어지게 돼 있다. 10년 전 1,000원과 현재의 1,000원은 액면가액은 같지만 그 가치는 서로 다르다는 뜻이다. 화폐가치가 이렇게 달라지는 이유는 물가상승(인플레이션) 때문이다. 10년 전 1,000원에 짜장면을 먹을 수 있었지만 지금은 5,000원이 필요하다.

이런 돈의 속성을 감안하면 재무설계를 어떻게 짜야할지 답이 분명해진다. 투자수익률이 최소한 물가상승률보다 높아야 목표자금이 부족하지 않게 된다. 만약 투자수익률과 물가상승률이 다같이 4%라면, 18년 뒤 투자원리금은 명목가치로 2,000만원이지만 물가상승을 감안한 실질가치는 여전히 1,000만원으로 재산가치가 전혀 늘어나지 않았음을 의미한다. 그러나 물가상승률은 4%지만 투자수익률이 8%라면, 물가상승을 감안한 실질가치를 기준으로 18년 뒤 투자원리금은 1,973만원에 이른다.

(중앙일보: 2012. 11)

제3절 현금흐름의 가치평가

현금흐름(cash flow: CF)은 방향에 따라 들어오는 현금유입(cash inflow)은 양수(+)로 표시하고, 나가는 현금유출(cash outflow)은 음수(−)로 표시한다.

시점(t)	0	1	2	…	$n-1$	n
현금흐름(C)		C_1	C_2	…	C_{n-1}	C_n

1. 현금흐름의 미래가치

현금흐름의 미래가치(FV_n)는 각 시점의 현금흐름을 미래가치로 환산하여 합한 것이다.

$$FV_n = C_1(1+r)^{n-1} + \cdots + C_n$$

그림 3-3 현금흐름의 미래가치

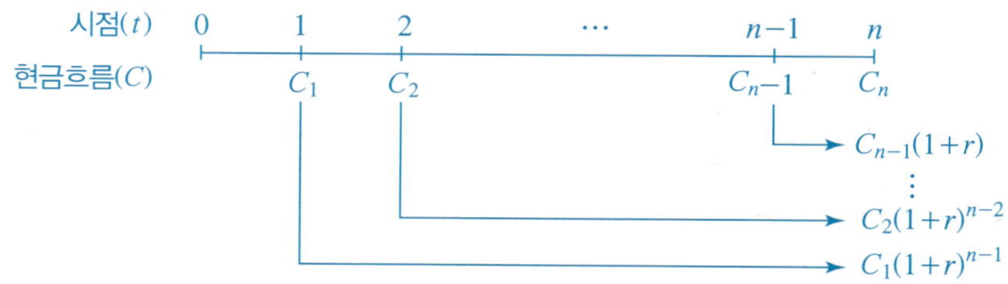

자유적립저축의 만기원리금

자유적립식저축예금은 원하는 시점에 원하는 금액을 저축하고 만기에 원리금을 지급받는 예금이다. 연이자율이 10%일 때, 가입 1년 후에 1만원, 2년 후에 3만원, 3년 후에 5만원을 저축한다면 만기인 3년 후의 원리금은?

$$FV_3 = 10{,}000(1+0.1)^2 + 30{,}000(1+0.10)^1 + 50{,}000 = 95{,}100\text{원}$$

만약, 가입시점에 1만원, 1년 후에 3만원, 2년 후에 5만원을 저축한다면 만기인 3년 후의 원리금은?

$$FV_3 = 10{,}000(1+0.1)^3 + 30{,}000(1+0.10)^2 + 50{,}000(1+0.10)^1 = 104{,}610\text{원}$$

2. 현금흐름의 현재가치

현금흐름의 현재가치는 각 시점의 현금흐름을 현재가치로 환산하여 합한 것이다.

$$PV = \frac{C_1}{(1+r)} + \frac{C_2}{(1+r)^2} + \cdots + \frac{C_n}{(1+r)^n}$$

그림 3-4 현금흐름의 현재가치

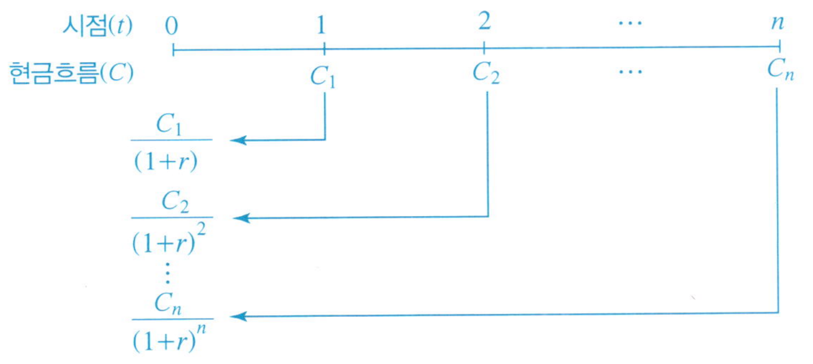

> **투자의 현재가치**
>
> 1년 후에 30만원, 2년 후에 40만원, 3년 후에 60만원을 지급받는 투자안이 있다 이 투자안의 적정 할인율은 10%이다. 이 투자안의 현재가치는?
>
> $$PV = \frac{300,000}{(1+0.1)^1} + \frac{400,000}{(1+0.1)^2} + \frac{500,000}{(1+0.1)^3} = 1,054,095원$$

3. 연금의 가치평가

(1) 영구연금

영구연금(perpetuity)은 정기적으로(매 기간 말에) 일정금액이 영속적으로(무한히) 발

그림 3-5 영구연금의 현금흐름

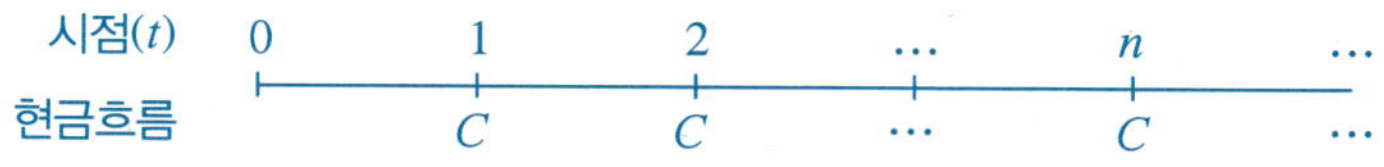

생하는 일련의 현금흐름을 말한다.[11)]

영구연금의 현재가치는 매년 $1/(1+r)$씩 일정하게 성장하는 무한등비수열의 합이며 다음과 같다.[12)]

$$PV = \frac{C}{(1+r)} + \frac{C}{(1+r)^2} + \cdots + \frac{C}{(1+r)^n} + \cdots = \frac{C}{r}$$

(2) 연 금

연금(annuity)은 일정금액의 현금흐름이 일정기간 동안 정기적으로 발생하는 일련의 현금흐름을 말한다. 현금흐름이 기말에 발생하는 연금은 **일반연금** 또는 **보통연금**(ordinary annuity)이라고 한다. 현금흐름이 기초에 발생하는 연금은 **기초연금** 또는 **선불연금**(annuity due, annuity in advance)이라고 한다. 대출금 상환은 통상 대출받은 날로부터 1개월 후(기말)에 시작되므로 보통연금이라고 할 수 있다. 그러나 아파트 월세나 자동차 리스료의 경우에는 계약과 동시에 임대료나 리스료를 지불하기 때문에 기초연금에 해당된다. 투자수익은 기말에 발생하는 것이 일반적이기 때문에 별도의 언급이 없으면 연금은 보통연금을 의미한다.

11) 영구연금의 예는 1720년 나폴레옹과의 전쟁을 위해 영국 정부가 발행한 British console(일명 console)이다. 이 채권은 투자자에게 매년 정해진 이자를 영원히(사후에는 상속인에게) 지급한다.

12) 영구연금의 현재가치를 A라고 하면

$$A = \frac{C}{(1+r)} + \frac{C}{(1+r)^2} + \cdots + \frac{C}{(1+r)^n} + \cdots$$

$$-)\quad \frac{A}{(1+r)} = \frac{C}{(1+r)^2} + \cdots + \frac{C}{(1+r)^n} + \cdots$$

$$A - \frac{A}{(1+r)} = \frac{C}{1+r} \quad \text{따라서} \quad A = \frac{C}{r}$$

시점(t)	0	1	2	…	$n-1$	n
기초연금	C	C	C	…	C	
보통연금		C	C	…	C	C

① 연금의 현재가치

[그림 3-6]에서 연금은 영구연금 A에서 영구연금 B를 차감한 현금흐름이라 할 수 있다. 따라서 연금의 현재가치는 영구연금 A의 현재가치에서 영구연금 B의 현재가치를 차감한 것이다.[13)]

그림 3-6 영구연금의 현금흐름

	$t=0$	1	2	3 ……… n	$n+1$	$n+2$ ………
영구연금 A:		C	C	C ……… C	C	C ………
영구연금 B:					C	C ………
연 금 A:		C	C	C ……… C		

$$\text{영구연금 A의 현재가치} = \frac{C}{r}$$

$$\text{영구연금 B의 현재가치} = \frac{C}{r} \cdot \frac{1}{(1+r)^n}$$

$$\begin{aligned}\text{연금의 현재가치} &= \frac{C}{(1+r)} + \frac{C}{(1+r)^2} + \cdots + \frac{C}{(1+r)^n} \\ &= \frac{C}{r} - \frac{C}{r} \cdot \frac{1}{(1+r)^n} \\ &= \frac{C}{r}\left[1 - \frac{1}{(1+r)^n}\right]\end{aligned}$$

② 연금의 미래가치

연금의 미래가치(FV_n)는 연금의 현재가치를 n기간 동안 복리계산한 것이다.

13) 영구연금 B의 현재가치는 n시점에서의 가치(C/r)를 현재시점($t=0$)의 가치로 환산(할인)한 것이다.

$$FV_n = PV(\text{연금})(1+r)^n$$
$$= \frac{C}{r}\left[(1+r)^n - 1\right]$$

③ 기초연금의 현재가치와 미래가치

기초연금은 (보통)연금보다 현금흐름이 1기간씩 일찍 발생한다. 따라서 기초연금의 현재가치와 미래가치는 연금의 현재가치나 미래가치에 1기간의 가치$(1+r)$만큼을 곱해주면 된다.

$$PV(\text{기초연금}) = PV(\text{연금}) \cdot (1+r)$$
$$FV_n(\text{기초연금}) = FV_n(\text{연금}) \cdot (1+r)$$

④ 성장형 연금의 가치

성장형 연금은 현금흐름이 일정한 비율(g)로 성장하는 연금을 말한다. 성장형 연금의 가치는 〈보충설명〉에서 설명한다.

재무계산과 Excel

많은 재무의사결정에는 계산이 필요한데 이 계산 과정(수식)이 재무관리를 어렵게 느끼게 한다. 그러나 계산 결과를 이해하기 위해서는 계산 과정에 대한 이해가 필요하다.

재무계산은 대부분 현금흐름의 현재가치와 미래가치를 응용한 것이다. 그러나 부록의 〈화폐의 시간가치표〉로는 모든 상황을 다 해결할 수 없기 때문에 실제로 사용하는데 한계가 있다.

Microsoft Excel™의 재무함수는 재무공식을 편리하게 사용할 수 있는 함수의 형태로 개발한 것이다.

함수이름	함수형태	기능 및 내용
순현재가치	NPV(rate, value1, value2, …)	할인율 rate로 계산한 현금흐름(values)의 순현가
미래가치	FV(rate, nper, pmt, pv, type)	이자율 rate로 계산한 연금의 미래가치. pv=0
현재가치	PV(rate, nper, pmt, fv, type)	할인율 rate로 계산한 연금의 현재가치. fv=0

균등상환액	PMT(rate, nper, pv, fv, type)	대출이자율(rate)과 대출기간(nper)에 대해 대출금(pv)에 대한 균등상환액. fv=0
이자율	RATE(nper, pmt, pv, fv, type, guess)	• nper기간 동안 pmt를 상환해서 대출금 pv를 갚는 대출이자율. fv=0 • nper기간 동안 pmt를 저축해서 원리금이 fv가 되기 위한 이자율. pv=0
투자기간	NPER(rate, pmt, pv, fv, type)	• 이자율 rate로 pmt를 투자해서 fv를 모으기 위한 투자기간. pv=0 • 같은 조건에서 현재가치 기준으로 pv를 모으기 위한 투자기간. fv=0
내부수익률	IRR(values, guess)	현금흐름(values)에 대한 IRR

- rate는 이자율(할인율)을 나타내는데 투자기간 단위(현금흐름의 시간 간격)와 일치해야 한다. 월 균등상환액을 계산할 때는 월 대출이자율로 표시한다.
- nper(number of periods)는 현금흐름이 발생하는 기간(투자기간 또는 상환기간)을 나타낸다. 월상환 20년 만기 주택담보대출의 nper은 240(=20년×12월)이다.
- type은 기초에 발생하는 현금흐름은 1, 기말에 발생하는 현금흐름은 0으로 표시한다. 기본값은 0이며 생략할 수 있다.
- pmt(payment), pv, fv는 각각 기간 별 투자금액(또는 대출상환액), 대출금(또는 투자의 현재가치), 투자의 미래가치를 나타낸다. 현금유입은 양수(+)로, 현금유출은 음수(−)로 표시한다. 입력할 필요가 없는 인수는 0으로 표시하거나 생략할 수 있다. 하지만 type=1인 경우에는 0으로 표시해야 한다.
- guess는 예측치이며, 생략하면 10%로 간주된다.

제4절 금융상품의 가치평가

1. 적 금

적금은 일정기간 동안(만기까지) 정기적으로 일정한 금액을 납입하고 만기에 원리금을 일시에 지급받는 저축상품이다. 적금의 만기지급금(원리금)은 기초연금의 미래가치에 해당된다.

적금의 만기지급금

매월 10,000원씩 납입하는 2년 만기 적금에 가입했다. 만기지급금은? 이자율은 12%이고, 이자소득세는 없다고 가정한다.

적금의 만기지급금은 기초연금의 미래가ㅈ치이다. 가입 즉시($t=0$) 납입을 시작하여 23개월째($t=23$)에 마지막 납입을 하고 1개월 후($t=24$)에 만기지급금을 받게 된다.

$$FV_{24} = 10{,}000(1+0.01)^{24} + 10{,}000(1+0.01)^{23} + \cdots + 10{,}000(1+0.01)$$
$$= \frac{10{,}000}{0.01}\left[(1+0.01)^{24} - 1\right](1+0.01) = 272,432\text{원}$$

FV(rate, nper, pmt, pv, type)=FV(12%/12,2*12,-10000,,1)=₩272,432

금연의 화폐가치

금연을 결심하고 그동안 흡연을 위해 낭비했던 월 5만원씩을 30년간 저축해서 마련한 돈으로 세계일주여행을 계획하고 있다. 수익률이 연 5%인 경우에 30년 후의 여행기금은? 이 여행기금의 현재가치는?

FV(rate, nper, pmt, pv, type)=FV(5%/12,30*12,-50000,,1)=₩41,786,319

PV(rate, nper, pmt, fv, type)=PV(5%/12,12*30,-50000,,1)=₩9,352,890

적금납입액

신입사원 A는 월납입하는 적금을 이용해 5년 후에 필요한 결혼자금 1억원을 모으려 한다. 월납입금(저축액)은? 연이자율은 12%이고, 이자소득세는 없다고 가정한다.

결혼자금 1억원은 기초연금의 미래가치이다. 따라서 월납입금(P)은 연금의 미래가치 공식을 이용해 다음과 같이 계산된다.

$$1억원 = \frac{P}{0.01}\left[(1+0.01)^{60}-1\right](1+0.01)에서\ \ P=1{,}211{,}871원$$

PMT(rate, nper, pv, fv, type) = PMT(12%/12,5*12,,100000000,1)

= -₩1,212,322

투자기간

수익률이 5%인 경우에 투자원금이 2배로 증식되기 위해서는 몇 년이 필요한가?

$$n = \frac{\log 2}{\log(1+r)} = \frac{\log 2}{\log(1+0.05)} = 14.207년$$ [14)]

NPER(rate, pmt, pv, fv, type) = NPER(5%,,-1,2)=14.207

72법칙[15)] 72/5%=14.4년

이자율

매월 초에 10만원씩 저축하고 5년 후에 700만원을 지급받는 정기적금의 이자율은? 이자소득세는 무시하기로 한다.

700만원은 기초연금의 미래가치이다.

---

14) $(1+r)^n = 2$에 log를 취하면 $n\log(1+r) = \log 2$

따라서 $n = \dfrac{\log 2}{\log(1+r)}$

15) 투자원금이 2배로 증식되는 기간은 다음과 같은 "72의 법칙"을 이용해 근사치를 구할 수 있다. 원금이 2배가 되는 기간 $= \dfrac{72}{r(\%)}$

$$700\text{만원} = \frac{10\text{만원}}{r}[(1+r)^{60}-1](1+r)\text{에서 } r\ ?$$

RATE(nper, pmt, pv, fv, type, guess) = RATE(5*12,-100000,,7000000,1)

= 0.4947%

$$\text{연이자율} = 0.4947\% \times 12 = 5.936\%$$

복 권

Lotto 복권 1등에 당첨되었다고 상상해보자. 복권상금은 10억원을 일시불로 지급받거나 30년 동안 매월 500만원씩 분할해서 지급받을 수 있다. 복권상금은 비과세이고 할인율은 연6%를 적용한다. 당신은 어떤 지급방식을 선택하겠는가?

- 분할지급복권과 일시금지급복권의 현재가치를 비교하는 방법.
  분할지급복권의 현재가치는 기초연금의 현재가치와 같다.

PV(rate, nper, pmt, fv, type)=PV(6%/12,30*12,-5000000,,1)

=₩838,127,862

현재가치를 기준으로 일시금이 분할지급보다 ₩161,872,138을 더 받을 수 있다.[16)]

- 분할지급복권의 수익률과 시장수익률을 비교하는 방법

RATE(12*30,5000000,-1000000000,,1)*12=4.418%

분할지급복권은 10억원을 투자해서 연 4.42%의 수익을 내는 투자와 같다. 따라서 일시금 10억원을 받아 개인적으로 투자해서 연 4.42% 이상의 수익률을 달성할 수 있다면 매달 500만원 이상의 현금흐름을 창출할 수 있다. 시장에서 최소한 수익률 6%가 가능하므로 일시금지급이 유리하다.

---

16) 복권상금 지급방식을 선택하는 데는 현재가치 외에도 고려해야 할 사항이 많다. 저성장, 저금리시대가 지속되면서 할인율이 하락하면 분할지급복권의 가치는 점차 커진다. 도박, 마약, 사치 등의 유혹을 뿌리칠 수 있는 "정신적인 능력"이 없다면 일시금은 불행의 씨앗이 될 수도 있다. 통계적으로 복권에 당첨된 후 불행해진 사람이 더 많다고 한다.

2. 대 출

대출은 상환 방식에 따라 다음과 같이 구분된다.

① **순할인대출**(pure discount loan)은 만기에 대출원금과 이자를 일시불로 상환하는 방식이다. 예를 들어, 연이자율 10%로 1년간 100만원을 대출받고 1년 후에 110만원(100만원×(1.1))을 상환하는 방식이다. 순할인대출은 주로 소액 단기대출에 적용된다.

② **이자지급대출**(interest-only loan)은 이자는 매 기간마다 지급하고 대출원금은 만기에 일시불로 상환하는 방식이다. 예를 들어, 10%로 5년간 100만원을 대출받고 4년 간 연말에 10만원의 이자를 지급하고 만기에 이자와 대출원금을 합친 110만원을 상환하는 방식이다.

③ **원리금균등상환대출**은 이자와 대출원금이 합쳐진 균등한 금액(균등상환액)을 지급하여 상환하는 방식이며 흔히 **정액상환대출**(amortized loan)이라고 한다. 원리금균등상환대출에서 대출원금은 현금흐름이 균등상환액인 연금의 현재가치에 해당된다.

원리금균등상환대출

10%의 이자율로 300만원을 대출받고 원리금균등상환하는 경우 상환액은? 만기는 3년이고 연 1회 상환한다.

• 연금의 현재가치 공식

$$300\text{만원} = \frac{P}{(1.1)} + \frac{P}{(1.1)^2} + \frac{P}{(1.1)^3}\text{에서 } P = 1{,}206{,}344\text{원}$$

PMT(rate, nper, pv, fv, type) = PMT(10%,3,3000000)=-₩1,206,344

원리금상환은 다음과 같은 계획에 따라 진행된다. 상환 초기에는 상환액에서 이자지급액이 차지하는 비중이 크지만, 만기로 접근하면서 원금상환액의 비중이 증가한다.

연도	대출금잔액 (기초) ①	균등상환액 (이자+원금) ②	이자 지급액 ③=①×10%	원금상환액 ④=②-③	대출금잔액 (기말) ⑤=①-④
1	3,000,000	1,206,344	300,000	906,344	2,093,656
2	2,093,656	1,206,344	209,366	996,978	1,096,678
3	1,096,678	1,206,345	109,667	1,096,678	0
합 계		3,619,033	619,033	3.000,000	

원리금균등상환은 고액 장기 대출에 적용된다. 그 이유는 만기일에 거액의 대출원금을 상환하지 못하는(또는 의도적으로 상환하지 않는) 위험을 줄일 수 있기 때문이다. 원리금균등상환대출의 대표적인 사례는 주택저당대출과 자동차 구입대출이다. 주택저당대출은 장기주택담보대출 또는 **모기지론**(mortgage loan)으로 알려져 있는데 주택구입자금을 장기로 대출받아 매월 일정 금액을 상환함으로써 원금과 이자를 동시에 갚아나가게 된다.[17)]

모기지론(대출금 상환액)

대출이자율 6.80%로 주택구입자금 1억원을 은행에서 대출받아 거치기간 없이 20년간 정액상환(amortization)하는 경우에 월상환액(payment)은? 거치기간은 상환을 유예해주는 기간을 말한다. 10년 후(120번째 월상환액을 납입한 직후) 남은 대출채무는 얼마인가?

대출금 1억원은 연금의 현재가치에 해당된다.

- 연금의 현재가치 공식에서

$$1억원 = \frac{P}{(0.068/12)} \cdot \left[1 - \frac{1}{(1+0.068/12)^{240}}\right] 에서$$

$$월상환액(P) = 763{,}340원.$$

17) 모기지론은 주택금융공사가 운영하며 은행 보험 등의 금융기관이 취급하고 있다. 모기지론의 대출한도는 담보로 잡힌 주택의 가격과 대출자의 월 소득에 따라 결정된다. 정부는 모기지론의 대출한도를 조정해 주택가격급등을 막는 주택정책수단으로 활용하고 있다.

PMT(rate, nper, pv, fv, type)=PMT(6.8%/12,240,100000000)=-₩763,340

10년 후 대출채무(은행에 상환해야 될 대출금)

PV(6.8%/12,120,-763340)=₩66,331,058

3. 어음할인

어음은 정해진 시간(어음의 만기일)에 정해진 금액(어음의 액면금액)을 지급할 것을 약속하는 증서를 말한다. **기업어음**(commercial paper: CP)은 기업의 상거래와 관계없이 단기자금을 조달하기 위해 자기 신용에 입각하여 발행하는 (일반적으로) 만기 1년 미만의 융통어음이다. 어음을 발행하는 기업은 거래은행으로부터 지급지가 명시된 어음용지를 교부받은 후 CP를 발행하고 금융기관에서 이를 할인하여 자금을 융통하고, 만기에는 거래은행의 당좌계좌를 통해 결제(상환)한다. CP를 할인하여 매입한 금융기관은 다시 이를 투자자에게 판매하여 어음할인에 필요한 자금을 조성하게 된다. CP는 2개 이상의 신용평가기관으로부터 B등급 이상을 받은 우량기업만이 발행할 수 있다.

진성어음(**환어음**)은 기업이 실제 상거래(외상매입)와 관련하여 거래상대방에게 발행하는 어음을 말한다. 어음발행자는 어음만기일에 해당 금액(어음액면가)을 은행에 결제해야 하며, 결제하지 못하면 부도어음으로 처리된다. 어음수취인은 만기일에 결제은행을 통해 대금을 수취하거나, 만기일 이전에 어음을 할인된 가격에 금융기관에 매각함으로써 자금을 융통할 수 있는데 이를 어음할인(일명 "어음 깡")이라고 한다.

어음할인은 어음을 담보로 한 대출이라고 할 수 있다. 어음을 할인해주는 금융기관은 어음의 액면가에서 할인이자(어음액면가×어음할인이자율)를 미리 공제(할인)한 가격에 어음을 매입한다. 따라서 어음을 할인받는 기업이나 개인이 실제로 부담하는 대출이자율(실효이자율)은 명목적인 할인이자율보다 높다.[18] 어음발행자의 신용이 낮을수록 높은 어음할인이자율이 적용된다.

---

18) 대출이 제공되는 시점에 대출이자를 미리 지급(공제)하면 실제 대출금이 줄어드는데 이를 선이자(discount interest)지급이라고 한다.

$$\text{어음의 실효이자율} = \frac{\text{할인이자}}{\text{어음액면가} - \text{할인이자}} \cdot \frac{365\text{일}}{\text{어음할인기간}}$$

$$\text{할인이자} = \text{어음액면가} \times \text{어음할인이자율} \times \frac{\text{어음할인기간}}{365\text{일}}$$

어음할인과 실효이자율

(주)한국제지는 창민사에 인쇄용지를 납품하고 대금을 만기 3개월, 액면가 200만원의 어음으로 지급받았다. (주)한국제지가 운영자금을 조달하기 위해 할인율 10.00%로 거래은행에서 어음을 할인받았다면 (주)한국제지가 실제 부담하는 이자율은?

$$\text{어음 실효이자율} = \frac{200 \times 0.1 \times (3.12)}{200 - \left(200 \times 0.1 \times (3/12)\right)} \times \frac{12}{3} = 10.26\%$$

이 경우 어음할인은 (주)한국제지가 거래은행으로부터 3개월 동안 연 10.26%로 대출을 받는 것과 같다.

전자어음

전자어음은 발행인, 수취인, 금액 등의 어음 정보를 전자문서 형태로 작성하고, 전자어음관리기관의 전산시스템에 등록되어 유통되는 약속어음을 말한다. 따라서 전자어음은 발행, 배서, 권리행사 및 소멸 등의 모든 단계가 온라인에서 전자적인 방법으로 처리된다. 전자어음은 어음거래의 투명화, 분실 도난 등의 사고 예방, 어음의 유통 및 관리비용을 절감하고 어음제도의 폐해를 보완하기 위해 2005년 9월부터 도입되어 전자지급결제수단으로 사용되고 있다. 자산 10억원 이상인 법인사업자는 약속어음을 전자어음으로만 발행해야 한다.

4. CD수익률

양도성예금증서(Certificate of Deposit: CD)는 시장에서 양도가 가능한 정기예금증서를 말한다. 은행은 자금조달을 위해 CD를 발행하고, 투자자는 투자 목적으로 CD를 매입하게 된다. 통상적인 정기예금증서와 달리 투자자는 매입한 CD를 만기 전에 다른 투자자에게 팔 수(양도할 수) 있다. 만기는 30일 이상이며 주로 91일(3개월물)이나 181일(6개월물)이 거래된다. 다만 CD는 예금자보호법의 적용을 받지 않는다는 단점이 있다.

CD는 만기까지의 이자를 할인해서 발행한다. 따라서 투자자는 할인액(선이자)을 차감한 금액으로 CD를 사고 만기에는 액면금액을 받기 때문에 CD의 실효수익률은 명목이자율(CD 할인이자율)보다 높다.

$$\text{CD실효수익률} = \frac{\text{할인이자}}{\text{CD액면가} - \text{할인이자}} \cdot \frac{365\text{일}}{\text{CD만기}}$$

$$\text{할인이자} = \text{CD액면가} \times \text{할인이자율} \times \frac{\text{CD만기}}{365\text{일}}$$

5. 양건예금

양건예금(compensating balance)은 일명 "꺾기"라고 하는데 대출 조건으로 대출금의 일부를 예금하는 경우를 말한다. 양건예금을 조건으로 한 대출의 실효이자율은 명목적인 대출이자율보다 높다. 대출에서 실제 사용할 수 있는 금액이 예금액만큼 감소하고, 대출이자보다 낮은 예금이자에 대해 이자소득세까지 부담해야하기 때문에 실효이자율은 높아질 수밖에 없다.

$$\text{대출의 실효이자율} = \frac{\text{대출이자} - \text{세후예금이자}}{\text{대출금} - \text{예금액}} \cdot \frac{365\text{일}}{\text{대출(예금)기간}}$$

$$\text{대출이자} = \text{대출금} \times \text{명목 대출이자율}$$

$$\text{세후예금이자} = \text{예금액} \times \text{예금이자율} \times (1 - \text{이자소득세율})$$

양건예금과 대출의 실효이자율

거래은행으로부터 운영자금 1억원을 이자율 8%로 1년간 대출받으면서 대출금 중

2,000만원을 이자율 4%로 같은 기간 동안 정기예금에 예치해야 한다면 부담하는 실효 대출이자율은? 이자소득세는 원천징수되며 원천징수세율은 15.4%이다.

$$\text{대출 실효이자율} = \frac{(100{,}000{,}000 \times 0.08) - \left(20{,}000{,}000 \times 0.04 \times (1 - 0.154)\right)}{100{,}000{,}000 - 20{,}000{,}000}$$

$$= 9.15\%$$

원천징수

원천징수란 소득 또는 수입금을 지급하는 자(원천징수의무자)가 그 금액을 지급받는 자(납세의무자)가 내야 할 세금을 미리 징수해 국가에 대신 납부하는 제도를 말한다. 이 제도는 납세의무자가 개별적으로 세금을 직접 내는 불편을 없애기 위한 것이다. 개인의 경우에는 봉급, 상여금, 예금 채권 등의 이자소득, 주식배당소득, 상금, 강연료, 연예인 등의 자유직업소득이 원천징수대상이 된다. 금융소득(이자소득과 배당소득)의 경우 소득 금액의 15.4%(소득세 14%+ 지방소득세 1.4%)가 원천징수되고 나머지 금액이 지급된다.

보충설명 성장형 연금의 가치

1. 성장영구연금

성장영구연금(growing perpetuity)은 매 기말에 발생하는 현금흐름이 일정한 비율(g)로 성장하는 영구연금을 말한다.

시점(t)	0	1	2	…	n	…
현금흐름(C)		C	$C(1+g)$	…	$C(1+g)^{n-1}$	…

성장영구연금의 현재가치는 매년 (1+g)/(1+r)씩 일정하게 성장하는 무한등비수열

의 합과 같으며 영구연금의 현가 공식을 적용하면 다음과 같다.[19)]

$$PV = \frac{C}{(1+r)} + \frac{C(1+g)}{(1+r)^2} + \cdots + \frac{C(1+g)^{n-1}}{(1+r)^n} + \cdots$$
$$= \frac{C}{r-g} \ (\text{단}, r > g)$$

성장영구연금의 현재가치는 현금흐름의 성장속도(g)가 할인율(r)보다 작은 경우에만 그 의미를 갖는다. 현금흐름이 할인율보다 빠르게 성장한다면($g > r$) 영구연금의 현재가치는 무한대(∞)로 발산하는데 무한대는 경제적으로 의미가 없는(답이 될 수 없는) 수치이다.

장학재단 설립기금(성장영구연금)

우주대학을 졸업하고 사업에 성공한 보람은 모교 후배를 위해 장학재단을 설립하려고 한다. 장학재단에서는 재단창립일에 장학금 10억원을 지급하고 그 후 매년 물가상승률 6%만큼 증액된 장학금을 지급하려고 한다. 장학기금의 운용수익률은 8%로 기대된다. 장학재단이 영구히 유지되기 위해 필요한 장학재단기금은 얼마인가? 할인율은 기대 운용수익률인 8%를 적용한다.[20)]

만약 기금 운용수익률이 10%로 향상된다면 필요한 장학재단기금은?

만약 기금 운용수익률은 8%이고, 물가상승률이 7%인 경우에 필요한 장학재단기금은?

만약 기금 운용수익률은 8%이고, 물가상승률이 10%인 경우에는 어떤 일이 벌어질 것인가?

---

19)
$$A = \frac{C}{(1+r)} + \frac{C(1+g)}{(1+r)^2} + \cdots + \frac{C(1+g)^{n-1}}{(1+r)^n} + \cdots$$
$$-)\ \left(\frac{1+g}{1+r}\right)A = \frac{C(1+g)}{(1+r)^2} + \cdots + \frac{C(1+g)^{n-1}}{(1+r)^n} + \cdots\cdots$$
$$\left(1 - \frac{1+g}{1+r}\right)A = \frac{C}{(1+r)}$$
따라서 $A = \frac{C}{r-g}$

20) 기대수익률을 할인율로 사용하는 이유는 제5장(투자프로젝트의 가치평가)와 제8장(자본비용)에서 설명한다.

• 기금 운용수익률 8%, 물가상승률 6%인 경우

재단창립일에 지급하는 장학금을 C라고 하면, 장학재단 현금흐름은 $C(1+g)$를 시작으로 성장률이 r인 성장형 영구연금이다. 따라서 필요한 장학재단기금은 성장연구연금의 현재가치에 C(최초 지급 장학금)를 합한 값이다.

$$\text{장학재단기금} = C + \frac{C(1+g)}{r-g} = 10 + \frac{10(1.06)}{(0.08-0.06)} = 540\text{억원}$$

• 기금운용수익률이 10%인 경우

$$\text{장학재단기금} = 10 + \frac{10(1.06)}{(0.1-0.06)} = 275\text{억원}$$

기금 운용수익률이 높을수록 필요한 장학재단기금은 감소한다.

• 기금운용수익률 8%, 물가상승률 7%의 경우

$$\text{장학재단기금} = 10 + \frac{10(1.07)}{(0.08-0.07)} = 1{,}080\text{억원}$$

물가상승을 반영해 지속적으로 증액되는 장학금을 감당하기 위해서는 많은 기금이 필요하다.

• 기금운용수익률 8%, 물가상승률 10%의 경우

$$\text{장학재단기금} = 10 + \frac{10(1.08)}{(0.08-0.1)} = -530\text{억원}$$

기금 운용수익률이 물가상승률(장학금 증가율)을 따라가지 못하면 아무리 많은 기금으로 시작해도 결국에는 기금이 소진되어 장학재단을 유지할 수 없게 된다. 여기에서 음수(-)는 의미가 없는 수치이다.

2. 성장연금

성장연금(growing annuity)은 일정 기간(n) 동안 매 기말에 발생하는 현금흐름이 일정한 비율(g)로 성장하는 연금을 말한다.

시점(t)	0	1	2	3	…	n
현금흐름(C)		C	$C(1+g)$	$C(1+g)^2$	…	$C(1+g)^{n-1}$

성장연금의 현재가치는 연금의 현재가치를 구할 때와 같은 방식으로 구할 수 있다.

$$PV = \frac{C}{r-g} \cdot \left[1 - \left(\frac{1+g}{1+r}\right)^n\right]$$

유학자금(성장연금)

경영학과에 재학 중인 나열공은 졸업 후 재무관리 박사학위를 위해 해외유학을 계획하고 있다. 당해(t=0) 발생하는 유학비용은 5,000만원으로 예상되며 추후에는 학비 인상과 환율 인상 요인을 감안하면 유학비용은 연 5%씩 증가할 것으로 예상된다. 유학기간은 5년으로 예상한다. 박사학위를 위한 유학비용의 현재가치는? 할인율은 8%로 가정한다.

유학비용의 현금흐름은 다음과 같은 성장연금이다

시점(t)	0	1	2	3	4	5
현금흐름(천만원)	5	5(1.05)	$5(1.05)^2$	$5(1.05)^3$	$5(1.05)^4$	

• 성장연금의 현재가치(단위: 천만원)

$$PV = 5 + \left[\frac{5(1.05)}{(0.08-0.05)}\right]\left[1 - \left(\frac{1+0.05}{1+0.08}\right)^4\right] = 23.649 \text{ (2억 3,649만원)}$$

연습문제

특별한 언급이 없는 한 이자소득세는 없는 것으로 가정한다.

1. 5,000만원을 투자해서 1년 후에 2,000만원, 2년 후에 4,000만원의 수익이 발생하는 투자의 가치는? 이자율은 5%로 가정한다.

2. 연이자율이 5%일 때 지금 100만원부터 시작해서 향후 4년간 매년 각각 200만원, 300만원, 400만원을 예금하고 5년 후에 찾는다면 원리금은?

3. 연이자율 5%에 분기별 복리로 계산해주는 3년 만기 정기예금에 100만원을 예치하는 경우 만기에 받을 수 있는 금액은?

4. 이자율이 4%인 정기예금의 실효이자율은? 이자는 3개월마다(분기별) 복리계산 된다.

5. 5년 전에 1,000만원에 구입한 토지를 2,000만원에 매각하는 경우에 연실효수익률은? 토지거래와 관련된 일체의 비용과 세금은 무시하기로 한다.

6. 현금 구입가격이 1,000만원인 자동차에 대한 할부구입조건은 구입 당시에 현금으로 400만원을 지급하고 그 후 24개월 동안 매월 30만원씩 할부금을 납부하는 것이다. 12%로 차입할 수 있는 소비자에게 현금구입과 할부구입 중 어떤 것이 유리한가?

7. 연이자율이 10%이며 분기마다 이자를 지급하는 경우 원금 100만원의 5년 후 가치와 연간 실효이자율을 구하라.

8. 다음 중에서 가장 높은 수익을 제공하는 상품은?

A: 100만을 예치하면 1년 후에 1.103,000원을 지급하는 예금
B: 10%의 이자를 분기별로 복리계산 하는 예금
C: 10.25%의 실효이자율을 제공하는 예금

9. 이자율이 5%인 경우에, 5년 후에 시가 5,000만원의 자동차를 구입하려면 지금 얼마를 예금해야 할까?

10. 이자율이 12%인 5년 만기 정기적금에 가입하여 1억원을 저축하기 위해 매월 납입해야 하는 금액은?

11. 프로야구선수 나홈런은 프로구단으로부터 입단 제의를 받았다. 입단 조건은 입단보너스 10억원에 향후 3년간 연말에 5억원을 지급하는 것이다. 이자율이 5%라면 입단 계약의 가치는 얼마인가?

12. 초등학교에 입학한 자녀의 대학교육비를 위한 저축을 계획하고 있다. 대학에 입학할 12년 후에 필요한 대학교육비 5,000만원을 모으려면 매월 얼마를 예금해야 하는가? 이자율은 12%이다.

13. 5년간 연말에 100만원씩 지급되는 연금을 5년 후에 일시불로 지급받는다면 얼마를 받을 수 있을까? 연금이 연초에 지급되는 경우라면 얼마를 받을 수 있을까? 이자율은 10%이다.

14. 매년 말에 1000만원씩을 10년간 받게 되는 연금 대신 일시불로 받는다면 그 금액이 얼마인가? 할인율은 12%이다.

15. 복권에 당첨된 나행복은 다음의 3가지 옵션 중에서 하나를 선택할 수 있다. 어떤 것을 선택할 것인가? 할인율은 연 10%이고 세금은 무시하기로 한다.

A: 10억원을 일시불로 지급
B: 10년간 매년 초에 1억 5,000만원씩 지급
C: 10년간 매월 초에 1,500만원씩 지급

16. 신입사원 나준비는 30년 후 은퇴를 대비해 당장 매월 일정금액을 예금하여 노후기금을 마련하려고 한다. 나준비는 은퇴 시점부터 30년간 매월 생활비 500만원을 지급받기 원한다. 이자율이 5%인 경우에 필요한 월저축액은? 저금리시대로 접어들면서 이자율이 3%로 하락하는 경우에 동일한 노후 경제생활을 유지하기 위해 필요한 월저축액은? 저금리는 나준비의 노후준비에 어떤 영향을 미치는가?

17. 매월 일정액을 상환하는 10년 만기 주택담보대출(모기지론)에서 1억원을 융자받았을 경우에 월상환액은? 대출이자율은 12%이고 상환은 융자를 받은 다음 달부터 시작된다.

18. 은행 대출을 거절당하고 등록금 400만원 마련을 위해 할 수 없이 대부업체를 찾아갔다. 대부업체의 대출 조건은 월 5%의 선이자를 공제하는 것이다. 이 경우에 실제로 부담하는 대출이자율은?

19. (주)한국은 운영자금 조달을 위해 액면가 1,000만원, 만기 3개월의 기업어음(CP)을 할인율 8%로 발행하였다. 이 경우에 (주)한국이 부담하는 연실효이자율은?

20. 거래은행으로부터 1억원을 8%의 이자율로 대출받는 조건으로 대출금 중 2,000만원을 5%의 이자율로 정기예금해야 하는 경우에 실제로 부담해야 하는 대출이자율은? 정기예금에 대한 이자소득세는 15.4%이다.

21. 할인율이 10%라고 할 때, 1차년도 말에 100만원의 현금흐름이 발생하고 이 후 매년 8%씩 영속적으로 성장하는 현금흐름을 갖는 자산의 현재가치는?

제 4 장

채권과 주식의 가치평가

기업은 채권과 주식을 발행(판매)하여 자본을 조달한다. 기업가치는 채권과 주식 가치에 의해 결정된다. 따라서 기업가치가 어떻게 결정되는지를 이해하기 위해서는 채권과 주식의 가치 평가를 이해하는 것이 필수적이다.

제 1 절 채권의 가치평가

1. 채권가격결정모형

이표채(coupon bond)는 만기까지 약정된 이자를 정기적으로 지급하고 **만기**(n)에 **액면가**(F)를 상환할 것을 약속한 채무증서이다.[1] **쿠폰**(coupon)은 만기까지 정기적으로 지급하는 이자를 말한다. **쿠폰이자율**(coupon interest rate)은 액면가에 대한 연간 이자지급

---

1) 채권은 발행자, 이자지급방식, 만기, 채권자의 권리내용 등에 따라 종류가 다양하다. 제4장에서는 기업이 발행하는 회사채를 중심으로 설명하고 채권에 관한 나머지 상세한 내용은 제11장(증권발행)에서 설명한다.

액(쿠폰의 합)(I)의 비율을 말하는데 **표면(액면)이자율**(i)이라고도 하며 발행 당시 권면에 표시되는 확정된 이자율이다.[2)]

$$i = \frac{I}{F} \text{ 또는 } I = iF$$

채권의 가치는 투자자에게 지급될 미래 현금흐름을 적절한 할인율(r)로 할인한 현재가치의 합이다.

$$P_0 = \frac{I}{(1+r)} + \frac{I}{(1+r)^2} + \cdots + \frac{I+F}{(1+r)^n}$$

P_0: 채권의 시장가격
I: 연간 이자지급액
F: 액면가액(face value)
n: 만기(maturity)
r: 할인율, 만기수익률

무표채 또는 **순수할인채**(pure discount bond, zero-coupon bond)는 이자를 지급하지 않고 만기일에 액면금액을 상환하는 채권이다. 순수할인채의 가치는 액면금액의 현재가치이다.

$$P_0 = \frac{F}{(1+r)^n}$$

한국에서 발행되는 회사채는 만기 3년에 이자를 3개월마다 후급하는 이표채이다. 회사채의 가치는 다음과 같다.[3)]

$$P_0 = \frac{I/4}{(1+r/4)} + \frac{I/4}{(1+r/4)^2} + \cdots + \frac{I/4+F}{(1+r/4)^{12}}$$

---

2) 이표채(coupon bond)는 채권의 권면에 붙어 있는 이표(coupon)를 떼어 정해진 이자지급일에 제시하여 이자를 지급받는데서 유래한 한 것이다. 요즘과 같은 전자증권시대에는 필요 없는 절차이지만 편의상 명칭을 그대로 사용하고 있다.

3) 채권 발행일과 매매일이 일치하지 않는 경우에는 채권가격결정모형을 그대로 이용할 수 없다. 이와 같은 상황에서 실제 매매가격을 계산하는 방법은 〈보충설명〉에서 설명한다.

그림 4-1 이표채의 견양

일 억 일 억

주식회사한화제12회무보증사채권

제 12 회
사 00000 호

金 일억원 整
₩ 100,000,000

발행일 2000년 6월 30일
상환일 2003년 6월 30일

見 樣

이 사채권은 주식회사 한화가 2000년 6월 15일에 개최한 이사회 결의에 의하여 제12회 무보증사채를 이면에 기재한 조건으로 발행합니다.

2000년 6월 30일

주식회사 한 화
代表理事 盧 敬 燮

무 보 증 무 보 증

본 사채는 견본이므로 매매 및 양도를 할 수 없습니다.

주식회사 한 화 — 이자지급교부표 ⑫ — 지급일 2003년 6월 30일
주식회사 한 화 — 이자지급교부표 ⑪ — 지급일 2003년 3월 30일
주식회사 한 화 — 이자지급교부표 ⑩ — 지급일 2002년 12월 30일
주식회사 한 화 — 이자지급교부표 ⑨ — 지급일 2002년 9월 30일
주식회사 한 화 — 이자지급교부표 ⑧ — 지급일 2002년 6월 30일
주식회사 한 화 — 이자지급교부표 ⑦ — 지급일 2002년 3월 30일
주식회사 한 화 — 이자지급교부표 ⑥ — 지급일 2001년 12월 30일
주식회사 한 화 — 이자지급교부표 ⑤ — 지급일 2001년 9월 30일
주식회사 한 화 — 이자지급교부표 ④ — 지급일 2001년 6월 30일
주식회사 한 화 — 이자지급교부표 ③ — 지급일 2001년 3월 30일
주식회사 한 화 — 이자지급교부표 ② — 지급일 2000년 12월 30일
주식회사 한 화 — 이자지급교부표 ① — 지급일 2000년 9월 30일

회사채 발행가격

(주)한국은 액면가 100,000원, 만기 3년, 표면이자율 4.00%, 이자는 3개월마다 후급하는 무보증사채를 발행한다. 신용등급은 AA로 시중금리는 4.80%이다. 이 회사채의 발행가격은?

$$P_0 = \frac{1{,}000}{(1+0.012)} + \frac{1{,}000}{(1+0.012)^2} + \cdots + \frac{1{,}000}{(1+0.012)^{12}} + \frac{100{,}000}{(1+0.012)^{12}} = 97{,}777\text{원}$$

PV(rate, nper, pmt, fv)=PV(4.8%/4,3*4,100000*4%/4,100000)

=PV(1.2%,12,1000,100000)=-₩97,777

2. 채권수익률

채권의 **만기수익률**(YTM: yield to maturity)은 이자(I)와 액면가액(F)의 현재가치를 채권가격(P_0)과 일치하게 해주는 할인율(r)로 정의한다. 만기수익률은 이자와 액면가액을 약속대로 상환 받고, 중간에 지급받는 이자도 매입 당시의 만기수익률로 재투자한다고 가정했을 때 예상되는 수익률이다.[4] 한편 만기수익률은 채권으로부터 기대되는 미래 현금흐름의 현재가치를 채권가격과 같게 해주는 할인율이다. 만기수익률은 채권시장에서 자금에 대한 수요와 공급에 의해 결정되므로 **시장이자율(시중금리)**이다.[5]

채권발행자가 채권을 발행하기 위해서는 투자자가 요구하는 수익률을 지급해야 한다. 따라서 만기수익률은 투자자에게 기회자본비용이며 요구수익률이다. 한편 채권발행자에게는 부채(타인자본) 사용에 대한 비용(**타인자본비용**)이다.

---

4) 이자와 액면가가 약정대로 상환되더라고 시중 금리가 변동하면 중간에 지급받은 이자에 대한 재투자수익률이 달라지기 때문에 투자 당시의 기대수익률(만기수익률)이 실현된다는 보장은 없다.

5) 채권의 만기(n), 액면가(F), 액면이자율(i)은 채권이 발행될 때 정해지므로 만기수익률이 주어지면 채권가격이 계산되고, 반대로 채권가격이 주어지면 만기수익률이 계산된다. 따라서 채권가격과 만기수익률은 표시 방식이 다를 뿐 해당 채권에 대해 동일한 내용을 나타내는 것이다. 그러나 채권마다 액면가가 다르고, 특히 다른 금융상품과의 수익률 비교에는 %로 표시하는 만기수익률이 사용에 편리하다.

회사채 만기수익률

(주)한국이 발행한 회사채의 만기수익률은 다음 식에서 구할 수 있다.[6)]

$$97{,}777 = \frac{1{,}000}{(1+YTM/4)} + \frac{1{,}000}{(1+YTM/4)^2} + \cdots + \frac{1{,}000}{(1+YTM/4)^{12}} + \frac{100{,}000}{(1+YTM/4)^{12}}$$

RATE(nper, pmt, pv, fv)=RATE(12,1000,-97777,100000)=1.20%

$$YTM = 1.20\% \times 4 = 4.80\%$$

3. 채권의 신용등급

채무불이행위험(default risk)은 이자 또는 액면금액이 약속대로 지급되지 못하는 위험을 말한다. 채권의 신용등급은 신용평가기관이 채권발행자의 원리금 상환능력을 문자로 등급화 한 것이다. 회사채의 신용등급은 신용평가기관마다 표현방식은 다르지만 최상등급(triple A: AAA 또는 Aaa)으로부터 최하등급(C 또는 D)까지 구분된다. 회사채나 기업어음을 발행하는 기업은 높은 신용등급평가를 받으면 자금조달비용을 줄일 수 있다. 채권의 신용등급은 채권투자는 물론 금융기관이 대출을 결정할 때에도 사용하고 있다.

채무불이행위험이 없는 채권을 무위험채권 또는 **무위험자산**(risk-free asset)이라고 하며 이러한 채권의 수익률을 **무위험수익률**(R_f: risk-free interest rate)로 정의한다. 무위험자산은 정부가 발행한 자국화폐표시의 국채로 정의된다. **수익률스프레드**(yield spread)는 채무불이행위험 즉 신용등급이 다른 채권간의 수익률차이를 말한다.

대표적인 신용평가기관으로는 미국의 Moody's와 Standard&Poor's(S&P), 그리고 영국의 Fitch IBCA가 있다. 한국에서는 기업어음과 회사채에 대해 신용등급평가를 별도로 하고 있으며, (주)한국기업평가, (주)한국신용평가, (주)NICE평가정보, (주)SCI평가정보 등 4개사가 신용평가업무를 영위하고 있다.[7)]

---

6) YTM을 구하기 위해서는 12차 방정식을 풀어야 한다.

채권시장에서는 BBB나 Baa(triple B)등급 이상의 회사채를 투자적격 또는 투자등급채권(investment grade)으로, BB나 Ba(double B) 등급 이하의 회사채를 투기등급 또는 투자부적격채권(non-investment grade)으로 구분한다. 투자부적격채권은 정크채권(junk bond) 또는 고위험-고수익채권(high yield bond)이라고도 한다.

채권시장에서 중요한 투자자인 연 · 기금과 같은 일부 기관투자자들은 제도적으로

표 4-1 회사채의 신용등급과 그 내용

신용평가기관			등급내용
한국기업평가	S&P	Moody's	
AAA	AAA	Aaa	원리금 지급능력이 최고임.
AA	AA^{+} AA AA^{-}	Aa1 Aa2 Aa3	원리금 지급확실성이 매우 높으나 AAA보다는 다소 열등함.
A	A^{+} A A^{-}	A1 A2 A3	원리금 지급확실성이 높지만 장래 경제여건 및 환경악화에 따라 다소 영향을 받기 쉬운 면이 있음.
BBB	BBB^{+} BBB BBB^{-}	Baa1 Baa2 Baa3	원리금 지급확실성은 인정되지만 장래 경제여건 및 환경악화에 따라 지급능력이 저하될 가능성이 있음.
BB	BB^{+} BB BB^{-}	Ba1 Ba2 Ba3	원리금 지급능력에는 당장 문제가 없으나 장래의 안정성은 보장할 수 없는 투기적인 면이 있음.
B	B^{+} B B^{-}	B1 B2 B3	원리금 지급능력에 문제가 있고 투기적인 면이 강함.
CCC	CCC	Caa	채무불이행이 발생할 위험이 크고 투기적임.
CC	CC	C	채무불이행이 발생할 위험이 매우 크고 극히 투기적임.
C	C	C	현재 이자지급이 연기되고 있고 채무불이행의 위험성이 매우 높음.
D	D		원금 또는 이자가 지급불능상태에 있음.

7) 일반사채, 신주인수권부사채, 전환사채 등을 발행하기 위해서는 A등급 이상을 받아야 한다. 은행신탁 · 투자신탁 등이 사들이는 무보증사채는 신용등급의 인플레이션을 막고 정확한 신용등급 산정을 위해 2개 이상의 신용평가회사에서 평가를 받아야 한다.

투자등급채권에만 투자할 수 있기 때문에 투자등급채권과 투자부적격채권 간에는 수익률스프레드가 벌어질 가능성이 크다.

4. 채권의 발행가격

주어진 만기수익률(r)에 대해 발행자가 액면이자율(i)을 어떻게 정하느냐에 따라 채권가격(P_0)이 결정되는데 다음과 같은 3가지 상황으로 구분할 수 있다.

$i=r$	$P_0=F$	액면발행(issue at par)
$i>r$	$P_0>F$	할증발행(issue at premium)
$i<r$	$P_0<F$	할인발행(issue at discount)

만기수익률(시장이자율)이 4.80%인 경우에 3가지 액면이자율에 대해 (주)한국의 회사채 가격은 다음과 같다. 만기는 3년이다. 쿠폰은 연 4회 지급된다.

i (%)	P_0 (원)	Excel
4.80	100,000	PV(1.2%,12,1200,100000)
5.60	102,000	PV(1.2%,12,1400,100000)
4.00	97,777	PV(1.2%,12,1000,100000)

할증발행된 채권은 만기에 자본손실이 발생하고, 할인발행된 채권은 만기에 자본이득이 발생한다.

$i=r$인 경우에는 시장이자율만큼 쿠폰을 지급하므로 채권가격은 액면가와 같을 수밖에 없다. 즉 만기에 자본이득이나 자본손실이 발생하지 않도록 채권가격이 액면가와 같게 결정된다.

$i>r(i<r)$인 경우에는 시장이자율보다 높은(낮은) 쿠폰을 지급하는 채권에 수요가 증가(감소)하고 채권가격이 상승(하락)한다. 이때 채권가격은 만기일의 자본손실(자본이득)이 높은(낮은) 쿠폰에서 발생한 이득(손실)을 상쇄하는 만큼 상승(하락)하고, 결국은 투자수익률이 시장이자율과 같아지게 된다.

5. 채권가격의 변동

채권투자에서도 수익성과 투자위험이 동시에 고려되어야 한다. 채권투자위험을 관리하기 위해서는 특히 가격변동위험의 관리가 중요하며, 이를 위해서는 채권가격과 수익률과의 관계를 체계적으로 이해하는 것이 필요하다.

일반적으로 채권가격은 만기수익률(시장수익률), 표면이자율, 만기에 따라 결정되며 다음과 같은 성질을 가진다.

- 채권가격은 만기수익률과 반대방향으로 움직인다.
- 채권가격은 같은 정도의 수익률 등락에 대해 상승보다 하락에 더욱 민감하게 반응한다.
- 일정한 수익률 변동에 대해 만기가 길수록 채권가격의 변동률이 증가하지만, 증가율은 체감한다.
- 표면이자율이 높을수록 일정한 수익률 변동에 대해 채권가격의 변동률은 작아진다.

6. 듀레이션

시장이자율의 변동에 따른 채권가격의 변동은 채권투자자들의 부를 변동시키게 될 것이다. 이러한 시장이자율의 변동이 채권가격에 미치는 영향을 정확히 파악하기 위해 채권가격변동위험에 대한 종합적인 척도로 등장한 것이 듀레이션이다. **듀레이션**(duration)은 채권투자에 의한 현금흐름(중간이자와 액면상환액)이 발생하는 기간을 가중평균한 것이며, 시장이자율의 변동에 대한 채권가격의 변동정도인 민감도를 나타낸다.

$$D = \sum_{t=1}^{n} \text{기간} \cdot \frac{\text{기간별 현금흐름의 현재가치}}{\text{채권가격}}$$

$$= \sum_{t=1}^{n} \frac{t \cdot \dfrac{CF_t}{(1+r)^t}}{P_0}$$

D: 듀레이션
t: 기간
CF_t: 기간별 현금흐름(채권투자수익)
r: 만기수익률
n: 만기
P_0: 채권가격

만기(n)는 채권투자에 대한 마지막 현금흐름이 발생하는 시점을 나타낼 뿐, 중간 이자지급액의 크기와 지급시점은 무시되고 있다. 이에 비해 듀레이션에는 현금흐름이 발생하는 기간을 가중평균한 것으로 채권투자금액이 회수되는데 걸리는 평균기간을 의미한다.

만기와 듀레이션[8)]

액면가가 10,000원이고 만기가 3년, 액면이자율이 10%, 이자는 연 1회 후급하는 채권의 듀레이션(D)은? (시장이자율은 10%)

$$P_0 = \frac{1{,}000}{(1+0.1)} + \frac{1{,}000}{(1+0.1)^2} + \frac{1{,}000+10{,}000}{(1+0.1)^3} = 10{,}000\text{원}$$

$$\sum_{t=1}^{3} t \cdot \frac{CF_t}{(1+t)^t} = 1 \times \frac{1{,}000}{(1+0.1)} + 2 \times \frac{1{,}000}{(1+0.1)^2} + 3 \times \frac{11{,}000}{(1+0.1)^3} = 27{,}355 \text{ 원}$$

$$\text{그러므로 듀레이션}(D) = \sum_{t=1}^{3} \frac{t \cdot \frac{CF_t}{(1+t)^t}}{P_0} = \frac{27{,}355}{10{,}000} = 2.735\text{ 년}$$

이자를 매 3개월마다 후급하는 채권의 경우에는 실질적인 상환기간이 단축되기 때문에 $D = 2.629$년으로 줄어든다. (계산은 생략)

8) 듀레이션은 excel의 재무함수 DURATION을 이용해서 구할 수 있다.

보충설명 채권가격계산

채권가격결정모형에서 채권의 매매일이 이자지급일과 일치하지 않는 경우에는 만기까지 남은 기간이 정수가 되지 않는다. 만기까지 남은 기간이 y년과 d일(매매일 다음 날부터 다음 번 이자지급일까지의 일수)이라면, 채권을 매입한 이후에 실제로 만기까지 남은 기간은 $(y+d/365)$년이다.

따라서 매매일 이후 최초 이자지급일을 기준일로 하면 매매일의 채권가격(P_0)은 다음과 같이 계산된다.

$$P_0 \cdot (1+r)^{\frac{d}{365}} = I + \frac{I}{(1+r)} + \cdots + \frac{I}{(1+r)^y} + \frac{F}{(1+r)^y}$$

그러나 차이가 크지 않기 때문에 관행적으로 매매일부터 기준일까지는 단순이자를 적용한다.

$$P_0 \cdot \left(1 + r \cdot \frac{d}{365}\right) = I + \frac{I}{(1+r)} + \cdots + \frac{I}{(1+r)^y} + \frac{F}{(1+r)^y}$$

채권의 이자는 후급하기 때문에 채권의 매매시점이 이자지급시점과 다른 경우에는 채권매수자가 최근의 이자수령일 이후부터 매매시점까지 발생한 기경과이자를 채권매도자에게 지급하여야 한다. 즉 채권매각수입은 매각 당시의 채권시장가격에다 경과이자를 합한 금액이다.

이표채의 가격계산

수익률이 13.8%로 형성된 2021년 3월 10일자 회사채의 매매가격은 다음과 같다.

발행조건

발행일: 2020년 11월 21일

만기일: 2023년 11월 21일

표면이자율: 11.2%

액면가: 10,000원

이자지급방법: 3개월마다 후급

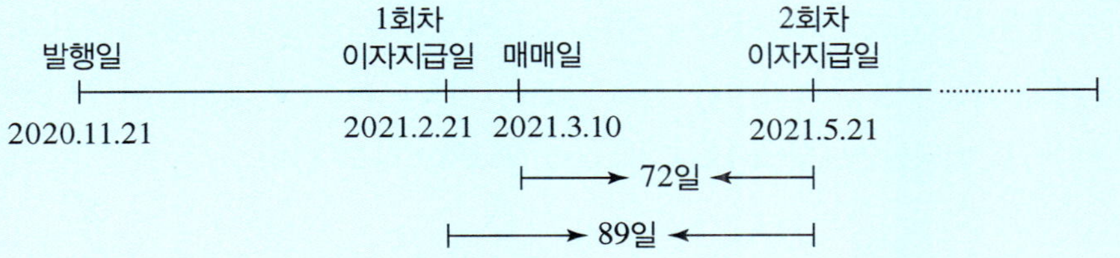

매 3개월마다 지급되는 이자금액 = 10,000원 $\times \dfrac{0.112}{4} = 280$원

채권가격기준일(2021년 5월 21일) 이후 남은 이자지급횟수 = 10회

$$P_0\left(1+\frac{72}{89}\cdot\frac{0.138}{4}\right)=280+\frac{280}{\left(1+\frac{0.138}{4}\right)}+\cdots+\frac{10,280}{\left(1+\frac{0.138}{4}\right)^{10}} \text{ 에서}$$

채권 매매가격(P_0) = 9,473원

제2절 주식의 가치평가

1. 배당할인모형

주식의 미래 현금흐름은 보유기간 동안의 배당금과 주식 매도금액이다. 따라서 주

식의 현재가치는 미래에 기대되는 배당금(D_1, …, D_t)과 주식의 매도가격(P_t)의 현재가치와 같다.

$$P_0 = \frac{D_1}{(1+r)} + \cdots + \frac{D_t + P_t}{(1+r)^t}$$

P_0: 주식의 현재가치
D_t: t년도 말의 기대배당금
P_t: t년도 말의 기대주가
r: 주식의 할인율

매도가격(P_t)은 그 시점 이후에 기대되는 배당금과 주가에 의해 결정된다. 이러한 논리를 계속 적용하면 주식가치는 결국 영원히 지속되는 미래 배당금의 현재가치로 평가되는데 이를 **배당할인모형**(dividend discount model)이라고 한다.

$$P_0 = \frac{D_1}{(1+r)} + \frac{D_2}{(1+r)^2} + \frac{D_3}{(1+r)^3} + \cdots$$

배당할인모형에서 할인율(r)은 **자본환원율** 또는 **시장자본화율**(market capitalization rate)이라고도 하는데 투자자에게는 기대(요구)수익률을, 기업에게는 자기자본비용을 의미한다.[9)]

배당할인모형은 미래 배당금에 대한 가정을 통해 다음과 같이 단순화할 수 있다.

2. 일정배당모형

일정배당모형(constant dividend model)은 배당금이 매 기간 일정하다는 가정, 즉 성장이 없다고 가정한 것이다. 일정한 배당을 지급하는 기업의 주가는 영속적인 미래 배당금의 현가와 같다.

9) 자기자본비용(r)을 추정하는 문제는 제8장(자본비용)에서 설명한다.

$$P_0 = \frac{D}{(1+r)} + \frac{D}{(1+r)^2} + \cdots = \frac{D}{r}$$

매년 일정한 배당을 지급하는 것은 기업이 성장하지 않고 이익을 모두 배당으로 지급하는 경우에 가능하다. 이러한 경우에 **주당배당금**(dividend per share: *DPS*)은 **주당순이익**(earnings per share: *EPS*)과 같으므로 일정한 배당을 지급하는 기업의 주가는 다음과 같이 표시할 수 있다.

$$P_0 = \frac{D}{r} = \frac{EPS}{r}$$

3. 일정배당성장모형, 고든(Gorden)의 성장모형

일정배당성장모형(constant dividend growth model)은 주당배당금이 매 기간 일정한 비율 g로 성장한다는 가정을 한 것이다.

$$P_0 = \frac{D_0(1+g)}{(1+r)} + \frac{D_0(1+g)^2}{(1+r)^2} + \cdots$$

g: 배당성장률

무한등비급수의 합을 구하는 공식을 적용하면 다음과 같다.[10)]

$$P_0 = \frac{D_0(1+g)}{r-g} = \frac{D_1}{r-g}$$

일정배당성장모형에서 배당이 할인율보다 빠른 속도토 성장한다면 주가는 무한대로 발산하기 때문에 일정배당성장모형은 배당성장률이 할인율보다 작은 경우($g < r$)에

10) $P_0 = \dfrac{\dfrac{D_0(1+g)}{(1+r)}}{1-\dfrac{(1+g)}{(1+r)}} = \dfrac{D_0(1+g)}{r-g} = \dfrac{D_1}{r-g}$

만 의미를 갖게 된다.

일정배당성장모형에서 할인율은 다음과 같이 **배당수익률**(D_1/P_0)과 **배당성장률**(g)의 합으로 표시된다.

$$r = \frac{D_1}{P_0} + g$$

할인율은 투자자에게는 투자수익률을 의미하므로, 주식투자수익률은 배당소득에 의한 배당수익률과 시세차익에 의한 자본수익률의 합으로 표시된다.

배당성장률(g)과 할인율(r)의 추정치를 배당할인모형에 대입하면 주식의 이론적 가치를 추정할 수 있다. 한편 현재주가(P_0)와 배당성장률(g)의 추정치를 배당할인모형에 대입하면 할인율 또는 자기자본비용(r)을 추정할 수 있다. 그러나 어떠한 경우이건 배당할인모형에서 배당성장률(g)의 추정치는 필수적이다.

보충설명 성장률의 의미와 추정

성장률의 의미

일정배당성장모형은 안정적인 성장이 지속가능한 기업의 평가에 사용할 수 있는 모형이다. 일정배당성장모형은 간단하면서도 유용한 모형이지만 성장률의 크기에 매우 민감하게 영향을 받기 때문에 성장률의 의미를 이해하고 정확한 추정치가 필요하다.

배당금이 안정적으로 성장하기 위해서는 배당의 원천인 순이익이 같은 성장을 유지해야 할 것이다. 예를 들어 순이익이 5%씩 성장 하는 기업에서 배당금이 8%씩 성장한다면 결국에는 배당금이 순이익을 초과하고 배당금을 지급하지 못하게 될 것이다. 반대로 순이익이 배당금보다 높은 성장을 지속한다면 결국에 이 기업의 배당성향(주당배당금/주당순이익)은 0에 가까워지고 가치평가에서 배당은 아무런 의미를 갖지 못하게 될 것이다. 따라서 일정배당성장모형에서 안정적인 배당성장률은 안정적인 순이익성장률로 해석할 수 있다. 한편 매년 성장률이 일정하게 유지된다는 것은 무리한 가정이다. 따라서 안정적 성장률은 평균성장률을 의미한다.

일정배당성장모형에서 배당성장률(또는 순이익성장률)은 경제 전체의 성장률을 크게 지속적으로 초과할 수 없다. 만약 어떤 기업이 경제 전체보다 높은 성장을 지속한다면 언젠가는 그 기업이 경제 전체를 초과하게 되는 모순이 발생하게 된다. 결론적으로 일정배당성장모형에 적합한 기업은 성장률이 경제 전체와 비슷하거나 낮으며, 배당을 안정적으로 지급하는 기업이라고 할 수 있다.

순투자액은 감가상각비를 초과하는 투자액을 말한다(순투자액 = 총투자 − 감가상각비). 순투자가 0인 기업은 추가적인 자본조달 없이, 감가상각액 만큼만 투자하고, 이익을 모두 배당으로 지급하는 기업이다. 순투자가 0인 기업은 기업의 생산능력이 현재 상태로 유지되기 때문에 순이익에도 변동이 없다. 그러나 기업이 순이익의 일부를 유보하여 투자를 하면 다음 기의 순이익은 다음과 같이 증가하게 된다.

$$NI_{t+1} = NI_t + (RE_t \cdot ROE_t)$$

NI_t: t기의 순이익(net income)
RE_t: t기의 유보이익(retained earnings)
ROE_t: t기의 자기자본이익률(return on equity)

위 식의 양변을 NI_i으로 나누어 정리하면 다음과 같다.

$$\frac{NI_{t+1} - NI_t}{NI_t} = \frac{RE_t}{NI_t} \cdot ROE_t$$

$$\text{순이익성장률}_{t+1} = \text{유보율}_t \times \text{자기자본이익률}_t$$

기업이 유보율을 일정하게 유지하고 자기자본이익률에도 변동이 없다면 배당성장률은 순이익성장률과 같아지게 된다. 따라서 배당성장률(g)은 다음과 같이 추정할 수 있다.

$$\text{배당성장률}(g) = \text{유보율}(b) \times \text{자기자본이익률}(ROE)$$

성장률의 추정

성장률은 다음과 같은 방법으로 추정할 수 있다.

① 과거의 평균성장률

미래 성장률을 추정하는 가장 간단한 방법은 과거의 평균성장률을 이용하는 것이다. 이때 성장률은 순이익성장률이 아닌 주당순이익(*EPS*)성장률이 사용되어야 한다. 그 이유는 추정기간 동안에 유상증자를 통해 자금을 조달한 기업의 경우 증가된 주식수를 반영해야 하기 때문이다. 다음의 예는 (주)한국의 주당순이익(*EPS*) 자료이다.

연도	EPS(원)	연간성장률(%)
2015	500	
2016	600	20.0
2017	660	10.0
2018	600	−9.1
2019	750	25.0
2020	1,000	33.3

$$\text{산술평균성장률} = (20.0 + 10.0 - 9.1 + 25.0 + 33.3)/5 = 15.84\%$$

$$\text{기하평균성장률} = (1{,}000/500)^{1/5} - 1 = 14.87\%$$

산술평균성장률은 각 기간의 성장률을 동일하게 평균한 것이므로 복리효과가 무시되는 반면, 기하평균성장률에는 복리효과가 고려된다. 연간성장률의 변동성이 클수록 두 성장률의 차이는 커지게 되는데 연간성장률의 편차가 큰 경우에는 단순평균성장률보다는 기하평균성장률이 보다 정확한 추정치라고 할 수 있다. 그러나 기하평균성장률은 처음과 마지막 해의 자료만으로 추정되었기 때문에 중간기간 동안의 성장률 추세를 반영하지 못하는 단점이 있다. 산술평균성장률의 단점을 보완하는 방법으로는 **가중평균성장률**이 있는데 이는 초기의 성장률보다 최근의 성장률에 많은 가중치를 부여하여 평균하는 것이다. (주)한국의 경우에는 최근 2년간의 높은 성장률을 반영하여 가중평균성장률이 단순평균성장률보다 높게 나타날 것이다.

평균성장률은 평가기간에 따라서도 달라질 수 있다. 예를 들어 최근 3년간의 평균성장률을 계산하면 다음과 같다.

$$\text{산술평균성장률} = (-9.1 + 25.0 + 33.3)/3 = 16.40\%$$
$$\text{기하평균성장률} = (1{,}000/660)^{1/3} - 1 = 14.86\%$$

과거의 평균성장률을 미래 성장률의 추정치로 사용하는 데는 많은 주의가 필요한데 평가기간을 분석하는 사람의 주관적인 판단에 의존하는 수밖에 없기 때문이다. 최근 단기간의 자료를 사용하면 최근의 상황(성장률)을 반영할 수 있다는 장점이 있다. 하지만 최근에 나타난 연간성장률의 변동성이 비정상적인 경우라면 안정적이고 정확한 평균성장률을 추정하기 위해 보다 긴 기간 동안의 자료를 사용하는 것이 바람직할 것이다.

주당순이익이 음수(–)인 경우

주당순이익이 음수(–)인 경우에는 평균성장률이 왜곡되어 의미를 잃게 된다.

$$t\text{기간의 } EPS\text{성장률} = \frac{EPS_t - EPS_{t-1}}{EPS_{t-1}}$$

여기에서 만약 $EPS_{t-1} < 0$이고 $EPS_t > 0$이라면 성장률은 음(–)의 값, 즉 마이너스 성장을 나타낸다. 그러나 적자에서 흑자로 전환한 기업의 EPS성장률이 마이너스라는 것은 모순이다. 따라서 주당순이익이 음수(–)인 경우에는 과거의 평균 성장률은 미래 성장률의 추정치로 사용할 수 없다.

과거의 평균을 미래의 추정치로 사용하는 것은 기본적으로 과거 패턴이 미래에도 지속된다는 것을 전제로 한다. 그러나 끊임없이 변화가 발생하고 불확실성이 증대되는 경영환경에서 과거의 패턴이 미래에도 지속된다는 보장은 없다. 따라서 과거성장률을 미래 성장률의 예측치로 사용하기 위해서는 다음과 같은 요인들을 고려해야 한다.

- 과거 성장률의 **변동성**이 클수록 미래 성장률에 대한 예측력은 떨어진다. 과거 성장률의 변동성은 과거 성장률의 표준편차로 측정할 수 있다.
- **규모**가 작은 기업은 급성장이 가능하지만, 기업의 규모가 커질수록 급속한 성장

이 어려워진다. 따라서 과거에 급성장한 기업의 경우에는 과거의 평균성장률보다 낮은 수치를 미래 성장률의 추정치로 사용해야 한다.

- 추정기간이 **경기순환**에서 호경기였다면 당연히 평균성장률은 높게 계산될 것이다. 이렇게 추정된 성장률을 미래 성장률의 추정치로 사용하면 가치가 고평가되는 오류가 발생한다. 반대로 불경기 동안의 평균 성장률을 미래 성장률에 대한 추정치로 사용하면 가치가 저평가되는 오류가 발생할 것이다.

② 분석가(analysts)의 예측치

증권시장에서 많은 증권분석가들은 경쟁적으로 기업의 순이익을 예측하여 발표한다. 분석가들은 예측의 정확도를 높이기 위해 기업재무보고서, 기업공시, 정부의 경제정책, 국내외 기업환경의 변화, 거시경제정보 등 다양한 정보를 사용한다.

보충설명 성장기회와 배당할인모형

높은 수익이 기대되는 투자기회를 가진 성장기업은 순이익의 일부를 유보하여 투자함으로써 주식의 가치를 높일 수 있다. 이때 성장기업의 주식가치는 성장기회가 없다고 가정했을 경우의 주식가치와 성장기회의 현재가치(present value of growth opportunity: ***PVGO***)를 합한 값으로 나타낼 수 있다.

$$P_0 = \text{무성장기업으로서의 주식가치} + \text{성장기회의 현재가치}$$
$$= \frac{EPS}{r} + PVGO$$

*PVGO*는 영구연금의 현재가치 식을 이용하여 계산할 수 있다. 유보율(b)과 투자수익률(ROE)이 일정하게 유지되고 t시점에 주당 $b \cdot EPS_t$ 만큼 재투자되는 경우에 그 재투자의 t시점에의 가치(PV_t)는 다음과 같다.

$$\begin{aligned} PV_t &= -b\cdot EPS_t + \frac{b\cdot EPS_t\cdot ROE}{(1+r)} + \frac{b\cdot EPS_t\cdot ROE}{(1+r)^2} + \cdots \\ &= -b\cdot EPS_t + \frac{b\cdot EPS_t\cdot ROE}{r} \\ &= b\cdot EPS_t\cdot\left(\frac{ROE}{r} - 1\right) \end{aligned}$$

재투자가 가치를 창출하기 위해서는, 즉 성장기회가 양(+)의 가치를 갖기 위해서는 투자수익률(ROE)이 할인율(r)보다 높아야 한다. 이는 기존의 할인율(자기자본비용)보다 높은 수익을 얻을 수 있는 경우에만 투자하고 그렇지 않은 경우에는 이익을 유보(재투자)하지 말고 모두 배당으로 지급해야 한다는 것을 의미한다. 만약 투자수익률이 할인율보다 낮은 데도 불구하고 투자를 한다면 주가는 오히려 하락하게 될 것이다.

유보율(b)과 투자수익률(ROE)이 일정하다면 주당순이익(EPS)이 매년 g만큼 성장하고, 마찬가지로 재투자에 의해 생성되는 가치(PV)도 매년 g만큼 성장할 것이다.

$$\begin{aligned} EPS_t &= EPS_{t-1}(1+g) = \cdots = EPS_1(1+g)^{t-1} \\ PV_t &= PV_{t-1}(1+g) = \cdots = PV_1(1+g)^{t-1} \end{aligned}$$

$PVGO$는 미래 재투자의 가치를 t=0시점에서 모두 합한 것이므로 다음과 같이 나타낼 수 있다.

$$\begin{aligned} PVGO &= \frac{PV_1}{(1+r)} + \frac{PV_2}{(1+r)^2} + \frac{PV_3}{(1+r)^3} + \cdots \\ &= \frac{PV_1}{(1+r)} + \frac{PV_1(1+g)}{(1+r)^2} + \frac{PV_1(1+g)^2}{(1+r)^3} + \cdots \\ &= \frac{PV_1}{r-g} \end{aligned}$$

따라서 성장기업의 주식가치는 다음과 같이 나타낼 수 있다.

성장기업의 주식가치: $P_0 = \frac{EPS_1}{r} + PVGO = \frac{EPS_1}{r} + \frac{PV_1}{r-g}$

위 식을 이용하면 성장주와 안정주의 특징을 파악할 수 있다. **안정주**(income stock)

는 주가상승보다는 안정적인 배당을 통해 수익이 실현되는 주식을 말한다. **성장주**(growth stock)는 투자수익이 주로 주가상승에 의한 자본소득에서 발생하는 주식을 말한다. 위 식에서 $PVGO$가 차지하는 비중이 상대적으로 큰 주식이 여기에 해당한다.

위 식의 양변을 EPS_1로 나누면 다음과 같다.

$$\frac{P_0}{EPS_1} = \frac{1}{r} + \frac{PVGO}{EPS_1} = \frac{1}{r} \cdot \left(1 + \frac{PVGO}{EPS_1/r}\right)$$

좌변의 주가수익비율(PER 또는 P/E)은 주가가 주당순이익의 몇 배수 인가를 나타내는데 기업의 이익에 대한 시장의 평가를 나타낸다. 위의 식에서 기업의 성장기회와 PER와의 관계를 알 수 있다. 성장기회가 없는 기업($PVGO = 0$)의 PER는 $1/r$이 되는데 이것은 무성장모형에서 얻은 결과($P_0 = EPS/r$)와 일치한다. 성장기회가 많은 기업일수록, 즉 $PVGO$가 큰 기업일수록 PER가 크게 나타나는데 이러한 이유로 PER를 기업의 성장성을 나타내는 지표로 사용하는 경우가 많다. 그리고 이익의 성장률 차이에 따른 기업간 PER 차이를 고려하기 위해서 PER를 성장률 g로 나눈 값(PEG)을 사용하기도 한다.

연습문제

1. 시장이자율이 4%라고 할 때, 액면가가 1,000,000원이고 만기가 5년인 순수할인채(무표채)의 가치를 구하라.

2. 현재 시장이자율이 4%라고 할 때, 액면가 1,000,000원, 만기 10년, 표면이자율 8%인 채권의 가치를 구하라.

3. 액면가가 100,000원이고 액면이자율이 10%, 만기가 2년인 채권이 현재 10,000원에 거래되고 있다면 만기수익률은 얼마인가?

4. 액면가 100,000원, 액면이자율이 5%로 동일한데 만기가 3년인 A채권과 만기가 6년인 B채권이 현재 100,000만원으로 동일하게 거래되고 있다. 지금부터 3년 후에 형성되는 3년 만기 채권에 대한 만기수익률을 4%로 예측한다고 할 때 A채권과 B채권의 투자성과를 비교해보라. 단, 투자시한은 3년이고 재투자수익률은 연 5%로 가정한다.

5. (주)기업재무는 1년 전에 만기 3년, 액면가 100,000원, 액면이자율 12%인 회사채를 100,000원에 발행하였다. 현재 시장에서 (주)기업재무와 동등한 위험을 가진 회사채가 8%의 수익률에 거래되고 있다면 (주)기업재무의 회사채의 현재 가격은 얼마인가? 회사채는 3개월마다 이자를 지급한다.

6. (주)한국의 금년도 주당순이익(EPS)은 4,000원이고 배당성향은 40%이다. 1년 후 주당배당금은 2.000원, 2년 후에는 3,000원, 3년 후에는 4,000원이 될 것으로 전망되며 3차년도 말의 주가는 45,000원으로 예상된다. 현재의 주가는? 단 투자자들의 요구수익률은 10%이다.

7. (1) (주)한국의 연말 예상 배당금은 3,000원이며 이는 매년 영원히 일정하게 유지할 것으로 보인다. 주주들의 요구수익률이 10%인 경우 (주)한국의 현재 적정주가를 구하라.
   (2) 배당이 매년 3%씩 영원히 성장할 것으로 예상된다면 주가는 어떻게 변동하겠는가?

8. 다음의 문제를 설명하라.
   (1) 칠성산업은 올해 초에 주당배당금 1,000원을 지급하였으며 배당금은 매년 6%씩 안

정적으로 성장할 것으로 예상된다. 칠성산업의 주식에 대한 할인율이 15%인 경우에 배당할인모형에 의한 칠성산업의 적정 주가는?

(2) 칠성산업의 배당은 앞으로 3년간은 매년 6%씩 성장하지만, 그 후부터는 성장률이 4%로 하락할 것으로 예상되는 경우에 칠성산업의 적정 주가는?

9. A기업은 순이익의 50%를 배당으로 지급하고 있는데 주당배당금은 매년 10%씩 증가하고 있으며 이러한 추세는 앞으로도 지속될 것으로 기대된다. 다음 기의 주당순이익은 400원으로 예상된다. A기업의 주식가치를 평가할 때 적용되는 할인율은 15%이다.

(1) 일정배당성장모형을 이용하여 A기업의 주식가치를 평가하라.

(2) 투자기회가 없어서 순이익을 모두 배당으로 지급하는 경우에 A기업의 주식가치를 평가하라.

(3) 10%의 성장률을 유지하기 위해 A기업이 달성해야 하는 최저 투자수익률은?

(4) A기업의 주식가치를 무성장 기업으로서의 가치와 성장기회의 현재가치로 구분하여 평가하라.

(5) 투자수익률이 10%인 투자기회밖에 없다면 A기업은 배당에 대해 어떠한 선택을 해야 할 것인가?

10. 다음 물음에 대하여 답하라. 각 물음은 서로 연관성이 없는 별개의 물음이다. (2014년. CPA)

(물음 1) A기업은 내년의 주당이익(EPS_1)을 660원으로 예상하고 있으며 주식에 대한 적정 할인율은 12%이다. A기업은 앞으로 매년 이익의 60%를 재투자할 예정이며 자기자본에 대한 투자수익률은 15%를 유지할 것으로 전망된다. 배당할인모형에 의하면 주식가치는 얼마인가? 또 주식가치 중에서 성장기회에 대한 가치($NPVGO$)는 얼마인가?

(물음 2) B채권은 만기가 5년이며 액면이자율이 6.2%이고 분기별로 이자를 지급한다. 현재 이 채권은 액면가와 동일한 가격으로 거래되고 있다. 이 채권에 대한 실효이자율(effective rate of interest)은 얼마인가? 계산결과는 %단위로 표시하되 반올림하여 소수점 둘째 자리까지 표기하라.

제 Ⅲ 편

자본투자(자본예산)

제 5 장

투자프로젝트의 가치평가

투자프로젝트의 가치는 투자와 관련된 미래 현금흐름의 가치이다. 따라서 투자프로젝트의 미래 현금흐름을 정확하게 추정하는 일은 투자가치를 정확하게 평가하고 궁극적으로 성공적인 투자를 위해 필수적인 일이다.

현금흐름을 추정하는 일은 재무관리자만이 아니라 기업의 모든 역량을 동원한 전사적인 협업이 필요한 일이다. 예를 들어, 매출액을 추정하기 위해서는 우선 그 제품 또는 서비스에 대한 소비트랜드를 분석해서 미래 수요를 예측하는 일이 선행되어야 한다. 마찬가지로 비용을 추정하기 위해서는 적용 가능한 기술, 원자재가격의 동향 등이 사전에 분석되어야 할 것이다. 뿐만 아니라 이 사업이 기업의 장기 전략에 부합하는지, 정부 정책 또는 사회의 요구와 배치되지 않는지 여부와 기업 조직의 개편과 확충의 필요성 등 수많은 비계량적인 요인들도 종합적으로 분석되어야 한다.

투자 목적과 투자 위험

투자프로젝트의 목적과 성격을 구분하는 이유는 그에 따라 투자프로젝트의 위험 즉 미래 현금흐름의 불확실성이 달라지기 때문이다.

① 대체투자

대체투자(replacement investment)는 생산기능을 유지하기 위해 마모 또는 손상된 설비를 교체하고, 효율성이 높은 설비로 교체함으로써 비용을 절약하고 생산성을 향상시키기 위한 투자를 말한다. 대체투자는 제품시장에서 수요와 공급에 미치는 영향이 거의 없고, 현금흐름의 변동이 크지 않기 때문에 투자위험이 가장 적다고 할 수 있다.

② 확장투자

확장투자(expansion investment)는 제품에 대한 수요 증가에 대응하기 위해 또는 공격적으로 시장점유율을 높이기 위해 생산설비를 확충하는 투자를 말한다. 확장투자는 제품시장에서 공급의 증가와 함께 가격 변동이 발생하고, 경쟁자의 대응에 따라 미래 현금흐름에 대한 불확실성이 증가하게 된다.

③ 신제품투자

신제품투자(new product investment)는 신기술을 개발하고 신제품을 생산하기 위한 투자를 말한다. 신제품투자는 새로운 시장(소비자)과 기술에 대한 투자이므로 현금흐름의 불확실성이 대체투자나 확장투자보다는 크다고 할 수 있다.

④ 전략적 투자

전략적 투자(strategic investment)는 새로운 산업에 진출하거나 산업의 판도를 바꿀만한 대규모의 투자를 말한다. 기존 사업을 매각하고 새로운 업종에 진출하는 것이나, 기업역량을 한 사업 분야에 집중함으로써 기업의 사업내용을 통째로 바꾸는 것도 전략적 투자라고 할 수 있다. 전략적 투자는 M&A를 통해 이루어지는 경우가 많다. 전략적 투자에서는 단기적인 수익보다는 기업의 장기적인 전략적 목표가 투자의사결정의 기준이 될 것이다.

제1절 현금흐름의 개념

현금흐름(cash flow)은 투자의 결과로 발생하는 현금유입과 현금유출을 말하는데 투자프로젝트의 평가에는 현금유입에서 현금유출을 차감한 순현금흐름이 사용된다. 한편 현금흐름은 기업이 실제로 자유롭게 사용할 수 있는 현금(free cash flow: FCF)을 의미하며 기업의 경영성과를 회계기준에 의해 측정한 회계적 이익과는 구분되어야 한다.

투자프로젝트의 가치를 정확하게 평가하기 위해서는 투자프로젝트의 미래 현금흐름을 정확하게 추정할 수 있어야 한다. 그러나 불확실성하에서 미래 현금흐름을 오차 없이 정확하게 추정하기란 불가능하기 때문에 이러한 불확실성이 투자프로젝트의 가치평가에 고려되어야 한다. 현금흐름의 불확실성을 고려해서 투자프로젝트의 가치를 평가하는 방법은 제7장(투자위험과 자본투자의사결정)에서 설명한다. 그때까지는 현금흐름의 불확실성을 무시한 채, 즉 현금흐름을 정확하게 추정할 수 있다는 가정 하에 자본예산을 논의하기로 한다.

투자현금흐름이란 투자의 직접적인 결과로 발생하는 **세후 증분현금흐름**(after tax incremental cash flow)을 말하는데 이를 정확하게 추정하기 위해서는 다음과 같은 사항들에 유의해야 한다.

1) 현금흐름과 회계적 이익

회계적 이익과 현금흐름과는 일치하지 않는다. 하지만 실제로는(실무적으로는) 회계적 이익의 추정치에다 차이를 조정하여 투자프로젝트의 현금흐름을 추정하게 된다. 그 이유는 법인세를 추정하기 위해서는 어차피 추정손익계산서가 필요하기 때문이다.

투자의 결과는 수익(revenue)과 비용(cost)으로 나타난다. 그러나 실제로는 현금유입이나 현금유출이 발생하지 않지만 회계적으로 수익이나 비용으로 처리(인식)되는 경우에는 회계적 수익과 비용이 실제 현금흐름과는 다를 수 있다. 대표적인 경우가 외상매출금과 외상매입금이다.

외상매출은 매출대금이 회수되기 전까지는 현금유입이 발생하지 않지만 손익계산서에는 매출이 발생하면 대금회수 여부과 상관없이 수익으로 계상된다. 마찬가지로 외상매입은 대금이 지급되기 전까지는 현금유출이 발생하지 않지만 손익계산서에는 비용으로 계상된다. 이러한 차이는 **순운전자본의 증감**을 통해 투자현금흐름에 반영되어야 한다.

2) 증분현금흐름

증분현금흐름(incremental cash flow)은 증분기준으로 작성된 손익계산서를 이용하여 설명할 수 있다. 증분기준 손익계산서는 어떤 투자를 집행할 경우의 추정손익계산서에서 투자를 하지 않을 경우의 추정손익계산서를 각 항목별로 차감한 것이다. 따라서 증분기준의 추정손익계산서는 투자로 인해 발생하는 각 항목별 증감만을 나타낸다.

3) 감가상각

(1) 감가상각의 개념

유형자산은 시간의 흐름에 따라 가치가 감소하고 궁극적으로 소멸되기 마련이다. 회계적으로 기업의 수익창출활동에 사용된 기간에 걸쳐 유형자산의 가치 감소분을 비용으로 인식하는데 이를 **감가상각**(depreciation)이라고 하며, 이렇게 인식(배분)된 비용을 **감가상각비**(depreciation expense)라고 한다.[1] 유형자산의 구입비용은 실제로 현금으로 지급되는 시점에서 이미 전액 현금유출로 인식된다. 따라서 인위적으로 배분된 회계적 비용인 감가상각비는 현금유출에 포함시키지 말아야 한다. 감가상각비처럼 실제 현금유출을 수반하지 않는 비용을 **비현금비용**(non-cash expense)이라고 한다.

감가상각비가 비용으로 처리되면 세전이익이 감소하여 법인세가 감소하는 효과가 발생하는데 이를 **감가상각비의 감세효과**(depreciation tax shield)라고 한다. 현금흐름 추정

1) 감가상각은 유형자산의 신규 취득 · 증설 · 개량 등을 통해 자산의 가치를 증가시키는 자본지출(capital expenditures)을 대상으로 한다. 유형자산의 원상을 회복시키거나 성능수준을 유지하기 위한 수리비 지출은 수익적 지출(revenue expenditure)로 구분하고 감가상각하지 않고 비용으로 처리한다. 단 토지는 무한 수명을 갖고 있으므로 감가상각을 하지 않는다.

에서 감가상각비가 중요한 이유는 감가상각비가 법인세 절감효과를 통해 현금흐름에 영향을 미치기 때문이다.

감가상각비를 배분하는 방식은 자산을 취득한 회기에 결정해야 하는데 자산의 경제적 내용연수와 잔존가치를 추정하고 허용된 감가상각법 중에 하나를 선택해야 한다. **내용연수**(useful life)는 그 자산이 영업활동에 이용되는(수익창출에 기여하는) 기간을 의미한다. **잔존가치**(salvage value)란 내용연수 후에 예상되는 처분가를 말한다. 특정 유형자산에 대한 내용연수와 잔존가치는 세법에 의해 정해지는 것이 보통이며, 기업이 실제로 자산을 사용하는 기간이나 실제 처분가격과는 상관이 없다.

(2) 감가상각법과 법인세 절감효과

같은 규모의 감가상각액에 대해서도 화폐의 시간가치를 고려하면 초기에 많은 감가상각비가 계상될수록 법인세 절감효과가 커진다. 기업이 선택할 수 있는 감가상각법과 이에 따른 법인세 절감효과는 다음과 같다.

① 정액법

정액법(straight-line method)에서는 총감가상각액(취득원가 − 잔존가치)을 자산의 내용연수 동안 균등하게 나누어서 감가상각비로 처리한다.

$$감가상각비 = \frac{취득원가 - 잔존가치}{내용연수}$$

② 정률법

정률법(constant percentage method)은 내용연수 말에 자산의 장부가치가 잔존가치와 일치하도록 매년 사용할 일정한 상각률을 계산한 다음 기초의 장부가치에 상각률을 곱하여 감가상각비를 계산하는 방법이다. 정률법에서는 초기에 상대적으로 많은 금액이 상각되고 법인세 감세효과가 빨리 나타난다.

$$감가상각비 = 기초의\ 장부가치 \times 감가상각률$$

$$감가상각률 = 1 - \sqrt[n]{\frac{잔존가치}{취득원가}}$$

n: 내용연수

③ 연수합계법

연수합계법(sum-of-the-years′-digits method)은 잔여내용연수를 내용연수의 합으로 나눈 상각률에 감가상각금액(취득원가−잔존가치)을 곱해서 감가상각비를 계산하는 방식이다. 정률법과 마찬가지로 초기에 상대적으로 많은 금액이 상각된다.

$$감가상각비 = (취득원가 - 잔존가치) \times \frac{잔여내용연수}{내용연수합계}$$

감가상각법과 법인세 절감효과

2021년 초에 100만원에 구입한 기계의 내용연수는 4년이고 잔존가치는 20만원이다. 감가상각법에 따른 감가상각비와 감세효과는 다음과 같다. 법인세율은 22%로 가정한다.

(단위: 만원)

시 점	정액법		정률법		연수합계법	
	감가상각비	법인세 절감액	감가상각비	법인세 절감액	감가상각비	법인세 절감액
2021년 말	20	4.4	33.13	7.29	32	7.04
2022년 말	20[2)]	4.4	22.15[3)]	4.87	24[4)]	5.28
2023년 말	20	4.4	14.81	3.26	16	3.52
2024년 말	20	4.4	9.91	2.18	8	1.76

2) (취득원가 − 잔존가치)/내용연수 = (100 − 20)/4 = 20

3) 기초장부가치(취득원가 − 전년도 감가상각비) × 감가상각률 = $(100 - 33.13) \times \left[1 - \sqrt[4]{\frac{20}{100}}\right] = 22.15$

4) (취득원가 − 잔존가치) × (3/(4 + 3 + 2 + 1)) = (100 − 20) × (3/10) = 24

4) 이자비용과 배당금

이자비용과 배당금은 현금이 기업 외부로 실제로 유출되는 것이지만 현금흐름을 추정하는 과정에서는 현금유출에 포함시키지 않는다. 그 이유는 투자프로젝트의 가치를 자본조달과 배당정책과는 상관없이 독립적으로 평가하기 위해서이다. 그렇다고 이자비용과 배당금이 가치평가에서 무시되는 것은 아니다. 이자비용의 증감은 투자에 필요한 자본을 어떻게 조달했느냐(자본조달정책)에 따라 달라진다. 배당금의 증감은 기업의 배당정책에 따라 달라진다. 이자비용은 부채비용(타인자본비용)에 반영되고, 배당금은 자기자본비용에 반영된다. 그리고 두 자본비용의 가중평균치인 가중평균자본비용(weighted average cost of capital: *WACC*)으로 투자프로젝트의 현금흐름을 할인하여 투자프로젝트의 가치를 평가하게 된다. 따라서 이자비용과 배당금을 현금흐름(가치평가식의 분자)과 할인율(가치평가식의 분모)에 모두 반영하면 그 효과가 이중으로 계산되는 오류가 발생하게 된다.

5) 세금(법인세)

세금은 명백한 현금유출이므로 투자프로젝트의 가치평가에는 세후 현금흐름(after-tax *CF*)이 사용되어야 한다. 법인세는 현금흐름이 아닌 회계상의 이익을 기준으로 부과되기 때문에 법인세를 추정하기 위해서는 추정손익계산서가 필요하다.

법인세비용 = 세전이익 × 법인세율

한계법인세율

한계법인세율(marginal corporate tax rate)은 추가적인 1원의 수익에 대해 적용되는 세율을 말한다. 아래의 표와 같이 과세표준(과세대상이익, 세전이익)이 높아질수록 높은 한계세율이 적용되는 누진세(progressive tax rate)제도가 일반적이다.

과세표준(원)	세 율
2억 이하	9%
2억 초과~200억 이하	19%
200억 초과~3,000억 이하	21%
3,000억 초과	24%

평균법인세율은 과세표준에 대한 법인세의 비율을 말한다. 누진세제도에서 평균세율은 한계세율보다 낮고, 과세표준이 증가할수록 한계세율에 접근하게 된다.

과세표준(억원)	법인세(억원)	평균세율(%)	한계세율(%)
10	1.7	17.0	19
100	18.8	18.8	19
300	58.8*	19.6	21
1,000	205.8	20.58	21

* 과세표준이 300억원인 기업의 법인세: 2억(9%) + 198억(19%) + 100억(21%) = 58.8억

재무의사결정에서 중요한 것은 평균세율이 아니라 투자수익에 대해 기업이 실제로 부담하는 세율, 즉 한계세율이다. 따라서 앞으로 법인세율은 한계법인세율을 의미한다.

6) 매몰비용

매몰비용(sunk cost)은 이미 지출되어 투자프로젝트의 채택 여부와 상관없이 회수될 수 없는 비용을 말한다. 따라서 매몰비용은 투자 선택에 아무런 영향을 미치지 못(말아야)하고, 매몰비용은 현금흐름에 포함시키지 말아야 한다. 매몰비용을 현금유출(투자비용)로 처리하면 투자프로젝트의 가치가 과소평가되는 오류가 발생할 수 있다. 이처럼 매몰비용을 제대로 인식하지 못해 발생하는 투자실패를 **매몰비용 함정**(sunk cost fallacy)이라고 한다.

매몰비용의 대표적인 경우는 일반관리비와 연구개발비용이다. 일반관리비(overhead expense)는 특정 사업(투자)과는 무관하게 기업 전반을 관리하기 위해 지출되는 비용을 말한다. 일반관리비는 투자 여부와 상관없이 지출되기 때문에 고정비의 성격을 가지며

투자 선택과는 무관한 것이다. 만약 투자와 관련하여 직접적으로 증가하는 일반관리비가 있다면 그 금액은 비용으로 처리되어야 할 것이다. 마찬가지로 이미 지출된 연구개발비(R&D expense)는 향후 생산설비투자 여부와 상관없이 이미 지출된 비용이기 때문에 현재 시점에서 투자 선택에 영향을 미쳐서는 안 된다.

매몰비용 함정

[예 1] 신제품 개발에 100억원이 투자(지출)되었는데, 시장조사 결과 신제품을 생산·판매하면 50억원의 순수익이 예상된다. 신제품 생산을 위한 설비투자를 해야 할 것인가?

신제품 판매수익 50억원으로는 개발비용 100억원을 충당(회수)할 수 없다는 이유로 신제품 출시를 포기하면 손실은 100억원(개발비용 전액)이 된다. 그러나 신제품을 출시해서 50억원의 순수익을 창출하면 총손실은 50억원으로 줄어든다. 시장상황을 미리 정확하게 예측할 수 있었다면 애초에 신제품 개발에 투자하지 않았을 것이다. 그러나 불확실성하에서 미래를 정확하게 예측할 수는 없으며, 현재 시점에서는 신제품을 출시해 총손실을 50억원으로 줄이는 것이 최선의 선택이다.

[예 2] 신제품 개발에 100억원이 투자(지출)되었는데, 시장조사 결과 신제품을 생산·판매하면 30억원의 손실이 예상된다. 신제품 생산을 위한 설비투자를 해야 할 것인가?

매몰비용인 개발비 100억원이 아까워서 신제품 출시를 강행할 경우에 손실은 130억원(개발비용 + 판매 손실)으로 늘어난다. 신제품 출시를 포기하면 손실을 100억원으로 막을 수 있다. 현재 시점에서는 신제품 출시를 포기해서 손실을 최소화하는 것이 최선의 선택이다.

7) 기회비용

기회비용(opportunity cost)은 어떤 투자프로젝트를 선택하기 위해서 포기(희생)해야 하는 수익을 말한다. 기회비용은 실제로 현금이 지출되는 비용은 아니지만 투자프로젝트를 평가할 때 현금유출로 처리되어야 한다. 예를 들어, 기업 소유의 창고를 설비확장 투자를 위해 사용하는 경우 별도로 비용이 지출되는 것은 아니다. 하지만 창고를 임대해서 얻을 수 있는 수익을 포기해야 하므로 이에 상응하는 금액(임대료)을 현금유출에 포함시켜야 한다.

8) 부수적 효과(외부효과)

부수적 효과(incidental effect) 또는 **외부효과**(externalities)는 새로운 투자가 기업의 다른 사업에 부수적(간접적)으로 영향을 주어 그 사업의 수익이 증감하는 효과를 말한다. 예를 들어, 식품회사에서 신제품을 출시하면 그 회사의 기존 제품에 대한 수요를 잠식하여 매출이 감소하는 경우가 많다. 이와 같은 "제 살 깍아먹기"에 의한 매출 감소(잠식비용)를 신제품투자프로젝트의 현금흐름을 추정할 때 현금유출에 포함시켜야 한다. 반대로 항공사에서 신규 노선 개설로 기존 노선의 수익이 증가한다면 그 증가액을 신규노선안의 현금유입에 포함시켜야 한다.

제2절 현금흐름 추정

투자프로젝트의 가치평가에 사용되는 현금흐름은 크게 투자와 관련된 자본적 지출, 영업현금흐름, 순운전자본의 변동으로 구분할 수 있다.

1) 자본적 지출

자본적 지출(net capital spending)은 자산의 매입과 설치비용, (교체투자의 경우) 기존 자산의 매각과 이에 따른 세금, 투자에 대한 세금감면혜택 등이 포함된다.

비유동자산을 장부가격보다 높은 가격에 처분(매각)하면 그 차액이 특별이익으로 처리되어 법인세가 증가(현금유출)한다. 반대로 비유동자산의 처분가격이 장부가격보다 낮은 경우에는 차액이 특별손실로 처리되어 법인세를 절감(현금유입)할 수 있다. 자산을 처분할 경우 이러한 세금효과를 고려한 후 최종적으로 유입되는 자산의 가치를 세후 잔존가치(after-tax salvage)라고 한다.

비유동자산의 장부가격 = 비유동자산의 취득원가
− 처분시점까지의 감가상각누계액

특별이익 또는 특별손실 = 실제 처분가격 − 장부가격

세후 잔존가치 = 실제 처분가격 − (특별이익 × 법인세율)

고용창출투자세액공제

정부가 경기조절을 위하여 필요하다고 인정되는 경우에 설비투자에 대한 세액공제 혜택을 주기 위해 1982년부터 한시적으로 실시하였던 임시투자세액공제제도는 인적자본 중심의 세제지원제도로 지원 방향이 전환됨에 따라 2011년부터 고용창출투자세액공제제도로 전환되었다가 그 일몰기한이 종료되어 2018.1.1.이후 투자에 대하여는 종전 고용창출투자세액공제와 중소기업과 신규상장 중견기업의 투자세액공제를 통합하여 중소기업과 중견기업의 투자세액공제로 일원화되었다. 중소기업의 경우 기본공제로 투자금액의 3/100에 상당하는 금액, 중견기업의 경우 수도권 밖에 투자할 경우 투자금액의 2/100에 상당하는 금액을 공제해 주고 있다.

그리고 고용창출두자세액공제와 청년고용증대세제를 통합하여 고용증대세제로 재설계하여, 투자가 없더라도 고용증가 시 1인당 연간 일정금액을 공제해주고 있다.

2) 영업현금흐름

영업현금흐름(OCF: operating cash flow)은 투자프로젝트를 채택했을 경우의 추정손익계산서(pro-forma income statement)에서 채택하지 않을 경우의 추정손익계산서를 각 항목별로 차감한 증분(△)으로 계산한다.

△영업현금흐름 = △매출액 − △영업비용 − △법인세비용
= △매출액 − △영업비용
− (△매출액 − △영업비용 − △감가상각비) × 법인세율
= (△매출액 − △영업비용)(1 − 법인세율)
+ (△감가상각비 × 법인세율)
= (△매출액 − △영업비용 − △감가상각비)
(1 − 법인세율) + △감가상각비

위의 식에서 (△감가상각비 × 법인세율)는 **감가상각비의 법인세절감효과**(depreciation tax shield)를 나타낸다. 마지막 식에서 감가상각비는 실제 현금유출이 없는 비현금비용이기 때문에 영업현금흐름을 위해서는 다시 더(환입)해주어야 한다.[5)]

영업현금흐름에서 법인세과세대상이익(세전이익)을 계산하면서 이자비용을 차감하지 않았다는 사실에 주목해야 한다. 여기에서 이자비용을 무시한 이유는 자본조달과는 무관하게 투자프로젝트의 수익력을 나타내는 영업현금흐름을 구하기 위한 것이다. 부채사용은 할인율(자본비용)을 통해 가치평가에 반영된다.

3) 순운전자본의 변동

신규 사업을 시작하거나 기존 사업의 규모가 확대되면 유동자산(현금, 재고자산, 외상매출금 등)과 유동부채(외상매입금 등)가 증가하는 것이 일반적이다. 순운전자본(Net Working Capital: *NWC*)의 증가는 현금의 투입, 즉 현금유출을 의미한다. 순운전자본에 투자된 현금이 나중에 얼마나 회수되는지는 투자프로젝트에 따라 다르지만 예상되는 회수 금액은 현금유입으로 처리해야 한다.

$$\begin{aligned}\Delta \text{순운전자본}(NWC) &= \Delta \text{유동자산} - \Delta \text{유동부채} \\ &= \Delta \text{현금} + \Delta \text{재고자산} + \Delta \text{외상매출금} - \Delta \text{외상매입금}\end{aligned}$$

따라서 투자프로젝트의 최종적인 현금흐름은 세 항목의 총합으로 계산된다.

$$\begin{aligned}\text{투자프로젝트의 총현금흐름} &= (1)\,\text{자본적 지출} + (2)\,\text{영업현금흐름} \\ &\quad + (3)\,\text{순운전자본의 변동}\end{aligned}$$

독립적 투자프로젝트와 종속적 투자프로젝트

독립적 투자프로젝트(independent project)는 현금흐름이 다른 프로젝트의 현금흐름과 독립적이라는 것을 말한다. 독립적 투자프로젝트에 대해서는 한 프로젝트에 대한 채택

5) 회계적으로는(손익계산서에서는) 영업비용에 감가상각비가 판매비와 관리비의 항목으로 포함된다. 감가상각비를 별도 항목으로 구분한 이유는 감가상각비의 법인세 절감효과를 보여주기 위해서이다.

(accept) 또는 기각(reject) 결정이 다른 프로젝트의 채택과 기각에 영향을 미치지 않기 때문에 각 프로젝트를 독립적으로 평가하고 선택하면 된다. 예를 들어, 생산설비를 교체하는 것과 창고를 증축하는 것은 각각 독립적인 투자프로젝트라고 할 수 있다.

종속적 투자프로젝트(dependent project)는 한 프로젝트를 채택하는 것이 다른 프로젝트의 채택과 기각에 영향을 미치는 경우를 말하며 상호배타적 투자프로젝트(mutually exclusive project)와 상호인과적 투자프로젝트(contingent project)로 구분된다. 예를 들어, 생산공장에 전력을 공급하는 방법에 있어서 자체적으로 발전설비를 건설하는 것과 발전업자와 계약을 맺어 전기를 구입하는 것은 상호배타적인 투자프로젝트이다.

제3절 투자프로젝트의 가치평가와 선택

1. 투자프로젝트의 가치평가

자본예산기법은 투자의 가치(경제성)를 평가하고 선택하는 방법을 말한다. 이상적인 가치평가방법은 다음과 같은 원칙들을 충족시켜야 한다.

① 투자와 관련된 모든 현금흐름이 평가되어야 한다.
② 화폐의 시간가치와 현금흐름의 불확실성(투자위험)이 고려되어야 한다.
③ 주주나 경영자의 선호에 관계없이 기업가치를 극대화할 수 있는 투자프로젝트가 선택되어야 한다.

일반적으로 사용되고 있는 가치평가와 선택방법들은 다음과 같다.

1) NPV법

순현가(net present value: *NPV*)는 투자프로젝트로부터 기대되는 미래 현금흐름(*CF*)을 화폐의 시간가치와 위험이 고려된 할인율(*r*)로 할인한 현재가치이다.

$$NPV = CF_0 + \frac{CF_1}{(1+r)} + \frac{CF_2}{(1+r)^2} + \cdots + \frac{CF_n}{(1+r)^n}$$

CF_0: 초기투자액($-I_0$)
r: 할인율
n: 투자프로젝트의 내용연수(투자프로젝트의 수명)

초기투자액(initial investment: CF_0)은 대부분의 경우 현금유출(−)이기 때문에 $-I_0$로 표시하기도 한다. 할인율(r)은 화폐의 시간가치와 현금흐름의 불확실성에 대한 위험프리미엄(risk premium)의 합으로 추정된다. *NPV*는 투자프로젝트의 가치, 즉 해당 투자프로젝트가 기업가치에 기여하는 정도를 나타낸다. 따라서 기업가치 극대화를 위한 투자선택은 다음과 같다.

독립적인 투자프로젝트	$NPV > 0$인 투자프로젝트는 모두 채택, $NPV < 0$인 투자프로젝트는 모두 기각
상호배타적인 투자프로젝트	$NPV > 0$인 투자프로젝트 중에서 *NPV*가 가장 큰 투자프로젝트를 선택

순현가법은 이상적인 가치평가방법이 갖추어야 할 원칙들을 모두 충족하며 개념적으로도 가장 완벽한 방법이다. 따라서 다른 나머지 평가방법들은 순현가법을 기준으로 비교 · 평가된다.

NPV

시 점	0	1	2	3
현금흐름(만원)	−1,000	500	400	300

$$NPV(r = 10\%) = -1{,}000 + \frac{500}{(1.1)} + \frac{400}{(1.1)^2} + \frac{300}{(1.1)^3} = 10.52$$

(NPV는 Excel을 이용하여 계산할 수 있다.)

= -1,000 + NPV(rate, value1, value2, ...)

= -1,000 + NPV(10%,500,400,300)

2) *IRR*법

내부수익률(internal rate of return: *IRR*)은 미래 현금흐름의 *NPV*가 0이 되게 하는 할인율(r)이다.

$$0 = CF_0 + \frac{CF_1}{(1+IRR)} + \frac{CF_2}{(1+IRR)^2} + \cdots + \frac{CF_n}{(1+IRR)^n}$$

*IRR*법과 *NPV*법과 같이 현금흐름을 할인하여 가치를 평가하는 방법을 현금흐름할인법(DCF: discounted cash flow method)이라고 한다. *NPV*법에서는 추정된 할인율(r)을 대입하여 *NPV*를 계산하고, *IRR*법에서는 *NPV*를 0으로 놓고 이 식을 만족하는 할인율(*IRR*)을 구하는 것이다.

*IRR*은 Excel을 이용하여 구할 수 있다.[6)]

IRR

시 점	0	1	2	3
현금흐름(만원)	−1.000	500	400	300

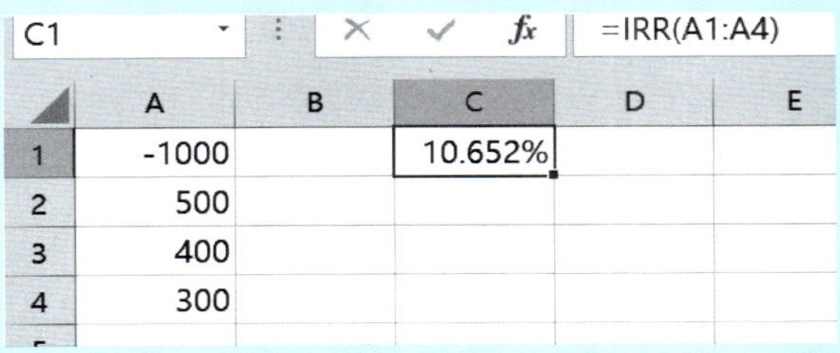

IRR(A1:A4)=10.652%

6) 투자수명이 n년인 투자안의 *IRR*을 구하는 것은 n차방정식의 근(해)을 구하는 것과 같다. $n > 2$인 경우에는 *IRR*을 직접 구할 수 없기 때문에 시행착오법(trial and error)으로 근사치(*NPV*가 0에 충분히 가까워지는 *IRR*)를 구하게 된다. Excel도 신속 · 정확하게 그리고 지루해하지 않을 뿐 시행착오법으로 계산한다.

*IRR*은 순전히 투자프로젝트의 현금흐름만을 이용하여 계산하기 때문에 투자프로젝트의 "내부"에 존재하는 수익률이다. 이에 비해 *NPV*법에서 사용되는 할인율(r)은 자본시장에서 결정되는 자본비용이기 때문에 "외부수익률"이라고 할 수 있다. *IRR*법에 의한 투자선택은 다음과 같다.

독립적인 투자프로젝트	$IRR > r$인 투자프로젝트는 모두 채택, $IRR < r$인 투자프로젝트는 모두 기각
상호배타적인 투자프로젝트	$IRR > r$인 투자프로젝트 중에서 *IRR*이 가장 큰 투자프로젝트를 선택

3) *PI*법

수익성지수(*PI*: profitability index)는 투자프로젝트의 상대적 수익성을 지수로 나타낸 것이다. 수익성지수법은 자본이 부족해서 자본할당을 해야 하는 상황에서 투자프로젝트를 선택할 때 유용하게 이용된다.

$$\text{수익성지수}(PI) = \frac{\text{현금유입의 현재가치}}{\text{현금유출의 현재가치}}$$

수익성지수법에 의한 투자선택은 다음과 같다.

독립적인 투자프로젝트	$PI > 1$인 투자프로젝트는 모두 채택, $PI < 1$인 투자프로젝트는 모두 기각
상호배타적인 투자프로젝트	$PI > 1$인 투자프로젝트 중에서 *PI*가 가장 큰 투자프로젝트를 선택

"NPV = 현금유입의 현재가치 − 현금유출의 현재가치"이므로 $PI > 1$은 $NPV > 0$을 의미한다. 따라서 독립적인 투자프로젝트에 대해서 *NPV*법과 *PI*법은 동일한 평가방법이기 때문에 투자선택은 항상 같다. 그러나 투자규모가 다르고 상호배타적인 투자프로젝트에 대해서는 *NPV*법과 *PI*법에 의한 평가가 서로 다를 수 있다.

가중평균수익성지수($WAPI$: weighted average PI)는 각 투자프로젝트의 수익성지수를 투자금액의 비중에 따라 가중평균한 것이다.

$$WAPI = \sum_{i=1}^{n} W_i \cdot PI_i$$

W_i: 투자프로젝트 i의 가중치(투자프로젝트 i에 대한 투자금액/총투자자금)
PI_i: 투자프로젝트 i의 수익성지수

가중평균수익성지수($WAPI$)는 여러 개의 투자프로젝트로 구성된 투자조합을 선택할 때 유용하게 사용될 수 있다. 가중평균수익성지수($WAPI$)가 최대인 투자조합을 선택하는 것은 순현가의 합이 최대가 되는 투자조합을 선택하는 것과 마찬가지이다. 가중평균수익성지수를 계산할 때 총투자자금 중 투자되지 않고 남은 잔여금액의 PI는 1로 계산한다. 이는 투자되지 않고 남는 금액이 자본비용만큼의 수익을 얻어서 $NPV = 0$인 투자프로젝트에 투자되는 것으로 가정한 것이다.

상호배타적인 투자프로젝트와 수익성지수

아래의 표는 상호배타적인 투자프로젝트 A와 B의 현금흐름에 대해 10%의 할인율로 NPV와 PI를 계산한 것이다.

(화폐단위: 만원)

연도 \ 투자프로젝트	A	B
0	−100	−1,000
1	132	1,210
NPV	20	100
PI	1.2	1.1

PI법에 의하면 상대적으로 수익성이 높은 A를 선택하게 된다. 이러한 선택에는 A의 투자규모를 B의 수준으로 늘렸을 경우에도 지금과 같은 높은 수익성을 유지할 수 있을 것이라는 가정이 내포되어 있는 것이다. 그러나 투자규모가 증가할수록 한계수익률이 체감한다는 것을 감안하면 이러한 가정은 비현실적이라는 것을 알 수 있다. 처음에는 투자액 100만원에 대해 높은 수익을 얻을 수 있겠지만 투자규모가 증가할수록 수익성이 떨어지고 결국에는 자본비용

에 해당되는 10%의 수익만이 가능하게 된다. 따라서 투자규모가 다르고 상호배타적인 투자 프로젝트를 선택할 때 *PI*법과 *NPV*법에 의한 선택이 상반된 경우에는 합리적인 가정을 기반으로 하는 *NPV*법에 의한 선택을 해야 한다.

4) *AAR*법

회계적 평균이익률법(*AAR*: average accounting rate of return method)은 회계적 이익을 기초로 계산된 투자기간 동안의 평균이익률이 기업의 **목표이익률**(target rate of return) 또는 **절사율**(cut-off rate)보다 높은 투자프로젝트를 선택하는 방법이다.

$$\text{회계적 평균이익률} = \frac{\text{연평균순이익}}{\text{연평균투자액}}$$

연평균순이익은 투자기간 동안에 발생할 (추정)순이익을 산술평균한 것이다.

$$\text{연평균순이익} = \frac{\text{(추정)순이익의 합}}{\text{투자수명}}$$

연평균투자액은 장부상 투자금액의 연평균으로 다음과 같이 계산한다.

$$\text{연평균투자액} = \frac{\text{매년 말 장부가치의 합}}{\text{투자수명} - 1}$$

독립적인 투자프로젝트	평균이익률이 목표이익률보다 높은 투자프로젝트는 모두 채택, 평균이익률이 목표이익률보다 낮은 투자프로젝트는 모두 기각
상호배타적인 투자프로젝트	평균이익률이 목표이익률보다 높은 투자프로젝트 중에서 평균이익률이 가장 높은 투자프로젝트를 선택

평균이익률법의 장점은 이해하기가 쉽고 회계자료를 그대로 사용하기 때문에 편리하다는 것이다. 그러나 현금흐름이 아닌 회계이익(accounting income)을 사용하고, 화폐의 시간가치를 고려하지 않기 때문에 평균이익률법에 의한 투자선택이 기업가치 극

대화를 위한 투자선택이라는 보장은 없다.

목표이익률로는 보통 기존 사업의 회계적 이익률이나 동종산업의 평균이익률을 사용한다. 그러나 이러한 경우에는 기존 사업이나 업계 평균보다 수익률이 낮으면 수익성이 있는 투자프로젝트도 기각되는 오류가 발생할 수 있다. 그리고 기존 사업과는 위험이 다른 투자프로젝트를 기존 사업의 수익률과 비교하여 평가하는 것은 합리적인 투자결정이라고 할 수 없을 것이다.

5) 회수기간법

자본회수기간 또는 **회수기간**(payback period)은 초기투자액이 회수되는 데 걸리는 기간을 말한다. 회수기간법에서는 기업이 정한 목표회수기간보다 빨리 투자자금이 회수되는 투자프로젝트를 선택하게 된다. 목표회수기간은 기업이 허용하는 최장의 자본회수기간을 말한다. 회수기간법에 의한 투자선택은 다음과 같다.

독립적인 투자프로젝트	자본회수기간이 목표회수기간보다 짧은 투자프로젝트는 모두 채택, 자본회수기간이 목표회수기간보다 긴 투자프로젝트는 모두 기각
상호배타적인 투자프로젝트	자본회수기간이 목표회수기간보다 짧은 투자프로젝트 중에서 자본회수기간이 가장 짧은 투자프로젝트를 선택

회수기간법은 화폐의 시간가치를 고려하지 않는다는 단점이 있다. 특히 목표회수기간 이후에 발생하는 현금흐름은 무시되어 투자선택에 아무런 영향을 미치지 못하기 때문에 투자성과가 늦게 나타나는 투자안일수록 기각될 가능성이 커진다. 이러한 단점은 현금흐름 대신 할인된 현금흐름을 사용하여 극복할 수 있는데 이를 **할인회수기간법**이라고 한다.

회수기간법의 단순하지만 많은 장점을 가지고 있다. 짧은 목표회수기간은 그만큼 유동성을 중시하고 위험회피적인 보수적인 투자선택을 의미한다. 특히 기술개발과 유행의 속도가 빨라지고, 상품주기(product life cycle)가 점점 짧아지는 상황에서 회수기간법은 단순하면서도 유용한 방법이라고 할 수 있다.

회수기간법과 할인회수기간법

아래 표는 투자안 A와 B의 현금흐름과 회수기간, 할인회수기간, *NPV*, *IRR*을 나타낸다. 할인율(r)은 10%, 목표회수기간은 3년으로 가정한다.

(화폐단위: 만원)

	A		B	
	현금흐름	할인현금흐름	현금흐름	할인현금흐름
0	−100	−100	−100	−100
1	50	45.5	10	9.1
2	40	33.1	20	16.5
3	20	15.0	40	30.1
4	5	3.4	80	54.6
회수기간	2.5년		3.4년	
할인회수기간		4년 이상		3.8년
$NPV(r = 10\%)$	−3.05		11.21	
IRR	8.1%		13.5%	

투자안 A의 경우;

초기 투자비용 100만원 중에서 2년간 회수된 금액은 90만원(=50+40)으로 10만원 미회수. 3년째 회수 총액은 20만원이므로 미회수 금액 10만원이 회수되는데 소요되는 기간은 0.5년(=10/20)으로 가정한다.

따라서 투자안 A의 회수기간 = 2 + 0.5 = 2.5년

마찬가지로, 할인현금흐름을 이용하면

4년간 회수되는 총액수는 96.95만원(=45.5+33.1+15.0+3.4)이므로 투자안 A의 할인회수기간은 존재하지 않는다.

투자안 B의 경우;

초기 투자비용 100만원 중에서 3년간 회수된 금액은 70만원(=10+20+40)으로 30만원 미회수. 4년째 회수 총액은 80만원이므로 미회수 금액 30만원이 회수되는데 소요되는 기간은 0.4년(=30/80)으로 가정한다.

따라서 투자안 B의 회수기간 = 3 + 0.4 = 3.4년

마찬가지로, 할인현금흐름을 이용하면
3년 후에도 회수되지 않은 금액은 44.3만원(=100-9.1-16.5-30.1)
4년째 회수되는 금액은 54.6만원 이므로
투자안 B의 할인회수기간은 3 + (44.3/54.6) = 3.8년

일반적으로 할인회수기간은 회수기간보다 길게 계산되고, 다라서 보수적인 투자선택을 하게 된다. 할인회수기간법을 이용할 경우, 두 투자안 모두 목표회수기간(3년)을 만족하지 못하고 기각된다.

투자프로젝트의 가치평가

K-Tech는 20억원을 투자하여 e-북 리더기를 개발하였다. 5억원의 비용을 들여 시장조사를 한 결과 향후 5년간 첫해에는 10,000개를 판매하고, 그 후에는 매년 2,000개씩 판매량이 증가하며, 판매가격은 대당 20만원을 유지할 수 있을 것으로 조사되었다. 생산공장은 세후 연 8,000만원의 임대료를 받고 임대 중인 이 회사 소유의 창고를 개조하여 사용하며, 생산설비를 구입하고 설치하는 데는 30억원이 소요된다. 생산설비는 잔존가치 없이 내용연수 5년간 정액법으로 감가상각한다. 생산설비는 5년 후에 아무런 가치가 없어 매각가격은 0으로 추정된다. e-북 리더기의 제조비용은 대당 10만원이다. 운전자본은 최초에 10억원이 필요하고 매출증가에 따라 매년 2억원씩의 추가적인 운전자본이 필요하며 5년 후에는 전액 현금으로 회수할 수 있다. M-Tech의 법인세율이 22%인 경우에 향후 5년간 이 투자프로젝트의 현금흐름을 추정면 다음과 같다.

1) 자본적 지출
   생산설비 구입 및 설치비용(t=0) = -30억

2) 영업현금흐름
   리더기 개발비용과 시장조사비용은 매몰비용이므로 고려하지 않는다.
   영업현금흐름 = 세후영업이익 + 감가상각비 환입 - 세후 공장임대료

(단위: 억원)

	t=1	t=2	t=3	t=4	t=5
판매량(개)	10,000	12,000	14,000	16,000	18,000
매출액	20	24	28	32	36
생산비용	10	12	14	16	18

감가상각비	6	6	6	6	6
세전영업이익	4	6	8	10	12
법인세	0.88	1.32	1.76	2.2	2.64
세후영업이익	3.12	4.68	6.24	7.8	9.36
감가상각비환입	6	6	6	6	6
공장임대료	0.8	0.8	0.8	0.8	0.8
영업현금흐름	8.32	9.88	11.44	13.0	14.56

3) 운전자본의 변동(단위: 억원)

	t=0	t=1	t=2	t=3	t=4	t=5
운전자본	10	12	14	16	18	20
운전자본의 변동	−10	−2	−2	−2	−2	−2
운전자본 회수액	–	–	–	–	–	20
최종 운전자본의 변동	−10	−2	−2	−2	−2	18

투자프로젝트의 총현금흐름(단위: 억원))

	t=0	t=1	t=2	t=3	t=4	t=5
(1) 자본적 지출	−30					
(2) 영업현금흐름		8.32	9.88	11.44	13.0	14.56
(3) 운전자본의 변동	−10	−2	−2	−2	−2	18
총현금흐름	−40	6.32	7.88	9.44	11.0	32.56

투자프로젝트의 가치평가:

$$NPV(r=10\%) = -40 + \frac{6.32}{(1.1)^1} + \frac{7.88}{(1.1)^2} + \frac{9.44}{(1.1)^3} + \frac{11.00}{(1.1)^4} + \frac{32.56}{(1.1)^5} = 7.08 \text{ (억원)}$$

(−40 + NPV(0.1,6.32,7.88,9.44,11.00,32.56) = 7.08(억원))

$IRR = 15.11\%$

$PI = 1.18$

회수 기간 = 4.16년

2. *NPV*법과 *IRR*법의 비교

1) 재투자수익률에 대한 가정

*NPV*법과 *IRR*법은 모두 현금흐름을 할인하는 방법이다. 그러나 두 방법 사이에는 투자기간 중에 발생하는 현금유입으로부터 기대되는 재투자수익률에 대한 가정에 중요한 차이가 있다.

(1) *NPV*법의 재투자수익률

$$NPV = -I_0 + \frac{CF_1}{(1+r)} + \frac{CF_2}{(1+r)^2} + \cdots + \frac{CF_n}{(1+r)^n}$$

위의 식에서 양변에 $(1+r)^n$을 곱해서 정리하면 다음과 같다.

$$(I_0 + NPV)(1+r)^n = CF_1(1+r)^{n-1} + CF_2(1+r)^{n-2} + \cdots + CF_n$$

$(I_0 + NPV)(1+r)^n$은 투자프로젝트의 현재가치를 수익률 r로 n년까지 재투자했을 경우의 미래가치를 나타낸다.

식의 우변은 투자기간 중에 발생하는 현금유입을 r의 수익률로 n년까지 재투자했을 경우의 미래가치를 나타낸다. 따라서 *NPV*법에서는 투자기간 중에 발생하는 현금유입을 투자프로젝트의 **할인율(r)로 재투자**한다는 암묵적인 가정을 하고 있는 것이다.

(2) *IRR*법의 재투자수익률

$$0 = -I_0 + \frac{CF_1}{(1+IRR)} + \frac{CF_2}{(1+IRR)^2} + \cdots + \frac{CF_n}{(1-IRR)^n}$$

위의 식에서 양변에 $(1+IRR)^n$을 곱해서 정리하면 다음과 같다.

$$I_0(1+IRR)^n = CF_1(1+IRR)^{n-1} + CF_2(1+IRR)^{n-2} + \cdots + CF_n$$

$I_0(1+IRR)^n$은 기초투자액을 *IRR*의 수익률로 n년 동안 재투자했을 때의 미래가치

를 나타낸다. 식의 우변은 투자기간 중에 발생하는 현금유입을 *IRR*의 수익률로 n년까지 재투자했을 경우의 미래가치를 나타낸다. 따라서 *IRR*법에서는 투자기간 중에 발생하는 현금유입을 투자프로젝트의 **내부수익률(*IRR*)로 재투자**한다는 암묵적인 가정을 하고 있는 것이다.

(3) 가정의 합리성

투자기간 중에 발생하는 현금유입을 자본시장에서 결정되는 할인율("외부수익률")로 반복해서 재투자하는 것은 현실적으로 가능하다. 하지만 가장 높은 수익률(*IRR*)로 반복해서 재투자한다는 것은 "한계수익률이 체감"하는 상황을 고려할 때 현실적으로 불가능하다. 따라서 *NPV*법에 내재된 재투자수익률이 합리적이라고 할 수 있다.

*IRR*법에 내재된 비현실적이고 비합리적인 재투자수익률 때문에 *IRR*법의 사용에는 여러 가지 문제가 발생할 수 있다. 대표적으로 상호배타적인 투자안에 대해 투자선택이 상반되는 경우가 발생할 수 있는데 이때에는 합리적인 재투자수익률로 평가하는 *NPV*법을 따라야 한다. 궁극적으로 투자선택은 수익률의 극대화가 아닌 가치의 극대화이기 때문이다.

비합리적인 재투자수익률 때문에 발생하는 *IRR*법의 문제들은 보충설명에서 설명한다.

2) *IRR*법의 장점

많은 단점에도 불구하고 *IRR*법을 사용하는 이유는 단점을 보완하는 충분한 장점이 있기 때문이다.

① *IRR*법의 가장 큰 장점은 개념이 단순하고 직관적이며 이해하기가 쉽다는 것이다. 100만원을 투자해서 1년 후에 120만원의 현금유입이 발생하는 투자프로젝트의 "수익률"이 20%라는 것은 누구나 쉽게 알 수 있다.

$$0 = -100\text{만} + \frac{120\text{만}}{1+IRR} \qquad IRR = 20\%$$

이처럼 "내부수익률(*IRR*)"은 우리가 일상적으로 사용하고 있는 "수익률"이기 때문에 직관적으로 쉽게 이해하고 사용할 수 있다.

② *NPV*를 계산하기 위해서는 현금흐름과 할인율(자본비용)을 추정해야 한다. 할인율이 과대(과소)하게 추정되면 *NPV*가 과소(과대)하게 평가되어 채택(기각)되어야 할 투자프로젝트가 기각(채택)되는 오류가 발생하게 된다. 그러나 정확한 할인율을 추정하는 것이 현실적으로 쉬운 일은 아니다. 이에 비해 *IRR*법에서는 정확하지 않더라고 투자프로젝트의 "내부수익률"과 비교할 수 있는 할인율만 알 수 있다면 *IRR*법을 적용할 수 있기 때문에 실제로 사용하기가 간단하고 편리하다.

③ 대부분의 사람들은 %로 표시되는 이자율(수익률)의 개념에 익숙하다. 그리고 규모가 다른 투자프로젝트의 수익성을 비교할 때는 수익률의 개념인 *IRR*로 비교하는 것이 편리하다.

"주관적"인 평가와 선택

투자의 가치를 평가하고 선택하는 과정에서 경영자의 주관적인 판단이 중요한 역할을 하게 된다. 아무리 정교한 수학 모형을 사용하더라도 미래 상황에 대한 주관적인 판단(경제와 시장상황, 소비자의 반응, 경쟁업체의 움직임 등)이 필요하다. 특히 목표회수기간이나 목표이익률을 설정할 때에는 경영자의 주관적 판단이 개입할 수밖에 없다.

우리는 흔히 "주관적 판단"은 부정확하고, 오류가 많으며, 편견에 치우치기 쉽다고 오해하기 쉽다. 그러나 목표회수기간이나 목표이익률에는 경영자의 지식(knowledge), 지혜(wisdom), 통찰력(insight), 경험(experience)이 다 녹아있는 것이다. 결국 투자의 성공 여부는 판단이 주관적이냐 아니냐가 아니라 이러한 판단을 하는 경영자의 능력에 달려있는 것이다.

보충설명 *NPV*법과 *IRR*법의 관계

투자초기에 현금유출(−)로 시작해서 현금유입(+)으로 끝나 그 형태가 (−++⋯+) 또는 (−−−++⋯+)와 같은 경우를 전형적인 현금흐름(conventional *CF*) 또는 전형적인 투자안이라고 한다.[7)]

[그림 5-1]은 다음과 같은 전형적인 현금흐름에 대해 할인율과 *NPV*와의 관계를 그래프로 나타낸 것으로 ***NPV*곡선**(*NPV*-profile)이라고 한다.

시 점	0	1	2	3
현금흐름(만원)	−1.000	500	400	300

전형적인 현금흐름에 대해 *NPV*곡선(*NPV*-profile)은 우하향하는 곡선으로 나타나

그림 5-1 전형적인 현금흐름의 *NPV* 곡선

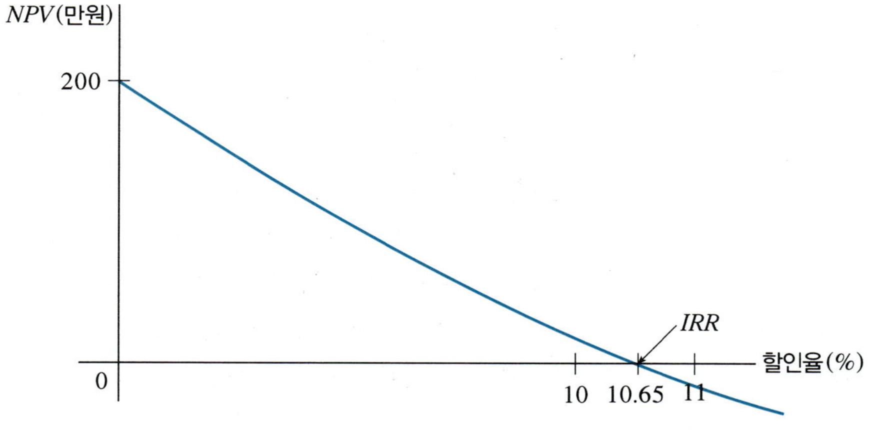

7) 그러나 모든 투자안의 현금흐름이 전형적인 것은 아니다. 예를 들어, 광산개발사업의 경우 투자를 종료하는 시점에 환경복구를 위한 현금유출이 발생하고 (−++⋯−)와 같은 비전형적인 현금흐름을 갖게 된다. 비전형적인 현금흐름에서는 *IRR*이 복수이거나 아예 존재하지 않는 경우가 발생한다. 한 투자안에서 여러 개의 *IRR*은 경제적인 의미가 없으며 투자결정에 사용될 수 없다.

며, X-축(할인율)을 통과하는 점, 즉 NPV가 0이 되게 하는 할인율(10.65%)이 IRR이다. 할인율(r)이 IRR(10.65%)보다 낮은 경우에는 $NPV>0$이므로 NPV법에 의해 투자프로젝트가 채택되고, $IRR>r$이므로 IRR법에 의해서도 투자프로젝트가 채택된다. 그러나 할인율이 IRR(10.65%)보다 높은 경우에는 NPV법과 IRR법 모두에 의해 투자프로젝트는 기각된다. 따라서 전형적인 현금흐름을 갖는 독립적인 투자프로젝트에 대해서 NPV법과 IRR법에 의한 투자선택은 항상 동일하며 두 방법은 선택기준이 다를 뿐 사실상 같은 방법이라고 할 수 있다.

상호배타적인 투자안에서는 NPV법과 IRR법의 투자선택이 상반되는 경우가 있다. 이러한 현상은 다음과 같은 경우에 발생하는데 이는 모두 할인의 효과 때문에 발생하는 것이다.

① 투자규모가 다른 경우

〈표 5-1〉은 상호배타적인 투자프로젝트 A와 B의 NPV와 IRR를 계산한 것이다. 할인율은 10%로 가정하였다.

표 5-1 투자규모와 투자선택

(금액단위: 만원)

연도 \ 투자프로젝트	A	B
0	−100	−200
1	120	232
$NPV(r=10\%)$	9.1	10.9
IRR	20%	16%

NPV법에서는 B를 선택하고 IRR법에서는 A를 선택하는데 B는 A보다 수익률은 낮지만 투자규모가 크기 때문에 결과적으로 더 많은 가치(NPV)를 창출한다. 따라서 자본조달에 제약이 없다면 기업가치를 극대화할 수 있는 B가 선택되어야 한다.

이러한 관계는 상호배타적인 투자프로젝트 A와 B에 대한 NPV곡선을 나타내는 [그림 5-2]에서도 알 수 있다. A와 B의 NPV곡선이 교차하고 A와 B의 NPV가 같아지는

그림 5-2 상호배타적인 투자프로젝트의 할인율과 *NPV*

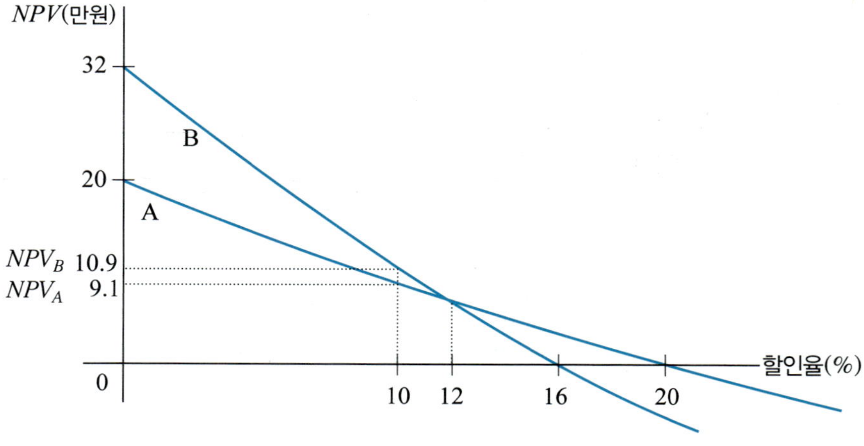

12%보다 할인율이 높은 경우에는 *NPV*법과 *IRR*법에 의한 투자선택이 같지만, 할인율이 12%보다 낮은 경우에는 *NPV*법과 *IRR*법에 의한 투자선택이 달라지게 된다.[8)]

② 현금흐름의 패턴이 다른 경우

〈표 5-2〉는 현금흐름의 패턴이 현저하게 다른 상호배타적인 투자프로젝트 C와 D의 현금흐름과 *IRR*, 그리고 각기 다른 할인율로 *NPV*를 계산한 것이다. [그림 5-3]은 C와 D에 대한 *NPV*곡선을 나타낸다.

표 5-2 상호배타적인 투자프로젝트의 현금흐름 패턴과 투자선택

연도	C	D
0	−100	−100
1	70	10
2	40	40
3	20	80
IRR	13%	11%

할인율(%)	NPV_C	NPV_D
0	30	30
5	11	14
8	7	7
10	4	2
11	3	0
13	0	−14

8) 두 *NPV*곡선이 교차하는 할인율을 피셔할인율(Fisherian rate of return)이라고 한다.

그림 5-3 상호배타적인 투자프로젝트 C와 D의 *NPV*곡선

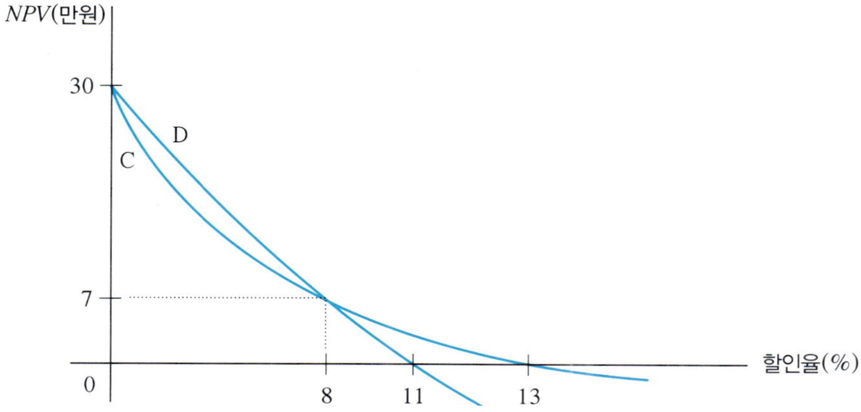

*IRR*법에서는 C가 선택된다($IRR_C > IRR_D$). 하지만 *NPV*법에서는 C와 D의 *NPV*가 같아지는 할인율 8%를 기준으로 할인율이 8%보다 낮은 경우에는 D가 선택되지만 할인율이 8%보다 높은 경우에는 C가 선택된다.

이러한 현상은 C와 D에 대한 현금흐름의 패턴이 다르기 때문에 발생한다. C는 투자수익(현금유입)이 D에 비해 상대적으로 일찍 발생하기 때문에 *NPV*가 할인율에 덜 민감하고, 높은 할인율에서는 상대적으로 할인율의 영향을 덜 받는 C가 D보다 우수한 것으로 평가된다($NPV_C > NPV_D$). 이에 비해 D는 투자수익이 늦게 발생하기 때문에 *NPV*가 할인율에 민감하고 할인율이 높아지면서 NPV_D도 빠르게 하락한다.

현금흐름의 패턴에 따라 투자선택이 달라지는 이유는 투자 중간에 발생하는 현금유입을 남은 기간 동안 재투자해서 얻을 수 있는 재투자수익률에 대한 가정이 다르기 때문이다.

③ 투자수명이 다른 경우

투자규모가 같더라고 투자프로젝트의 수명이 현저히 다른 경우에는 *NPV*법과 *IRR*법이 서로 상반되는 평가결과를 나타낼 수 있다. 〈표 5-3〉은 투자수명이 다른 투자프로젝트 S와 L에 대해 *NPV*법과 *IRR*법에 의한 투자선택이 달라지는 예를 나타낸다.

표 5-3 상호배타적인 투자프로젝트의 투자수명과 투자선택

연도 \ 투자프로젝트	S	L
0	−1,000	−1,000
1	1,300	0
2		0
3		1,728
$NPV(r=10\%)$	182	298
IRR	30%	20%

IRR법에서는 상대적으로 수명이 짧은 S가 L보다 우수한 것으로 평가된다. 하지만 할인율을 10%로 가정했을 때 NPV법에서는 L이 우수한 것으로 평가된다.

연습문제

1. 구입과 설치비용이 5,000만원인 기계의 내용연수는 5년이고, 잔존가치는 1,000만원이며, 5년 후에는 500만원에 매각할 수 있을 것으로 추정된다. 법인세율이 22%인 경우에 정액법, 정률법, 연수합계법으로 감가상각할 때 각 방법에 의한 법인세 절감효과를 계산하라.

2. 현대기업은 현재 사용 중인 기계를 신형으로 교체하려고 한다. 신형기계의 구입가격은 4,500만원이고 기계를 설치하는데 추가로 500만원의 비용이 필요하다. 신형기계는 잔존가치 없이 내용연수 5년 동안 정액법으로 감가상각되며 5년 후에는 500만원에 매각할 수 있을 것으로 추정된다. 3년 전에 3,000만원을 들여 구입·설치해서 현재 사용하고 있는 기계는 잔존가치 없이 5년의 내용연수 동안 정액법으로 감가상각하고 있으며 지금 500만원에 매각할 수 있다. 이 기계는 앞으로 5년 동안 사용 가능하며 5년 후에는 50만원의 폐기비용이 소요될 것이다. 신형기계를 도입하면 품질이 향상되어 매출액이 현재의 연 5,000만원에서 6,000만원으로 증가하고, 감가상각비를 제외한 비용이 매출액의 70%에서 50%로 감소할 것으로 예상된다. 한편 매출액이 1,000만원 증가함에 따라 유동자산은 500만원, 유동부채는 200만원이 증가할 것으로 예상된다. 현대기업의 법인세율은 22%이다. 기계를 교체하는 투자프로젝트에 대한 현금흐름을 추정하라.

3. *NPV*법과 *IRR*법에 내재되어 있는 재투자수익률에 대한 (암묵적인) 가정을 비교 · 설명하고, 이러한 가정의 차이가 투자프로젝트의 가치평가에 미치는 영향을 설명하라.

4. 다음은 상호배타적인 투자프로젝트 A, B, C에 대한 현금흐름을 나타낸다.

(단위: 만원)

투자프로젝트 \ 연도	0	1	2	3	4	5
A	−1,000	100	100	100	100	1,100
B	−1,000	264	264	264	264	264
C	−1,000	0	0	0	0	1,611

(1) 각 투자프로젝트의 *IRR*을 구하라.
(2) 할인율이 각각 9%, 10%, 11%인 경우에 *NPV*법에 의한 투자선택은?
(3) 현금흐름의 형태에 따라 할인율이 *NPV*에 미치는 영향을 설명하라.

5. 다음과 같은 현금흐름을 갖는 상호배타적인 투자프로젝트 A와 B에 대해 할인율이 6%인 경우와 10%인 경우에 *NPV*법에 의한 투자선택을 비교하라. 만약 할인율에 따라 투자선택이 달라졌다면 그 이유를 설명하라.

(단위: 만원)

투자프로젝트 \ 연도	0	1	2	3	4
A	−1,000	500	500	200	200
B	−1,000	200	200	550	550

6. 다음은 투자프로젝트 A와 투자프로젝트 B에 대한 현금흐름이며 할인율은 10%이다.

(단위: 만원)

투자프로젝트 \ 연도	0	1
A	−1,000	1,200
B	1,000	−1,300

(1) A와 B가 독립적인 경우에 내부수익률법과 순현가법에 의한 투자선택은?

(2) A와 B가 상호배타적인 경우에 내부수익률법과 순현가법에 의한 투자선택은?

7. (1) 1,000만원을 투자하고 1년 후부터 2년 동안 매년 500만원의 현금흐름이 발생하는 투자프로젝트의 A의 회수기간은?

(2) 1,000만원을 투자하고 1년 후부터 5년 동안 매년 500만원의 현금흐름이 발생하는 투자프로젝트의 B의 회수기간은?

(3) 위의 두 투자프로젝트를 예로 회수기간법의 단점을 설명하라.

8. 다음은 상호배타적인 투자프로젝트 A, B, C의 현금흐름을 나타낸다. 할인율은 8%로 가정한다.

(단위: 만원)

투자프로젝트 \ 연도	0	1	2
A	−1,000	1,200	0
B	−1,000	600	600
C	−1,000	0	1,300

(1) 내부수익률법에 의한 투자선택은?

(2) 1년 후의 현금유입을 내부수익률로 재투자한다고 가정했을 때 2년 후에 각 투자프로젝트로부터 얻을 수 있는 현금흐름을 기준으로 한 투자선택은?

(3) 순현가법에 의한 투자선택은?

(4) 위의 3가지 기준 중에서 어떤 기준에 의한 투자선택이 합리적인지와 그 이유를 설명하라.

9. 회수기간법의 장점과 단점을 설명하고, 회수기간법은 어떠한 상황에서 적용하는 것이 합리적인지 예를 들어 설명하라.

10. 다음과 같은 현금흐름을 가지고 있는 두 가지의 투자프로젝트가 있다. 정액법으로 감가상각을 하며 잔존가치는 없다. 자본비용이 10%일 때 기업이 설정한 목표이익률이 20%라면 독립적 투자프로젝트와 상호배타적 투자프로젝트의 경우로 나누어 회계적 평균이익률법(*AAR*)을 이용해 평가해 보라.

구분 \ 기간	0	1	2	3	4
프로젝트 A	−8,000	4,000	3,000	2,000	1,000
프로젝트 B	−8,000	3,000	3,000	4,000	2,000

11. 다음은 상호배타적인 투자프로젝트 A와 B의 현금흐름이다. 할인율은 10%를 적용한다.

(단위: 만원)

투자프로젝트 \ 연도	0	1
A	−1,000	1,210
B	−2,000	2,360

(1) 순현가(*NPV*)법에 의한 투자선택은?

(2) 수익성지수(*PI*)법에 의한 투자선택은?

(3) (1)과 (2)의 투자선택이 다른 경우에 결론적으로 어떤 투자프로젝트를 선택해야 하며, 그 이유는 무엇인가?

12. 다음과 같은 현금흐름을 나타내는 투자프로젝트가 있을 경우, 회수기간법을 이용하여 독립적일 경우와 상호배타적일 경우로 나누어 투자프로젝트를 평가하라. 단, 기업이 설정

한 목표회수기간은 3년이며 자본비용은 10%이다.

구분 \ 기간	0	1	2	3	4
프로젝트 A	−10,000	8,000	2,000	1,000	5,000
프로젝트 B	−10,000	3,000	3,000	4,000	9,000

13. (주)한국은 다음과 같은 현금흐름을 가진 두 투자프로젝트에 대해 고려중이다. 투자프로젝트의 자본비용이 10%일 때 수익성지수법에 의한 평가를 해보고 이를 순현가법과 비교하라.

구분 \ 기간	0	1	2	3	4
프로젝트 A	−800	400	300	200	500
프로젝트 B	−8,000	3,000	3,000	4,000	2,000

14. 영구부채와 자기자본을 50:50의 비율로 조달하여 100 만원을 투자할 경우 매년 14만원이 영원히 유입되는 투자프로젝트가 있다고 하자. 법인세가 22%이고, 이자비용은 10%, 자기자본비용은 20%이다. 이자비용의 법인세 절감효과를 현금흐름에 포함시켜 계산하는 경우와 할인율을 세후 타인자본비용으로 사용하기 때문에 이자비용의 절감효과를 포함하지 않고 계산한 경우에 차이가 발생하는지 비교해 보라.

제 6 장

자본예산과 실제

제 1 절 자본예산과정

자본예산은 투자프로젝트의 가치를 평가해서 채택 또는 기각을 결정하는 것으로 끝나는 일이 아니다. 자본예산은 자본지출을 결정하는 차원을 넘어서 기업이 어떠한 사업에 집중할 것이며, 이와 관련하여 자본조달, 생산, 마케팅, 연구개발 등을 어떻게 수행할 것인지를 분석하고 평가하는 **장기기획시스템**(long-range planning system)으로 이해되어야 한다. 그리고 자본지출에 대한 사후평가도 자본예산과정에 포함되어야 한다.

1. 자본예산 진행과정

자본예산의 진행과정은 투자기획을 통해 자본예산을 확정하고, 확정된 자본예산에 따라 투자자본을 지출(투자프로젝트를 집행)하고 통제하며, 자본예산을 사후평가하는 과정으로 구성된다.

(1) 투자기획

자본예산은 투자기회를 개발하고 분석하는 투자기획(investment planning)으로부터 출발한다. 투자기획은 일의 진행방향에 따라 상향식과 하향식으로 구분한다.

① 상향식

상향식(bottom-up) 투자기획은 기업의 하부조직에서 시작된다. 각 사업장 또는 사업부문의 책임자는 투자기회를 개발하고 이에 대한 투자제안서를 제출한다. 제출된 투자제안 중 일부는 심사평가 과정에서 탈락하고 나머지는 투자제안을 검토하는 상위책임자의 의견과 판단이 첨가되고 수정되는 과정을 거쳐 재무담당부서로 집결된다. 재무담당부서(corporate controller)에서는 각 사업부문으로부터 올라온 투자프로젝트들을 심사평가하고 조정하여 자본예산안을 편성하게 된다. 자본예산안(capital budget)에는 다음 사업연도에 집행할 신규투자프로젝트와 전년도부터 계속되어 아직 진행 중인 투자프로젝트가 포함되어 있다. 고위경영진의 검토와 조정을 거쳐 다시 수정된 자본예산안이 이사회의 승인을 받으면 기업의 자본예산으로 확정된다.

② 하향식

하향식(top-down) 투자기획은 전략적 투자기획처럼 기업조직의 상층부에서 경영진의 주도로 이루어지는 것을 말한다. 전략적 투자기획(strategic investment planning)에서는 해당 기업이 경쟁우위를 점하고 있는 사업분야를 개발하고, 경쟁력을 상실해서 매각하거나 통폐합해서 정리할 사업부문을 가려낸다.

전략적 투자기획에서는 *NPV*가 음수(−)인 투자프로젝트라도 장기적으로 기업의 역량을 증대시키는 데 기여할 수 있다고 판단되면 채택하는 경우도 있다. 반대로 기업이 포기하려는 사업에서는 *NPV*가 양수(+)인 투자프로젝트를 기각할 수도 있다.

(2) 자본지출 승인

자본예산(투자프로젝트)이 확정되었다고 투자프로젝트가 자동적으로 집행되는 것은 아니다. 투자프로젝트가 집행되기 위해서는 자본지출신청서가 제출되어 검토된 후 승인되는 과정을 거쳐야 한다. 대부분의 기업에서는 내부통제를 목적으로 각 계층의 경영자가 독자적으로 승인할 수 있는 자본지출 규모에 상한선을 두고 있다.

개별 투자프로젝트에 대해 자본지출을 승인하는 과정에서는 투자기획 때보다 세밀한 평가를 하게 되는데 그 내용은 자본지출의 성격에 따라 다르다.

(1) 법에서 요구하는 안전과 환경기준을 충족시키기 위한 자본지출에서는 *NPV*법과 같은 자본예산기법을 이용한 평가는 의미가 없다. 이때에는 제안된 투자프로젝트가 기술적인 내용을 중심으로 법적 요구기준을 충족시킬 수 있는 최선(최소 비용)의 방법인가를 평가한다.

(2) 보수유지와 비용절감을 위한 자본지출(예, 기계교체)에서는 기술적인 내용에 대한 평가가 중요한 역할을 하며 전형적인 자본예산기법을 적용한다.

(3) 기존 사업을 확장하기 위한 자본지출에서는 자사제품에 대한 수요예측, 기술발전의 속도와 방향, 경쟁회사의 전략 등 현금흐름을 정확하게 추정하는 데 필수적인 요소들이 중요한 평가 대상이다.

(4) 신제품개발이나 신규 사업에 진출하기 위한 전략적 자본지출에서는 현재보다는 향후 기업의 역량과 경쟁력에 미칠 영향 등 전략적인 요소들을 평가한다.

(3) 자본지출의 통제

진행 중인 자본지출에 대해서는 자본지출의 규모와 시기가 계획대로 진행되고 있는가를 감독하고 통제하게 된다. 자본지출을 통제하는 주된 이유는 투자의 지연과 예산의 과다지출(over-budgeting)을 방지하기 위해서이다. 자본지출에 대한 감독과 통제는 자본지출 진행내용에 대한 월별 또는 분기별 회계보고서를 바탕으로 이루어진다.

과다지출을 방지하기 위해서는 계획보다 일정 한도를 초과하는 자본지출에 대해서는 별도의 승인을 요구하는 것이 필요하다. 그리고 배정된 자본이 다른 용도로 전용되는 것을 막기 위해 자본지출의 내용에 중대한 변화가 발생하는 경우에는 그 내용을 포함하는 자본지출계획서를 다시 제출해서 승인을 받도록 해야 한다.

(4) 사후평가

자본투자에 대한 사후평가는 자산의 건설이나 설치가 완료되어 정상적으로 운용되는 시점(예를 들어, 자본지출 1년 후)에 하게 된다. 사후평가에서는 투자성과뿐만 아니라 자본지출이 진행되는 과정에 대한 평가를 하게 된다. 사후평가의 목적은 투자프로젝트가 선택되고 집행되는 과정에서 발생한 문제점과 그 해결책을 찾는 것이다. 또한 사후평가에서는 투자프로젝트의 가치를 평가하고 선택하는 과정에서 사용된 각종 가정의 합리성과 예측모형의 신뢰성을 평가한다. 사후평가과정에서 얻어진 교훈은 다음 자본예산에 적용되어 시행착오를 줄이고 효율성을 높이는 데 활용한다.

투자성과를 사후에 평가하기 위해서는 우선 기업의 현금흐름 중에서 해당 투자에 의한 증분현금흐름을 구분해야 한다. 그러나 기존 사업과 관련된 투자에서 해당 투자프로젝트의 증분현금흐름을 별도로 구분하기란 현실적으로 매우 어려운 일이다.

2. 자본예산과정에서 발생하는 오류

경쟁시장에서 기업가치를 증가시킬 수 있는 투자기회가 존재하기 위해서는 그럴만한 실질적인 이유가 있어야 한다. 그리고 현금흐름과 할인율에 대한 정확한 추정치가 없이는 올바른 투자선택이 불가능하므로 각종 변수들이 추정되는 과정을 이해하고 검토할 필요가 있다.

현금흐름을 추정하는 과정에서 발생하는 오류의 가장 큰 원인은 비현실적이고 일관성이 없는 가정과 편견(편향된 시각) 등이다. 미래에 예상되는 현금흐름을 추정하기 위해서는 미래의 상황이나 경영환경에 대한 가정이 불가피하다. 그런데 현금흐름은 기업 내의 여러 부서로부터 제공되는 기초자료를 바탕으로 추정되는 경우가 많다. 그러나 현금흐름추정에 관여하는 각 부서가 일관성이 없이 서로 다른 가정 또는 상호 모순되는 가정에 의해 추정된 자료를 제공하고 이를 바탕으로 현금흐름이 추정된다면 현금흐름은 일관성이 없는 여러 개의 가정의 영향을 받게 된다. 예를 들어, 자동차 생산시설을 확장하는 사업을 평가할 때 한 부서에서는 현재의 호황이 장기적으로 지속되어 판매량이 대폭 증가할 것으로 가정하고, 다른 부서에서는 장기침체에 빠져 판매량이 대폭 감소할 것으로 가정한다면 매출액은 상호 모순된 가정에 의해 추정되는 것이다.

이러한 문제를 해결하기 위해서는 주요 거시경제변수(금리, 환율, 경기상황 등)와 영업활동에 중요한 영향을 미치는 요소들에 대한 가정(예측치)을 공동으로 마련하여 공통적으로 일관성 있게 적용해야 한다. 실제로 많은 기업에서 자본예산의 첫 단계는 기초적인 변수에 대해 일관성 있는 가정을 수립하는 것이다.

3. 자본예산기법의 선택

〈표 6-1〉은 이상적인 자본예산기법이 갖추어야 할 조건들을 기준으로 각 자본예산기법의 장단점을 평가한 것이다.

표 6-1 자본예산기법의 평가

	순현가법	내부수익률법	회계적이익률법	자본회수기간법
모든 현금흐름을 고려	○	○	×	×
화폐의 시간가치 고려	○	○	×	×
기업가치의 극대화와 일치	○	×	×	×
가치가산의 원칙 적용	○	×	×	×

이론적으로는 순현가법이 가장 우수한 방법이라는 것을 알 수 있다. 그러나 정확한 순현가는 정확하게 추정된 현금흐름과 할인율을 전제로 하기 때문에 이론적으로 우수한 방법이라도 실제 적용하는 데 한계가 있을 수 있다. 반면에 자본회수기간법과 회계적이익률법은 이론적으로는 많은 단점이 있지만 개념이 단순하고 쉽게 사용할 수 있

기 때문에 실제로 많이 사용되고 있다.

결론적으로 이론과 실제 적용 등 모든 면에서 절대적으로 우수한 자본예산기법은 없다는 것을 알 수 있다. 실제로 기업들은 어느 한 가지 방법에만 의존하지 않고 여러 방법들을 보완적으로 사용하여 종합적인 투자의사결정을 하고 있다.

제2절 자본할당

지금까지는 적절한 자본비용만 지불하면 투자에 필요한 자본은 얼마든지 조달할 수 있다는 암묵적인 가정하에 기업가치를 증가시키는 투자프로젝트는 모두 채택하는 것으로 설명하였다. 그러나 실제로는 기업이 투자할 수 있는 자본이 한정되어 경제성이 있는 투자프로젝트도 포기해야 하는 상황이 발생한다. 이처럼 한정된 자본을 최적으로 배분하여 기업가치를 극대화하는 문제를 **자본할당**(capital rationing)이라고 한다.

1. 자본할당의 원인

자본할당의 원인으로 제일 먼저 생각할 수 있는 것이 자본시장의 불완전성이다. 그러나 자본할당은 자본시장보다는 자본시장 외적인 요인, 특히 기업 내부의 문제 때문에 발생하는 경우가 대부분이다. 기업이 가치있는 투자프로젝트를 포기하는 이유는 자본뿐만 아니라 투자에 투입되어야 하는 다른 핵심 요소(key inputs)가 부족하기 때문인 경우가 많다. 예를 들어, 핵심 기술인력의 부족으로 생산설비를 확충하지 못하거나 입지가 부족하여 판매점포를 확장하지 못하는 경우에는 충분한 자본과 경제성이 있는 투자기회를 확보하고 있더라도 투자에 제약을 받을 수밖에 없는 것이다.

(1) 자본시장의 불완전성

기업이 투자를 하지 못하는 이유로 자금난이나 자금경색을 드는 경우가 많다. 자금난이나 자금경색은 자본에 대한 공급부족(초과수요)을 의미한다. 자본에 대한 초과수요가 발생하면 자본비용(할인율)이 상승하고, 할인율의 상승으로 *NPV*가 양(+)에서 음(−)으로 바뀌는 투자프로젝트는 투자의사결정과정에서 기각되어 투자가 집행되지 않을 것이다. 따라서 자금사정에 의해 투자를 포기하는 것은 자본비용의 상승에 따른 합리적인 의사결정이다. 이론적으로 자본시장의 운용에 아무런 제약이 없는 완전자본시장에서는 자본제약이 발생할 수 없으며, 자본할당을 할 필요가 없게 된다.

그러나 현실적으로 자본시장은 완전하지 않으며 자본시장의 기능을 제약하는 요소들 때문에 자본제약이 발생할 수 있다. 예를 들어, 자본시장이 공황상태에 빠지거나 정보의 불균형이 발생하면 자본의 공급이 중단되어 자본제약이 발생할 수도 있다.[1] 이처럼 자본시장의 불완전성 때문에 발생하는 자본할당을 hard rationing이라고 한다.

(2) 기업의 내부통제

기업에서는 전략적인 투자를 제외한 나머지 일상적인 투자결정은 각 사업부(business unit)의 책임자(중간경영자)에게 위임하는 경우가 많다. 그러나 투자에 관한 권한을 위임받은 중간경영자들은 기업 내에서 지위상승과 권한확대를 위해 사업을 확장하려는 성향이 있으며 이러한 성향 때문에 투자프로젝트의 가치를 과대 평가하고 결과적으로 방만한 투자가 이루어질 가능성이 있다. 경기호황과 우호적인 경영환경이 지속되는 경우에는 방만한 투자의 폐해가 가려져서 나타나지 않지만 불경기가 닥치거나 경영환경이 악화되면 그 폐해가 나타나서 기업이 재무적인 곤경에 처할 수도 있다. 이러한 사태를 방지하기 위해서는 사전에 내부적으로 투자지출에 대한 통제를 할 필요가 있다. 이와 같이 실제로 자본이 부족해서가 아니라 내부적인 통제를 통해 방만한 투자를 예방할 목적으로 시행하는 자본할당을 soft rationing이라고 한다.

---

1) 1998년 외환위기(IMF 구제금융) 직후 투자자들의 불안 심리 때문에 시중의 자금이 일부 은행과 국공채로만 유입되고 기업에는 조달되지 않는 왜곡현상이 발생하였다. 이러한 경우에 자본제약은 자금부족이 아닌 시장의 불완전성 때문에 발생한 것이다.

2. *PI*법을 이용한 자본할당

자본할당의 문제는 선택 대상이 독립적인 투자프로젝트인지 상호배타적인 투자프로젝트인지에 따라, 그리고 자본제약이 1기간에 그치는지 아니면 여러 기간 동안 지속되는지에 따라 분석방법이 달라진다. *PI* 법(수익성지수법)은 1기간 동안에만 자본제약이 발생하는 단순한 상황에 적용할 수 있는 방법이다.

투자프로젝트 중에는 부분적인 투자가 가능한 경우와 불가능한 경우가 있다. 예를 들어, 항공사에서 여객기의 일부만을 구매할 수는 없을 것이다. 이러한 경우에는 투자프로젝트 전체를 채택(여객기 구매)하든가 아니면 기각(구매 포기)하여야 한다. 그러나 생산규모를 축소하는 것처럼 부분적인 투자가 가능한 경우도 있다. 투자자금이 부족할 경우에 다른 투자자와 자본을 합작해서 투자하면 투자프로젝트의 일부에 부분적으로 투자하는 것과 같은 효과를 얻을 수도 있다.

(1) 부분적인 투자가 가능한 경우

자본할당에서는 제한된 자본으로 기업가치를 극대화해야 하기 때문에 투자자금 1원에 대한 순현가를 나타내는 수익성지수(*PI*)가 큰 순서대로 투자 순위를 정한 후 제한된 자본을 초과하지 않는 범위 내에서 차례대로 선택하면 된다.

(2) 부분 투자가 불가능한 경우

부분적인 투자가 불가능한 경우에는 먼저 선택 가능한 투자조합을 구성한 후 그 중에서 *NPV*가 가장 큰 투자조합을 선택한다.

자본할당

투자자금이 최대 5,000만원으로 제한되고 다음과 같은 투자기회가 있을 때 *NPV*를 극대화할 수 있는 투자선택은 다음과 같다.

투자프로젝트	초기투자액(I_0)(만원)	*NPV*(만원)	*PI*
A	2,500	250	1.10
B	1,500	450	1.30
C	2,000	400	1.20
D	3,000	450	1.15

(1) 부분적인 투자가 가능한 경우

*PI*가 큰 순서대로 투자순위를 정하면 다음과 같다.

투자프로젝트	초기투자액(I_0)(만원)	*NPV*(만원)	*PI*	투자순위
B	1,500	450	1.30	1
C	2,000	400	1.20	2
D	3,000	450	1.15	3
A	2,500	250	1.10	4

따라서 최적 투자선택은 B와 C, 그리고 D의 1/2을 선택하는 것이다. 이때 총투자금액 5,000만원에 대한 *NPV*는 가치가산의 법칙을 적용하여 선택된 투자프로젝트의 *NPV*를 합한 값이다.

$$\text{투자조합의 } NPV = 450 + 400 + 450(1/2) = 1,075 \text{ 만원}$$

(2) 부분적인 투자가 불가능한 경우

5,000만원의 범위 내에서 선택 가능한 투자조합은 다음과 같다.

투자조합	초기투자액(I_0)(만원)	*NPV*(만원)	*WAPI*
A+B	4,000	700	1.14
A+C	4,500	650	1.13
B+C	3,500	850	1.17
B+D	4,500	900	1.18
C+D	5,000	850	1.17

최적 투자선택은 *NPV*가 가장 큰 투자조합인 B와 D에 투자하는 것이다. 이때 총투자금액은 4,500만원이 되고 *NPV*는 900만원이 된다. 투자하지 못하고 남는 유휴자본 500만원은 기업가치에 아무런 영향을 미치지 못하므로 자본비용만큼의 수익을 얻는 투자프로젝트, 즉 $NPV = 0$ 또는 $PI = 1$인 투자프로젝트에 투자하는 것으로 생각할 수 있다.

자본할당에서 투자선택은 **가중평균수익성지수**(*WAPI*: weighted average *PI*)가 최대인 투자조합을 선택하는 것으로 생각할 수 있다.

$$WAPI = \sum_{i=1}^{n} W_i \cdot PI_i$$

W_i: 투자프로젝트 i의 가중치(투자프로젝트 i에 대한 투자금액/총투자자금)

PI_i: 투자프로젝트 i의 수익성지수

가중평균수익성지수를 계산할 때 투자에 사용되지 않는 유휴자금은 $NPV = 0$ 또는 $PI = 1$인 투자프로젝트에 투자한다고 가정한다. 예를 들어, 예제에서 투자조합 B+D의 가중평균수익성지수는 다음과 같이 계산된다.

$$WAPI\,(\mathrm{B+D}) = \frac{1{,}500}{5{,}000}(1.30) + \frac{3{,}000}{5{,}000}(1.15) + \frac{500}{5{,}000}(1.00) = 1.18$$

가중평균수익성지수가 최대인 투자조합을 선택하는 것은 순현가의 합의 최대인 투자조합을 선택하는 것과 같다.

제3절 인플레이션과 자본예산

인플레이션(inflation)이란 물가수준의 상승으로 화폐의 가치(구매력)가 감소하는 것을 말한다.[2)]

2) 디플레이션(deflation)이란 물가수준의 하락으로 화폐의 구매력이 상승하는 것을 말한다. 그러나 인플레이션이 보다 일반적인 현상이므로 인플레이션을 중심으로 설명하기로 한다. 인플레이션은 소비자물가지수(consumer price index: *CPI*), 도매물가지수(wholesale price index: *WPI*), GNP deflator 등과 같은 물가지수의 변동률로 측정한다.

1. 명목할인율과 실질할인율

명목이자율(nominal interest rate)은 계약서 등에서 일상적으로 사용하고 있는 이자율을 말한다. **실질이자율**(real interest rate)은 인플레이션이 조정되어 실질구매력을 기준으로 표시되는 이자율을 말한다. 명목이자율과 실질이자율과의 관계는 다음과 같은 피셔식(Fisher relationship)으로 정의된다.

$$1 + \text{명목이자율} = (1 + \text{실질이자율})(1 + \text{인플레이션})$$

실질이자율과 인플레이션이 크지 않다면 (실질이자율 × 인플레이션)을 생략하여 피셔식을 다음과 같이 간단히 표시할 수 있다.

$$\text{명목이자율} = \text{실질이자율} + \text{인플레이션}$$

피셔식에서 인플레이션이 사후적으로 이미 발생한 인플레이션일 경우에는 실질이자율도 사후적으로 실현된 실질이자율을 의미하고, 인플레이션이 미래의 예상(기대)인플레이션인 경우에는 실질이자율도 예상(기대)실질이자율이 된다.

2. 명목현금흐름과 실질현금흐름

재화의 가격을 표시할 때 **경상가격**(current price)은 현재시점에서의 가격을 말하고, **불변가격**(constant price)은 경상가격을 기준시점(base year)의 구매력으로 조정한 것을 말한다. t시점의 경상가격은 기준시점인 b시점의 불변가격으로 다음과 같이 조정된다.

$$\text{불변가격}_b = \frac{\text{경상가격}}{PI_t / PI_b}$$

PI: 물가지수(price index)

PI_t/PI_b는 기준시점(b)과 현재시점(t) 사이에 발생한 물가상승률(inflation rate)을 나타낸다.

명목현금흐름(nominal CF)은 경상가격으로 측정한 현금흐름을 말한다. **실질현금흐름**

(real *CF*)은 투자시점의 불변가격으로 측정한 현금흐름으로 인플레이션이 조정된 현금흐름을 말한다.

3. 인플레이션과 현금흐름

인플레이션은 순이익, 법인세, 순운전자본 등에 복합적으로 영향을 미치기 때문에 인플레이션이 궁극적으로 투자프로젝트의 현금흐름에 어떠한 영향을 미치는지에 대해서는 단순한 결론을 내리기 어렵다. 일반적으로 인플레이션이 발생하면 매출액은 인상된 현재의 가격에 의해 계산되지만 매출원가는 가격상승 이전의 가격에 의해 계산되기 때문에 이익이 증가하게 된다.[3] 순이익이 증가하면 법인세도 증가하기 때문에 현금흐름의 증가폭은 줄어들게 된다.

인플레이션이 가격에 미치는 영향은 재화에 따라 다르기 때문에 인플레이션이 기업의 순이익과 현금흐름에 미치는 영향은 기업이 운용하는 자산, 즉 투자의 성격에 따라 달라진다. 재화에 따라 가격변동률이 인플레이션율보다 높거나 낮으며, 가격변동이 인플레이션보다 선행(lead)하거나 후행(lag)하기도 한다.

4. 인플레이션과 자본예산

인플레이션에 대해서는 투자프로젝트의 가치를 평가할 때 명목현금흐름은 명목할인율로 할인하고, 실질현금흐름은 실질할인률로 할인하는 일관성만 유지한다면 어떤 방법을 사용해도 그 결과는 같게 된다. 그러나 자본비용(할인율)에는 투자자들이 예상하는 인플레이션율이 포함되어 있기 때문에 자본시장에서 구한 할인율은 명목할인율

3) 이익이 증가하는 정도는 재고자산의 가치평가방법에 따라 달라진다. 선입선출법(first in, first out: FIFO)을 사용하는 경우에는 후입선출법(LIFO: last in, first out)을 사용했을 때보다 매출원가가 낮게 계산되기 때문에 이익이 더 많이 증가하는 것으로 나타난다. LIFO방법을 사용하면 당기순이익이 작게 계산되어 법인세를 절감할 수 있기 때문에 법인세를 계산하기 위한 목적으로는 LIFO방법을 사용하는 경우가 많다. 한편 LIFO방법에 의해 계산된 당기순이익이 기업의 수익성을 정확하게 나타낸다고 볼 수 있다.

을 의미한다. 따라서 경상가격을 기준으로 추정한 미래 현금흐름을 명목할인률로 할인하는 것이 일반적인 방법이다.

인플레이션과 자본예산

(주)한국에서는 500만원을 들여 신형 기계를 구입하려고 한다. 신형 기계의 내용연수는 3년이고, 잔존가치는 매입가격의 10%이며, 정액법으로 감가상각한다. 감가상각비를 고려하지 않은 1차 년도($t = 1$)의 영업현금흐름(매출액 – 영업비용)은 200만원이며 그 후 매년 15%씩 증가할 것으로 예상된다. 투자기간 동안의 기대인플레이션은 8%, 실질할인율은 5%이고 법인세율이 22%인 경우에 이 투자프로젝트의 가치는 다음과 같이 평가된다.

(단위: 만원)

	명목현금흐름				실질현금흐름			
연(t)	0	1	2	3	0	1	2	3
최초 투자액	−500				−500			
영업현금흐름		200	230	264.5		185.2	197.2	210.0
감가상각비(−)		150	150	150		138.9	128.6	119.1
영업이익		50	80	114.5		46.3	68.6	90.9
세후영업이익		39	62.4	89.3		36.1	53.5	70.9
감가상각비 환입(+)		150	150	150		138.9	128.6	119.1
잔존가치				63				50
현금흐름	−500	189	212.4	302.3	−500	175	182.1	240.0
	$NPV(r = 13.4\%) = 39$(만원)				$NPV(r = 5\%) = 39$(만원)			

(1) 명목현금흐름을 이용한 가치평가

- 명목영업현금흐름은 1차 년도의 200만원에서 15%의 성장률을 고려한 것이다.
- 감가상각비는 장부상의 비용항목이므로 그 자체가 명목가치이다. 하지만 잔존가치 50만원은 현재 시점($t = 0$)을 기준으로 한 실질가치이므로 이를 명목가치로 환산하면 $63[= 50 \times (1.08)^3]$이 된다.
- 명목 NPV는 명목현금흐름을 명목할인율 13.4% $((1.08)(1.05) - 1)$로 할인한 것이다.

(2) 실질현금흐름을 이용한 가치평가

- 실질영업현금흐름은 명목현금흐름을 8%의 할인율로 할인한 것이다.
- 감가상각비는 명목현금흐름이므로 8%의 할인율로 할인한다. 잔존가치는 실질가치이므로 그대로 투자종료시점($t = 3$)에 현금유입으로 계산한다.
- 실질 NPV는 실질현금흐름을 실질할인율 5%로 할인한 것이다.

제4절 프로젝트의 수명과 가치평가

1. 연간등가현금

지금까지는 투자프로젝트의 내용연수, 즉 투자수명이 같은 경우만을 대상으로 하였다. 그러나 실제로는 평가 대상이 되는 투자프로젝트들의 투자수명이 각기 다른 것이 일반적일 것이다. 독립적인 투자프로젝트에 대해서는 개별적으로 채택 또는 기각의 결정을 내리기 때문에 상관이 없지만 상호배타적인 투자프로젝트를 선택할 때에는 투자수명의 차이를 고려해야 하는데 그 방법은 미래 상황에 대한 가정에 따라 달라진다.

(가정 1) 투자수명이 짧은 투자프로젝트가 종료된 후의 상황(투자기회)을 예측할 수 없다.

(가정 2) 투자프로젝트의 수명이 다하면 동일 프로젝트를 반복해서 투자하여 영업을 계속한다.

(가정 3) 투자수명이 짧은 투자프로젝트가 종료된 후의 상황을 예측할 수 있다.

다음과 같은 현금흐름을 갖는 상호배타적인 투자프로젝트 S와 L을 예로 들어보자.

연도	현금흐름(만원)	
	S	L
0	−1,000	−1,000
1	700	500
2	700	500
3	−	500
$NPV(r=10\%)$	215	243

(1) (가정 1)의 경우

이러한 상황에서는 투자수명을 고려하지 않고 단순히 순현가를 기준으로 L을 선택할 수밖에 없다. 투자수명의 차이를 고려하지 않는다는 것은 S가 종료된 후 L이 종료될 때까지의 남은 1년 동안 이미 종료된 S의 자본비용(할인율)으로 재투자한다고 가정하는 것과 마찬가지이다. 재투자해서 할인율만큼 수익을 얻는다면 그동안의 NPV는 0이 되어 S의 투자수명을 L과 같이 3년으로 조정해도 S의 NPV에는 변동이 없게 된다.

(2) (가정 2)의 경우

미래에 반복투자가 가능하다면 두 투자프로젝트가 동시에 종료될 때까지 투자를 반복해서 그동안의 NPV를 비교하면 된다. 두 투자프로젝트가 동시에 종료되기 위해서는 6년이 걸리는데 그동안 S는 3회, L은 2회가 반복된다.

$$NPV_S(6) = NPV_S + \frac{NPV_S}{(1+r)^2} + \frac{NPV_S}{(1+r)^4}$$

$$= 215 + \frac{215}{(1.1)^2} + \frac{215}{(1.1)^4} = 539.5$$

$$NPV_L(6) = NPV_L + \frac{NPV_L}{(1+r)^3} = 243 + \frac{243}{(1.1)^3} = 425.6$$

한 번의 투자에 대해서는 $NPV_L > NPV_S$이지만 반복투자를 가정하면 S가 선택되어야 한다.

투자수명이 다른 투자프로젝트를 평가할 때에는 **연간등가현금**(EAA: equivalent annual annuity)을 이용하는 것이 편리하다. 투자수명이 n년인 투자프로젝트에서 순현가가 $NPV(n)$가 되기 위해서는 n년 동안 매년 얼마만큼의 일정한 현금흐름이 필요한가를 계산하는 것으로 투자프로젝트의 순현가($NPV(n)$)를 1년 단위의 가치로 환산한 것이다. 즉, 연간등가연금은 현재가치가 $NPV(n)$이 되도록 하는 매년의 연금액을 의미한다.

$$EAA = \frac{NPV(n)}{PVIFA(r, n)} = \frac{\text{투자수명이 } n\text{년인 투자프로젝트의 } NPV}{\text{연금현가계수}(r, n)}$$

S와 L에 대한 연간등가현금은 다음과 같다.

$$EAA_S = \frac{215}{1.7355} = 123.8$$

$$EAA_L = \frac{243}{2.4869} = 97.9$$

투자수명의 차이를 고려하지 않고 NPV만을 단순비교하면 L이 선택되지만 NPV_L(243만원)는 3년 동안의 성과인데 비해 NPV_S(215만원)는 2년 동안의 성과이다. 따라서 영속적으로 반복투자가 가능하다면 S가 선택되어야 한다.

(3) (가정 3)의 경우

투자가 종료된 후의 상황, 즉 미래의 투자기회를 예측할 수 있다면 투자수명의 차이는 처음부터 문제가 되지 않는다. 투자프로젝트 S가 종료된 후에 가능한 투자기회의 가치(NPV)를 투자시점($t = 0$)으로 할인하여 투자프로젝트 L의 NPV와 비교하면 된다. 그러나 미래의 투자기회를 정확하게 예측해서 그 가치를 평가할 수 있다는 것은 비현실적인 가정이다.

투자수명이 다른 투자프로젝트의 가치를 평가하는 문제는 미래 상황에 대한 가정의 합리성과 현실성에 달려있다. (가정 3)의 경우처럼 미래의 투자기회를 정확하게 예측할 수 있다는 것은 비현실적일 뿐만 아니라 미래로 갈수록 불확실성도 증가하기 때문에 합리적인 가정이라고 할 수 없다. (가정 2)는 현재와 같은 투자기회가 앞으로도 계속 존재한다는 것을 의미한다. 그러나 가장 우수한 투자프로젝트부터 차례대로 투자하기 때문에 한계수익은 체감하며, 경쟁시장에서 NPV가 양수(+)인 투자기회가 무한정 존재한다는 것은 너무 낙관적인 가정이다. 따라서 미래의 투자기회를 정확하게 예측할 수 없다면 투자수명의 차이를 무시하고 단순히 NPV를 비교하여 선택하는 것이 합리적인 투자결정이라고 할 수 있다.

2. 연간등가비용

연간등가현금은 투자수명이 다르고 현금지출비용이 다른 투자프로젝트를 평가할 때 응용할 수 있다. 예를 들어, 성능에는 차이가 없지만 내용연수가 다르고 사용기간 동안 유지비용이 다른 기계 중에서 어떤 기계를 선택할 것인가의 문제를 해결하는 데 활용할 수 있다.

아래의 표는 성능에는 차이가 없지만 내용연수가 다른 두 기계 A와 B에 대한 비용(구입비용과 유지비용)과 비용의 현재가치를 나타낸다.

(단위: 만원)

기계 \ 연도	0	1	2	3	비용의 현재가치 (할인율 10%)
A	150	40	40	–	219
B	150	50	50	50	274

기계 B를 사용하는 데 더 많은 비용이 들지만 이것은 3년 동안의 비용이고, 기계 A의 비용은 2년 동안의 비용이다. 따라서 서로 다른 사용기간에 대한 비용을 비교하는 것은 의미가 없으며 합리적인 선택을 위해서는 동일한 사용기간에 대한 비용을 비교해야 한다.

두 기계의 사용기간이 일치하는 6년간 비용의 현재가치를 비교하면 다음과 같다.

$$PV_A(n=6\text{년}) = 219 + \frac{219}{(1.1)^2} + \frac{219}{(1.1)^4} = 550$$

$$PV_B(n=6\text{년}) = 274 + \frac{274}{(1.1)^3} = 480$$

따라서 동일한 사용기간을 기준으로 비용의 현재가치가 적은 기계 B를 선택해야 된다.

그러나 이러한 방법은 사용기간이 같아지는 기간이 길어지면 계산이 복잡해지는 단점이 있다. 이러한 경우에는 연간등가비용을 사용하여 계산을 단순화할 수 있다.

연간등가비용(equivalent annual costs: *EAC*)은 사용기간 동안 매년 일정한 비용이 발생한다고 가정했을 때의 연간비용을 말한다.[4)]

$$EAC = \frac{PV(C_n)}{PVIFA(r,n)} = \frac{\text{내용연수}(n\text{년})\text{ 동안 발생하는 비용의 현재가치}}{\text{연금현가계수}(r,n)}$$

4) 연간등가비용은 연간등가현금(aequivalent annual annuity)과 같은 개념으로 연간등가현금은 현금유입(수입)을 계산한 것이고 연간등가비용은 현금유출(비용)을 계산한 것이다.

기계 A와 B의 연간등가비용을 계산하면 다음과 같다.

$$EAC_A = \frac{219}{1.7355} = 126$$

$$EAC_B = \frac{274}{2.4869} = 110$$

따라서 연간등가비용이 적은 기계 B가 선택되며 이러한 결정은 동일한 사용기간(6년) 동안의 비용을 비교한 것과 같다.

3. 설비교체시기의 결정

기업에서는 어떤 기계를 선택할 것인가의 문제와 함께 현재 사용 중인 기계를 언제 교체할 것인가의 문제도 해결해야 한다. 설비를 교체하면 성능이 향상되어 매출액이 증가하고 비용은 감소하는 것이 보통이다. 그러나 여기에서는 설비를 교체해도 현금유입에는 변동이 없다는 가정하에 교체시기를 결정하는 문제를 논의하기로 한다.

설비를 교체해도 수입에 영향을 주지 않는다면 최적 교체시기는 기존 설비를 사용하는 데 드는 비용이 새 설비로 교체해서 사용하는 비용을 초과하는 시점이다. 설비교체 비용에는 설비구입비용과 유지비용이 포함된다. 기존 설비사용비용에는 유지비용과 처분을 연기하는 데 대한 기회손실이 포함된다. 교체시기가 늦어질수록 기존 설비의 유지비용은 상승하고 처분가치는 하락하는 것이 일반적이기 때문에 기존 설비사용비용은 증가하게 된다.

교체시기 결정

한국대학은 현재 사용 중인 컴퓨터를 신형으로 교체할 것을 고려하고 있다. 신형 컴퓨터의 구입가격은 5,000만원이며, 10년 동안 매년 500만원의 유지비용이 소요되며, 10년 후에는 500만원에 매각이 가능할 것으로 예상하고 있다. 현재 사용 중인 컴퓨터는 최대한 5년 동안 사용이 가능하지만 다음과 같이 유지비용은 상승하고 처분가격은 하락할 것이다. 예를 들어, 지금 1,000만원에 처분하는 대신 1년을 더 사용하면 유지비용이 400만원 소요되고 처분가격은 600만원으로 하락하게 된다. 한국대학은 비영리법인이므로 세금을 내지 않으며 투자프로젝트의 가치를 평가하는 데는 10%의 할인율을 적용한다.

(단위: 만원)

내용 \ 연도	0	1	2	3	4	5
유지비용	0	400	800	1,000	1,200	1,500
처분가격	1,000	600	400	200	100	0

① 컴퓨터 교체비용

교체비용은 신형 컴퓨터 구입비용과 사용기간(10년) 동안의 유지비용에서 처분가격을 차감한 것이다. 교체비용의 현재가치는 다음과 같다.

$$\begin{aligned} PV(\text{교체비용}) &= \text{구입비용} + \text{유지비용의 현가} - \text{처분가격의 현가} \\ &= 5{,}000 + 500 \cdot PVIFA(10\%, 10\text{년}) - 500 \cdot PVIF(10\%, 10\text{년}) \\ &= 5{,}000 + (500)(6.1446) - (500)(0.3855) \\ &= 7{,}880(\text{만원}) \end{aligned}$$

교체와 기존 컴퓨터 사용의 경제성을 비교하기 위해서는 교체비용을 연간등가비용(equivalent annual costs: *EAC*)으로 계산해야 한다. 교체의 연간등가비용은 신형 컴퓨터를 구입해서 10년간 사용하는 데 매년 일정한 비용이 발생한다고 가정했을 때의 연간비용을 말한다.

$$\begin{aligned} \text{교체의 연간등가비용}(EAC) &= \frac{\text{교체비용의 현가}}{PVIFA(10\%, 10\text{년})} \\ &= \frac{7{,}880}{6.1446} = 1{,}282(\text{만원}) \end{aligned}$$

② 기존 컴퓨터 사용비용

기존 컴퓨터의 연간 사용비용에는 유지비용과 처분가격의 하락이 반영되어야 하며 신형 컴퓨터의 연간등가비용과 비교하기 위해서는 각 연도 말의 가치(미래가치)로 계산되어야 한다.

C_1(기존 컴퓨터의 1년차 사용비용)

= 처분 연기에 대한 기회비용 + 유지비용 − 처분가격

= (1,000 × 1.1) + 400 − 600 = 900(만원)

C_2(기존 컴퓨터의 2년차 사용비용)

= (600 × 1.1) + 800 − 400 = 1,060(만원)

C_3(기존 컴퓨터의 3년차 사용비용)

= (400 × 1.1) + 1,000 − 200 = 1,240(만원)

C_4(기존 컴퓨터의 4년차 사용비용)

= (200 × 1.1) + 1,200 − 100 = 1,320(만원)

③ 최적 교체시기

교체비용과 기존 컴퓨터 사용비용을 연도별로 비교하면 다음과 같다.

(단위: 만원)

연도말	1	2	3	4
교체의 연간균등비용	1,282	1,282	1,282	1,282
기존 컴퓨터 사용비용	900	1,060	1,240	1,320

최적 교체시기는 기존 컴퓨터 사용비용이 교체비용을 초과하기 직전이다. 따라서 최적 교체시기는 3년도 말이 된다.

4. 매각처분기회와 투자프로젝트의 경제적 수명

지금까지는 정해진 투자프로젝트의 수명에 대해 투자프로젝트의 가치를 평가하였지만 실제로는 투자기간 중에 자산을 **매각 처분**(disposal)할 수도 있다. 예를 들어, 렌터카회사는 언제든지 자산(자동차)을 중고차시장에서 매각하여 처분할 수 있다. 이때 영

업을 계속하는 것과 중고차시장에서 매각 처분하는 것은 상호배타적인 성격의 투자프로젝트이다.

독립적인 투자프로젝트에서 투자자산의 잔존가치가 없거나 중도에 매각 처분할 수 없는 경우에는 순현금유입이 발생하는 한 영업을 계속하는 것이 유리하다. 그러나 투자자산을 중도에 매각 처분할 수 있는 경우에는 처분가격을 포함해서 순현가가 최대가 되는 시점에 매각 처분하는 것이 최적이다. 매각 처분기회의 가치가 반영된 투자프로젝트의 순현가는 다음과 같이 계산된다.

$$NPV = -I_0 + \sum_{t=1}^{d} \frac{CF_t}{(1+r)^t} + \frac{S_d}{(1+r)^d}$$

S_d: d시점의 처분가격(salvage value)

투자프로젝트의 **경제적 수명**(economic life of investment)은 NPV가 극대화되는 처분시점(d)을 말한다.

처분기회와 투자프로젝트의 경제적 수명

Abis Rental Car에서는 신형 자동차를 구입하면 최장 3년간 영업이 가능하다. 자동차구입에는 대당 1,000만원이 소요되며 3년의 영업기간 중 1차년도 말에 500만원, 2차년도 말에 400만원, 3차년도 말에 300만원의 순현금흐름이 발생한다. 자동차를 중도에 매각 처분하면 1년 후에는 700만원, 2년 후에는 400만원, 3년 후에는 50만원을 받고 매각할 수 있다. 이 회사의 할인율은 10%이다.

NPV를 극대화할 수 있는 투자프로젝트의 경제적 수명을 구하기 위해서는 자산(자동차)을 $n(n=1, 2, 3)$년 후에 매각 처분하는 경우의 NPV를 비교해야 한다. 〈표 6-2〉는 렌터카사업에 대해 매각 처분기회를 고려한 NPV를 나타낸다.

Abis Rental Car가 렌터카사업으로 NPV를 극대화할 수 있는 영업기간, 즉 렌터카사업의 경제적 수명은 2년이므로 자동차를 구입해서 2년간 영업 후에 매각 처분하는 것이 최적이다.

흔히 "투자자산으로부터 나오는 현금유입의 현가가 매각 처분가격보다 낮아지면 매각 처분하는 것이 유리하다"고 생각하기 쉽다. 예를 들어 $d=1$에서 그 후에 발생하는

표 6-2 매각 처분기회와 투자프로젝트의 경제적 수명

(단위: 만원)

처분시점(d)	0	1	2	3
영업현금흐름	−1,000	500	400	300
영업현금흐름의 현가	−1,000	455	331	225
d까지의 영업현금흐름 현가의 누적치 (A)	−1,000	−545	−214	11
처분가격(S_d)		700	400	50
처분가격의 현가 (B)		636	331	38
d까지의 NPV (A+B)		91	117	49

영업현금흐름(400만원과 300만원)의 현가는 처분가격인 700만원보다 작기 때문에 1년 후($d=1$)에 매각하는 것이 유리한 것처럼 보인다. 그러나 이러한 분석에는 매각 처분을 연기할 수 있는 기회가 고려되지 않았다. 매각 처분을 ($d=2$로) 1년 미루면 처분가격이 감소(300만원)하는 것보다 더 많은 영업현금흐름(400만원)을 얻을 수 있기 때문에 1년 후에 매각하지 않고 2년간 영업을 계속하는 것이 유리하며, 이러한 이유로 렌터카사업의 경제적 수명은 2년이 되는 것이다.

연습문제

1. 투자프로젝트 C와 E는 상호배타적이고 나머지는 독립적인 투자프로젝트이다. 수익성지수(PI)를 이용하여, 5,000만원의 투자자금으로 기업가치를 극대화하기 위한 투자선택과 기업가치를 구하라.

(단위: 만원)

투자프로젝트	A	B	C	D	E
초기투자액(I_0)	2,000	1,500	1,500	2,500	1,000
NPV	300	240	450	500	250

2. 다음과 같은 현금흐름을 갖는 상호배타적이고 반복투자가 가능한 투자프로젝트에 대한 투자선택은? 할인율은 10%로 가정한다.

(단위: 만원)

년 / 투자프로젝트	0	1	2	3	4	5	6	7
A	−1,000	240	240	240	240	240	240	240
B	−1,000	300	300	300	300	300	0	0

3. 한국기업에서는 A와 B 두 종류의 기계 중에서 하나를 선택하여 구입하려고 한다. 기계 선택에 상관없이 이 회사의 연간 현금유입(수입)은 일정하고 각 기계에 대한 구입비용과 유지비용은 다음과 같다. 각 기계의 수명이 다 한 경우에는 동일한 조건으로 그 기계를 계속하여 교체할 수 있다면 어떤 기계를 구입해야 하는가? 할인율은 10%로 가정한다.

(단위: 만원)

연도말 / 기계	0	1	2	3	4	5
A	2,000	300	300	300	−	−
B	2,000	400	400	400	400	400

4. 한국기업은 발전기를 교체할 것을 고려하고 있다. 신형 발전기의 구입비용은 5,000만원이고, 10년의 사용기간 동안에 매년 500만원의 유지비용이 들고, 10년 후에는 1,000만원

에 매각할 수 있을 것으로 예상한다. 현재 사용하고 있는 발전기의 각 연도별 유지비용과 처분가격은 다음과 같다. 신형 발전기는 10년마다 교체한다고 가정한다. 세금은 무시하고 할인율은 10%로 가정한다. 최적교체시기는?

(단위: 만원)

연도말	0	1	2	3	4	5
유지비용	0	600	700	900	1,100	1,300
처분가격	800	600	400	300	200	0

5. (주)한국에서는 생산라인을 신설할 것을 고려하고 있다. 생산라인을 설치하는 데는 5,000만원이 소요되고 생산라인의 경제적 수명기간인 10년 동안 잔존가치 없이 정액법으로 감가상각된다. 생산라인을 가동하면 10년 동안 매년 2,000만원의 수입과 1,000만원의 비용(감가상각비가 포함)이 예상된다. 실질자본비용은 15%이고 무위험이자율은 10%이며 향후 10년 동안 10%의 인플레이션이 예상된다. (주)한국의 법인세율은 22%이다. (주)한국의 투자선택은? 감가상각비를 취득원가가 아닌 대체원가(replacement costs)를 기준으로 계산하는 것이 허용되는 경우에 투자프로젝트의 가치는? (힌트: 취득원가는 자산을 취득한 시점의 가격을, 대체원가는 자산을 취득하기 위해 현재 시점에서 지불해야 하는 금액을 말한다.)

6. (주)한국에서는 컴퓨터 키보드를 생산하기 위한 기계를 50억원에 구입하려고 한다. 이 기계는 내용연수 5년 동안 정액법으로 처리되는데 잔존가치는 구입비용의 20%이지만 5년 후의 실제 매각가격은 5억원으로 추정된다. 5년의 사업기간 동안 연간 매출액은 15억원, 감가상각비를 제외한 영업비용은 5억원이며 매출액과 영업비용 모두 매년 10%씩 성장할 것으로 예상된다. 사업기간 동안 매년 5%의 물가상승이 예상되며 컴퓨터 키보드 사업에 대한 실질할인율은 10%이다. (주)한국의 법인세율은 22%이다. 명목현금흐름과 실질현금흐름으로 투자프로젝트의 가치(*NPV*)를 평가하고 비교하라.

7. 신제품 생산라인을 도입할 예정인 P사는 동일한 성능을 지닌 두 기계 A와 B 중 하나를 선택하는 상호배타적 투자프로젝트를 평가 중이다. 기계 A는 내용연수가 2년이고 구입 및 설치비용이 100원이며 매년 말 유지비용이 20원 소요된다. 내용연수 만료시 10원에 매각이 가능할 것으로 예상된다. 한편 기계 B는 내용연수가 3년이고 구입 및 설치비용이 100원이며 매년 말 유지비용이 30원 소요된다. 기계 B는 잔존가치가 없다. 모든 투자프로젝트 가치평가에 10%의 할인율이 적용된다. 법인세는 없다. (모든 수치는 소수점 셋째 자

리에서 반올림하라.) (2007년. CPA)

연간할인율, 연수	10%, 2년	10%, 3년	10%, 4년
현가이자요소(*PVIF*)	0.8264	0.7513	0.6830
연금의 현가이자요소(*PVIFA*)	1.7355	2.4868	3.1699

(물음 1) 두 기계 A와 B 모두 내용연수 만기와 동시에 동일한 조건의 동종기계로 지속적으로 대체한다는 가정하에 최적투자프로젝트를 선택하라.

(물음 2) 현재 외부업체가 기계 C를 개발하고 있으며 상용화가 될 확률이 50%이다. P사가 최초에 기계 A를 도입한 경우에 한해서 2년 후 시점($t=2$)에 기계 A 혹은 기계 C로 대체할 수 있다. 일단 대체할 기계가 결정되면 계속해서 동일 기계를 사용해야 한다. 기계 C의 성능은 기계 A와 동일하다. 내용연수 2년간 소요되는 기계 C의 비용의 현가는 2년 후 시점($t=2$)을 기준으로 100원이다. (물음 1)과 동일한 가정하에 $t=0$시점에서 기계 A와 기계 B의 도입안을 비교하여 최적투자프로젝트를 선택하라.

제 7 장

투자위험과 자본투자의사결정

투자위험은 투자프로젝트로부터 기대되는 미래 현금흐름의 불확실성을 말한다. 불확실성하에서의 자본투자의사결정은 투자위험을 반영해서 투자프로젝트의 가치를 평가하고 선택하는 문제이다.

투자위험을 반영(조정)하는 방법은 경영자의 경험과 직관에 의존하는 단순한 방법부터 자본자산가격결정이론(*CAPM*)을 적용하는 방법까지 다양하다. 그러나 정교한 이론이 항상 좋은 투자선택을 가져다준다는 보장은 없다. 이론이 복잡하고 정교할수록 많은 비현실적인 가정을 전제로 하기 때문에 그 결론의 현실성에 한계가 있을 수 있기 때문이다.

제 1 절 위험조정과 투자선택

위험이 큰 투자프로젝트는 위험조정할인률(risk-adjusted discount rate)을 적용하여 투자가치가 낮게 평가되어야 한다. 위험조정은 투자프로젝트의 위험을 상대적으로 조정하는 방법과 포트폴리오이론을 바탕으로 체계적 위험을 조정해주는 방법이 있다.

1. 상대적 위험조정

특정 프로젝트의 상대적 위험조정할인율(k^*)은 기업의 기존 할인율(k)에 해당 투자프로젝트에 대한 위험프리미엄을 가감하여 조정한다. 기존 할인율은 기업의 평균위험, 즉 기존 사업에 대한 평균위험을 말한다.

상대적 위험조정할인률(k^*) = 기업의 평균위험(k) ± 상대적 위험프리미엄

상대적 위험프리미엄은 [그림 7-1]에서와 같이 기업의 평균위험을 기준으로 상하로 설정된 위험급수(risk class)에 따라 결정된다. 노후 설비를 교체하여 효율성을 높이고 비용을 절감하는 교체투자는 평균보다 위험이 낮을 것이다(마이너스 프리미엄). 반면에 시장점유율을 높이기 위한 확장투자나 신제품개발투자는 평균보다 위험이 높을 것이다(플러스 프리미엄). 위험급수와 위험프리미엄에 대한 판단은 경영자의 경험과 직관에 의존할 수 밖에 없는데 이는 장점이자 단점이기도 하다.

그림 7-1 위험급수에 의한 상대적인 위험조정

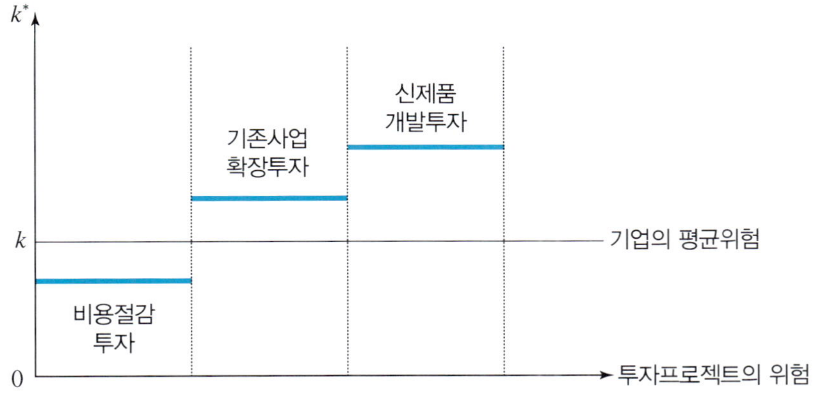

2. 체계적 위험의 조정

체계적 위험이 조정된 할인율은 다음과 같이 표시할 수 있다. 체계적 위험의 바탕이 되는 포트폴리오이론과 자본자산가격결정모형(*CAPM*)은 〈보충설명〉에서 설명한다.

$$\text{위험조정 할인율} = \text{무위험이자율}(R_f) + \text{체계적 위험프리미엄}$$

기업의 주가로부터 추정된 체계적 위험(β)을 이용하여 투자프로젝트의 위험조정 할인율을 구하는 경우에는 투자프로젝트의 경영위험과 재무위험이 기존회사의 경영위험과 재무위험이 다를 수 있다는 것을 고려해야 한다.

제2절 상황분석과 투자선택

투자위험의 근원은 판매량, 판매가격, 원재료비 등 투자프로젝트의 현금흐름과 *NPV*에 영향을 미치는 변수들의 불확실성이다. 그리고 이러한 변수들을 예측하는 과정에서 발생하는 오류가 투자프로젝트의 가치를 평가하고 선택하는 과정에서 발생하는 오류의 대부분을 차지한다.

민감도분석, 시나리오분석 등은 주요 변수들이 미래 상황에 따라 투자프로젝트의 *NPV*에 미치는 영향을 분석하고 그 분석결과를 투자선택에 활용하는 방법이다. 이러한 방법들은 이해가 쉽고 컴퓨터 프로그램을 이용하여 쉽게 적용할 수 있기 때문에 실제로 많이 사용되고 있다.

1. 민감도분석

민감도분석(sensitivity analysis)에서는 투자프로젝트의 현금흐름에 영향을 미치는 주요 변수를 찾아내서 그 변수가 *NPV*에 얼마나 민감하게 영향을 미치는가를 분석한다. 민감도분석은 한 가지 변수가 변할 때 투자프로젝트의 *NPV*가 어떻게 변하는가를 분석하는 방식이므로 "what-if 분석"이라고도 한다. 투자프로젝트의 *NPV*에 민감하게 영향을 미치는 변수는 "위험 변수"라고 할 수 있다. 이러한 "위험 변수"들에 대해서는 보다 정확한 예측을 위해 정밀한 분석이 필요하다. 투자가 집행되는 과정에서도 "위험 변수"를 집중적으로 통제(control)함으로써 투자위험을 관리할 수 있다.

[그림 7-2]는 〈표 7-1〉을 그래프로 표시한 것으로 그래프의 기울기는 판매량에 대한 *NPV*의 민감도를 나타낸다. 기울기가 클수록 판매량에 대한 민감도가 크다는 것을 의미한다. 따라서 최종적인 투자의사결정은 *NPV*의 판매량에 대한 민감도(기울기), 판매량에 대한 예측의 정확성, *NPV*가 음수(−)가 되는 판매량의 규모 등을 종합적으로 고려하여 내리게 된다.

그림 7-2 민감도분석

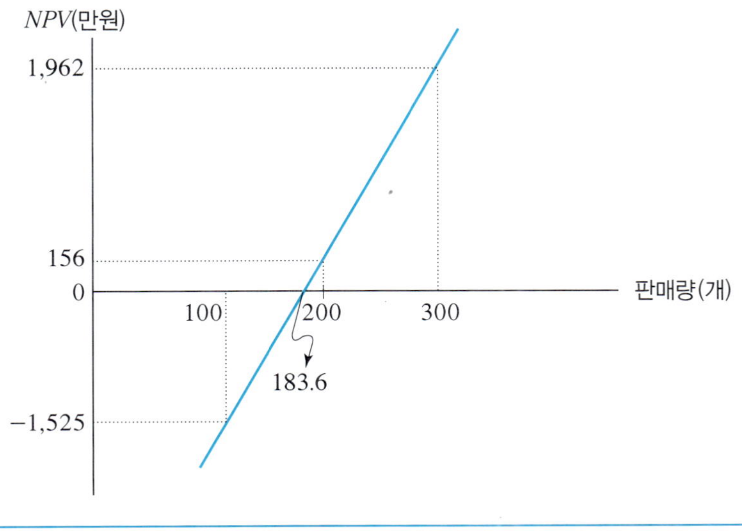

민감도분석

(주)한국은 신약개발사업에 대한 투자 여부를 분석하고 있다. 신약에 대한 예상 최대판매량은 300개이고, 예상 평균판매량은 200개이다. 신약사업에 대한 기초투자액 2,000만원은 모두 생산설비를 구입하는 데 사용되며, 생산설비는 잔존가치 없이 투자수명인 4년 동안 정액법에 의해 감가상각된다. 신약의 판매가격은 개당 9만원, 변동영업비는 개당 4만원, 고정영업비는 200만원으로 예상하고 있다. (주)한국의 법인세율은 40%이며 (주)한국의 제약사업에 대한 할인율은 10%이다. 〈표 7-1〉은 신약에 대한 판매량과 *NPV*와의 관계를 표로 나타낸 것인데 민감도분석의 대상 변수인 판매량을 제외한 나머지 변수들은 평균적인 상황을 유지한다는 가정하에 계산된 것이다.[1)]

표 7-1 민감도분석

	최저			평균	최대
판매량(개)	100	150	183.6	200	300
영업이익(만원)	−200	50	218	300	800
순이익(만원)	−200	30	130.8	180	480
영업현금흐름(만원)	350	530	630.8	680	980
NPV(만원)	−1,525	−320	0	156	1,962
IRR(%)	−35	2	10	14	50

신약개발사업의 *NPV*는 판매량에 매우 민감하다는 것을 알 수 있다. 판매량이 기대치(200개)에서 10% 정도만 감소해도 *NPV*는 음수(−)로 반전되고, 판매량의 감소와 함께 *NPV*도 급속하게 감소한다.

민감도분석에서 투자선택에 대한 결론적인 해답을 얻을 수는 없으며 최종적인 투자선택은 의사결정자의 판단에 달려 있다. 하지만 민감도분석을 통해 *NPV*에 민감하게 영향을 주는 "위험 변수"와 민감도를 파악함으로써 불확실성하에서 보다 합리적인 투

1) 예상 평균판매량(200개)에 대한 영업현금흐름은 다음과 같이 계산되었다.
영업이익 = (매출액 − 고정영업비 − 가변영업비 − 감가상각비)
= (9만원 × 200개) − 200만원 − (4만원 × 200개) − 500만원 = 300만원
세후영업이익 = 영업이익 − 법인세 = 300만원 × (1 − 0.4) = 180만원
영업현금흐름 = 세후영업이익 + 감가상각비 = 180만원 + 500만원 = 680만원

자선택이 가능하다. 예제의 신약개발사업에서 기대치인 200개를 판매할 수 있다는 확신이 없다면 비관적인 상황에 더 많은 비중을 두어 보수적인 투자결정을 하는 것이 바람직할 것이다.

2. 시나리오분석

민감도분석에서는 한 가지 변수가 변할 때 나머지 변수들은 일정하게 유지된다고 가정하기 때문에 변수들간의 상호관계가 충분히 고려되지 못하는 것이 단점이다. 이러한 단점을 보완한 것이 시나리오분석이다.

시나리오분석(scenario analysis)은 미래에 발생 가능한 상황(시나리오)에 따라 *NPV*에 영향을 주는 변수들의 조합을 구성하고 각 상황(조합)에서 *NPV*가 어떻게 변하는가를 분석하는 것이다. 시나리오분석에서 주된 관심은 최악의 상황에서의 *NPV*이다. 최악의 상황에 대한 결과가 기업의 존폐에 영향을 미칠 정도로 심각한 것이고, 최악의 상황이 발생할 가능성이 현실적으로 무시할 수 없을 정도라면 보수적인 투자결정을 해야 할 것이다. 그러나 최악의 상황에서도 투자프로젝트의 *NPV*가 양수(+)를 유지한다면 적극적인 투자결정을 할 수 있을 것이다.

시나리오분석

〈표 7-2〉는 (주)한국의 신약개발사업에 대한 시나리오분석을 표로 나타낸 것이다. 시나리오분석이 민감도분석과 다른 점은 시장상황에 따라 판매량은 물론 다른 변수들(판매가격, 단위당 변동비 등)에 대한 변동도 반영한다는 것이다. 기초투자액(2,000만원), 감가상각(연간 500만원), 고정비(200만원), 법인세율(40%) 등은 상황에 관계없이 고정된 것으로 가정한다.

평균적인 상황에서는 신약개발사업에 투자할 것이다. 하지만 비관적인 상황에서 발생할 엄청난 기업가치의 손실에 비추어 비관적인 상황이 실제로 발생할 가능성을 분석하고, 기업이 비관적인 상황에서 나타날 결과를 감당할 수 있는지를 판단해야 한다.

표 7-2 시나리오분석

	시나리오		
	비관적	평균	낙관적
판매량(개)	100	200	300
판매가격(만원)	8	9	10
단위당 변동비(만원)	4.5	4	3.5
영업이익(만원)	-350	300	1,250
순이익(만원)	-350	180	750
영업현금흐름(만원)	150	680	1,250
NPV(만원)	-1,525	156	1,962
IRR(%)	-35	14	50

민감도분석과 마찬가지로 시나리오분석에서도 투자선택에 대한 직접적인 결론을 얻을 수는 없다. 시나리오분석 역시 투자선택에 참고할 수 있는 자료를 제공할 뿐 최종적인 투자결정은 경영자의 판단에 달려 있다.

보충설명 포트폴리오이론과 *CAPM*

1. 포트폴리오이론의 기초

1) 불확실성과 위험

불확실성(uncertainty)은 미래에 어떤 사건이 발생할지 알 수 없는 막연한 상황을 말한다. **위험**(risk)은 미래에 발생할 사건의 내용과 그 가능성(확률)이 알려져 있는 상황을 말한다. 위험의 대표적인 예는 동전던지기와 주사위던지기 게임이다. 동전던지기에서는 "앞"과 "뒤"가 각각 1/2의 확률로 발생하고, 주사위던지기에서는 "1, 2, 3, 4, 5, 6"이 각각 1/6의 확률로 발생한다.

우리는 불확실성의 세계에 살고 있지만 과거 자료를 분석해서 미래에 발생 가능한 사건의 내용과 확률을 추정하고, 여기에 통계분석과 위험관리(risk management)를 통해 불확실성을 줄이고 관리할 수 있다. 많은 자료가 축적되고 통계분석기법과 컴퓨터가 발달하면서 불확실성과 위험의 구분은 점차 없어져서 명확하게 의미를 구분하지 않고 사용하는 경우가 많다. 이 책에서도 특별한 경우를 제외하고는 불확실성과 위험을 구분하지 않고 사용하기로 한다.

2) 확률분포와 통계량

(1) 확률분포

확률변수(random variable)는 사건의 결과가 확률적으로 결정되는 변수를 말한다.[2)] 확률변수는 이산형과 연속형으로 구분된다. 이산형 확률변수(discrete random variable)에서는 확률변수의 값이 분리된 숫자로 나타난다. 동전던지기와 주사위던지기가 대표적인 이산형 확률변수이다. 동전던지기에서는 0(앞)과 1(뒤)이 각각 1/2의 확률로 정의되고, 주사위던지기에서는 1, 2, 3, 4, 5, 6이 각각 1/6의 확률로 정의된다. 연속형 확률변수(continuous random variable)에서는 확률변수의 값이 연속적인 값을 가지며 확률변수의 구간(interval)에 대해 확률이 정의된다. 대표적인 연속형 확률분포는 정규분포(normal distribution)이다.

확률분포(probability distribution)는 발생 가능한 사건이 확률적으로 어떻게 분포되어 있는가를 나타내는 식 또는 표를 말한다. 위험은 확률분포로 표시되기 때문에 위험은 곧 확률분포라고 할 수 있다.

통계량(statistic) 또는 통계치는 확률분포(위험)의 내용이 요약된 수치를 말한다. 대표적인 통계량은 기대치(기댓값)와 분산이다. 다음과 같은 이산형 확률분포에 대해 기대치와 분산은 다음과 같이 정의된다.

---

2) 일반변수와 구분하기 위해 확률변수를 나타내는 문자 위에는 tilde(~)를 붙이기도 한다.

확률변수(사건의 결과)	$x_1 \cdot \cdot \cdot \cdot x_n$
확률	$p_1 \cdot \cdot \cdot \cdot p_n$

(2) 기대치

기대치(expectation, expected value) 또는 **기댓값**은 확률변수(사건의 결과(x_i))에 확률변수가 발생할 확률(p_i)을 곱해서 합한 값이다. 기대치는 확률변수의 사전적(事前的)인 평균치(mean)를 의미하며 $E(X)$ 또는 μ(mu)로 표시한다.

$$\text{기대치: } \mu = E(X) = p_1x_1 + \cdots + p_nx_n = \sum_{i=1}^{n} p_ix_i$$

(3) 분산과 표준편차

편차(deviation)는 확률변수(사건의 결과(x_i))와 기대치(μ)와의 차이($x_i - \mu$), 즉 사건의 결과가 기대치를 벗어난 정도를 말한다. **분산**(variance)은 편차를 제곱한 값의 기대치이며 $Var(X)$ 또는 σ_x^2로 표시한다.

$$\text{분산: } \sigma_x^2 = Var(X) = E\left[(X-\mu)^2\right] = p_1(x_1-\mu)^2 + \cdots + p_n(x_n - \mu)^2$$

분산은 편차가 클수록 그리고 큰 편차가 발생할 확률이 높을수록 증가한다. 분산을 계산하는 과정에서 편차가 제곱되기 때문에 같은 크기(절댓값)의 편차는 편차의 방향(+ 또는 -)에 관계없이 분산에 똑같은 영향을 미치게 된다. 분산은 확률변수의 **변동성**(volatility)을 나타내는 지표로 사용되는데 분산이 클수록 기대치를 벗어난 의외의 결과가 발생할 가능성이 크다는 것을 의미한다.

표준편차(standard deviation)는 분산의 제곱근이다. 분산은 편차를 제곱하는 과정에서 $\%^2$와 원^{2}과 같은 의미가 없는 단위로 표시된다. 그러나 표준편차는 분산이 갖는 의미를 유지하면서 원래 확률변수의 단위로 표시되는 장점이 있다.

기대치와 표준편차

주식 A와 주식 B의 기대치와 표준편차는 다음과 같다.

경기상황	확률(P_i)	주식투자수익률(%)	
		주식 A	주식 B
불 황	1/4	8	−2
정 상	1/2	10	4
호 황	1/4	12	10

기대치: $\mu_A = (0.25)(8) + (0.5)(10) + (0.25)(12) = 10$

$\mu_B = (0.25)(-2) + (0.5)(4) + (0.25)(10) = 4$

분산: $\sigma_A^2 = (0.25)(8-10)^2 + (0.5)(10-10)^2 + (0.25)(12-10)^2 = 2\%^2$

$\sigma_B^2 = (0.25)(-2-4)^2 + (0.5)(4-4)^2 + (0.25)(10-4)^2 = 18\%^2$

표준편차: $\sigma_A = \sqrt{2\%^2} = 1.414\%$

$\sigma_B = \sqrt{18\%^2} = 4.243\%$

3) 투자위험

투자위험은 흔히 투자자산의 가치하락으로 인한 손실을 의미하는 말로 사용되고 있다. 그러나 투자위험은 사후적(결과적)인 손실이 아니라 투자수익의 불확실성을 의미한다. 따라서 기대치 이하의 저조한 수익이 발생할 가능성은 물론이고 기대치 이상의 수익이 발생할 가능성도 위험에 포함된다.

투자위험은 여러 가지 개념으로 정의할 수 있는데 그 중에서 가장 기본적인 것이 총위험이다. **총위험**(total risk)은 수익률(수익률분포)의 분산(σ^2) 또는 표준편차(σ)로 정의되며 수익률의 변동성(volatility)을 의미한다.

4) 위험에 대한 태도

모든 경제의사결정의 목표는 "효용의 극대화"이다. 미래의 투자수익이 확실하다면 단순히 수익이 극대화되는 투자를 함으로써 효용을 극대화할 수 있다. 미래 수익이 불확실한 상황에서는 투자의사결정의 기준으로 "기대수익의 극대화"를 생각해볼 수 있다. 그러나 미래 수익이 불확실한 상황에서는 동일한 위험을 가진 투자도 투자자의 위험에 대한 태도에 따라 투자자의 효용에 미치는 영향이 다르기 때문에 "기대수익의 극대화"를 의사결정의 기준으로 사용할 수가 없다. 따라서 불확실성하에서는 효용의 기대치를 극대화하는 **기대효용의 극대화**(expected utility maximization)를 투자의사결정의 기준으로 사용하고 있다.

투자는 위험을 선택하는 일이기 때문에 투자선택은 위험에 대한 투자자의 주관적인 태도에 의해 결정된다. 투자자의 위험에 대한 태도는 부(wealth)와 효용(utility)과의 관계를 나타내는 효용함수로 표시하는데 다음과 같이 구분할 수 있다.

(1) 위험회피형 투자자

위험회피형 투자자(risk averter)는 "우상향(upward sloping)"하고 "원점에 대해 오목(concave to the origin)"한 효용함수를 가진 투자자를 말한다. "우상향"은 투자자가 부(수익)를 선호하고(the more, the better), "원점에 대해 오목(concave)"은 부의 증가에 따라 효용함수의 기울기(한계효용)가 감소하여 한계효용체감의 법칙이 적용된다는 것을 의미한다.

[그림 7-3]에서 위험회피형 투자자에게 100원씩을 주고받는 동전던지기 게임(공정한 게임)의 의미를 생각해보자.[3] 게임에 참여하지 않는다면 원래의 부(W_0)에 대해 $U(W_0)$만큼의 효용을 누릴 수 있다. 하지만 게임에서 이겼을 경우에 얻는 효용(그림에서 +로 표시된 부분)보다 졌을 경우에 잃는 효용(그림에서 −로 표시된 부분)이 더 크기 때문에 위험회피형 투자자는 공정한 게임에 참여하지 않는다. 부의 기대치(expected wealth)는 같지만 효용의 기대치(기대효용: expected utility)는 감소하기 때문이다. 따라서 위험회피형 투자자는 공정한 게임에 참여하지 않는 투자자로 정의할 수 있다.

위험선호형 투자자(risk lover)는 효용함수가 "우상향"하고 "원점에 볼록(convex)"해서 한계효용이 체증하는 경우를 말한다. **위험중립형**(risk neutral) 투자자는 효용함수가 원점을 지나는 직선으로 한계효용이 일정하며, 위험과는 상관없이 기대수익만을 기준

---

3) 공정한 게임(fair game)이란 기댓값이 0인 게임을 말한다.
동전던지기의 예에서 기댓값 = (0.5)(+100원) + (0.5)(−100원) = 0원이다.

그림 7-3 위험회피형 투자자의 효용함수

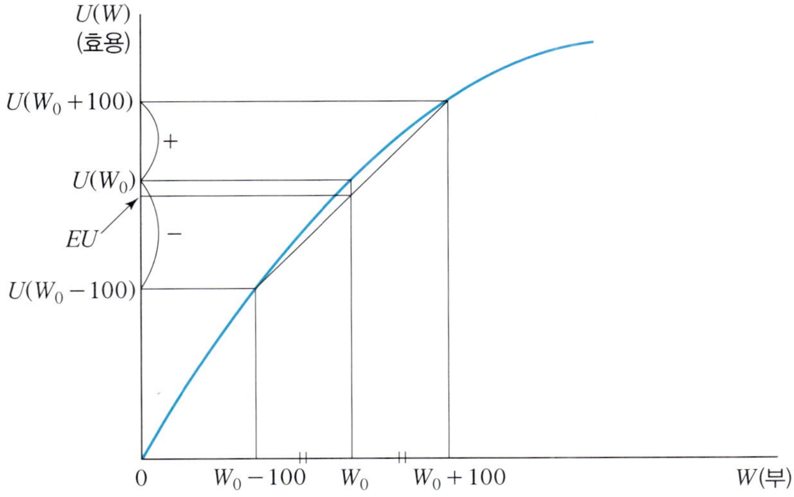

으로 투자결정을 한다.

대다수의 투자자는 위험회피성향을 보이고 있으며 역사적인 자료도 이러한 사실을 뒷받침하고 있다. 따라서 특별한 경우가 아니라면 투자자는 위험회피형이라고 가정한다.

(2) 기대수익의 의미

투자자가 투자(현재의 희생)에 대해 기대(요구)하는 투자수익은 시간보상과 위험보상으로 구분된다.

투자자의 기대수익 = 시간보상 + 위험보상

시간보상은 현재 소비를 미래로 연기하는 데 대한 보상으로 순수한 화폐의 시간가치(time value of money)를 의미한다. 시간보상은 무위험자산의 수익률인 무위험수익률 또는 무위험이자율(R_f: risk-free interest rate)로 정의된다. 무위험자산(risk-free asset)은 정부가 발행하는 국공채와 같이 투자 당시에 약속된 수익이 사후적으로 보장되는 자산을 말한다.

위험보상(risk premium)은 투자수익의 불확실성에 대해 위험회피형 투자자들이 요구(기대)하는 보상을 말한다. 투자이론의 핵심은 투자위험과 위험보상, 즉 투자위험과 기대수익간의 관계를 이해하는 것이다.

(3) 위험과 기대수익 간의 상반(교환, 보상)관계

모든 위험회피형 투자자에게는 정도의 차이는 있지만 **위험과 기대수익 간의 상반관계**(risk-return trade-off relationship)가 적용된다. 이 말은 높은 수익을 원(기대)하는 투자자는 많은 투자위험을 부담해야 하고, 투자위험을 회피하기 위해서는 높은 수익을 얻을 수 있는 기회를 포기해야 한다는 것을 의미한다. 위험과 기대수익간의 상반관계는 과거의 역사적 자료를 통해서도 확인되고 있다.[4)]

2. 포트폴리오이론

1) 평균-분산 모형

기대효용의 극대화를 투자선택의 기준으로 사용하기 위해서는 개별 투자프로젝트에 대한 기대효용을 계산할 수 있어야 하고, 그러기 위해서는 효용함수의 구체적인 형태와 투자수익에 대한 확률분포를 알아야 한다. 그러나 현실적으로 효용함수의 구체적인 형태와 투자수익의 정확한 확률분포를 알아내기란 불가능한 일이다. 따라서 이러한 한계를 극복하고 기대효용의 극대화를 실제로 적용할 수 있도록 제시된 방법이 평균-분산 모형이다.

평균-분산 모형(mean-variance model)은 기대효용을 효용함수의 구체적인 형태나 수익률의 확률분포에 의존하지 않고 미래수익률의 기대치와 분산만으로 나타내는 모

4) 위험과 기대수익간의 상반관계는 위험한 자산에 투자하면 결과적(사후적)으로 높은 수익이 보장된다는 것은 아니다. 투자자에게는 수익률분포의 기대치가 아니라 수익률분포를 구성하는 수익률(사건) 중의 하나가 실현될 뿐이다.

형을 말한다. 투자자들의 기대효용이 수익률의 기대치와 분산으로 표시된다면 투자자들은 수익률의 기대치와 분산만으로 투자선택을 할 수 있을 것이다.

$$E[U(R)]=f(E(R),\ \sigma^2(R))$$

평균-분산 모형은 미래수익률이 정규분포를 따르거나, 투자자의 효용함수가 2차함수(quadratic utility function)인 경우에 적용할 수 있다. 정규분포는 확률변수의 기대치와 분산만으로 표시되기 때문에 수익률이 정규분포를 갖는다면 기대효용도 수익률의 기대치와 분산으로 표시할 수 있다

(1) 평균-분산 지배원리

평균-분산 지배원리(mean-variance dominance principle, mean-variance rule)는 평균-분산 모형에서 기대수익률이 같은 투자프로젝트 중에서는 의험(분산)이 적은 것을 선택하고, 위험이 같은 투자프로젝트 중에서는 기대수익률이 높은 것을 선택하는 것을 말한다.

평균-분산 지배원리를 적용하면 기대수익률이 같은 투자프로젝트 중에서 위험이 가장 적은 투자프로젝트를 제외한 나머지 투자프로젝트들은 선택대상에서 제외된다. 마찬가지로 같은 위험을 갖는 투자프로젝트 중에서 기대수익률이 가장 높은 투자프로젝트를 제외한 나머지 투자프로젝트들은 선택대상에서 제의된다. 평균-분산 지배원리를 적용하면 투자프로젝트에 대한 선택범위가 좁아지기 때문에 투자의사결정이 쉬워진다.

[그림 7-4]는 다음과 같은 4개의 투자프로젝트를 이용하여 평균-분산 지배원리를 설명하기 위한 것이다.

투자프로젝트	기대수익률($E(R)$)(%)	표준편차 σ(%)
A	10	10
B	10	12
C	14	16
D	16	16

그림 7-4 평균-분산 지배원리

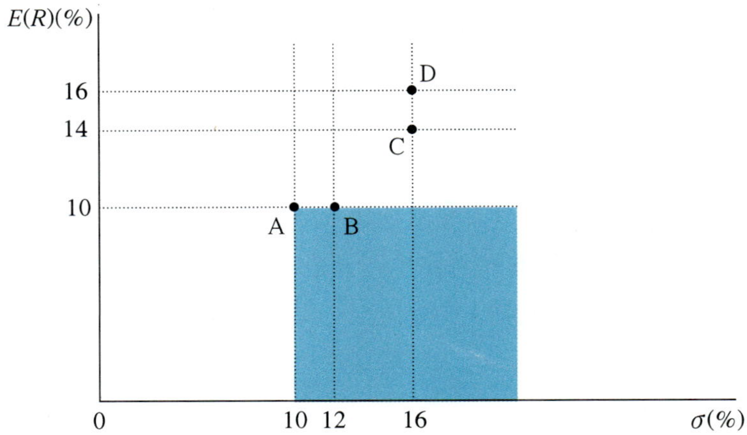

B는 평균-분산 지배원리에 의해 A에 지배되어 선택대상에서 제외된다. A를 중심으로 하는 직교축을 그렸을 때 직교축을 포함하는 색이 칠해진 공간에 위치한 모든 투자프로젝트들은 A에 지배되어 선택대상에서 제외된다. 마찬가지로 C는 D에 지배되어 선택대상에서 제외된다. 그러나 A와 D는 어느 투자프로젝트에 대해서도 지배당하지 않기 때문에 투자선택대상은 A와 D로 좁혀진다. 평균-분산 지배원리의 장점은 간단하게 평균-분산 원리를 적용함으로써 투자선택의 대상을 대폭 축소할 수 있다는 것이다.

(2) 평균-분산 모형과 투자선택

최종적인 투자선택은 기대수익률과 위험에 대한 투자자의 주관적인 선호도, 즉 무차별곡선에 의해 결정된다. [그림 7-5]는 보수적인 투자자 갑은 기대수익률은 낮더라도 상대적으로 위험이 적은 A를 선택하고, 적극적인 투자자 을은 위험이 크더라도 기대수익률이 높은 D를 선택한다는 것을 보여주고 있다.

그림 7-5 투자자의 위험회피성향과 투자선택

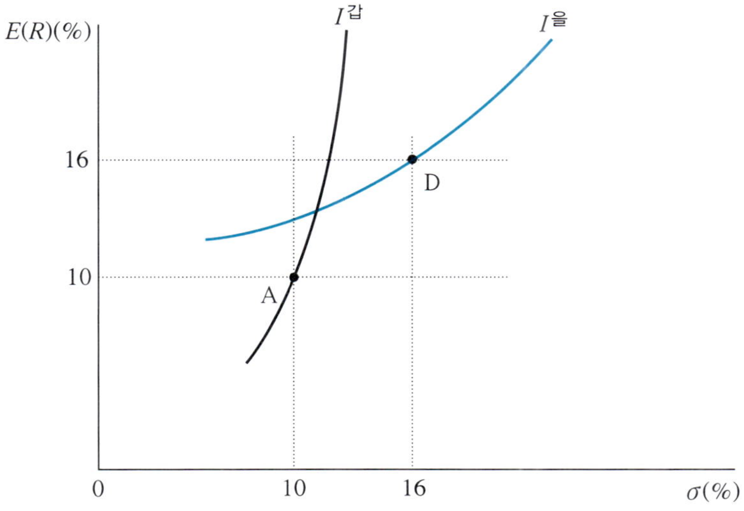

2) 포트폴리오의 기대수익률과 위험

(1) 포트폴리오효과

포트폴리오효과는 여러 자산에 분산투자했을 때 투자위험이 감소하는 효과를 말한다. 포트폴리오효과는 포트폴리오에 포함된 개별자산 수익률의 움직임, 즉 수익률분포가 다르기 때문에 발생한다. 두 자산의 수익률간의 움직임은 수익률의 상관관계로 설명된다.

주식 A와 B의 수익률에 대한 공분산과 상관계수는 다음과 같이 정의된다.

① 공분산

$$\sigma_{AB} = E[(R^A - E(R_A))(R^B - E(R_B))]$$
$$= p_1(R_1^A - E(R_A))(R_1^B - E(R_B)) + \cdots + p_n(R_n^A - E(R_A))(R_n^B - E(R_B))$$

p_i: i 상황이 발생할 확률($i = 1, \cdots, n$)
R_i^j: i 상황에서 주식 j의 수익률($j = A, B$)
$E(R_j)$: 주식 j의 기대수익률

공분산(covariance)은 각 수익률의 편차(수익률과 기대수익률과의 차이)를 곱한 값의 기대치이다. 시장상황에 따라 A와 B의 수익률이 같은 방향으로 움직인다면 A와 B의 편차는 같은 부호를 가지며 공분산은 양수가 될 것이다. A와 B의 수익률이 서로 반대 방향으로 움직인다면 편차는 각각 반대부호를 가지며 공분산은 음수가 될 것이다.

이와 같이 공분산은 두 수익률간의 상호관계를 나타내는데 공분산의 부호는 움직임의 방향을, 공분산의 크기는 움직임의 정도를 나타낸다.

② 상관계수

$$\rho_{AB} = \frac{\sigma_{AB}}{\sigma_A \cdot \sigma_B}$$

상관계수(correlation coefficient)는 공분산을 각각의 표준편차로 나누어서 표준화(normalize)한 것으로 ρ(rho)로 표시한다. 상관계수는 공분산과 같은 부호를 가지며 -1과 $+1$ 사이의 값은 갖는다($-1 \leq \rho_{AB} \leq +1$).

$0 < \rho_{AB} < +1$인 경우에 A와 B는 양의 상관관계에 있으며 ρ_{AB}가 $+1$에 가까울수록 두 수익률의 연동성이 크다는 것을 의미한다.

(2) 포트폴리오의 기대수익률과 위험

자산 A와 B에 대한 투자비중이 각각 ω_A와 ω_B인 포트폴리오의 기대수익률과 분산은 다음과 같다.

포트폴리오의 기대수익률: $E(R_p) = \omega_A \cdot E(R_A) + \omega_B \cdot E(R_B)$

포트폴리오의 분산: $\sigma_P^2 = Var(R_P) = Var(\omega_A R_A + \omega_B R_B)$

$$= \omega_A^2 \sigma_A^2 + \omega_B^2 \sigma_B^2 + 2\omega_A \omega_B \rho_{AB} \sigma_A \sigma_B$$

포트폴리오의 기대수익률과 분산은 개별자산에 대한 투자비중에 의해 결정되는데 특히 자산간의 상관관계는 분산의 크기를 결정하는 데 중요한 역할을 한다. 포트폴리오의 분산은 A와 B가 완전 음($\rho_{AB} = -1$)의 상관관계에 있을 경우에 최소가 되고, 완전 양($\rho_{AB} = 1$)의 관계일 경우에 최대가 된다. 그러나 A와 B의 상관관계가 음(−)인 경우에만 분산투자효과가 있는 것은 아니다. A와 B의 상관관계가 완전 양($\rho_{AB} = 1$)인 특별한 경우를 제외하면 분산투자를 통해 포트폴리오의 위험을 줄일 수 있다.

포트폴리오를 구성하는 자산의 수를 N개로 확장하더라도 수식이 확장될 뿐 자산의 수가 2개인 경우와 그 내용은 동일하다. N개의 자산에 대해 기대수익률($E(R_i)$)과 표준편차(σ_i), 각 자산 간의 상관계수(ρ_{ij})가 주어졌을 때 각 개별자산에 ω_i씩 투자하는 N-자산 포트폴리오의 기대수익률과 분산은 다음과 같다.

N-자산 포트폴리오의 기대수익률: $$E(R_p) = \omega_1 E(R_1) + \cdots + \omega_N E(R_N) = \sum_{i=1}^{N} \omega_i E(R_i)$$

N-자산 포트폴리오의 분산: $$\sigma_p^2 = \sum_{i=1}^{N}\sum_{j=1}^{N} \omega_i \omega_j \sigma_{ij} = \sum_{i=1}^{N} \omega_i^2 \sigma_i^2 + \sum_{i=1}^{N}\sum_{\substack{j=1 \\ (i \neq j)}}^{N} \omega_i \omega_j \sigma_{ij}$$

(3) 체계적 위험과 비체계적 위험

개별자산의 수익률에 영향을 미치는 요인은 시장전체요인과 기업고유요인으로 구분할 수 있다. **시장전체요인**(market wide factor)은 시장에 공통적인 영향을 주어 개별자산의 수익률이 동반해서 상승 또는 하락하게 하는 요인을 말한다. 금리, 환율과 같은 거시경제변수나 경제정책과 경제환경의 변화는 정도의 차이는 있지만 모든 자산의 수익률에 공통적으로 영향을 미칠 것이다. 시장전체요인에 의한 위험을 **체계적 위험**(systematic risk)이라고 하며, 분산투자를 해도 없앨 수 없기 때문에 **분산이 불가능한 위험**(non-diversifiable risk)이라고 한다. [그림 7-6]에서 N이 증가하더라도 포트폴리오 위험(분산)이 감소하지만 완전히 제거되지 않는 이유는 시장전체요인 때문이다.

기업고유요인(firm specific factor)은 신기술개발이나 합병·인수와 같이 해당기업에만 독립적으로 영향을 미치는 요인을 말한다. 기업고유요인에 의한 위험을 **비체계적 위험**(non-systematic risk)이라고 하며, 분산투자를 통해 없앨 수 있기 때문에 **분산 가능한 위험**(diversifiable risk)이라고 한다. 우리가 관찰하는 수익률의 위험(변동성)에는 이 두 가지 위험이 복합적으로 반영되어 있다.

그림 7-6 **체계적 위험과 비체계적 위험**

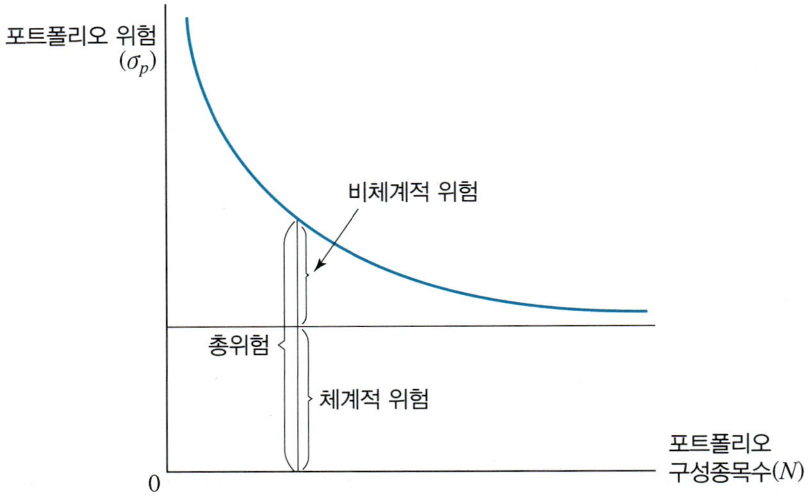

시장포트폴리오(market portfolio)

시장에 존재하는 모든 위험자산을 대상으로 각 자산의 가치비율대로 투자한 포트폴리오를 말한다. 시장포트폴리오는 완전하게 분산 투자되어 비체계적 위험이 완전하게 제거되었기 때문에 시장포트폴리오의 위험은 시장전체요인에 의한 체계적 위험을 의미한다. 따라서 시장포트폴리오의 총위험은 체계적 위험과 같다.

부동산이나 인적자산 등과 같은 위험자산에 대해서는 수익률에 관한 자료를 구할 수 없기 때문에 위험자산의 범위를 상장주식으로 제한하고 한국종합주가지수(KOSPI)를 시장포트폴리오의 대용으로 사용하기도 한다.

분산투자에 비용이 발생하지 않는다면(무시할 정도라면) 분산 가능한 비체계적 위험에 대해서는 위험보상이 주어지지 않고, 분산이 불가능한 체계적 위험에 대해서만 위험보상이 주어질 것이다. 따라서 포트폴리오이론에서는 체계적 위험만이 의미를 갖게 된다.

3) 효율적 포트폴리오

효율적 포트폴리오(efficient portfolio)는 평균-분산 지배원리를 적용했을 때 지배되지 않고 선택대상이 되는 포트폴리오를 말한다. 평균-분산 지배원리는 기대수익률이 같은 포트폴리오 중에서는 위험이 가장 낮은 포트폴리오를 선택하고, 위험이 같은 포트폴리오 중에서는 기대수익률이 가장 높은 포트폴리오를 선택하는 것을 말한다.

(1) 무위험자산과 효율적 포트폴리오

[그림 7-7]은 무위험자산에 투자하는 경우의 효율적 포트폴리오를 나타낸다.

무위험자산과 위험자산이 결합된 포트폴리오는 평균-분산 평면에서 직선으로 나타나며 효율적 포트폴리오는 무위험자산과 **접점포트폴리오**(tangent portfolio) T를 연결하는 직선($R_f TT'$)으로 나타난다. $R_f TT'$ 선상에 있는 포트폴리오는 무위험자산과 위험자산으로 결합할 수 있는 다른 모든 포트폴리오를 지배한다.

무위험자산이 포함된 효율적 포트폴리오를 나타내는 직선 $R_f TT'$을 **자본배분선**(CAL: capital allocation line)이라고 하며 다음과 같은 식으로 표시된다.

$$E(R_p) = R_f + \left[\frac{E(R_T) - R_f}{\sigma_T}\right] \cdot \sigma_p$$

그림 7-7 무위험자산이 포함된 효율적 포트폴리오

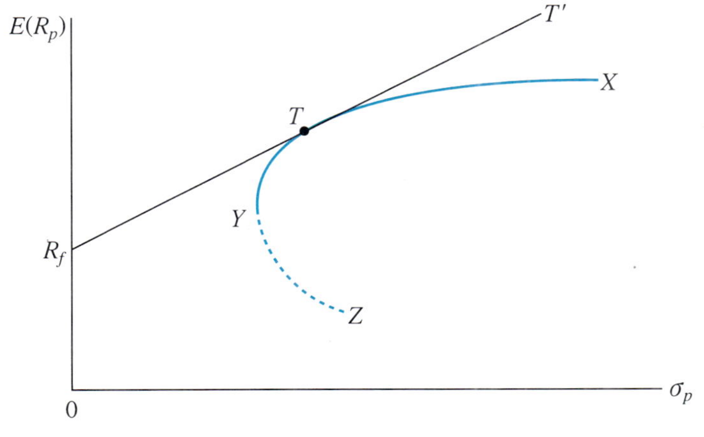

자본배분선(CAL)은 효율적 포트폴리오에 대한 기대수익률과 위험과의 관계를 나타내는 선형식이며, 효율적 포트폴리오의 기대수익률은 무위험수익률에 위험보상을 합한 값으로 표시된다. 자본배분선(CAL)의 기울기는 접점포트폴리오(T)에 대한 초과수익률($E(R_T)-R_f$)을 위험의 크기(σ_T)로 나눈 것이며, 위험 한 단위에 대해 시장에서 보상되는 수익률을 의미하기 때문에 **위험보상비율**(reward-to-risk ratio)이라고 한다. 접점포트폴리오(T)는 위험포트폴리오 중에서 위험보상비율이 가장 높은 것이다.

(2) 최적포트폴리오의 선택

[그림 7-8]은 투자자들이 효율적 포트폴리오($R_f TT'$)와 평균-분산 무차별곡선이 접하는 점에서 최적포트폴리오를 선택하는 과정을 나타낸다. 투자자들은 자본배분선(CAL)을 따라 최적포트폴리오를 선택하는 과정에서 무위험자산(R_f)과 접점포트폴리오(T)에 투자자본을 배분하게 된다.

[그림 7-8]에서 $I^{갑}$은 위험에 민감한 보수적인 투자자 갑의 무차별곡선을 나타내고, $I^{을}$은 위험회피도가 적은 적극적인 투자자 을의 무차별곡선을 나타낸다. 보수적인

그림 7-8 최적포트폴리오의 선택

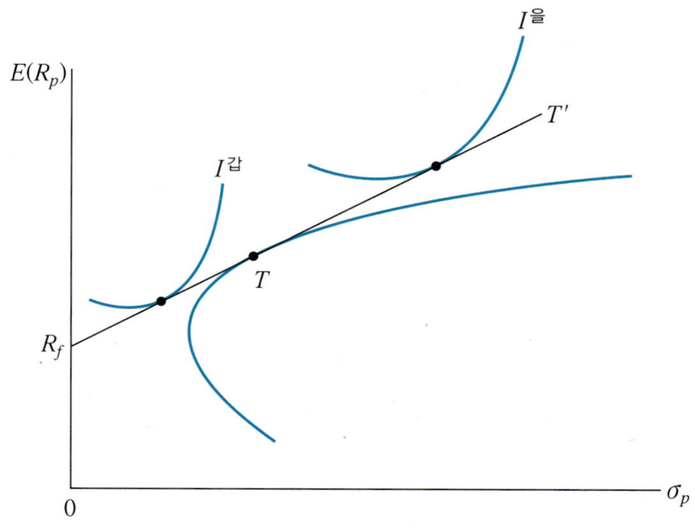

투자자 갑은 투자자금의 일부를 무위험자산에 투자하고 나머지를 포트폴리오 T에 투자하는 반면, 적극적인 투자자 을은 원래의 투자자금에 무위험수익률로 차입한 자금까지 합쳐 포트폴리오 T에 투자하는 것을 보여주고 있다.

중요한 것은 투자자의 위험에 대한 태도에 따라 무위험자산과 포트폴리오 T에 자본을 배분하는 비율이 달라질 뿐 모든 투자자의 최적포트폴리오는 무위험자산(R_f)과 접점포트폴리오(T) 두 가지만으로 구성된다는 것이다.

분리정리

투자자가 최적포트폴리오를 선택하는 과정은 2단계로 나누어서 생각할 수 있다. 첫 단계는 투자자들의 위험회피성향(무차별곡선)에 관계없이 투자기회집합에 평균-분산 지배원리를 적용하여 효율적 프론티어를 찾아내는 일이다. 다음 단계는 투자자의 기대효용을 극대화하기 위해 무차별곡선과 효율적 프론티어가 접하는 최적포트폴리오를 찾아내는 일이다. 이러한 포트폴리오 선택원리를 **토빈의 분리정리**(Tobin's separation theorem) 또는 **포트폴리오 분리정리**(portfolio separation theorem)라고 한다.

3. 자본자산가격결정모형(*CAPM*)

자본자산가격결정모형(*CAPM*)은 투자자들이 평균-분산 지배원리에 따라 기대효용을 극대화하기 위한 최적포트폴리오를 선택할 때 자본시장의 균형은 어떻게 이루어지며, 또 개별자산의 균형가격은 어떻게 결정되는지를 설명하는 모형이다.

1) *CAPM*의 가정과 유도

(1) 가 정

*CAPM*을 위해서는 다음과 같은 가정이 필요하다.

(가정 1) 자본시장은 완전시장이다. 자본시장은 완전경쟁시장이며, 세금과 거래비용을 비롯하여 거래에 장애를 주는 요인이 존재하지 않는다.

(가정 2) 투자자들은 무위험이자율로 아무런 제한 없이 차입과 대출이 가능하다.

(가정 3) 투자자들은 기대효용을 극대화하는 위험회피형이며 평균-분산 모형에 따라 포트폴리오를 선택한다.

(가정 4) 모든 투자자들의 투자기간은 1기간이며, 자산수익률의 확률분포에 대해 동질적 기대(homogeneous expectations)를 한다.

(가정 1), (가정 2), (가정 3)은 포트폴리오이론에서 사용했던 가정이다. (가정 4)는 모든 투자자들이 인식하는 자산에 대한 기대수익률, 분산 및 공분산이 같다는 것을 의미하며 *CAPM*에서 핵심적인 역할을 한다.

(2) 자본시장선

동질적인 기대하에서 자본배분선(*CAL*)은 특별한 의미를 갖게 된다. 동질적 기대하에서는 모든 투자자가 보유하는 접점포트폴리오가 바로 시장포트폴리오이므로 결국 투자자는 무위험자산과 시장포트폴리오를 이용하여 자산을 배분하게 된다. 이처럼 무위험자산(R_f)과 시장포트폴리오(M)로 구성된 자본배분선을 **자본시장선**(capital market line: *CML*)이라고 한다.

$$E(R_p) = R_f + \left[\frac{E(R_M) - R_f}{\sigma_M}\right] \cdot \sigma_p$$

[그림 7-9]는 자본시장선을 그림으로 나타낸 것이다. 자본시장선은 **효율적 포트폴리오에 대한 기대수익률과 위험과의 관계**를 나타낸다.

자본시장선(*CML*)은 무위험자산과 시장포트폴리오로 구성되는 효율적 포트폴리오에 대한 기대수익률과 위험과의 관계를 나타내는 선형식이며 비효율적 포트폴리오나 개별자산에 적용되는 것은 아니다. 임의의 자산에 대한 기대수익률과 위험과의 관계는 **증권시장선**(security market line: *SML*)에서 설명한다.

그림 7-9 **자본시장선**

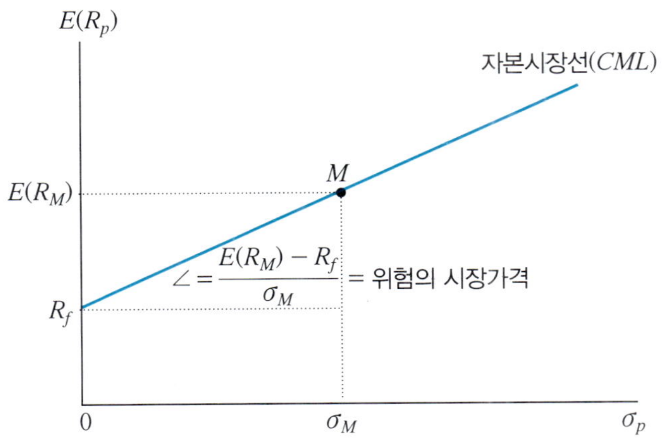

(3) 체계적 위험과 베타 (β)

개별자산의 위험 중에서 의미를 갖는 위험은 시장포트폴리오를 구성해도 제거되지 않는 위험, 즉 더 이상 분산이 불가능한 시장포트폴리오의 위험 중에서 개별자산이 차지하는 부분이며 이를 개별자산의 **체계적 위험**(systematic risk) 또는 **시장위험**(market risk)이라고 한다.

개별자산(i)의 체계적 위험은 공분산(σ_{iM})을 시장포트폴리오위험(σ_M^2)으로 나누어 표준화된 값으로 정의하며 **베타**(beta: β)로 표시한다.

$$\text{개별자산 } i\text{의 체계적 위험}(\beta_i) = \frac{\sigma_{iM}}{\sigma_M^2}$$

개별자산의 체계적 위험(β_i)은 시장 전체의 위험을 1로 보았을 때 개별자산이 갖는 위험의 크기를 나타내며, 시장포트폴리오 수익률(R_M)의 변동에 대한 개별자산 수익률(R_i)의 민감도를 나타낸다. 예를 들어, 주식시장에서 평균주가(종합주가지수)가 10% 상승할 경우 β가 1.5인 주식은 시장평균의 1.5배인 15%가 상승할 것으로 예상되고, 반대로 평균주가가 10% 하락하는 경우에는 15% 하락할 것으로 예상할 수 있다.

정의에 의해 시장포트폴리오의 β는 1이다($\beta_M = 1$). $\beta = 1$인 주식은 시장과 동일한 위험(시장평균위험)을 갖는다는 것을 의미한다. 무위험자산의 β는 0이다($\beta_{R_f}=0$). $\beta>1$인 주식은 수익률의 변동이 시장지수보다 크기 때문에 **공격적인 주식**(aggressive stock)이라고 한다. $\beta<1$인 주식은 수익률의 변동이 시장지수보다 작기 때문에 **방어적인 주식**(defensive stock)이라고 한다.

포트폴리오의 체계적 위험(β_p)도 개별자산과 같은 방법으로 정의되며 포트폴리오를 구성하고 있는 개별자산의 체계적 위험을 각각의 구성비율로 가중평균한 것이다.[5)]

$$\beta_p = w_1\beta_1 + \cdots + w_N\beta_N = \sum_{i=1}^{N} w_i\beta_i$$

주가상승이 예상되면 포트폴리오의 β를 높임으로써 수익률 상승효과를 극대화할 수 있다. 그러나 예상과는 반대로 주가가 하락하는 경우에는 많은 손실을 감수해야 한다. 포트폴리오의 β를 높이기 위해서는 β가 높은 주식을 포트폴리오에 편입하거나 β가 높은 주식의 비중을 높이면 된다.

주가전망이 불투명한 경우에는 포트폴리오의 β를 낮춤으로써 시장위험을 감소시킬 수 있다. 포트폴리오의 β를 낮추기 위해서는 β가 높은 주식의 비중을 낮추거나 현금보유비중을 높이면 된다.

(4) 베타의 추정

베타는 다음과 같은 선형회귀식을 이용하여 추정한다.

$$R_i = \alpha_i + \beta_i R_M$$

R_i: 자산 i의 수익률

R_M: 시장포트폴리오(M)의 수익률

$\beta_i = Cov(R_i, R_M)/Var(R_M) = \sigma_{iM}/\sigma_M^2$

---

5) $$\beta_p = \frac{\sigma_{pM}}{\sigma_M^2} = \frac{Cov(R_p, R_M)}{Var(R_M)} = \frac{Cov(w_1R_1 + \cdots + w_NR_N, R_M)}{Var(R_M)}$$
$$= w_1\frac{Cov(R_1, R_M)}{Var(R_M)} + \cdots + w_N\frac{Cov(R_N, R_M)}{Var(R_M)}$$
$$= w_1\beta_1 + \cdots + w_N\beta_N$$

그림 7-10 선형회귀식을 이용한 베타의 추정

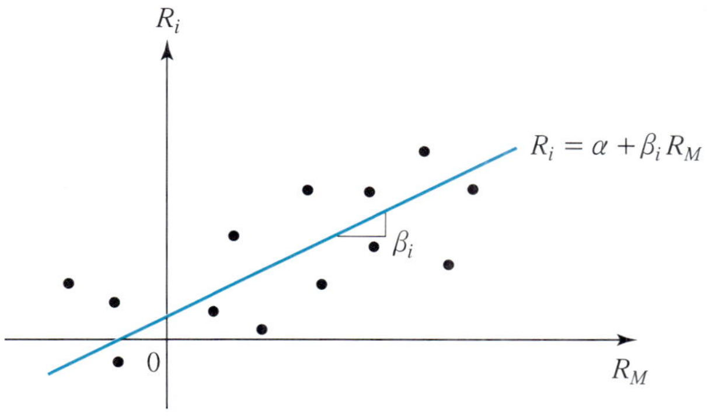

선형회귀식은 역사적 자료를 이용하여 추정되는데 시장포트폴리오는 관찰할 수 없으므로 한국종합주가지수(KOSPI)와 같은 시장지수(market index)를 대신 사용하는 것이 보통이다.

모든 주식이나 포트폴리오의 베타는 시장포트폴리오의 베타인 1로 회귀하는 속성을 가지고 있는데 그 이유는 주식시장의 모든 베타를 평균하면 1이 되기 때문이다. 특정 기간의 자료를 이용하여 베타를 구하는 과정에서 표본오차(sampling error)가 생기게 마련인데 추정된 베타와 베타의 평균값인 1과의 차이가 클수록 추정오차가 더 커지고 그 다음 기간의 자료로 추정된 베타가 1이 될 확률은 높아진다. 베타가 1로 수렴하는 속성을 감안하여 실제로 발표되는 베타는 대부분 베타가 1에 접근하도록 수정된 것이다.[6)]

주식이 거래되지 않아 β를 추정할 수 없는 비상장기업의 경우에는 영업위험이 유사한 다른 기업들의 β를 대용(대용 β)으로 사용할 수 있다.

---

6) 예를 들어, 메릴린치(Merril Lynch) 증권회사는 다음 식에 의해 전기에 추정한 베타를 당기에 맞게 수정한다. 수정베타 = (2/3)(전기의 추정베타) + (1/3)(1)
이러한 수정방법에 의해 전기의 추정베타가 1보다 작은 경우에는 수정베타(adjusted β)가 큰 값으로 수정되어 1에 가까운 값을 갖게 되고, 전기의 추정베타가 1보다 큰 경우에는 수정베타가 작은 값으로 수정되어 1에 가까운 값을 갖게 된다.

(5) *CAPM*의 유도

자본자산가격결정모형(*CAPM*)은 효율적인 포트폴리오뿐만 아니라 시장에서 거래되는 모든 자산에 대한 기대수익률과 위험과의 균형관계를 나타낸 것이다. 자본시장이 균형을 이루기 위해서는 모든 자산에 대해서 위험보상비율(단위당 위험보상)이 같아야 한다. 그렇지 않은 경우에는 위험보상비율이 높은 자산에는 초과수요가 발생하고 위험보상비율이 낮은 자산에는 초과공급이 발생하여 더 이상 시장균형이 유지되지 않을 것이다.

그러므로 시장균형상태에서는 자산 i의 위험보상비율과 시장포트폴리오(M)의 위험보상비율이 같아야 한다.

$$\frac{E(R_i)-R_f}{\sigma_{iM}}=\frac{E(R_M)-R_f}{\sigma_M^2}$$

이 식을 자산 i의 기대수익률($E(R_i)$)에 대해 정리한 균형관계식이 **자본자산가격결정모형**(capital asset pricing model: *CAPM*)이다.

$$E(R_i)=R_f+\left[E(R_M)-R_f\right]\cdot\frac{\sigma_{iM}}{\sigma_M^2}$$

$\frac{\sigma_{iM}}{\sigma_M^2}$는 β_i로 정의하는데 β_i는 자산 i의 체계적 위험을 나타내며 **베타위험**(β-risk)이라고 한다.

$$E(R_i)=R_f+\left[E(R_M)-R_f\right]\cdot\beta_i$$

*CAPM*은 균형상태에서 임의의 자산 i의 체계적 위험(β_i)과 기대수익률($E(R_i)$) 사이의 관계를 나타내는 선형식이다. 이러한 관계를 나타낸 것이 [그림 7-11]의 **증권시장선**(security market line: *SML*)이다.

증권시장선(*SML*)에서 자산의 기대수익률은 무위험이자율과 위험프리미엄의 합으로 나타나며, 위험프리미엄은 시장포트폴리오의 위험프리미엄에 개별자산의 체계적 위험(β)을 곱한 값이다.

*SML*과 *CML*은 모두 균형상태에서 자산의 기대수익률과 위험과의 관계를 나타내는 선형식이다. 그러나 *SML*은 시장에서 거래되는 모든 자산에 적용되는 반면에 *CML*

그림 7-11 증권시장선

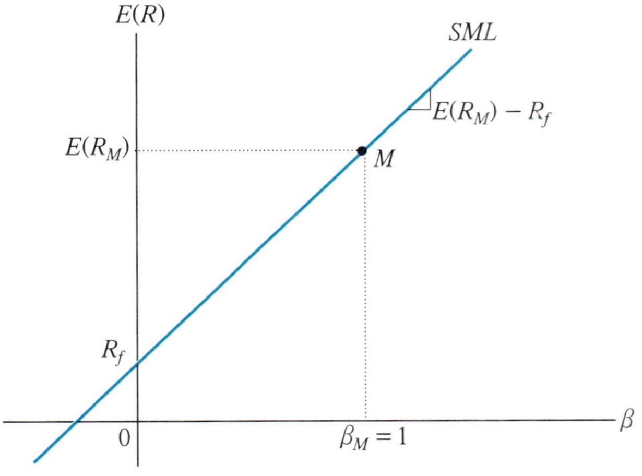

은 효율적 포트폴리오에만 적용된다. 따라서 *SML*은 *CML*을 포함하는 일반적인 식이며, *CML*은 *SML*을 효율적 포트폴리오에 적용한 특수한 경우라고 볼 수 있다.

[그림 7-12]는 자본시장선과 증권시장선을 비교하기 위한 그림이다.

그림 7-12 자본시장선과 증권시장선

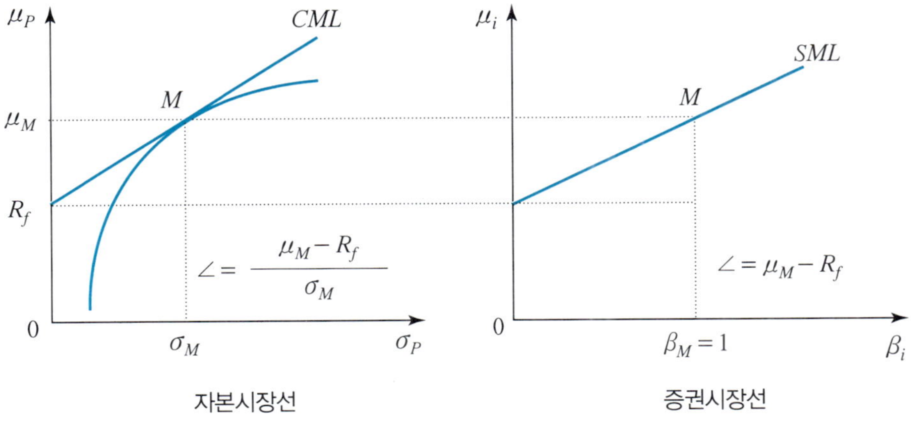

2) *CAPM*의 활용

(1) 증권선택

증권투자에서 중요한 것은 증권의 위험이나 수익률의 크기 그 자체가 아니라 그 증권의 위험에 대해 적절한 위험보상(수익)을 얻을 수 있느냐 하는 것이다. *CAPM*의 세계에서 적절한 위험보상이 주어진다는 것은 증권의 기대수익률이 증권시장선(*SML*)상에서 결정된다는 것을 의미한다.

[그림 7-13]은 증권시장선을 이용하여 증권의 과대 또는 과소 평가 여부를 판단하는 것을 보여준다.

자본시장이 균형상태라면 증권가격은 균형가격과 일치하고 기대수익률은 증권시장선에 위치할 것이다. *A*, *B*, *C*는 *CAPM*에 의해 적절한 위험보상이 주어져서 적절하게 평가된 증권이다. 증권시장선의 위쪽에 위치한 A^-, B^-, C^-는 저평가된 상태를 나타낸다. 증권이 저평가되었다는 것은 증권의 시장가격이 이론적인 균형가격보다 낮다는 것을 의미한다. 증권의 이론적인 균형가격은 증권의 현금흐름을 *SML*상의 기대수익률로 할인한 값이다. 그런데 *SML*상의 기대수익률보다 높은 할인율로 할인되었다는 것은 증권가격이 균형가격보다 낮게 평가되었다는 것을 의미한다.

증권시장선의 아래쪽에 위치한 A^+, B^+, C^+는 고평가된 상태를 나타낸다. 마찬가지 논리로 *SML*상의 기대수익률보다 낮은 할인율로 할인되었다는 것은 증권가격이 균형

그림 7-13 증권시장선을 이용한 증권의 가치평가

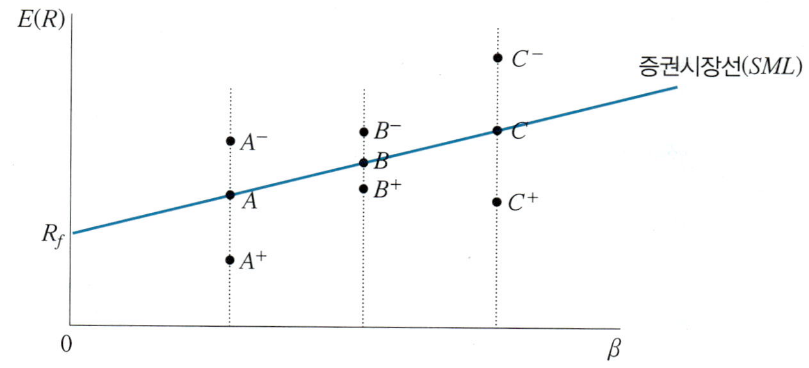

가격보다 높게 평가되었다는 것을 의미한다.

(2) 자기자본비용의 추정

*CAPM*은 배당할인모형과 함께 자기자본비용을 추정하는 데 이용된다. 자기자본비용은 해당 주식의 β와 시장포트폴리오의 기대수익률($E(R_M)$)에 대한 추정치, 그리고 시장에서 관찰되는 무위험수익률(R_f)을 *CAPM*에 대입해서 구할 수 있다.

$$E(R_i) = R_f + [E(R_M) - R_f] \cdot \beta_i$$

증권시장선에 의해 추정된 자기자본비용은 주식에 대한 기대수익률이며 주식의 가치를 평가할 때 할인율로 사용된다.

(3) 투자펀드의 성과평가

β와 *CAPM*은 투자펀드와 펀드매니저의 투자성과를 평가하는 데 활용된다. 투자펀드는 단순히 결과(성과)가 아니라 펀드의 위험을 고려하여 평가되어야 하는데 이를 위험조정 투자성과라고 한다. **위험조정 투자성과**는 위험의 개념에 따라 다음과 같이 구분한다.

① 총위험보상률(*RVAR*: reward to variability), Sharpe 측정치

$$\text{총위험보상률} = \frac{\overline{R}_p - \overline{R}_f}{s_p}$$

$\overline{R}_p$: 펀드의 평균수익률
$\overline{R}_f$: 평균 무위험이자율
s_p : 펀드수익률의 표준편차

총위험보상률은 평가기간 동안에 달성된 펀드의 초과수익률을 펀드수익률의 표준편차로 나눈 것이다. 총위험보상률은 총위험(표준편차)에 대한 위험보상비율을 나타낸다.

② 체계적 위험보상률(*RVOL*: reward to volatility), Treynor 측정치

$$\text{체계적 위험보상률} = \frac{\overline{R}_p - \overline{R}_f}{\beta_p}$$

β_p: 펀드의 체계적 위험

체계적 위험보상률은 펀드의 초과수익률을 체계적 위험(β)으로 나눈 것으로 체계적 위험에 대한 위험보상비율을 나타낸다.

③ 위험조정 초과수익률(α_p), Jensen의 α

$$\text{위험조정 초과수익률 } (\alpha_p) = \overline{R}_p - [\overline{R}_f + \beta_p(\overline{R}_M - \overline{R}_f)]$$

$\overline{R}_M$: 시장의 평균수익률

위험조정 초과수익률(α_p)은 펀드의 실제 평균수익률과 체계적 위험이 조정된 균형수익률과의 차이로서 체계적 위험을 조정한 후에 달성한 초과수익률을 나타낸다. 양수(+)의 α_p는 투자펀드의 실제 평균수익률이 이론적인 기대수익률보다 높았다는 것을 의미한다.

'도깨비 방망이' 펀드

많은 사람들이 다양한 저축수단으로 이용하는 펀드에는 현대 투자이론의 모든 것이 담겨있다 해도 과언이 아니다.

펀드(Fund)는 명사로는 '모여진 돈'으로 기금, 자금을 의미하고 동사로는 '자금을 조달하고 모은다'는 뜻을 갖고 있다.

펀드의 첫 번째 신통력은 '투자자의 위험의 제한'과 이를 통한 '모험사업투자'다. 최초의 펀드 형태는 주식회사라고 할 수 있다. 1602년 네덜란드에서 최초의 주식회사인 동인도회사가 탄생했다. 신대륙 탐험, 식민지 개척과 같은 극한의 사업에 자금을 투자하고 투자의 실패에 따른 위험은 출자금만큼만 분담하면 됐다. 사업이 성공하면 펀드의 기대 수익은 아주 컸다.

즉 펀드는 개인의 소규모 자금으로는 투자가 불가능한 사업과 투자 기회를 활성화시켜서 사람들을 유인하고 스스로 자금을 더 키운다.

두 번째 신통력은 금융의 한계를 바꾼 것이다. 바로 위험분산의 마술이다.

위험분산은 금융을 탄생시킨 은행업의 '신용창조'와 '복리'에 견줄 만한 것으로 포트폴리오 투자 이론이 그 근거다. 미국의 경제학자 마코위츠(Harry Max Markowitz)는 1952년에 수익은 극대화하면서 위험을 최소화하는 포트폴리오 구성 과정을 설명하는 '포트폴리오 이론'을 발표했다. 1990년에는 이 이론으로 노벨경제학상을 받았는데 현대 투자론이 여기에서 시작됐다고 할 수 있다.

포트폴리오 이론의 요점은 주식처럼 가격이 시시각각 변동하는 위험 자산에 투자할 때 투자의 종목을 10여개까지 분산해서 투자하면 위험은 최소화하고 기대수익은 최대화할 수 있다는 것이다.

개별 투자종목에는 종목 고유의 위험이 있는데 개인이 소액으로 1~2개의 소액 투자를 할 경우 위험을 고스란히 감수해야 한다. 그러나 투자종목이 늘어나면 개별 종목의 위험은 서로 상쇄된다. 이러한 포트폴리오 투자가 가능한 최적의 환경을 펀드로 조성할 수 있다는 것이다. 펀드는 대규모 자금을 모아 개인으로는 넘볼 수 없는 투자종목의 구성(포트폴리오)을 만들고 그 결과인 수익을 투자 지분대로 나눌 수 있도록 한다.

(머니S: 2019. 05)

연습문제

1. 민감도분석, 시나리오분석의 차이점과 장·단점을 설명하라.

2. 용산가전은 공기정화기시장에 진출하는 것을 고려하고 있다. 신규 사업에 필요한 초기 투자비용은 10억원이고, 향후 10년 동안의 판매량, 단위당 판매가격, 단위당 변동비 등은 세 가지 상황에 따라 각각 다음과 같이 추정된다.

변 수	비관적 상황	평균상황	낙관적 상황
판매량	50,000개	100,000개	200,000개
단위당 판매가격	60,000원	100,000원	150,000원
단위당 변동비	50,000원	40,000원	30,000원

초기투자비용 10억원은 10년에 걸쳐 정액법에 의해 잔존가치 없이 완전상각되고 법인세율은 20%이다. 투자기간 동안 매년 1억원의 고정비가 예상되며 공기정화기사업에 대한 용산가전의 할인율은 10%이다.

(1) 시나리오분석을 통해 각 상황에서의 순현가를 구하고, 시나리오분석 결과가 투자의 사결정에 어떻게 영향을 미칠 것인가를 설명하라.

(2) 민감도분석에 의해 순현가에 민감하게 영향을 주는 변수는?

3. 주식 A와 B에 대한 수익률은 다음과 같은 확률분포를 갖는다.

A		B	
수익률	확률	수익률	확 률
−10%	1/2	−20%	1/2
50	1/2	60	1/2

주식 A와 B의 수익률간의 상관계수가 0이라고 가정했을 때 다음을 구하라.

(1) 주식 A와 B 각각의 기대수익률과 분산, 표준편차를 구하라.

(2) 주식 A와 B에 절반씩 투자한 포트폴리오의 기대수익률과 분산, 표준편차를 구하라.

(3) 주식 A에 75%, B에 25%를 투자한 포트폴리오의 기대수익률과 분산, 표준편차를 구하라.

4. "효율적 포트폴리오"와 "최적포트폴리오"를 비교하여 설명하라.

5. 투자자 갑은 투자자금 100만원을 무위험자산과 1개의 주식으로 구성된 포트폴리오에 투자하려고 한다. 무위험이자율은 7%이고 주식의 기대수익률은 17%, 표준편차는 25%이다.
   (1) 갑에 대한 효율적 포트폴리오를 그림으로 나타내라.
   (2) 갑이 무위험자산에 40%, 주식에 60%를 투자하는 경우에 포트폴리오의 기대수익률과 표준편차를 구하라.
   (3) 갑이 표준편차가 20%인 포트폴리오를 구성하기 위해 무위험자산과 주식에 투자해야 하는 금액과 포트폴리오의 기대수익률을 구하라.

6. 다음과 같은 특성을 지닌 두 주식 A와 B의 수익률간의 상관계수는 0.8이다.

	A	B
기대수익률(%)	10	15
표준편차(%)	4	6

무위험이자율 6%로 차입과 대출이 가능하며 투자자금 1,000만원에 500만원을 차입하여 A와 B에 50%씩 투자하는 포트폴리오를 구성하려고 한다. 이 포트폴리오의 기대수익률과 표준편차를 구하라.

7. 다음은 각 증권의 특성을 나타낸 것이다. 주식과 회사채 수익률의 상관계수는 0.2이다.

증권의 종류	기대수익률	표준편차
주 식	0.15	0.30
회사채	0.10	0.10
국공채	0.08	0

   (1) 주식과 회사채에 절반씩 투자하는 경우의 기대수익률과 표준편차를 구하라.
   (2) 주식과 회사채에 투자해서 가장 위험이 적은 최소분산포트폴리오를 구성하기 위해서는 주식과 회사채에 어떤 비율로 투자해야 하는가? 이때 최소분산포트폴리오의 기대수익률과 표준편차를 구하라.

8. 다음과 같은 A주식의 수익률 자료를 이용하여 물음에 답하라. 단, 무위험이자율은 5%이다.

상 황	확 률	예상수익률(%)	
		A주식	시장포트폴리오
1	0.25	−20	−10
2	0.5	10	10
3	0.25	50	30

(1) A주식의 기대수익률과 표준편차를 구하라.

(2) 시장포트폴리오의 기대수익률과 표준편차를 구하라.

(3) 주식 A의 베타를 구하라.

(4) 주식 A의 균형수익률을 증권시장선에서 구하라.

(5) 시장이 균형을 유지한다는 가정하에 (1)에서 구한 기대수익률과 (4)에서 구한 균형수익률과의 차이로부터 예상되는 주식 A의 주가움직임을 설명하라.

9. 완전자본시장에서 투자자는 위험자산 1개에만 투자할 수 있으며 무위험이자율로 차입과 대출이 가능하다. 자본시장이 균형상태에 있을 때 다음과 같은 주식 A와 B의 수익률 자료를 이용하여 물음에 답하라.

	주식 A	주식 B
기대수익률(%)	26	18
표준편차(%)	15	9

(1) 무위험이자율을 구하라.(힌트: 균형상태에서 두 주식은 모두 동일한 자본시장선에 위치하게 된다.)

(2) 표준편차가 6%가 되기 위한 투자전략(포트폴리오 구성)은?

(3) 기대수익률이 24%가 되기 위한 투자전략(포트폴리오 구성)은?

10. 자본시장은 균형상태에 있으며 무위험이자율은 0.04이다. 시장포트폴리오에 대한 기대수익률은 0.1이고, 표준편차는 0.09이다.

(1) 자본시장선을 구하라.

(2) 3개의 개별주식(i = 1, 2, 3)과 시장포트폴리오 수익률간의 공분산이 다음과 같을 때

증권시장선을 구하고, 각 주식을 증권시장선에 표시하라.

$$Cov(R_1, R_M) = 0.0108 \quad Cov(R_2, R_M) = 0.0027 \quad Cov(R_3, R_M) = 0.0054$$

(3) 각 주식의 베타를 구하라.

(4) 각 주식에 대한 표준편차가 다음과 같을 때 각 주식의 분산 가능한 위험(diversifiable risk), 즉 표준편차 중에서 분산 가능한 부분을 구하라.

$$\sigma_1 = 0.20 \quad \sigma_2 = 0.05 \quad \sigma_3 = 0.06$$

11. 현재 무위험이자율은 6%이고 시장기대수익률은 10%이다. 베타 1.5인 주식을 20,000원에 매입하였는데 연말에는 배당금이 500원 지급되고 주가는 21,500원으로 상승할 것으로 예상된다. 이 주식의 현재 주가를 *CAPM*을 이용하여 평가하라.

12. 펀드매니저 갑과 을이 운용하는 펀드의 베타는 각각 1.2와 1.5이고, 두 펀드매니저가 달성한 평균수익률은 각각 10%와 15%이다. 무위험자산의 수익률이 6%이고 시장지수의 평균수익률이 10%인 경우에 갑과 을의 펀드운용능력을 평가하라.

13. 자산 X와 자산 Y의 수익률의 기댓값과 표준편차는 다음의 표와 같다. 이를 참조하여 다음 질문에 답하라. (2008년. CPA)

	자산 X	자산 Y
기대수익률(%)	20%	10%
표준편차(%)	15%	5%

(물음 1) 자산 X와 자산 Y의 상관계수가 −1일 경우에 최소분산포트폴리오를 구성하기 위한 두 자산의 배합비율은 각각 얼마인가?

(물음 2) 자산 X와 자산 Y의 상관계수가 −1이고 이들 두 자산만으로 구성된 포트폴리오의 표준편차가 13%일 경우에 허용 가능한 포트폴리오의 기대수익률을 모두 구하라. 단, 공매도(short sale)가 가능하다고 가정하라.

(물음 3) 자본시장에 자산 X와 자산 Y만 존재한다고 가정하자. 두 자산의 상관계수는 0.2이고, 시장포트폴리오의 기대수익률과 표준편차는 각각 12.5%와 5.81%이다. 자본자산가격결정모형(*CAPM*)이 성립한다고 가정하여 적정 무위험수익률을 계산하라.

14. 주가지수를 복제한 포트폴리오의 기대수익률은 12%, 표준편차는 25%이며, 무위험이자율은 2%이다. 펀드매니저 김이 관리하고 있는 펀드 K는 위험자산만으로 구성되었으며, 기대수익률은 16%이고, 표준편차는 15%이다. 현재 펀드매니저 김은 펀드 K에 수수료를 부과하지 않고 있다. (2014년. CPA)

(물음 1) 투자자 갑은 소극적 투자자로 주가지수를 복제한 포트폴리오와 무위험자산을 보유하고, 투자자 을은 펀드 K와 무위험자산을 보유하고 있다. 단, 무위험이자율로 무한정 차입과 대출이 가능하다고 가정한다.

① 투자자 갑은 주가지수를 복제한 포트폴리오와 무위험이자율에 각각 70%와 30%를 투자하고 있다. 투자자 갑이 보유한 포트폴리오의 기대수익률과 표준편차를 계산하라. 계산결과는 %단위로 표시하되 반올림하여 소수점 첫째 자리까지 표기하라.

② 투자자 을이 투자자 갑과 동일한 기대수익률을 얻기 위해서 펀드 K에 투자해야 하는 비율은 얼마이며, 이때 투자자 을이 부담하는 위험(표준편차)은 얼마인가? 투자비율의 계산결과는 반올림하여 소수점 첫째 자리까지 표기하고, 표준편차는 %단위로 표시하되 반올림하여 소수점 첫째 자리까지 표기하라.

③ ①~②의 계산결과를 이용하여, 투자자 갑이 보유한 포트폴리오에 비해 투자자 을이 보유한 포트폴리오가 지니는 장점은 무엇인지 2줄 이내로 서술하라.

제 Ⅳ 편

자본조달과 배당

제 8 장

자본비용

자본비용(cost of capital)은 기업이 자본을 제공한 투자자들에게 자본을 사용하는 대가로 지불하는 비용을 말한다. 채권자에게 지급하는 이자와 주주에게 지급하는 배당금은 모두 자본비용에 해당된다. 투자자의 입장에서 자본비용은 **요구수익률**(required rate of return) 또는 **기대수익률**(expected rate of return)의 의미를 갖는다. 투자자들의 요구수익률은 시간보상(무위험수익률)과 위험보상(위험프리미엄)으로 구성되어 있다. 따라서 기업이 자본조달을 위해 발행하는 증권의 위험에 따라 위험프리미엄이 정해지고 요구수익률과 자본비용이 결정된다.

제 1 절 효율적 자본시장

재무이론에서 자본시장의 효율성은 모든 관련 정보가 증권가격에 "신속하고 충분히" 반영되는 **정보의 효율성**(informational efficiency)을 의미한다.

증권가격에 그 시점에서 모든 이용가능한 정보가 충분히 반영된다면 이는 증권가격이 기업의 내재가치 또는 본질적 가치를 반영한 "공정한 가격"이라는 것을 뜻한다. 따라서 효율적 증권시장에서는 기업이 투자자들의 어리석음이나 일시적인 착시현상을 이용하여 정상적인 가격보다 높은 가격으로 증권을 발행할 수 없다는 것을 의미한다.

한편 증권가격에 이미 모든 관련 정보가 반영되어 있다면 증권가격은 시장에 새로운 정보가 유입되었을 때에만 변동하게 될 것이다. "새로운 정보(new information)"는 본질적으로 예측이 불가능하기 때문에 증권가격의 변동도 예측이 불가능하고, 새로운 정보의 흐름이 무작위하기 때문에 증권가격의 변동도 무작위(random)하게 나타날 것이다.

1. 효율적 시장가설

증권가격에 영향을 미칠 수 있는 모든 정보가 증권가격에 신속하고 충분히 반영되는지는 검증(test)되어야 할 실증적인 문제이며, 이를 **효율적 시장가설**(efficient market hypothesis: EMH)이라고 한다. 효율적 시장가설은 정보의 유형에 따라 세 가지로 구분할 수 있다.[1)]

(1) 약형의 효율적 시장가설

약형의 효율적 시장(weak-form efficiency)은 과거의 주가와 거래량 등 역사적 정보(past information)가 현재의 증권가격에 반영되어 있는 시장을 말한다. 과거의 모든 시장정보가 현재의 주가에 반영되어 있다면 과거와 미래의 주가변동 사이에는 아무런 상관관계가 없으며, 과거의 주가변동을 이용하여 미래의 주가변동을 예측하는 것은 아무런 의미가 없다. 따라서 예측이 불가능하고 무작위한 증권가격변동(random walk)은 증권시장이 약형의 효율적 시장이라는 증거로 사용되고 있다.

---

1) E. F. Fama, "Efficient Capital Market: A Review of Theory and Empirical Work," *Journal of Finance*, Vol. 25(May 1970), pp. 383~417.

(2) 준강형의 효율적 시장가설

준강형의 효율적 시장(semi-strong form efficiency)은 일반투자자에게 공개된 정보(public information)가 현재의 증권가격에 충분히 반영되는 시장을 말한다. 공개된 정보에는 과거의 정보는 물론 기업의 공시자료, 정부의 정책, 사건 사고에 대한 뉴스 등이 포함된다. 공개정보에는 과거 정보도 포함되어 있기 때문에 준강형의 효율적 시장은 약형의 효율적 시장을 의미한다. 준강형의 효율적 시장에서는 현재의 주가에 모든 공개정보가 반영되어 있기 때문에 공개정보를 이용한 거래에서 지속적으로 평균 이상의 수익을 올릴 수 없다.

준강형의 효율적 시장가설은 사건연구를 통해 검증된다. **사건연구**(event study)는 공표된 시점(event day)을 중심으로 주가의 움직임을 관찰함으로써 정보가 주가에 어떻게 반영되는지를 분석하는 것이다.

주식분할, 무상증자, 회계처리방법의 변경, 이익발표 등과 같은 사건의 공표가 주가의 움직임에 미치는 영향을 분석한 연구결과에서는 사건이 공표된 이후 해당 주식으로부터 비정상적인 초과수익을 올릴 수 없었으며 이러한 연구결과는 주식시장이 준강형의 효율적 시장이라는 가설을 뒷받침하고 있다. 특히 대부분의 경우에 공표시점 이전에 주가가 반응한 것으로 밝혀졌는데 이는 정보가 미리 유출되기 때문인 것으로 해석되고 있다.

그림 8-1 준강형의 효율적 시장에서 유리한 정보에 대한 주가의 반응

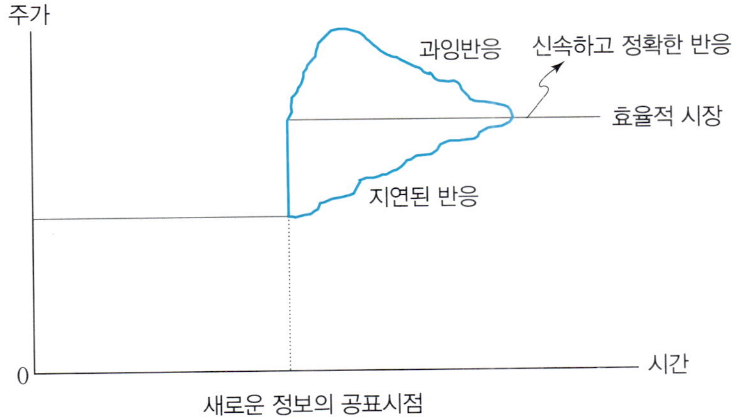

(3) 강형의 효율적 시장가설

강형의 효율적 시장(strong-form efficiency)은 비공개된 **내부정보**(inside information)를 포함한 모든 정보가 현재 주가에 반영되어 있는 시장을 말한다. 과거 정보와 공개된 정보는 내부정보에 포함되기 때문에 강형의 효율적 시장은 준강형 및 약형의 효율적 시장을 의미한다. 강형의 효율적 시장에서는 어떠한 정보를 이용하더라도 지속적으로 평균 이상의 초과수익을 달성할 수 없다.

내부정보를 이용한 **내부자거래**(inside trading)가 불법인 상황에서 내부자거래에 의한 초과수익의 규모를 파악하는 것은 불가능하다. 하지만 적발된 사례를 통해 내부자거래로 막대한 초과수익을 얻을 수 있다는 사실이 밝혀졌다. 이러한 사실은 기업의 중요한 정보에 독점적으로 접근할 수 있는 일부 내부자들이 내부정보를 실제로 투자에 활용하고 있다는 것을 의미하며 이는 강형의 효율적 시장가설과는 배치되는 것이다.

2. 효율적 자본시장에 대한 반증

1) 시장의 이례현상

자본시장의 효율성에 대한 연구결과는 상반된 내용이 많기 때문에 명확한 결론을 내리기 어려운 실정이다. 특히 증권시장에서는 효율적 시장의 개념으로는 설명될 수 없는 현상들이 체계적이고 지속적으로 나타나고 있는데 이러한 것들을 **증권시장의 이례현상**(market anomalies)이라고 한다.

(1) 기업규모효과

기업규모효과(size effect)는 소형주에 대한 투자수익률이 위험을 조정한 후에도 대형주의 투자수익률보다 평균적으로 높은 현상을 말하며 **소기업효과**(small firm effect)라고도 한다.

(2) 1월효과와 주말효과

1월효과(January effect)는 월별수익률을 기준으로 1월의 주가수익률이 다른 달보다 지속적으로 높은 현상을 말한다. 1월효과는 특히 소형주에서 두드러지게 나타나 1월효과와 소기업효과가 복합적으로 나타나는 경향이 있다.

주말효과(weekend effect)는 다른 요일에 비해 금요일의 수익률이 높고 그 다음 월요일의 수익률이 낮은 현상을 말한다.

1월효과와 주말효과는 매매시점을 선택하는 데에 따라 초과수익을 얻을 수 있다는 것을 의미하는데 이는 주식시장이 효율적이라는 주장과는 상반되는 것이다.

(3) 최초공모주 현상

"**최초공모주**(initial public offering: *IPO*) 현상"은 최초로 공모발행되는 주식을 청약받은 투자자에게 초과수익이 발생하는 것을 말한다. 최초공모주 현상은 총액인수제도에서 공모를 주선하는 투자은행(증권회사)이 발행위험을 줄이기 위해 발행가격을 낮게 책정하기 때문인 것으로 설명되고 있다.

(4) 저 *PER* 현상

주가수익비율(*PER*, P/E: price-earnings ratio)은 주가를 주당순이익으로 나눈 것으로 시장에서 주가가 주당순이익의 몇 배로 평가되는가를 나타낸다. "저(低) *PER*현상"은 *PER*가 낮은 주식에 투자하면 *PER*가 높은 주식에 투자했을 때보다 위험을 조정한 후에도 높은 수익률을 얻을 수 있다는 것을 말한다.

2) 주가와 시장심리

주가가 내재가치보다는 시장의 심리적 요인(투자자의 군중심리나 유행)에 의해 결정되는 사례도 있다.

(1) 미인선발대회

경제학자이며 주식투자자였던 케인즈(J. M. Keynes)는 주식투자를 미인선발대회(beauty contest)에 비유하였다. 미인선발대회에서 유능한 심사위원이 되기 위해서는 "미인"이 아니라 "다른 심사위원들이 미인이라고 생각하는 참가자"에 투표해야 한다. 마찬가지로 주식투자에서 성공하기 위해서는 내재가치가 높은 주식이 아니라 다른 투자자들이 가치를 높게 평가하는 주식에 투자해야 한다는 것이다.

(2) 버블현상

버블현상 또는 **버블효과**(bubble effect)는 자산의 가격이 내재가치와 상관없이 관성적으로 상승하다가 어느 한계에 다다르면 거품이 꺼지고 가격이 급락하는 현상을 말한다.

1980년대 후반 일본의 주식과 부동산 버블, 2000년 초 한국의 코스닥(KOSDAQ)시장, 그리고 2008년 미국의 서브프라임 모기지 금융위기 등을 들 수 있겠다.

3. 효율적 자본시장에서 증권투자와 자본조달

1) 효율적 자본시장과 기술적 분석

기술적 분석(technical analysis)은 주가가 일정한 패턴(pattern)과 추세(trend)에 따라 움직인다는 것을 전제로 한다. 기술적 분석가들은 정보가 모든 투자자들에게 동시에 전달되지 않으며, 전달된 정보에 대해서도 투자자들이 동시에 반응하지 않는다고 주장한다. 적극적인 투자자가 신속하게 정보를 입수해서 과감하게 거래에 나서면 주가의 변동이 시작되고, 일반 대중이 거래에 참여하면서 주가는 시차를 두고 조정된다는 것이다. 따라서 기술적 분석으로 주가가 새로운 균형점으로 이동하는 출발점, 즉 패턴과 추세의 출발점을 미리 파악할 수 있는 투자자는 주식매매를 통해 초과수익을 얻을 수 있다는 것이다. 이러한 의미에서 기술적 분석은 **매매시점**(timing)을 파악하기 위한 분석이라고 할 수 있다.

증권시장이 약형의 효율적 시장이라는 여러 가지 연구결과에도 불구하고 상당수의 투자자들은 증권투자에 기술적 분석을 이용하고 있는데, 이는 투자자들이 주가 패턴을 나타내는 그래프나 차트를 분석하는 것이 가치가 있다고 믿고 있다는 것을 의미한다. 그리고 통계적인 검증으로 기술적 분석의 가치를 발견하지 못했다고 해서 기술적 분석이 가치가 없다고 주장하기는 어려울 것이다. 따라서 약형의 효율적 시장가설은 아직도 검증되어야 할 과제로 남아 있다.

2) 효율적 자본시장과 기본적 분석

기본적 분석(fundamental analysis)은 증권의 내재가치가 존재한다는 것을 전제로 한다. 따라서 기본적 분석을 이용한 매매전략은 관련 변수들을 분석하여 증권의 내재가치를 파악하고 내재가치보다 낮게 평가된 증권을 매수하고, 내재가치보다 높게 평가된 증권을 매도하는 것이다. 이러한 의미에서 기본적 분석은 **종목선택**(selection)을 위한 분석이라고 할 수 있다.

효율적 시장에서 증권가격에 영향을 미치는 경제적 요인들이 이미 증권가격에 반영되어 있다면, 즉 증권가격이 내재가치를 반영하고 있다면, 내재가치를 파악하려는 증권의 기본적 분석은 필요가 없다는 논리적 모순에 빠지게 된다. 효율적 시장에서는 증권의 기본적 분석이 아무런 의미가 없는 것이 아니라 오히려 내재가치를 정확하게 파악하고 이를 이용하여 남보다 많은 수익을 얻으려는 투자자들의 경쟁에 의해 정보가 생산되고 신속하게 가격에 반영되는 것이다. 효율적 시장에서는 기본적 분석을 부정하는 것이 아니라 기본적 분석을 이용하여 다른 투자자들보다 지속적으로 많은 수익을 얻을 수 있다는 주장을 부정하는 것이다.

3) 효율적 자본시장과 투자관리

적극적인 투자관리는 시장평균보다 높은 수익을 올리기 위해 정보를 입수하고 분석하는 것을 말한다. 그러나 정보를 입수하고 분석하는 데 드는 비용을 감안한다면 효율적 시장에서 지속적으로 평균 이상의 수익을 올린다는 것은 어려운 일이다. 그렇다고 효율적 시장에서 포트폴리오 분석이나 분산투자가 필요 없다는 것은 아니다. 모든 주가가 적정하게 결정되었다고 하더라도 분산투자를 함으로써 투자위험을 줄일 수 있기 때문이다. 효율적 시장에서는 **지수펀드**(index fund)에 투자하는 소극적 투자관리를 통해 최소한의 비용으로 시장평균수익을 얻을 수 있다.[2)]

4) 효율적 자본시장에서 자본조달의 가치

자본조달의 가치(*NPV*)도 자본투자와 마찬가지로 자본조달과 관련된 현금흐름의 가치로 평가된다. 다만 자본조달에서는 현금흐름이 자본투자와는 반대로 나타날 뿐이다.

자본시장에서 어떤 기업이 $NPV > 0$인 자본조달(증권발행)을 했다는 것은 거래상대방인 자본제공자(증권투자자)는 $NPV < 0$인 투자를 했다는 것을 의미한다. 수많은 기업과 투자자, 그리고 금융기관들이 경쟁하고 있는 효율적인 자본시장에서 이러한 거래의 가능성은 매우 희박하다. 따라서 효율적인 증권시장에서는 증권이 공정한 가격으로 발행되고 매매된다고 볼 수 있다.

5) 효율적 자본시장에서 자본조달의 시기와 규모의 선택

주식이나 채권가격이 매일매일 변동하는 과정에서 증권을 발행하는 시점, 즉 자본을 조달하는 시점을 잘 선택하면 자본조달비용을 낮출 수 있을 것으로 생각하기 쉽다. 예를 들어, 주가가 상승하는 추세에서는 주식발행시점을 늦추는 것이 유리할 것으로 생각할 수 있다. 그러나 증권가격을 예측하는 것이 불가능한 효율적인 시장에서 증권가격이 내재가치보다 더 오르고 내리는 것을 기대하면서 자본조달시점을 선택하는 것은 의미가 없다.

주가가 낮은 기업에서는 자기 기업의 주가가 과소평가되었기 때문에 주식을 발행하여 자본을 조달하는 것은 손해라는 생각을 하기 쉽다. 그러나 시장이 효율적이라면 주가는 그 기업의 내재가치를 나타내며 주가가 장기간 지속적으로 과대 또는 과소 평가되는 일은 있을 수 없다.

---

2) 지수펀드는 시장포트폴리오와 가장 비슷하게 움직이는 포트폴리오를 말한다. 예를 들어 한국의 거래소시장(한국거래소)에서는 종합주가지수(KOSPI)의 움직임과 유사한 포트폴리오를 말한다. 거래비용을 최소화하기 위해 지수펀드는 최소한의 종목으로 구성되어야 하며, 베타계수가 1.0을 유지하도록 편입종목을 개편해야 한다. 시장에서는 일반투자자들도 쉽게 투자할 수 있는 상장지수펀드(exchange traded funds: *ETF*)가 거래되고 있다.

기업이 많은 물량의 주식을 발행하면 **가격압박효과**(price pressure effect) 때문에 주가가 내재가치보다 하락한다고 믿는 경우가 많다. 그러나 시장이 효율적이라면 이러한 가격압박효과는 존재하지 않을 것이다. 실제로 미국 증권시장에서의 연구결과에 의하면 증권의 대량공급으로 인한 가격압박효과는 매우 작아서 무시할 수 있을 정도라는 것이 밝혀졌다. 따라서 효율적 자본시장에서 자금조달시기와 자금조달규모의 선택은 기업에게 큰 의미가 없다는 것이다.

제2절 타인자본비용

타인자본비용(cost of debt)은 기업이 타인자본을 사용하는 대가로 채권자에게 지불하는 비용을 말한다. 기업이 사용하는 대표적인 타인자본은 회사채인데, 회사채에 대해서는 사용기간 동안 일정 기간마다 정해진 이자를 지급하고 만기일에는 액면금액을 상환하게 된다. 한국에서 기업이 발행하는 회사채는 만기가 3년이고, 이자는 매 3개월마다 지급한다. 부채에 대한 이자는 사용기간 동안 고정되는 것이 일반적이지만 계약조건에 따라 사용기간 중에 이자가 변동하는 경우도 있다.

회사채를 발행하여 타인자본을 조달하는 경우에 타인자본비용은 회사채의 **만기수익률**(YTM: yield to maturity)이다.[3] 자본비용은 과거에 자본비용이 아니라 현재의 자본비용을 말한다. 이러한 의미에서 기업의 신용상태와 경제상황을 반영하여 시장에서 결정되는 회사채수익률이 가장 적절한 타인자본비용이라고 할 수 있다.

이자지급액은 비용으로 처리되어 법인세 과세대상이 되는 이익(세전이익)을 감소시키기 때문에 부채를 사용하면 법인세를 절감할 수 있는데, 이를 **이자비용의 법인세 절감효과**(interest tax shield)라고 한다. 법인세율이 T_c인 기업에서 매년 I만큼의 이자비용을 지급한다면 $I \cdot T_c$ 만큼의 세금이 절감되어 기업이 실제로 부담하는 이자비용은

3) 회사채 만기수익률의 개념은 제4장의 채권의 가치평가를 참조.

$I \cdot (1 - T_c)$가 된다. 따라서 법인세 절감효과를 감안한 **세후타인자본비용**(k_B^T)은 다음과 같이 줄어든다.

$$k_B^T = k_B \cdot (1 - T_c)$$

제3절 자기자본비용

1. 보통주 자본비용

자기자본비용(cost of equity capital)은 기업이 자기자본을 제공한 투자자(주주)들에게 지불하는 비용이며 주주들의 요구수익률을 의미한다. 자기자본은 보통주를 발행하여 조달하는 것이 일반적이기 때문에 **자기자본비용**(cost of equity capital)은 **보통주 자본비용**(cost of common stock)을 의미하는 경우가 많다.

보통주 자본비용은 배당할인모형과 *CAPM*(자본자산가격결정모형)을 이용하여 추정한다.

1) 배당할인모형

배당할인모형(dividend discount model)은 주식의 가치(주가)를 미래 배당흐름(D_1, D_2, …)의 현재가치로 표시한 것이다.

$$P_0 = \frac{D_1}{(1+k_s)} + \frac{D_2}{(1+k_s)^2} + \cdots + \frac{D_n}{(1+k_s)^n} + \cdots$$

k_s: 보통주의 자본비용(투자자들의 요구수익률)

배당할인모형에서는 미래 배당흐름에 대한 수많은 추정치가 필요하므로 모형을 단순화하기 위해서는 미래 배당흐름에 대한 가정이 필요하다.

(1) 일정배당모형

일정배당모형(constant dividend model)에서는 매년 일정한 배당금 D가 지급된다고 가정한다.

$$P_0 = \frac{D}{(1+k_s)} + \frac{D}{(1+k_s)^2} + \cdots + \frac{D}{(1+k_s)^n} + \cdots$$

주가는 무한등비급수의 합으로 계산되며 $P_0 = D/k_s$이다. 따라서 보통주 자본비용은 다음과 같다.

$$\text{보통주 자본비용: } k_s = \frac{D}{P_0}$$

(2) 일정배당성장모형

일정배당성장모형(constant dividend growth model)에서는 배당이 매년 g만큼 성장한다고 가정한다.

$$P_0 = \frac{D_1}{(1+k_s)} + \frac{D_1(1+g)}{(1+k_s)^2} + \cdots + \frac{D_1(1+g)^{n-1}}{(1+k_s)^n} + \cdots$$

주가는 무한등비급수의 합으로 계산되며 $P_0 = D_1/(k_s - g)$이다. 따라서 보통주 자본비용은 다음과 같이 표시된다.

$$\text{보통주 자본비용: } k_s = \frac{D_1}{P_0} + g$$

항상성장모형은 간단하다는 장점이 있는 반면, 안정적으로 성장하는 기업들에게만 적용할 수 있으며, 순이익과 배당성장률(g)의 추정치에 매우 민감하다는 단점이 있다. 특히 현재의 주가(P_0)가 기업의 내재가치를 정확하게 반영하지 못하고 있는 기업에 이 모형을 사용하는 것은 적절치 못하다. 따라서 항상성장모형은 경제성장률과 비슷하거나 낮은 성장률을 유지하며 배당금을 안정적으로 지급하는 기업들에게 적합한 모형이다.

항상성장모형과 자기자본비용

2021년 초 현재 (주)한국의 주가는 10,000원이며, 2021년 말에는 주당 700원의 배당이 예상된다. 배당금은 매년 평균 5%씩 성장하였으며 이러한 성장세는 앞으로도 지속될 것으로 전망된다. (주)한국의 자기자본비용과 그 의미는?

$$k_S = \frac{700}{10,000} + 0.05 = 0.12$$

(주)한국의 주주들은 자기들의 투자에 대해 최소한 12%의 수익률을 기대하며, 이들의 기대가 충족되지 못하는 경우에는 (주)한국의 주가가 하락하게 될 것이다.

2) *CAPM*을 이용한 자기자본비용

*CAPM*에서 자기자본비용은 다음과 같이 표시된다.

$$\text{자기자본비용: } k_S = R_f + [E(R_M) - R_f]\beta$$

k_S: 자기자본비용
R_f: 무위험이자율
$E(R_M)$: 시장포트폴리오의 기대수익률
β: 보통주의 베타

(1) 무위험이자율과 시장포트폴리오 기대수익률

무위험이자율로는 단기국채수익률을 사용하는 것이 보통이지만 분석대상 자산과 만기가 일치하는 장기국채수익률을 사용하는 경우도 있다. 시장포트폴리오는 해당 주식이 거래되는 시장의 시장지수(market index)를 사용하는 것이 보통이다. 예를 들어, 상장기업에 대해서는 **한국종합주가지수**(KOSPI)를 시장지수로 사용할 수 있다.

(2) 베 타

자기자본의 베타와 자본비용은 해당 기업이 투자한 사업의 성격, 영업레버리지, 재무레버리지에 의해 결정된다. 그런데 분석대상 투자프로젝트의 위험, 비용구조(영업레버지리지), 자본구성(재무레버리지)이 기존 사업과 다른 경우에는 이러한 차이점이 베타와 자본비용에 조정되어야 한다.

베타의 추정은 제8장의 보충설명에 설명되어 있다. 레버리지는 제3장에 설명되어 있다.

3) 유보이익의 자본비용

기업내부의 이익잉여금(유보이익)을 사용하기 위해서 별도의 자본비용을 지출하지는 않지만 유보이익이 비용이 들지 않는 공짜 자본은 아니다. 유보이익은 주주들에게 이익을 배당하는 대신 재투자를 위해 기업내부에 유보한 것이다. 주주들은 배당금을 자기 기업의 주식에 투자해서 최소한 자기자본비용만큼의 수익률을 얻을 수 있기 때문에 유보이익의 기회자본비용은 자기자본비용과 같다. 따라서 자기자본비용 만큼의 수익률을 얻을 수 없다면 기업은 이익을 유보하여 투자하지 말고 주주들에게 배당으로 지급해야 한다. 기업이 자기자본비용 만큼의 수익률을 얻을 수 없는 투자프로젝트에 유보이익을 사용한다면 주가는 오히려 하락하게 된다. 그러나 유보이익은 자기자본의 가치(주가)를 통해 자기자본비용과 가중평균자본비용에 반영되므로 유보이익에 대한 자본비용을 별도로 계산해줄 필요는 없다.

4) 신주발행비용과 자기자본비용

기업이 신주를 발행해서 자기자본을 조달하는 경우에는 **신주발행비용**(flotation cost) 때문에 자기자본비용이 유보이익의 자본비용(기존의 자기자본비용)보다 높아지게 된다. 기업이 이익을 전부 배당으로 지급하는 경우에 신주발행비용을 감안한 자기자본비용은 다음과 같다.[4)]

$$\text{신주발행비용을 감안한 자기자본비용: } k_{nS} = \frac{k_S}{1-f}$$

4) 이익의 일부를 유보하는 경우에는 신주발행비용 때문에 자기자본비용이 상승하는 효과가 감소하게 된다. 그 이유는 유보이익을 재투자해서 이익이 발생하면 미래 배당이 증가할 가능성이 있기 때문이다. 이러한 경우에 정확한 자기자본비용은 미래의 투자기회(재투자수익률)에 따라 결정된다.

k_S: 유보이익(기존 자기자본)의 자본비용
f: 신주발행가액에 대해 비율(%)로 표시된 신주발행비용

예를 들어, 자기자본비용이 10%인 기업에서 발행가격 10,000원에 신주를 발행하는 데 신주발행비용이 발행가격의 5%라면 신주발행비용을 제외하고 기업이 실제로 받는 금액은 주당 9,500원이다. 따라서 신주발행비용 5%를 감안하면 자기자본비용은 10.53%(10%/0.95)가 된다.

2. 우선주 자본비용

우선주는 배당금이 확정된 상태에서 발행되고, 보통주에 비해 배당이 우선적으로 지급된다는 점에서 부채의 성격을 갖는다. 한편 우선주에 대한 배당은 이자처럼 법적 강제력이 없고 법인세공제를 받지 못한다는 점에서는 자기자본의 성격을 갖는다.

우선주 자본비용(cost of preferred stock)은 배당지급방식에 따라 달라진다. 확정된 배당금이 영속적으로 지급되는 우선주는 영구사채의 성격을 가지며, 우선주 자본비용(k_P)은 우선주 가격(P_P)에 대한 우선주 배당금(D_P)의 비율로 표시된다.

$$\text{우선주 자본비용: } k_P = \frac{D_P}{P_P}$$

우선주에 대한 배당은 보통주에 대한 배당보다는 확실하지만 부채에 대한 이자보다는 불확실하고 법인세 절감효과가 없다. 따라서 우선주 자본비용은 타인자본비용보다는 높고 보통주 자본비용보다는 낮다.[5)]

5) 영구사채(perpetual bond, console)는 만기가 없어 정해진 이자를 영구히 지급하는 채권을 말한다. 여기에서 우선주 자본비용(k_P)은 확정된 배당금이 영속적으로 지급되고 보통주로 전환할 수 있는 전환권이 없다는 것을 가정한 것이다. 전환권이 부여된 우선주의 자본비용은 전환권의 가치가 평가되어 적절하게 조정되어야 한다.

제4절 가중평균자본비용

기업이 조달하는 자본은 그 원천(제공자)에 따라 타인자본(부채)과 자기자본으로 구분된다. 자기자본은 보통주와 우선주를 발행하여 조달하지만 일반적으로 보통주를 발행하여 조달하는 자본을 말한다. 자본비용은 원천별 자본비용을 각 자본이 전체 자본에서 차지하는 구성비율대로 가중평균한 **가중평균자본비용**(*WACC*: weighted average cost of capital)을 말한다.

1. 한계자본비용

자본비용은 투자프로젝트의 가치를 평가할 때 할인율로 사용되는데 이때 자본비용은 과거에 조달한 자본의 비용이 아니라 투자를 위해 새로 조달하려는 자본의 비용인 **한계자본비용**(*MCC*: marginal cost of capital)을 의미한다.

2. 자본비용의 역할

자본비용은 기업에서 자본의 배분, 재무구조, 재무의사결정 등과 관련하여 다음과 같은 역할을 한다.

(1) 자본투자의 지표

자본비용은 투자프로젝트의 가치(*NPV*)를 평가할 때 할인율로 사용된다. 내부수익률법(*IRR*법)에서는 내부수익률(*IRR*)이 자본비용(할인율)보다 큰 투자프로젝트를 선택하는데 이때 자본비용은 투자선택의 기준이 되는 **장애율**(hurdle rate) 또는 **절사율**(cut-off rate)의 역할을 한다.

(2) 자본구조를 결정

자본비용은 보통주, 우선주, 회사채 등 기업이 조달하는 자본의 구성비율에 따라 달라진다. 따라서 기업은 자본비용을 최소화하기 위한 자본구성비율을 선택할 것이고 이러한 과정에서 기업의 최적자본구조가 결정된다.

(3) 배당, 리스, 회사채 차환발행 등 기업 재무의사결정의 판단기준

기업은 외부에서 조달하는 자금에 대한 자본비용이 높아지면 배당을 줄이고 유보를 늘려서 기업내부자금을 확충하고, 리스비용이 자본비용보다 낮다면 필요한 자산을 직접 매입하는 대신 **리스**(lease)할 것이다. 또 금리가 하락하여 낮은 비용으로 회사채를 발행할 수 있다면 상대적으로 조건이 불리한 기존 회사채를 상환하기 위해 유리한 조건의 회사채를 발행하는 **차환발행**(bond refunding)을 할 것이다. 이처럼 자본비용은 기업에서 중요한 재무의사결정의 판단기준이 된다.

3. 가중평균자본비용의 계산

자본이 부채, 우선주, 보통주로 구성된 기업의 가중평균자본비용은 다음과 같다.

$$k_0 = k_B(1-T_c)\left(\frac{B}{V}\right) + k_P\left(\frac{P}{V}\right) + k_S\left(\frac{S}{V}\right)$$

$V = B + P + S$: 기업가치

k_B: 타인자본비용

k_P: 우선주자본비용

k_S: 보통주자본비용

가중평균자본비용에서 각 자본의 가중치(자본구성비율)는 **장부가치**(book value)가 아닌 현재의 **시장가치**(market value)를 기준으로 평가되어야 한다. 그 이유는 자본조달을 위해 발행되는 증권은 장부가치(액면가)가 아닌 시장가치(시가)를 기준으로 발행되기 때문이다.

가중평균자본비용의 추정

아래와 같은 자본구성를 가진 기업의 자본비용은 다음과 같이 계산된다. 보통주와 우선주의 액면가는 주당 5,000원이며, 우선주에는 주당 1,000원의 배당금이 매년 고정적으로 지급된다. 보통주 배당금은 지난 10년 간 연평균 7% 정도 성장했으며 이러한 성장세는 지속될 것으로 전망된다. 다음 기의 보통주 배당금은 주당 600원으로 예상된다. 회사채는 2년 전에 액면이자율 8%로 액면발행되었으며 현재의 발행조건은 발행 당시와 비교해 커다란 변동이 없다. 이 기업의 법인세율은 22%이다.

재무상태상의 자본구성		주 가
부채(회사채)	40억원	
우선주	20억원	10,000원
보통주	50억원	12,000원
이익잉여금(유보이익)	30억원	

우선주: 발행주식수=20억원/5,000원=40만주　　우선주 가치=40만주×10,000원=40억원

보통주: 발행주식수=50억원/5,000원=100만주　보통주 가치=100만주×12,000원=120억원

$V=B(40\text{억원})+P(40\text{억원})+S(120\text{억원})=200\text{억원}$

부채자본비용: $k_B=0.08(1-0.22)=6.24\%$

우선주자본비용: $k_P=1{,}000\text{원}/10{,}000\text{원}=10\%$

보통주자본비용: $k_S=(600\text{원}/12{,}000\text{원})+0.07=12\%$

$$WACC(k_0)=\left(\frac{40\text{억원}}{200\text{억원}}\right)(6.24\%)+\left(\frac{40\text{억원}}{200\text{억원}}\right)(10\%)+\left(\frac{120\text{억원}}{200\text{억원}}\right)(12\%)=10.45\%$$

4. 가중평균자본비용의 이용조건

가중평균자본비용을 할인율로 사용하여 투자프로젝트의 가치를 평가하기 위해서는 다음과 같은 조건이 만족되어야 한다.

(1) 신규 투자프로젝트와 기존 사업의 영업위험(business risk)이 같아야 한다.

가중평균자본비용은 증권의 시장가치에 의해 평가되고, 시장가치는 기업의 위험에 대한 투자자들의 판단을 반영한 것이다. 신규 투자프로젝트의 위험이 기업이 현재 운용하고 있는 사업(자산)의 위험과 다르다면 투자자들은 신규 투자프로젝트의 위험에 대한 수익률을 요구할 것이고 기업이 부담하는 자본비용 역시 기존의 자본비용과 달라지게 될 것이다. 예를 들어, 식음료업체가 건설업에 진출하는 경우 건설업의 가치는 식음료업의 자본비용이 아닌 건설업에 대한 위험이 반영된 자본비용을 할인율로 사용하여 평가되어야 한다. 만약 기존(식음료업)의 자본비용을 할인율로 사용하면 위험이 상대적으로 높은 신규 투자프로젝트(건설업)의 가치가 과대 평가되는 오류를 범할 수도 있다.[6]

(2) 투자프로젝트가 집행된 후에도 기업의 자본구조가 유지되어야 한다.

이 말은 투자를 위해 조달되는 자본의 구성이 기존의 자본구조와 같아야 한다는 것을 의미한다. 신규 투자로 인해 기업의 자본구조가 변하는 경우에는 자본구조의 변화가 기업의 재무위험과 자본비용, 그리고 가치평가에 미치는 영향이 고려되어야 한다.

기업의 현재 자본구조가 자본비용을 최소화할 수 있는 최적자본구조인가는 자본구조이론에서 살펴봐야 할 별개의 문제이다. 그러나 기업이 최적자본구조를 유지하고 있고 신규 투자프로젝트도 기존의 자본구성비율대로 조달한다면 신규투자 이후에도 자본구조에는 변함이 없이 최적자본구조가 유지되는 것이다.

---

6) 경영위험이 다른 투자프로젝트에 대한 위험조정할인률은 제7장 (투자위험과 자본투자의사결정)을 참조.

연습문제

1. 자본시장의 효율성에 관한 다음의 주장을 평가하라.

(1) 효율적 증권시장에서는 증권가격에 관련 정보가 이미 반영되어 있기 때문에 정보를 얻기 위해 노력할 필요가 없다.

(2) 효율적 증권시장에서는 초과수익을 얻는 것이 불가능하므로 증권분석은 아무런 의미가 없다.

(3) 효율적 증권시장에서는 증권가격이 랜덤(random)하게 움직인다.

(4) 효율적 증권시장에서는 모든 투자자들이 일정한 수익률을 얻을 수밖에 없다.

(5) 효율적 증권시장에서 어떤 투자자가 시장평균보다 높은 수익률을 얻었다면 이것은 순전히 운(luck) 때문이다.

(6) 투자자들이 경쟁을 하지 않는다면 효율적 증권시장은 존재할 수 없다.

(7) 효율적 증권시장에서 기업은 자본조달규모와 자본조달시기를 어떻게 선택하느냐에 따라 기업가치를 높일 수 있다.

2. 효율적 증권시장이 갖는 의미는 무엇인가? 다시 말해서 자본시장이 효율적이 아니라면 어떠한 문제가 발생하는가?

3. "효율적 증권시장"과 "기술적 분석"이 대립되는 이유는 증권시장에서 정보의 흐름에 대한 기본적인 전제가 다르기 때문이다. 양측은 정보의 흐름에 대해 어떻게 다르게 인식하고 있는지를 설명하라.

4. 자본비용의 역할을 개별기업과 산업, 그리고 국가경제 차원에서 설명하라.

5. (1) 현대기업의 현재 주가는 10,000원이고 이익은 평균 5%씩 성장하고 있으며 이러한 성장세는 앞으로도 지속될 것으로 판단된다. 현대기업의 다음 기의 배당이 500원으로 예상되는 경우 현대기업의 자기자본비용을 구하라.

(2) 현대기업이 이익잉여금을 생산설비를 확장하는 데 투자하는 경우에 이익잉여금에 대한 최저필수수익률은 얼마인가? 다시 말해서 이익잉여금을 투자해서 주가가 하락하지 않기 위해서는 생산설비를 확장하는 투자프로젝트로부터 얻어야 하는 최저수익률

은 얼마인가?

(3) 현대기업이 생산설비를 확장하기 위한 투자자금을 조달하기 위해 신주를 발행하는 경우에 신주 발행가액의 5%를 발행비용으로 부담해야 한다면 자기자본비용은 어떻게 변하는가?

6. 자기자본비용을 추정하는 데 배당할인모형과 자본자산가격결정모형(*CAPM*)의 장점과 단점을 비교 평가하라.

7. 상장기업인 남북산업의 자기자본은 자본금 5,000만원과 유보이익 5,000만원으로 구성되어 있으며, 장기부채는 1억원이고 총자산은 2억원이다. 남북산업의 현재 주가는 30,000원이다. 무위험이자율은 8%이며 남북산업이 발행한 장기부채는 위험이 없다고 가정하자. 남북기업의 주가수익률(R_i)을 종합주가지수 수익률(R_M)에 대해 선형회귀분석한 결과는 다음과 같다.

$$R_i = 0.07 + 1.2R_M$$

종합주가지수의 기대수익률은 지난 10년 간의 평균수익률인 12%로 추정한다. 남북기업의 법인세율은 22%이다. 남북산업의 타인자본비용, 자기자본비용, 가중평균자본비용을 구하라.

8. 용산기업의 장부상 자본구조는 다음과 같다.

부채	10억원
자본금	20억원
이익잉여금	20억원

부채는 액면이자율이 10%인 회사채이며 같은 등급의 회사채는 수익률 10%에 거래되고 있다. 보통주의 액면가는 5,000원이며 현재 시장에서 10,000원에 거래되고 있다. 이익의 50%를 배당으로 지급하고 있는 용산기업은 배당이 매년 8%의 비율로 성장하고 있으며 앞으로도 이러한 추세는 유지될 것으로 보인다. 용산기업의 법인세율은 22%이며 차기에 주당 500원의 배당금을 지급할 예정이다. 시장가치를 기준으로 한 용산기업의 가중평균자본비용은?

9. 기존의 자본구조를 기초로 계산된 가중평균비용을 새로운 투자프로젝트의 평가에 적용하기 위해서는 어떠한 조건이 충족되어야 하는가?

10. (주)우리는 부채비율(타인자본가치/기업가치) 40%를 목표부채비율로 설정하여 유지하고 있으며, 채권 베타는 0.2이고 주식 베타는 1.4이다. 회사는 매년 영업활동에서 세전현금흐름 405억원을 창출하고 있으며 이러한 상태가 영원히 지속될 것으로 전망된다. 채권에 지급하는 이자율은 채권에 대한 기대수익률과 동일하다. 법인세율 25%, 무위험수익률 4%, 시장기대수익률 9%이다. 이외에는 *CAPM*과 MM자본구조이론이 성립한다고 가정한다. 다음 질문에 대하여 계산과정을 제시하고 답하라. (2013년. CPA)

(물음 1) 가중평균자본비용을 이용해서 계산한 (주)우리의 기업가치는 얼마인가?

(물음 2) (주)우리가 부채를 이용하지 않고 자기자본만으로 사업한다면 기업가치는 얼마가 되는가?

11. (주)서울은 자기자본만으로 자금을 조달한 기업으로 자본비용은 20%이며, 연간 10억원의 영업이익이 영구히 발생할 것으로 기대된다. (주)경기는 총액면가 15억원, 액면이자율 10%, 만기수익률 10%의 영구채와 총 10,000주의 주식으로 구성되어 있으며, 영업이익과 영업위험은 (주)서울과 동일하다. 법인세율은 40%이다. (물음 1)과 (물음 2)는 MM의 명제가 성립한다고 가정한다. (2014년. CPA)

(물음 1) (주)서울과 (주)경기의 시장가치는 각각 얼마인가?

(물음 2) (주)경기의 자기자본비용과 가중평균자본비용 *WACC*는 얼마인가? 계산결과는 %로 표시하되 반올림하여 소수점 둘째 자리까지 표기하라.

12. 포트폴리오 매니저인 김민국 씨는 A기업의 자본비용을 추정하고, 이를 이용하여 A기업의 현재 주가가 과대 혹은 과소 평가되어 있는지에 대한 보고서를 작성하고자 한다. 이를 위해 A기업에 대해 다음과 같은 자료를 수집하였다. 아래의 정보는 이후 변동이 없을 것으로 예상되며, 회사채는 채무불이행위험이 없다고 가정한다. (2014년. CPA)

- **자본구조**
  - 회사채를 발행하여 조달한 부채와 보통주를 발행하여 조달한 자본으로 구성
  - 부채비율(B/S): 100%
- **회사채 관련 정보**
  - 액면이자율(coupon rate): 8%
  - 현재 액면가(par value)로 거래되고 있으며, 1년에 한번 이자를 지급하는 영구채

- **보통주 관련 정보**
  - 시장포트폴리오의 기대수익률: 9%
  - 무위험이자율: 5%
  - A기업의 주식베타: 1.2
  - A기업의 현재 주가: 250원
  - A기업의 배당성장률 예측치: 5%
  - 작년말 주당 배당(d_0): 5원
  - 보통주 발행 주식 수: 3,200,000주
- **법인세율:** 30%

위의 자료를 바탕으로 김민국 씨는 다음과 같은 보고서를 작성하였다.

- **자기자본비용**
  - 일정배당성장모형을 활용하여 자기자본비용을 계산할 수 있으나, A기업의 경우 *CAPM*모형을 적용하는 것이 적절하다고 판단되었다.
  - *CAPM*모형을 이용하여 추정한 자기자본비용은 (가)%이다.
- **타인자본비용**
  - 세전타인자본비용은 현재 시장에서 거래되고 있는 A기업 회사채를 통해 추정한 만기수익률을 이용하였으며, 세후타인자본비용은 (나)%이다.
- A기업의 현재 부채비율(B/S)은 100%이고, 자기자본비용과 세후타인자본비용을 활용하여 추정한 가중평균자본비용은 (다)%이다.
- 지난해 A기업의 주주잉여현금흐름(FCFE)은 4,000만원이었고, 영원히 매년 5% 성장할 것으로 예상된다. 따라서 현재 A기업의 주식은 (라)평가되어 있는 것으로 판단된다.

(물음 1) 빈 칸 (가)와 (나)에 들어갈 자기자본비용과 세후타인자본비용은 얼마인가? 계산결과는 %단위로 표시하되 반올림하여 소수점 첫째 자리까지 표기하라.

(물음 2) A기업의 자기자본비용 추정과 관련하여 다음 물음에 답하여라.

① 일정배당성장모형을 활용하여 A기업의 자기자본비용을 추정하라. 계산결과는 %단위로 표시하되 반올림하여 소수점 첫째 자리까지 표기하라.

② ①의 계산결과를 이용하여 김민국 씨가 일정배당성장모형을 이용하였을 때의 문제점을 2줄 이내로 설명하라.

제 9 장

자본구조

자본구조(capital structure) 또는 **재무구조**(financial structure)는 기업의 자산(총자본)에 대한 자기자본과 타인자본(부채)의 구성 또는 타인자본의존도를 말한다. 자본구조를 나타내는 **재무레버리지**(financial leverage)는 자기자본에 대한 타인자본의 비율을 나타내는 부채비율(B/S)과 총자본에 대한 부채의 비율(B/V) 등으로 표시한다.

자본구조와 관련된 문제는 "자본구조가 기업가치에 영향을 미칠 수 있는가? 그렇다면 기업가치를 극대화할 수 있는 **최적자본구조**(optimal capital structure)는 무엇인가?"이다.

자본구조이론은 1958년에 모디글리아니와 밀러(F. Modigliani and M. H. Miller: 이하 MM으로 칭함)가 발표한 "완전자본시장에서 자본구조와 기업가치는 관련이 없다"는 무관련이론(irrelevant theory)으로부터 시작되었다. 그 후 자본구조이론은 법인세, 기업의 파산 가능성, 대리인 문제, 정보의 비대칭 등 현실적으로 존재하는 자본시장의 불완전성을 포함하는 이론으로 발전해왔다.

제1절 완전자본시장과 자본구조이론

1958년에 MM은 다음과 같은 가정하에서 기업가치는 자본구조와 무관하다는 이른바 **자본구조 무관련이론**(capital structure irrelevancy)을 발표하였다.

1. MM의 가정

(1) 자본시장은 완전하다(perfect capital market).

① 자본시장은 완전경쟁시장이다.

② 거래비용과 세금이 없다. 이 가정은 기업이 주식을 발행하여 조달한 자금으로 부채를 상환하거나, 부채를 발행하여 조달한 자금으로 자사주매입(stock repurchase)을 하는 등 자본구조조정(capital restructuring)을 통해 기업가치 극대화를 위한 최적자본구조를 자유롭게 선택할 수 있다는 것을 의미한다.[1)]

③ 거래에 필요한 모든 정보가 거래자에게 차별 없이 제공된다.

④ 개인도 기업과 동등한 조건으로 차입과 대출이 가능하다.

(2) 모든 기업은 경영위험에 따라 같은 위험집단, 즉 동질적 위험집단(homogeneous risk class)로 구분할 수 있으며, 한 기업의 경영위험은 동일하게 유지된다. 이 가정은 경영위험과는 상관없이 순수하게 자본구조가 기업가치에 미치는 영향을 이해하기 위한 것이다.

(3) 모든 투자자들은 기업의 미래 현금흐름의 확률분포에 대해 동질적인 기대(homogeneous expectation)을 가진다. 만약 투자자들마다 기업의 미래 현금흐름에 대한 기대치나 위험을 다르게 인식한다면 투자자들마다 요구수익률(할인율)이

---

1) 자사주매입은 제10장(배당)에서 설명한다.

달라져서 기업가치를 평가할 수 없을 것이다.

(4) 기업의 자본규모는 일정하다. 이 가정은 자본규모에 따라 자본비용이 변할 수 있다는 가능성을 배제하기 위한 것이다. 기업의 규모를 일정하게 유지한다는 것은 영업이익 중에서 지난해에 영업으로 인해 감소된 부분(감가상각비)만큼만 재투자하고 나머지는 모두 주주들에게 배당한다는 것을 의미한다. 이로써 배당정책과는 상관없이 순수하게 자본구조가 기업가치에 미치는 영향을 이해할 수 있다.

2. MM의 자본구조이론

MM의 자본구조이론은 2개의 명제(proposition)로 나타난다.

(1) MM의 제1명제

기업가치는 기업의 미래 현금흐름, 즉 기업이 벌어들일 영업이익(NOI: net operating income)을 위험이 조정된 할인율로 할인한 현가로 계산된다.

부채를 사용하지 않는 기업 U(unlevered firm)의 가치(V_U)는 주주들에게 지급되는 현금흐름인 영업이익을 자기자본비용으로 할인하여 계산된다. 한편 부채를 사용하지 않는 기업의 가치는 곧 주주의 가치이므로 S_U로 표시할 수도 있다($V_U = S_U$).

$$V_U(=S_U) = \sum_{t=1}^{\infty} \frac{NOI}{(1+k_U)^t} = \frac{NOI}{k_U} \tag{9.1}$$

k_U: 부채가 없는 경우의 자기자본비용

부채를 사용하는 기업 L(leverd firm)의 가치(V_L)는 주주의 가치(S_L)와 채권자의 가치(B)를 합한 것이며($V_L = S_L + B$), 주주와 채권자의 가치는 각자에게 지급되는 현금흐름의 현재가치이다.

$$
\begin{aligned}
CF_L &= \text{주주에게 지급되는 현금흐름} + \text{채권자에게 지급되는 현금흐름} \\
&= (NOI - k_B B) + k_B B \\
&= NOI
\end{aligned}
$$

k_B: 부채의 자본비용(이자율)

B: 부채

기업의 현금흐름, 즉 영업이익이 모두 주주와 채권자에게 지급되므로 부채를 사용하는 기업 L의 기업가치(V_L)는 영업이익을 적절한 가중평균자본비용($WACC$)으로 할인한 값으로 표시할 수 있다.

$$V_L(=S_L + B) = \sum_{t=1}^{\infty} \frac{NOI}{(1 + WACC)^t} = \frac{NOI}{WACC} \tag{9.2}$$

위의 식에서 기업가치는 기업이 벌어들일 영업이익과 가중평균자본비용에 의해 결정된다는 것을 알 수 있다. 그런데 영업이익은 기업의 투자선택에 의해 결정되고, 영업이익은 이자비용을 지급하기 이전의 현금흐름이므로 할인율(가중평균자본비용) 역시 기업의 자본구조와는 무관하다. 따라서 자본구조와 기업가치는 무관한 것이다.[2)]

자본구조를 제외한 나머지 조건이 동일한 두 기업의 가치는 동일하여야 한다는 주장이 MM의 제1명제이다.

MM의 제1명제: $V_L = V_U$

[그림 9-1]은 MM의 제1명제를 그림으로 나타낸 것이다. 기업가치(파이)는 투자를 통해 기업이 벌어들일 영업이익에 의해 결정되는 것이지 기업가치(파이)를 투자자에게 배분하는 자본구조와는 무관하다. 다시 말해서, 완전자본시장에서 자본구조는 기업의 현금흐름이 주주와 채권자에게 배분되는 비율에만 영향을 줄 뿐, 현금흐름의 크기와 위험에는 아무런 영향을 주지 않기 때문에 기업가치와는 아무런 관련이 없는 것이다.

2) 다시 말해서 할인율(가중평균자본비용)에는 영업이익의 불확실성을 나타내는 경영위험만 포함되어 있으며 자본구조를 반영하는 재무위험은 포함되어 있지 않다.

그림 9-1 **자본구조와 기업가치의 무관련성**

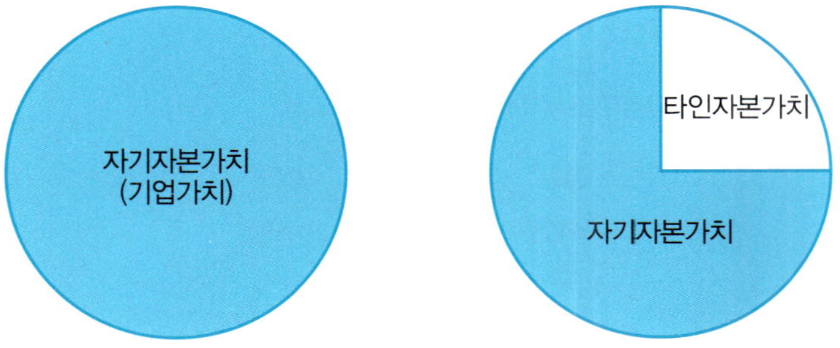

(2) 자가부채

재무구조를 제외한 나머지 모든 조건이 같은 두 기업에서 L기업(부채를 사용하는 기업)의 가치가 상대적으로 높게 평가된다면 그 이유는 기업의 부채사용이 가치가 있기 때문이다. 이때 개인도 기업과 같은 조건으로 차입할 수 있다면 원하는 재무레버리지를 선택하여 부채사용에 대한 이익을 얻을 수 있기 때문에 기업의 자본구조정책은 특별한 가치를 가질 수 없게 된다. 이처럼 기업의 부채사용을 대체하기 위한 개인의 부채사용을 **자가부채**(homemade leverage)라고 한다.

자본구조조정과 기업가치

현재 부채를 사용하고 있지 않은 (주)독도는 이자율이 10%인 채권을 발행하여 자사주의 50%를 매입하는 자본구조조정을 고려하고 있다. 아래의 표는 (주)독도의 현재 자본구조와 자본구조조정 이후의 자본구조를 나타낸다.

	현재(자본구조조정 이전)	자본구조조정 이후
자산	2,000만원	2,000만원
자기자본	2,000만원	1,000만원
부채	0	1,000만원
주가	10만원	10만원
발행주식주	200주	100주

아래의 표는 가상적인 경기상황(불황, 보통, 호황)에 대해 자본구조조정 전후의 자기자본이익률과 주당순이익을 비교한 것이다.

현재(자본구조조정 이전)의 자본구조(부채 = 0)

	불황	보통	호황
영업이익 이자비용	100만원 0	200만원 0	400만원 0
순이익	100만원	200만원	400만원
자기자본이익률(*ROE*) 주당순이익(*EPS*)	5% 5,000원	10% 10,000원	20% 20,000원

자본구조조정 이후의 자본구조(부채 = 1,000만원, 부채비율 = 100%)

	불황	보통	호황
영업이익 이자비용	100만원 100만원	200만원 100만원	400만원 100만원
순이익	0	100만원	300만원
자기자본이익률(*ROE*) 주당순이익(*EPS*)	0 0	10% 10,000원	30% 30,000원

부채를 사용하는 자본구조조정의 결과 자기자본이익률(*ROE*)과 주당순이익(*EPS*)이 모두 불황기에는 하락하고 호황기에는 상승하는 재무레버리지효과가 나타난다. 그렇지만 재무레버리지에 의한 주당순이익(*EPS*)과 자기자본이익률(*ROE*)의 변동이 주주 부의 변동을 의미하는 것은 아니다. 예를 들어 자본구조조정 이후에 (주)독도의 주식 10주(지분율 10%)에 투자하는 경우와 현재의 (주)독도 주식에 20주(지분율 10%)를 투자하는 동시에 100만원을 10%의 이자율로 차입(자가부채)하는 경우를 비교해보자. 아래의 표는 두 경우에 대한 투자액과 투자수익을 비교한 것이다.

자본구조조정 이후에 투자

투자 내용	투자액	투자수익		
		불황	보통	호황
10주 매입	100만원	0	10만원	30만원

자본구조조정 이전에 투자

투자 내용	투자액	투자수익		
		불황	보통	호황
20주 매입 100만원 차입	200만원 −100만원	10만원 −10만원	20만원 −10만원	40만원 −10만원
합계	100만원	0	10만원	30만원

위의 표는 재무구조가 다른 기업에 투자를 하더라도 투자자가 개인적으로 레버리지를 조정함으로써 동일한 투자수익을 얻을 수 있다는 것을 보여주고 있다. 결론적으로 투자자들은 차입과 대출을 통해 스스로 레버리지를 조정할 수 있기 때문에 기업의 자본구조에 아무런 가치를 부여하지 않고, 따라서 자본구조와 기업가치와는 무관한 것이다.

(3) MM의 제2명제

MM의 제1명제에서 기업의 자본구조와 기업가치가 무관하다는 것은 기업의 가중평균자본비용(k_0)이 자본구조와 무관하다는 것을 의미한다.

$$k_0 = k_B\left(\frac{B}{B+S}\right) + k_S\left(\frac{S}{B+S}\right)$$

MM의 제2명제는 제1명제를 자본비용의 개념으로 설명한 것으로 가중평균자본비용(k_0)을 자기자본비용(k_S)에 대해 정리한 것이다.

$$\text{MM의 제2명제: } k_S = k_0 + (k_0 - k_B)\left(\frac{B}{S}\right)$$

[그림 9-2]는 MM의 제2명제를 그림으로 나타낸 것이다. MM의 제2명제에서 부채를 사용하는 기업의 자기자본비용은 부채비율(B/S)에 비례하여 증가하는데 이것은 부채비율(재무위험)의 증가에 대해 주주들이 요구하는 위험프리미엄이 증가하는 것을 반영한 것이다. 부채에 대한 부도위험을 무시한다면 타인자본비용은 부채비율과 무관하게 일정하고, 비용이 낮은 타인자본을 많이 사용할수록 가중평균자본비용은 낮아지게 될 것이다. 그러나 부채사용의 이점은 부채사용에 따른 자기자본비용의 상승으로 완전

그림 9-2 부채비율과 자본비용

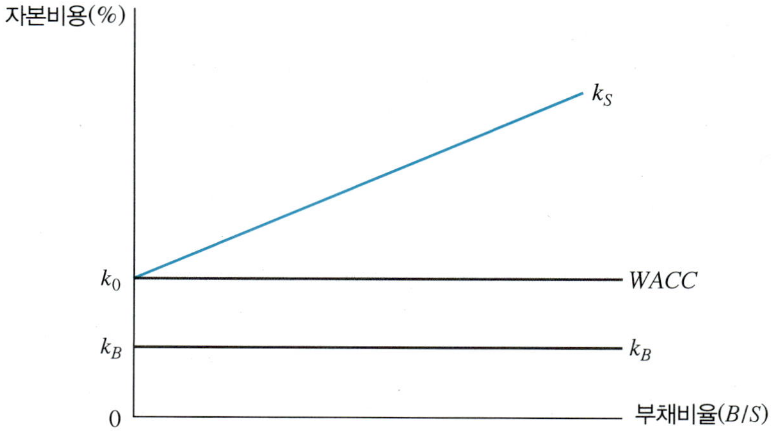

하게 상쇄되어 결과적으로 가중평균자본비용은 자본구조와 무관하게 일정하게 유지되고 기업가치도 자본구조와 무관하게 된다.

제2절 법인세와 MM의 자본구조이론

MM의 무관련이론은 기업이 어떠한 자본구조를 갖더라도 기업가치와는 상관이 없기 때문에, 즉 최적자본구조는 존재하지 않기 때문에 기업은 자본구조에 신경을 쓸 필요가 없다는 것이다. 그러나 현실과 동떨어진 이러한 극단적인 결론은 많은 비판의 대상이 되었으며, 1963년에 MM은 법인세가 존재하는 경우에는 자본구조가 기업가치에 영향을 줄 수 있다는 내용의 수정이론은 발표하였다.

기업이 부채를 사용하면 이자비용만큼 법인세 과세대상이 되는 세전이익이 감소하고, 세전이익 감소액에 법인세율을 곱한만큼 법인세가 절감되는 **이자비용의 법인세 절감효과**(interest tax shield effect)가 발생한다. 이에 비해 주주에게 지급하는 배당은 법인세를 납부한 후의 순이익(세후이익)에서 지급된다. 따라서 동일한 영업이익에 대해서도

그림 9-3 법인세 절감효과와 기업가치

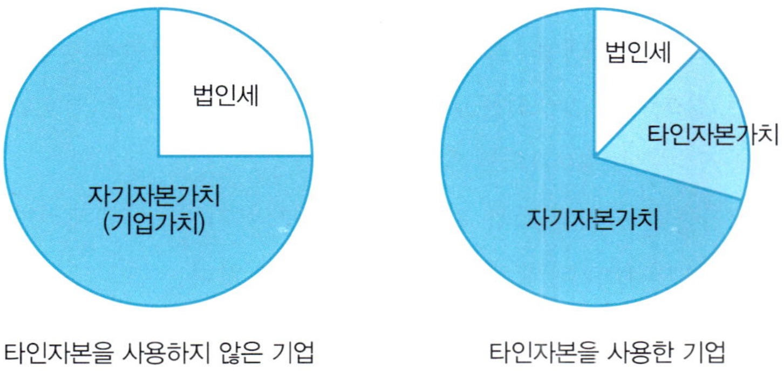

부채를 사용하는 기업(L)의 주주와 채권자에게 돌아가는 현금흐름이 부채를 사용하지 않는 기업(U)의 주주에게 돌아가는 현금흐름보다 크며 그 차이 만큼 부채를 사용하는 기업의 기업가치가 커지게 된다. [그림 9-3]은 이자비용의 법인세 절감효과 만큼 기업가치가 증가하는 것을 나타낸다.

1. 법인세와 수정된 MM의 제1명제

법인세가 존재하는 경우에 타인자본을 사용하지 않는 기업(U)의 가치(V_U)는 주주에게 지급되는 세후영업이익을 자기자본비용으로 할인한 현가로 계산된다.

$$V_U = \sum_{t=1}^{\infty} \frac{NOI(1-T_c)}{(1+k_S)^t} = \frac{NOI(1-T_c)}{k_S} \tag{9.3}$$

k_B의 이자율로 B만큼의 부채를 영구히 사용하는 기업에서 주주와 채권자에 지급되는 현금흐름은 다음과 같이 나타낼 수 있다.

$$\begin{aligned}&\text{주주에게 지급되는 현금흐름} + \text{채권자에게 지급되는 현금흐름}\\&= (NOI - k_B B)(1-T_c) + k_B B\\&= NOI(1-T_c) + T_c k_B B\end{aligned} \tag{9.4}$$

식 (9.4)에서 $NOI(1-T_c)$는 타인자본을 사용하지 않는 기업에서 주주들이 지급받는 현금흐름과 동일하므로 k_S로 할인될 수 있으며 그 현가는 V_U이다. $T_c k_B B$는 타인자본 사용에 따른 법인세 절감액을 나타낸다. 이자비용에 의한 법인세 절감효과는 기업이 이자를 지급하는 경우에만 발생하므로 법인세 절감액은 신용위험(부도위험)이 반영된 채권수익률, 즉 타인자본비용(k_B)으로 할인되어야 한다.

타인자본을 사용하는 기업(L)의 가치(V_L)는 주주의 가치(S_L)와 채권자의 가치(B)를 합한 것이며 이는 식 (9.4)에 의해 다음과 같이 구할 수 있다.

$$V_L = (S_L + B) = \frac{NOI(1-T_c)}{k_S} + \frac{T_c k_B B}{k_B} \tag{9.5}$$
$$= V_U + T_c B$$

타인자본을 사용하는 기업의 가치는 타인자본을 사용하지 않는 기업의 가치에 이자비용의 법인세 절감액의 현가를 합한 것과 같다는 것이 수정된 MM의 제1명제이다.

수정된 MM의 제1명제: $V_L = V_U + T_c B$

법인세 절감효과는 타인자본(B)에 비례하여 증가하므로 기업가치를 극대화하는 최적자본구조는 부채 사용을 극대화(maximum debt)하는 것이다. [그림 9-4]는 법인세가 있는 경우에 수정된 MM의 제1명제를 그림으로 나타낸 것이다.

그림 9-4 법인세가 있는 경우의 부채와 기업가치

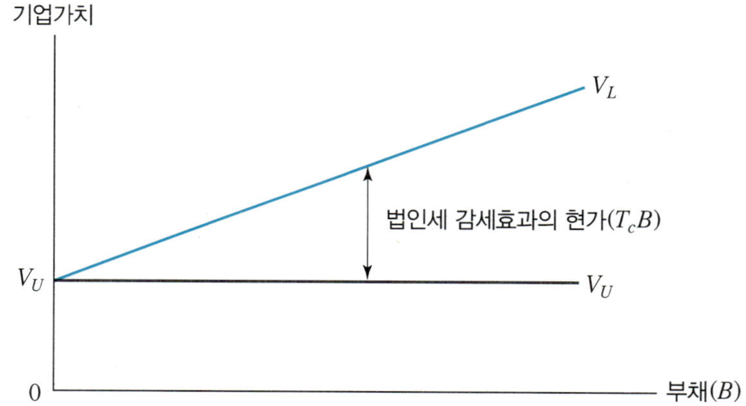

2. 법인세와 MM의 제2명제

타인자본을 사용하는 기업(L)의 자기자본비용은 다음과 같이 나타낼 수 있다.

$$k_S = \frac{(NOI - k_B B)(1 - T_c)}{S_L} = \frac{NOI(1 - T_c) - k_B B(1 - T_c)}{S_L} \tag{9.6}$$

앞의 식 (9.4)와 식 (9.5)에 의해

$$\begin{aligned} NOI(1 - T_c) &= V_U k_U \\ &= (S_L + B - T_c B) k_U \end{aligned}$$

위의 식을 식 (9.6)에 대입하여 정리한 것이 수정된 MM의 제2명제이다.[3)]

수정된 MM의 제2명제: $k_S = k_U + (k_U - k_B)(1 - T_c)\left(\frac{B}{S_L}\right)$

k_U: 부채가 없는 경우의 자기자본비용

[그림 9-5]는 법인세가 있는 경우에 자본구조와 자본비용과의 관계를 그림으로 나

그림 9-5 법인세가 있는 경우의 자본구조와 자본비용

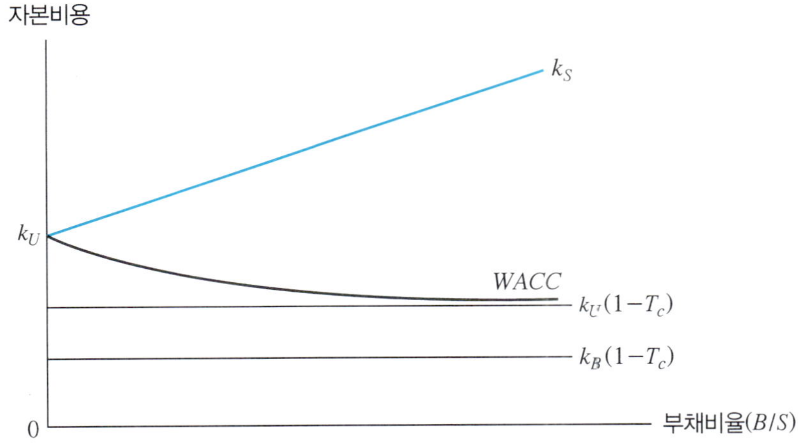

3) $k_S = \frac{(S_L + B - T_c B) k_U - k_B B(1 - T_c)}{S_L} = k_U + (k_U - k_B)(1 - T_c)\left(\frac{B}{S_L}\right)$

타낸 것이다. 부채비율(B/S_L)이 증가하면 자기자본비용이 증가하지만 저렴한 타인자본비용의 이점이 상쇄될 정도로 증가하지는 않기 때문에 가중평균자본비용(*WACC*)은 점차 하락하면서 $k_U(1-T_c)$에 접근하게 된다. 법인세가 없는 경우에는 [그림 9-2]에서처럼 저렴한 타인자본의 이점이 자기자본비용의 증가로 완전히 상쇄되어 부채비율에 상관없이 가중평균자본비용이 일정하게 유지된다. 따라서 법인세가 있는 경우의 최적자본구조는 최대한 부채를 사용하여 가중평균자본비용을 최소화하고 기업가치를 극대화하는 것이다.

한편 MM의 제2명제를 이용하여 법인세가 있는 경우의 가중평균자본비용을 다음과 같이 표시할 수 있다.[4)]

$$WACC = k_U\left(1 - T_c \cdot \frac{B}{B + S_L}\right)$$

자본구조조정과 기업가치

(주)한국은 매년 10억원의 순이익을 벌어들이고 있으며 이러한 수익이 영구히 지속될 것으로 기대된다. (주)한국은 자기자본만으로 조달되었으며, 자본비용은 10%이고, 발행주식수는 100만주이다. (주)한국에서는 50억원의 부채를 발행하여 자사주를 매입하는 자본구조조정을 계획하고 있다. 자본구조조정이 (주)한국의 기업가치와 주가에 미치는 영향을 설명하라. (주)한국의 법인세율은 22%로 가정한다.

현재 (주)한국의 기업가치는 100억원(10억원/0.1)이며, 주가는 10,000원(100억원/100만주)이다.

자본구조조정이 공표되면 이자비용의 법인세 절감효과 11억원(50억원 × 22%)이 반영되어 기업가치는 111억원으로 증가하고, 주가는 11,100원(111억원/100만주)으로 상승한다. 공표대로 50억원의 부채를 발행하여 시장에서 450,450주(50억원/11,100원)의 주식을 매입하면 유통주식수는 549,550주로 줄고 자기자본의 가치는 약 61억원(11,100원 × 549,550주)가 된다. 여기에서 자기자본의 가치(61억원)과 타인자본의 가치(50억원)를 합하여 (주)한국의 가치가 111억원으로 증가하는 것을 확인할 수 있다.

---

4) $k_0 = (1-T_c)k_B\left(\frac{B}{B+S}\right) + k_S\left(\frac{S}{B+S}\right) = (1-T_c)k_B\left(\frac{B}{B+S}\right) + \left[k_U + (k_U - k_B)\left(\frac{B}{S}\right)(1-T_c)\right]\left(\frac{S}{B+S}\right)$

$= k_U\left(\frac{S}{B+S} + \frac{B}{B+S}\right) - k_U\left(T_c \cdot \frac{B}{B+S}\right) = k_U\left(1 - T_c \cdot \frac{B}{B+S}\right)$

3. MM이론의 의의와 한계

1958년에 발표된 MM의 무관련이론은 완전자본시장에서 균형상태에서는 자본구조와 기업가치가 무관하기 때문에 최적자본구조는 존재하지 않는다는 것을 논리적으로 증명한 데 의의가 있다. 그리고 1963년에 발표된 MM이론은 기업의 부채 사용이 기업가치에 미치는 직접적인 효과를 보여주었다.

그러나 법인세의 존재 여부에 따라 기업에게 자본구조가 아무런 의미가 없다거나 또는 최대한의 부채가 최적자본구조라는 MM의 결론은 너무 극단적인 것으로 모두 현실을 설명하는 데 한계가 있다. MM의 무관련이론과는 달리 대부분의 기업들에게 자본구조는 가장 중요한 관심사의 하나이다. 그리고 기업은 최대한의 부채가 아니라 기업 스스로 적절하다고 판단하는 규모의 부채를 사용하고 있다. 이와 같은 MM이론과 현실과의 차이는 MM이론에 사용된 기본적인 가정이 현실적으로 타당하지 않기 때문이다.

MM이론의 핵심은 U기업과 L기업의 기업가치가 다르게 평가되는 경우에는 차익거래에 의해 두 기업의 가치가 같아진다는 것이다. 그러나 실제로는 시장의 불완전요인 때문에 차익거래가 방해를 받거나 불가능해져 U기업과 L기업의 가치가 다르게 평가된 채 그대로 유지될 수도 있는 것이다.

이밖에도 MM이론에서는 기업의 파산 가능성, 대리인 문제, 정보의 비대칭 등 시장의 불완전요인이 고려되지 않았다. MM 이후의 자본구조이론에서는 MM이론을 바탕으로 이와 같은 시장의 불완전요인이 최적자본구조에 미치는 영향이 논의된다.

제3절 파산비용

1. 파산비용의 개념

기업이 부채에 대한 지급의무(원리금의 상환)를 이행하지 못하게 되면 **지급불능** (insolvency)에 빠지게 된다. 일시적으로 유동성(현금)이 부족한 기술적인 지급불능

(technical insolvency)의 경우에는 유동성을 제공받아 기업이 회생할 수 있지만, 기업의 자산가치가 채권자의 청구권에 미달해서 순자산가치가 음(-)인 실질적인 지급불능(economic insolvency, real insolvency)의 경우에는 채권자들이 기업자산을 넘겨 받아 처리하고 기업은 파산하게 된다.[5] 파산과정에서는 기업자산의 일부가 제3자에게 유출되고, 자산가치가 손상되는 등 기업가치가 하락하게 되는데 이러한 것을 **파산비용**(bankruptcy costs)이라고 한다.

파산비용은 직접파산비용과 간접파산비용으로 구분할 수 있다. 직접파산비용은 청산과 기업재조직 과정에서 법적 처리와 관리를 위해 제3자(변호사, 회계사 등)에게 지급하는 비용과 소송비용을 말한다. 간접파산비용은 파산의 가능성 때문에 발생하는 기회비용으로 매출액 감소, 신용하락에 따른 손실(불리한 신용조건, 자본조달비용의 상승 등), 정상가격 이하로 기업자산 매각, 주요 직원의 기업이탈 등을 말한다.

지급불능에 처한 기업이 모두 파산하는 것은 아니지만 거래자와 은행으로부터 신용과 대출이 중단되고, 매출이 감소하고, 투자기회를 포기해야 하는 등 **재무적 곤경**(financial distress)을 겪게 된다. 따라서 파산비용은 파산 과정에서 실제로 발생하는 비용뿐만 아니라 재무적 곤경을 겪는 과정에서 발생하는 기업가치 감소까지도 포함하는 넓은 의미로 이해되어야 한다. 한편 부채의 증가가 바로 파산으로 이어지는 것이 아니라 파산의 가능성을 증가키시는 것이기 때문에 파산비용은 정확하게 기대파산비용을 의미한다.

2. 파산비용과 최적자본구조

부채는 법인세 절감효과를 통해 기업가치를 증가시키는 동시에 파산비용의 증가를 통해 기업가치를 감소시키는 효과가 있다. 그런데 파산은 부채사용 후 일정 기간이 지난 다음에야 발생할 것이기 때문에 기업가치는 미래에 발생할 기대파산비용의 현가만큼 감소할 것이다. 따라서 부채를 사용하는 기업의 가치는 다음과 같이 나타낼 수 있다.

5) 부실기업에 대한 정리절차와 그 내용은 제15장(기업설립과 기업부실)에서 설명한다.

그림 9-6 **파산비용과 기업가치**

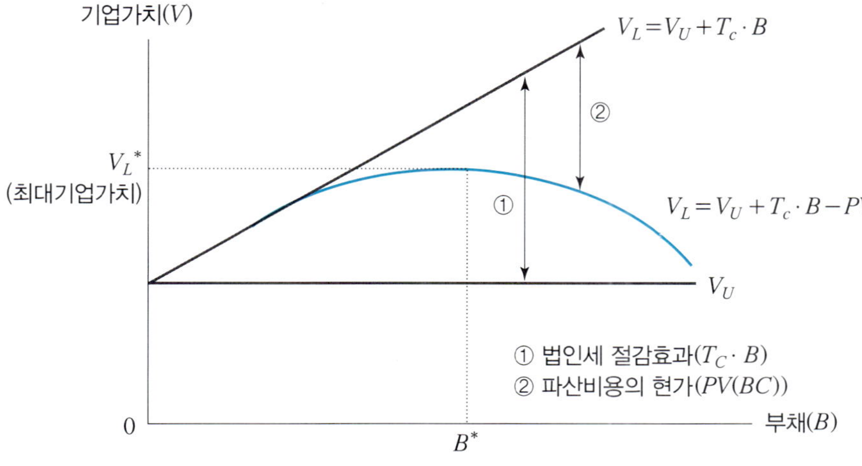

$$V_L = V_U + T_c B - PV(BC) \tag{9.7}$$

$PV(BC)$: 파산비용의 현재가치

[그림 9-6]은 법인세와 파산비용을 함께 고려했을 때 부채와 기업가치와의 관계를 나타낸다. 법인세 절감효과는 부채사용 즉시 나타나고 크기도 부채에 비례한다. 하지만 부채사용으로 바로 파산가능성이 높아지는 것은 아니기 때문에 어느 정도까지는 부채를 사용해도 파산비용이 발생하지 않는다. 그러나 부채사용이 증가하고 파산가능성이 높아지면 파산비용이 발생하기 시작한다. 최적부채는 부채사용의 한계이익(법인세 절감효과)과 한계비용(파산비용)이 같아지는 점(B^*)에서 결정된다. 부채가 B^* 이하인 경우에는 법인세 절감효과가 파산비용보다 크기 때문에 부채사용이 기업가치를 증가시키지만, 부채가 B^*를 초과하면 파산비용이 법인세 절감효과보다 커지기 때문에 기업가치는 감소하게 된다.

제4절 대리인비용

1. 대리인비용의 개념

대리인관계(agency relationship)는 "주인(principals)이 대리인(agents)에게 권한을 위임하는 계약관계"를 말한다. 그러나 대리인이 주인의 이익이 아닌 대리인 자신의 효용 극대화를 위한 행동을 할 가능성 때문에 주인과 대리인 사이에 갈등이 발생하는데 이를 **대리인 문제**(agency problem)라고 한다. 재무관리에서는 자본구조 또는 **기업지배구조**(corporate governance)와 관련하여 외부주주(주인)과 내부주주(대리인), 그리고 채권자(주인)와 주주(대리인) 사이에서 발생하는 대리인 문제가 주된 관심사이다.

대리인비용(agency costs)은 대리인 문제로부터 발생하는 금전적 또는 비금전적 비용 때문에 발생하는 기업가치의 감소를 말한다. 대리인비용은 구체적으로 다음과 같이 세 가지로 구분할 수 있다.[6)]

① **감시비용**(monitoring costs)은 대리인이 주인의 이익에 어긋나는 행동을 하지 않도록 감시하기 위해 주인이 부담하는 비용을 말한다. 감시비용에는 기업 내의 감사활동 비용, 통제시스템을 수립하고 운용하는 비용, 내부적인 통제를 목적으로 자본할당을 함으로써 발생하는 기회비용, 주주가치 극대화를 위한 경영의사결정을 유도하기 위해 경영자에게 지급하는 보상 등이 있다.

② **확증비용**(bonding costs)은 대리인이 주인의 이익에 어긋나는 행동을 하지 않고 있다는 것을 확증하기 위해 대리인이 부담하는 비용을 말한다.

③ **잔여손실**(residual loss)은 감시와 확증에도 불구하고 주인과 대리인의 이해가 완

---

6) M. Jensen and W. Meckling, "Theory of Firm: Managerial Behavior, Agency Costs and Ownership Structure," *Journal of Financial Economics*, Vol. 3(Oct. 1976), pp.305~360.

전하게 일치하지 않기 때문에, 즉 대리인 문제가 완벽하게 해결되지 않기 때문에 결과적으로 발생하는 기업가치의 손실을 말한다.

2. 자기자본의 대리인비용

소유경영자가 지분의 100%를 소유한 경우에는 소유경영자가 주인인 동시에 대리인이기 때문에 대리인 문제가 발생하지 않는다. **자기자본의 대리인비용**(agency cost of equity)은 소유경영자가 자기자본의 일부를 자본시장에서 주식을 발행하여 조달하는 경우에 소유경영자인 내부주주(inside stockholder)와 외부주주(outside stockholder)의 갈등(이해의 불일치) 때문에 발생하는 대리인비용을 말한다. 자기자본의 대리인비용에는 소유경영자의 특권적 소비와 태만에 의해 기업가치가 감소하는 것이 있다.

(1) 특권적 소비

특권적 소비(perquisite consumption, perquisite, perks)는 경영자가 직무상의 특권을 이용하여 자신의 효용을 위해 기업의 자원을 소비하는 것을 말한다.[7] 소유경영자의 지분이 낮을수록 특권적 소비를 통해 개인적인 이득을 얻으려는 경향이 강해지고 결과적으로 대리인비용(기업가치의 하락)도 증가하게 될 것이다.

(2) 경영자의 태만

지분을 100% 소유하고 있는 소유경영자는 경영실적을 모두 차지할 수 있다. 하지만 지분의 일부만을 소유한 경영자에게는 지분비율대로 경영실적의 일부만이 분배된다. 따라서 경영자의 지분비율이 낮을수록 경영자의 노력에 대한 보상이 상대적으로 적어지므로 태만의 가능성이 높아지게 된다.

---

7) 특권적 소비는 기업가치에 기여하지 못하는 사치스럽고 불필요한 경비지출을 의미하는 일반적인 용어로 사용되고 있다. 특권적 소비의 예로는 호화스럽고 넓은 사무실, 초고급 승용차, 호화스러운 여행(출장) 등이 있다.

앞에서 말했듯이 자기자본의 대리인비용은 지분의 분산과 관련이 있는데, 기업과 자본시장의 역사가 오래 되었을수록 지분이 분산되었을 가능성이 크다. 미국 자본시장에서 일어나고 있는 경영자에 의한 차입매수를 자기자본의 대리인 문제를 해소하기 위한 방안으로 설명하기도 한다. 경영자에 의한 **차입매수**(LBO: leveraged buyouts)는 현 경영팀이 채권을 발행하여 조달한 자금으로 자기 기업의 주식을 매입하여 **개인기업화**(going private)하는 것을 말한다. 차입매수를 통해 경영진이 지분의 전부 혹은 상당 부분을 소유하게 되면 기업의 실질적인 소유자로서 자기자본의 대리인비용을 감소시킬 수 있을 것이다.

3. 부채의 대리인비용

부채의 대리인 문제는 채권자(주인)와 주주(대리인) 사이의 갈등에서 발생한다.

위험유인과 도덕적 위해

재무상태가 다음과 같은 부실기업에서 위험유인에 의해 도덕적 위해가 발생하는 경우를 예로 들어보자.

재무상태표(장부가치 기준)			
현금	100억원	부채	300억원
비유동자산	300억원	자기자본	100억원

재무상태표(시장가치 기준)			
현금	100억원	부채	150억원
비유동자산	60억원	자기자본	10억원

기업가치(160억원)가 부채상환액(300억원)에도 미달하는 부실기업에서 자기자본이 시장에서 10억원의 가치를 갖는 이유는 주주들의 유한책임과 경영권 때문이다.

100억원을 투자해서 0.1의 확률로 성공하면 500억원의 투자수익이 발생하고, 0.9의 확률로 실패하면 투자원금을 모두 잃게 되는 투자기회가 있다고 하자. 단순한 계산을 위해 화폐의 시간가치를 무시(할인율 0%를 적용)하면 투자프로젝트의 기대순현가는 −50억원이다. 재무적 곤경에 처하지 않은 정상적인 기업에서는 이와 같은 투자프로젝트를 집행하지 않을 것이며 이러한 선택은 채권자들의 이해와도 일치한다.

현금흐름		
$t=0$	$t=1$	
−100억원	성공했을 경우($p=0.1$)	실패했을 경우($p=0.9$)
	+500억원	0
$NPV(r=0\%)$	+400억원	−100억원
기대 NPV	400(0.1)+(−100)(0.9) = −50억원	

그러나 확률은 0.1로 매우 낮지만 투자에 성공하면 부채를 상환하고도 주주의 가치(부)를 100억원(400억원 - 300억원) 증가시킬 수 있기 때문에 주주들은 이 투자프로젝트를 선택할 가능성이 있다. 부실기업에서 자기자본의 가치 10억원은 주주들의 이러한 선택권(경영권)을 반영한 것이며 투자프로젝트가 실제로 집행되면 주주의 가치는 더욱 증가할 것이다. 이때 주주 부의 증가는 채권자의 희생을 대가로 "이기적인 주주 부의 극대화"를 위해 과도하게 위험한 투자를 선택함으로써 채권자로부터 주주에게 부가 이전되는 것을 의미한다.

(1) 위험유인과 과대투자

타인자본을 많이 사용하고 있는 기업의 주주들은 위험이 큰 투자프로젝트에 투자하려는 경향이 있는데 그 이유는 가능성은 적더라고 투자에 성공하면 대부분의 투자수익을 주주들이 차지하고, 투자에 실패하더라도 **유한책임**(limited liability)만을 지는 주주들의 손실은 투자금액으로 한정되고 나머지 투자손실은 모두 채권자들에게 전가되기 때문이다. 이처럼 위험이 큰 투자프로젝트에 투자함으로써 채권자의 부를 희생해서 주주의 부를 증가시키려는 유인을 **위험유인**(risk incentive)이라고 한다.

타인자본을 많이 사용하는 기업이 위험유인에 의해 기대순현가가 음(−)인 투자프로젝트에 투자하는 경우 과잉투자가 발생하고 자원의 배분이 비효율적으로 이루어지게 된다. 특히 재무적 곤경에 빠진 기업에서는 위험유인에 의해 **도덕적 위해**(moral hazard)가 발생할 가능성도 있다.

(2) 과소투자

부채에 대한 지급의무를 이행하는데 문제가 없는 정상적인 기업에서는 순현가가 양(+)인 투자를 통해 창출되는 가치가 모두 주주들에게 돌아간다. 그러나 지급의무를 이행하지 못해 재무적 곤경에 처해 있는 기업에서는 신규투자를 통해 창출되는 기업가치가 우선적으로 채권자에게 돌아간다. 특히 신규투자에 필요한 자금을 주주들이 조달해야 한다면 주주들은 순현가가 양(+)인 투자프로젝트에 투자함으로써 오히려 손해를 볼 수도 있기 때문에 이 투자프로젝트를 채택하지 않을 것이다.[8)]

결국 과도한 부채로 재무적 곤경에 처할 가능성이 있는 기업에서는 수익성이 있는 투자프로젝트가 채택되지 않는 **과소투자**(under-investment)가 발생하게 된다. 과소투자의 결과 채권자들은 손실을 줄일 수 있는 기회를 잃게 되고, 경제 전체로는 자원의 배분이 비효율적으로 이루어지게 된다.

(3) 주주들의 도덕적 위해

계속기업(going concern)으로서의 기업가치가 청산가치(liquidating value)보다 작을 경우에는 청산을 통해 기업의 잔여가치를 채권자에게 넘겨주어야 한다. 그러나 청산과정에서 청구권을 행사할 수 없는 주주들은 청산을 지연시키려는 경향, 즉 도덕적 위해가 발생할 수 있으며 이러한 과정에서 잔여자산의 가치가 손상되어 결국 채권자의 가치가 하락하게 된다.

재무적 곤경에 처한 기업에서 자산을 처분하여 주주에게 배당으로 지급하면 채권의 가치가 하락하고 극단적인 경우에는 채권의 가치가 완전히 소멸될 수도 있다.

4. 대리인비용과 최적자본구조

기업의 부채가 증가하면 부채의 대리인비용이 증가한다. 하지만 부채 대신에 주식발행을 늘리면 자기자본의 대리인비용이 증가하게 된다. 그러므로 상반관계에 있는 두 가지 대리인비용의 합, 즉 총대리인비용을 최소화할 수 있는 외부주식과 부채의 최적

8) 재무적 곤경에 처한 기업에 채권자들이 투자자금을 공급하지는 않을 것이다. 따라서 신규투자가 이루어지기 위해서는 기존 주주들이 투자자금을 조달하는 수밖에 없을 것이다.

그림 9-7 대리인비용과 최적자본구조

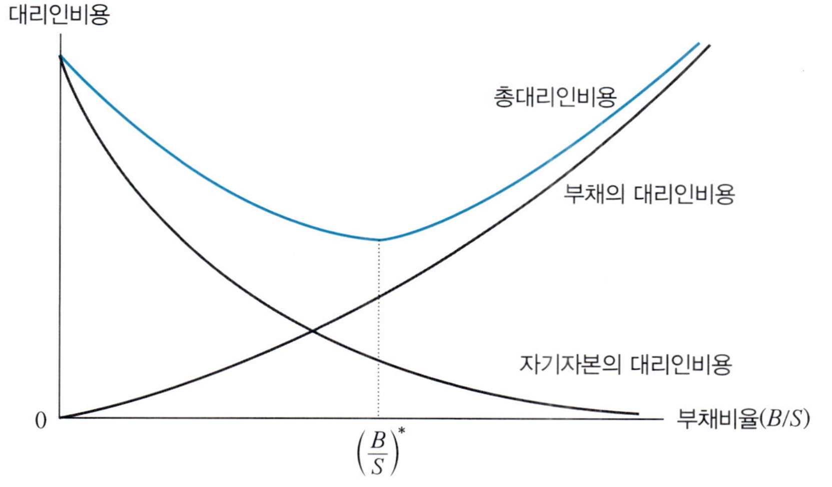

비율이 존재할 수 있다. 이는 법인세나 파산비용과는 상관없이 대리인비용만에 의해서도 최적자본구조가 존재할 수 있다는 것을 의미한다. [그림 9-7]은 대리인비용만을 고려했을 경우에는 최적부채비율이 총대리인비용이 최소화되는 $(B/S)^*$에서 결정된다는 것을 나타낸다.

이제 법인세와 파산비용 그리고 대리인비용을 모두 고려할 경우에 기업의 가치는 다음과 같다.

$$V_L = V_U + T_c B - PV(BC) - PV(AC) \tag{9.8}$$

$PV(AC)$: 대리인비용의 현가

대리인비용의 현가($PV(AC)$)는 부채의 대리인비용에 의한 기업가치의 감소액에서 자기자본의 대리인비용의 감소로 인한 기업가치의 증가효과를 차감한 것이다.

5. 대리인 문제의 해소

자본시장과 노동시장은 대리인비용을 최소화하기 위한 여러 가지 역할을 하고 있다.

(1) 경영자의 명성

효율적인 노동시장에서는 경영자의 능력과 기업성과에 따라 보상이 주어지고 경영자의 이동도 활발할 것이다. 방만한 경영, 태만, 특권적 소비 등으로 기업가치에 손실을 끼친 경영자의 명성(fame)과 가치는 하락하게 된다. 경영자가 노동시장에서 자기 자신의 가치를 극대화하기 위해서는 자본시장에서 기업가치를 극대화해야 하기 때문에 경영자는 스스로 자기자본의 대리인비용을 최소화하려는 노력을 할 것이다.

(2) 스톡옵션

스톡옵션(incentive stock option)은 자기 기업의 주식을 미리 정해진 가격에 매수할 수 있는 권한(option)으로 **주식매수선택권**이라고 한다. 경영자에게 고정된 금전적인 보상(급여) 이외에 스톡옵션을 부여함으로써 경영자와 주주간의 이해관계를 일치시킬 수 있다. 주가상승은 주주는 물론 경영자 자신의 부의 증가를 의미하므로 경영자는 주가(기업가치, 주주 부)의 극대화를 위해 최선을 다 할 것이다.

(3) 자본일원화

채권자가 부채를 제공하면서 그 기업의 주식에 투자한다면 채권자는 동시에 주주가 되므로 채권자와 주주의 이해가 일치하지 않아서 발생하는 대리인 문제를 해결할 수 있다. 채권자가 동시에 주주가 되면 형식적으로는 자기자본과 타인자본이 구분되지만, 실질적으로는 기업이 동일한 투자자로부터 조달한 한 가지 자본을 사용하는 것이기 때문에 자본제공자의 이해가 일치하지 않는 데서 발생하는 대리인 문제는 더 이상 발생하지 않는다. 일본에서 은행이 대출기업의 주식을 대량 보유하는 것이 자본일원화(financial unification)의 예라고 할 수 있다.

(4) 자본시장규율

자본시장은 대리인 문제를 해소하기 위한 **시장규율**(market discipline)의 역할을 하고 있다. 예를 들어, 방만한 경영, 태만, 특권적 소비 등으로 기업가치(주가) 극대화에 실패한 소유경영자는 **적대적 M&A**에 의해 기업지배권을 상실할 위험이 크기 때문에 기업가치의 극대화를 위해 최선을 다하게 될 것이다.

제5절 정보비대칭

1. 신호효과

완전자본시장에서는 모든 시장참여자가 동등한 수준의 정보를 공유하고 있다고 가정하고 있다. 그러나 실제로는 일부 시장참여자가 다른 그룹보다 많은 정보를 보유하고 있는 경우가 있는데 이를 **정보의 비대칭**(information asymmetry)이라고 한다. 예를 들어, 소유경영자(내부주주)는 외부주주와 시장의 일반투자자보다 많은 정보를 보유하고 있는 것이 보통이다.

정보의 비대칭이 없다면 기업가치는 시장이 공통으로 보유하고 있는 정보에 의해 평가되기 때문에 문제될 것이 없다. 그러나 정보의 비대칭으로 기업가치에 긍정적인 정보가 시장에 제대로 전달되지 않는다면 기업가치는 저평가될 가능성이 크다. 이러한 경우에 경영자는 자본조달정책이나 배당정책을 이용하여 정보를 시장에 전달함으로써 기업가치를 상승시킬 수 있는데 이를 **신호효과**(signaling effect) 또는 **정보효과**(information effect)라고 한다.[9]

---

9) 배당정책의 신호효과는 제10장(배당정책)에서 설명한다.

2. 자본조달정책과 신호효과

(1) 부채의 신호효과

기업은 부채비율을 높임으로써 안정적이고 많은 현금흐름이 기대되는 우수한 투자기회를 보유하고 있다는 사실을 시장에 알릴 수 있다. 그러나 우수한 투자기회를 갖고 있지 못한 기업이 부채를 과도하게 사용하면 이자비용에 대한 부담과 파산가능성이 증가하기 때문에 허위신호(false signal)를 보낼 유인이 없다. 이와 같이 경영자가 보유하고 있는 정보와 경영자가 시장에 보내는 신호(시장이 인식하는 정보)가 일치하는 것을 **신호균형**(signaling equilibrium)이라고 한다. 신호균형상태에서 기업가치는 기업에 관한 정보가 제대로 반영되어 정확하게 평가된다.

(2) 자기자본의 신호효과

내부주주의 지분참여를 투자프로젝트의 내용을 전달하는 신호수단으로 이용할 수도 있다. 내부주주의 지분참여가 낮을수록 주주들이 위험한 투자프로젝트를 채택하려는 유인이 있다는 사실은 앞에서 설명되었다. 이러한 상황에서 일반투자자들보다 많은 정보를 갖고 있는 내부주주가 새로운 투자에 대한 지분참여비율을 높인다면 일반투자자들은 이를 새로운 투자프로젝트의 수익성이 우수하고 위험이 적다는 신호로 받아들일 것이다.

3. 정보의 비대칭과 최적자본구조

경영자가 기업에 관한 긍정적인 정보를 시장에 전달하기 위해 어떠한 자본조달을 선택하더라도 여기에는 추가적인 비용이 발생하게 된다. 예를 들어, 부채의 신호효과를 위해 차입을 늘리면 파산위험이 증가하여 차입비용이 상승하게 된다. 따라서 최적자본구조는 정보의 비대칭을 해소해서 얻을 수 있는 기업가치의 증가와 정보의 비대칭 때문에 발생하는 기업가치의 감소가 균형을 이루는 수준에서 결정될 것이다.

결론적으로 정보의 비대칭이 존재하는 상황에서 자본조달정책과 자본구조가 신호전달수단으로 사용된다면 최적자본구조가 존재하고 기업가치는 자본구조에 영향을 받게 될 것이다.

4. 자본조달 순위이론

자본조달 순위이론(pecking order theory)은 경영자가 일반투자자들보다 정보우위에 있다는 정보의 비대칭을 전제로 기업은 다음과 같은 우선순위에 따라 자본을 조달한다는 주장이다.

① 내부조달자금(유보이익)을 사용한다.
② 장기적으로는 투자기회에 맞게 목표배당성향을 조정한다.
③ 내부자금으로 부족한 경우에는 기업이 보유하고 있는 유가증권을 매각한다.
④ 외부자금에 의존해야 하는 경우에는 부채, 혼성증권(전환사채 등), 신주(유상증자) 순서대로 자금을 조달한다.

이 이론에 의하면 기업은 배당의 안정화 정책을 바탕으로 내부자금을 사용한 다음에 안전한 순서대로 외부자금을 사용하는데, 그 중에서도 신주발행을 마지막 수단으로 사용한다는 것이다.[10)]

10) 배당의 안정화 정책이란 기업이 장기적으로 배당을 변경해야 할 사유가 없는 한 주당배당금을 일정하게 유지하려는 정책을 말한다. 배당의 안정화 정책은 제10장(배당정책)을 참조.

제6절 자본구조를 결정하는 요인

기업의 자본구조는 다음과 같은 현실적인 요인들에 의해서도 영향을 받고 있다.

(1) 기업의 성장성

성장기업은 자금부족을 겪는 경우가 많다. 그런데 성장기업의 주가에는 성장기회가 반영되어 주가가 높게 형성되기 때문에 부채보다는 자기자본으로 조달하는 것이 유리하다.[11)]

(2) 산업의 특성

경기변동에 민감하지 않고 현금흐름이 안정된 산업이나 기업에서는 부도위험을 크게 증가시키지 않으면서도 많은 부채를 사용할 수 있기 때문에 부채비율이 높은 것이 보통이다. 한편 유행에 민감한 산업이나 기업은 현금흐름의 불확실성이 크고 부도위험이 크기 때문에 부채사용에 제약을 받게 된다.

철강, 정유 등 대규모의 설비투자가 필요한 산업에서는 막대한 투자자본을 자기자본으로 조달하는 데 한계가 있으므로 부채비율이 높은 경향이 있으며, 특히 장기부채 의존도가 높은 것이 특징이다. 반면에 유통업과 같이 유동자산에 많은 투자를 해야 하는 기업들은 단기부채를 많이 사용하는 경향이 있다.

(3) 소유의 집중과 기업지배권

주식의 소유가 소수의 주주에게 집중되어 있는 기업에서는 현재 기업지배권을 행

---

11) 성장가능성이 과대평가되어 기대했던 수익이 실현되지 않는 경우에는 주가가 급락하여 투자자들에게 많은 손실이 발생하게 된다. 2002년~2003년에 발생한 미국의 나스닥과 한국의 코스닥시장에서의 주가 급락은 정보통신업(IT)을 중심으로 발생했던 거품이 꺼지는 과정에서 나타난 현상이다.

사하고 있는 대주주가 기업지배권을 유지하기 위해 주식발행보다는 부채에 의존하는 경향이 많다. 하지만 주식의 소유가 분산된 기업에서는 주식의 수가 증가하더라도 대주주의 기업지배권에 미치는 영향이 적기 때문에 주식발행을 회피하려는 정도가 상대적으로 적다고 할 수 있다.

시민단체의 도덕적 해이도 주인-대리인 문제의 일종

최근 시민단체의 회계 투명성에 대한 논란이 커지고 있다. 상대적으로 규제와 감시가 덜한 시민단체에서 이런 문제가 발생하는 것은 경제학의 '도덕적 해이'로 해석할 수 있다.

도덕적 해이는 경제 전반에 걸쳐 광범위하게 나타나는 현상이지만 주인-대리인 관계에서 흔히 발생한다. 대리인은 주인이 정확하게 자신의 행동을 파악할 수 없다는 것을 알게 되면 도덕적 일탈 유혹에 빠진다. 명시적이거나 암묵적인 약속이 있었음에도 그렇지 못한 행동을 하기 때문에 벌어지곤 한다. 주인과 대리인 관계뿐 아니라 타인에게 감춰진 행동이 문제가 되는 상황이면 언제든 나타날 수 있는 현상이기도 하다.

시민단체는 기업 또는 정부기관과 달리 회계 투명성을 갖출 유인이 부족하다. 후원금 모집과 그 사용처를 정확하게 기재하지 않아도 이를 감시 처벌할 규정이 마땅치 않다. 국세청으로서도 회계 누락 등이 확인돼도 일반 기업처럼 추가 과세를 할 수 없기 때문에 샅샅이 살펴볼 이유가 없다.

경제학에서는 이 같은 일탈을 막기 위한 유인설계가 필요하다고 지적했다. 주인의 이익을 위해 일하는 것이 대리인 스스로에게도 이득이 되도록 하는 것이다. 예를 들어 고정된 임금을 주는 대신 성과급을 지급하거나, 이윤을 공유하는 방식이 있을 수 있다.

감춰진 행동을 했을 때 처벌을 강화하는 것도 한 방법이다. 그로 인해 얻을 수 있는 이익보다 처벌로 인한 손해가 더 크다고 판단하면 잘못된 행동을 할 유인이 줄어들기 때문이다.

(한국경제: 2020.06)

연습문제

1. 한국기업의 부채비율(*B*/*S*)은 200%이며, 세전타인자본비용은 10%, 가중평균자본비용은 12%이다. 한국기업의 법인세율은 22%이다.

(1) 한국기업의 자기자본비용을 구하라.

(2) 한국기업의 자기자본만을 사용한다고 가정했을 때의 자기자본비용을 구하라.

(3) 한국기업의 부채비율이 100%인 경우를 가정했을 때의 자기자본비용을 구하라.

2. 부채 없이 무차입경영을 하고 있는 한국기업의 영업이익(EBIT)은 1,000만원으로 앞으로도 영구히 지속될 것으로 예상된다. 한국기업의 재무상태표상의 자본금은 5,000만원이며, 주식의 액면가는 5,000원이다. 한국기업의 현재 주가는 주당 10,000원이다. 한국기업은 이자율이 연 6%인 사채를 5,000만원어치 발행하고 이 자금으로 자사주매입을 하여 자기자본을 줄이는 자본구조조정을 계획하고 있다. 법인세가 없다고 가정하고 다음 물음에 답하라.

(1) 사채발행 전 한국기업의 자기자본비용과 가중평균자본비용을 구하라.

(2) 사채발행 후 한국기업의 자기자본비용과 가중평균자본비용을 구하고, 자본구조조정이 주가와 기업가치에 미치는 영향을 설명하라.

(3) 자본구조조정 이후에 한국기업의 주가가 12,000원으로 상승하였다면 한국기업의 지분의 10%를 소유하고 있는 투자자의 입장에서 차익거래를 통한 이익을 구하라. 단 차익거래에 필요한 완전시장의 조건이 모두 성립한다고 가정한다.

3. 부채를 사용하지 않는 기업 U의 영업이익은 2,000만원으로 영구히 지속될 것이다. 기업 U의 자기자본비용은 10%이다. 기업 L은 8%의 이자율로 1억원의 부채를 사용하는 것을 제외하고는 모든 조건이 기업 U와 동일하다. 법인세율은 22%이다.

(1) U의 기업가치를 구하라.

(2) L의 기업가치가 2억원인 경우에 L기업 주식의 10%를 소유하고 있는 투자자는 어떠한 행동을 할 것인가? 그리고 이러한 행동이 기업 U와 기업 L의 가치에 미치는 영향을 설명하라.

4. 투자프로젝트 A와 B는 수명은 1년이고 투자비용은 5,000만원으로 동일하다. 다음은 1년 후에 예상되는 현금흐름이다.

상황	확 률	A의 현금흐름	B의 현금흐름
호황	0.5	6,000만원	1,000만원
불황	0.5	8,000만원	1억 3,000만원

(1) 투자비용 5,000만원을 10%의 이자율로 차입하여 조달하는 경우와 자기자본으로 조달하는 경우에 투자가치(순현가)의 기대치와 표준편차를 비교하고, 이것이 주주들의 투자선택에 어떤 영향을 미칠지 설명하라. 단 할인율은 0으로 가정한다.

(2) 주주들의 투자선택에 대해 채권자들은 어떠한 반응을 보일지 설명하라.

5. 기업의 법인세가 폐지되는 경우 기업의 자본구조에 어떠한 변동이 발생할지 설명하라.

6. 전액 자기자본으로 조달된 ABC 기업의 자본비용은 25%이다. 연간 5억원의 세전영업이익(EBIT)이 영구히 발생할 것으로 기대된다. 최근 새로운 프로젝트에 대한 투자를 고려하여 총액면가 4억원, 액면이자율 8%, 만기수익률 10%의 영구채로 부채를 조달할 계획이다. 무위험이자율은 10%, 시장포트폴리오의 기대수익률은 20%, 법인세율은 30%이다. MM자본구조이론과 *CAPM*에 근거하여 다음에 답하라. (2012년. CPA)

(물음 1) 자본구조 변경 후 부채의 시장가치를 구하라. 계산결과는 억원 단위로 소수점 첫째 자리까지 표기하라.

(물음 2) 자본구조 변경 전·후의 기업가치를 각각 구하라. 계산결과는 억원 단위로 소수점 둘째 자리까지 표기하라.

(물음 3) 새로운 자본구조하에서 자기자본비용과 가중평균자본비용을 MM자본구조이론을 적용하여 각각 구하라. 계산결과는 %단위로 표시하되 반올림하여 소수점 둘째 자리까지 표기하라.

7. (주)서울은 자기자본만으로 자금을 조달한 기업으로 자본비용은 20%이며, 연간 10억원의 영업이익이 영구히 발생할 것으로 기대된다. (주)경기는 총액면가 15억원, 액면이자율 10%, 만기수익률 10%의 영구채와 총 10,000주의 주식으로 구성되어 있으며, 영업이익과 영업위험은 (주)서울과 동일하다. 법인세율은 40%이다. (물음 1)과 (물음 2)는 MM의

명제가 성립한다고 가정한다. (2014년. CPA응용)

(물음 1) 현재 시장에서는 부채가치의 수준에 따라 파산할 확률이 아래와 같이 예상되고 있으며 파산시 발생하게 되는 비용의 현재가치가 20억원으로 추산된다.

부채가치	파산확률
3 억원	10%
6 억원	13%
9 억원	18%
12 억원	25%
15 억원	40%

① 기대파산비용을 고려할 때 (주)경기의 기업가치는 얼마인가?

② 세금절감효과와 기대파산비용을 고려할 때 (주)경기의 기업가치를 극대화시킬 수 있는 최적 부채수준을 구하라.

(물음 2) 자본구조 관련 이론 중 자본조달순위이론(Pecking Order Theory)을 5줄 이내로 설명하라.

제10장

배 당

제1절 배당의 개념과 배당이론

1. 배당의 개념

배당은 주주들에게 자기자본 출자에 대한 보상으로 현금이나 주식, 또는 현물을 지급하는 것을 말한다.[1] 그러나 배당은 현금으로 지급하는 것이 일반적이기 때문에 배당은 보통 현금배당을 의미한다.

기업은 당기순이익 중에서 일부를 현금배당으로 지급하고 나머지는 기업 내에 유보하는데 이를 **유보이익**(retained earnings)이라고 한다. 유보이익은 재무상태표에 이익잉여금으로 적립되어 기업의 내부자금과 배당의 원천으로 사용된다. 이익잉여금이 없는

1) 기업이 청산(해산)할 때 남은 재산을 주주에게 배분하는 것을 청산배당(liquidating dividend)이라고 한다. 그러나 청산배당은 정상적인 이익을 배분하는 것이 아니기 때문에 일반적인 배당과는 그 성격이 다르다.

기업에서는 원칙적으로 배당을 할 수 없으며, 배당은 배당가능이익의 범위 내에서 가능하다.[2)]

배당성향(dividend payout ratio)은 당기순이익 중에서 현금배당으로 지급하는 금액의 비율이다. **유보율**(retention ratio)은 당기순이익 중 유보이익의 비율이다.

$$\text{배당성향}(d) = \frac{\text{총현금배당}}{\text{당기순이익}} = \frac{\text{주당현금배당액}}{\text{주당순이익}}$$

$$\text{유보율}(1-d) = \frac{\text{유보이익}}{\text{당기순이익}} = 1 - \text{배당성향}$$

배당률은 주가에 대한 주당배당액의 비율을 말한다.

$$\text{액면배당률} = \frac{\text{주당현금배당액}}{\text{액면가액(장부가격)}}$$

$$\text{시가배당률(배당수익률)} = \frac{\text{주당현금배당액}}{\text{주가(시장가격)}}$$

2. 현금배당 지급절차

배당에 관한 사항은 주주총회의 의결을 거쳐야 하고, 정기주주총회는 사업연도 말로부터 90일 이내에 개최되기 때문에 정규배당은 연 1회 지급되는 것이 원칙이다. 다만 이사회의 의결을 거쳐 분기별로 배당을 지급할 수 있다. 배당은 배당락-주주명부폐쇄-배당공시-배당지급의 순으로 진행된다. [그림 10-1]은 배당지급절차를 시간표로 나타낸 것이다.

2) 이익잉여금을 전부 배당에 사용할 수 있는 것은 아니다. 기업의 재무구조 개선을 유도할 목적으로 이익잉여금의 일부에 대해 배당을 제한하는 것을 이익잉여금의 처분(적립)이라고 한다. 현금배당과 주식배당은 이익잉여금 중에서 적립금으로 처분(적립)되지 않은 미처분이익잉여금(이월이익잉여금) 한도 내에서만 지급이 가능하다. 그러나 이익잉여금의 처분은 형식적인 것으로 별도로 자산을 적립하거나 자산상태에 변동이 발생하는 것은 아니다.

그림 10-1 현금배당 지급절차

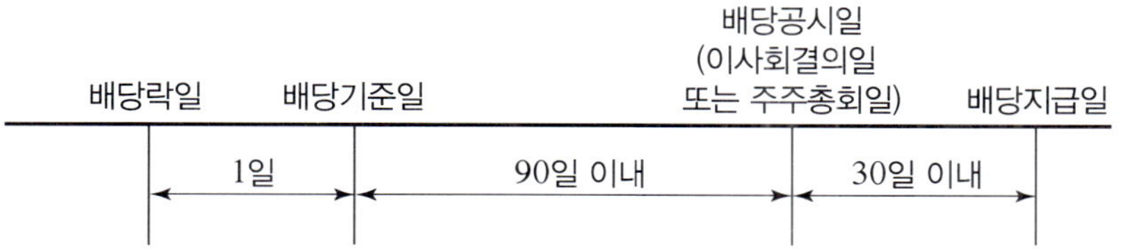

기업은 사업연도가 종료되면 그 해의 영업실적을 결산하고 당기순이익을 확정하여 그 중 일부를 주주에게 배당으로 지급하게 된다. 그러나 주식매매거래로 주주가 계속 바뀌므로 배당을 받을 권리를 가진 주주를 확정하기 위해 어느 날을 기준으로 주주명부를 폐쇄하여 주식의 명의변경을 정지하는데 이 날을 **배당기준일**(record date)이라고 한다. 한국 증권시장에서는 결산일이 배당기준일이 되며 12월 결산법인의 경우 당해 사업연도의 마지막 날인 12월 31일이 배당기준일이 된다. 또한 주식의 매매가 체결되면 매매체결일로부터 제3영업일에 주식과 대금의 결제가 이루어지기 때문에 배당기준일 전일에 매매가 체결된 주식은 배당을 받을 수 없는 배당락조치가 취해진다. **배당락**(ex-dividend)은 배당 전후의 주식가치 변동을 감안하여 적정 투자참고자료를 제공하기 위하여 기준주가를 새로 정하는 것을 말하며 배당락이 시행되는 날을 **배당락일**(ex-dividend date)이라고 한다.

$$\text{배당락 기준주가} = \frac{\text{배당부종가} \times \text{배당전 주식수}}{\text{배당후 주식수}}$$

배당에 관한 구체적인 내용이 증권시장에 공표되는 것을 **배당공시**라고 하며 이 날을 **배당공시일**(announcement date)이라고 한다. 배당공시일은 회사에 따라 이사회가 배당을 결의한 날이거나 주주총회에서 이를 승인한 주주총회일이 될 수 있다. 상장법인의 경우 주주총회를 사업연도 말일로부터 90일 이내에 개최하도록 규정되어 있기 때문에 배당공시는 사업연도 말일로부터 90일 이내에 이루어져야 한다.

3. 배당이론

배당이론의 목적은 현금배당이 기업가치에 미치는 영향을 이해하고 기업가치를 극대화할 수 있는 배당정책을 찾아내는 일이다. 현금배당과 기업가치와의 관계는 배당이 기업가치를 상승시키는 역할을 한다는 전통적인 주장과, 반대로 배당은 기업가치를 하락시킨다는 주장, 그리고 배당과 기업가치는 무관하다는 배당무관련이론이 있다.

1961년에 MM(Miller and Modigliani)은 완전자본시장에서 배당정책과 기업가치는 무관하다는 **배당무관련이론**(dividend irrelevancy theory)을 발표하였다.[3)]

기업이 현금배당을 증가시키는 경우를 생각해보자. 이미 계획된 자본투자와 자본조달에 영향을 주지 않으면서 현금배당을 늘리기 위해서는 주식을 발행해서 자금을 조달해야 한다. 이 경우 기업의 수익에 영향을 주는 아무런 실질적인 변화가 없으므로 기업가치는 변동이 없고 배당 후에는 주식수가 증가한 비례대로 주가가 하락하여 기존 주주들에게는 현금배당액만큼의 자본손실이 발생한다. 기존 주주들이 받는 현금배당은 발행주식을 인수한 투자자(신주주)들로부터 조달된 것이다. 따라서 기존 주주들은 자본손실을 대가로 현금배당을 받는다고 할 수 있다.

주식발행자금으로 현금배당

발행주식수가 100주이고, 주가가 11,000원인 (주)한국은 주식발행으로 자금을 조달하여 주당 1,000원씩의 현금배당을 지급하려고 한다. 현금배당을 지급한 후에는 주가가 주당배당금 만큼 하락하여 10,000원이 될 것이다. 그런데 배당 이후에는 기존 주식과 신주의 가치가 같아야 하므로 주식의 발행가격은 10,000원이 되고, 총발행주식수는 10주(100,000원/10,000원)가 증가하여 110주가 될 것이다.

[그림 10-2]는 현금배당액만큼 주가가 하락하여 기존 주주들에게 자본손실이 발생하는 것을 그림으로 설명한 것이다.

3) MM의 배당무관련이론도 MM의 자본구조무관련이론과 마찬가지로 다른 배당이론을 이해하는 출발점의 역할을 하고 있다.

그림 10-2 배당정책과 기업가치(주식을 발행하여 현금배당을 지급하는 경우)

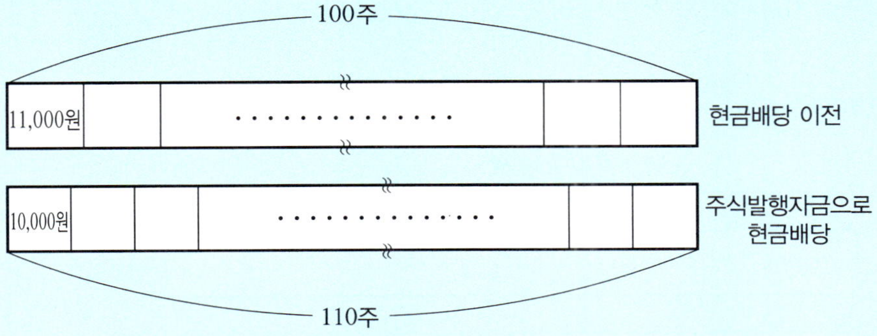

또한 완전자본시장에서 주식을 발행하여 마련한 자금으로 현금배당을 지급하는 것이 기업가치에 영향을 미치지 않는 것처럼 현금배당을 줄여서 마련한 자금으로 자사주를 매입하는 것도 기업가치에 영향을 미치지 않는다.

완전자본시장에서 배당정책이 기업가치(주주의 부)와 무관한 이유는 주주들이 배당정책에 상관없이 자신들의 부를 바탕으로 원하는 현금흐름을 자유롭게 선택할 수 있기 때문이다. 현금배당액보다 많은 현금을 원하는 주주들은 차입하거나 보유주식의 일부를 매각해서 현금을 마련할 수 있다. 따라서 현금배당과 주식매각은 주주들에게 아무런 차이가 없다. 차이가 있다면 현금배당을 받으면 자본손실(주가하락)이 발생하고, 주식을 매각하면 보유주식수가 감소할 뿐이다.

현금배당 대신 자사주매입

발행주식수가 100주이고 주가가 11,000원인 (주)한국은 주당배당금을 1,000원씩 적게 지급하여 생긴 여유자금으로 자사주매입을 하려고 한다. 이때 현금배당을 절약한 금액 100,000원(1,000원 × 100주)으로는 9.1주(100,000원/11,000원)를 매입할 수 있어 주식수는 100주에서 90.9주로 감소하게 된다.

현금배당이 종전처럼 지급되면 주가는 10,000원으로 하락하지만 주당배당금을 1,000원씩 줄여 자사주매입을 하면 주가는 11,000원으로 유지된다. 자사주매입으로 발행주식수가 감소하기 때문에 자사주매입에 참여하지 않고 주식을 계속 보유하고 있는 주주들의 지분율이 상승하는데 이것은 주식을 11,000원에 매도한 주주들로부터 이전된 것이다. [그림 10-3]은 배당 대신에 자사주매입을 하는 경우를 그림으로 나타낸 것이다.

그림 10-3 배당정책과 기업가치(현금배당 대신 자사주매입을 하는 경우)

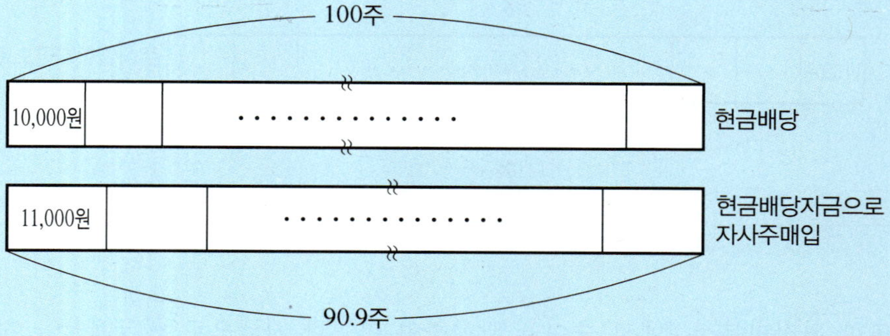

현금배당을 원하지 않는 주주들은 현금배당액을 자사주에 재투자하면 된다.[4] 현금배당 때문에 주가는 하락하지만 보유주식수가 증가하기 때문에 주주의 부에는 아무런 영향이 없게 된다. 이처럼 주주들이 자신의 취향에 맞게 배당수준을 스스로 조정하는 것을 **자가배당**(homemade dividend)이라고 한다.

배당정책이 기업가치와 무관하다는 것은 경영자가 주주들의 배당에 관한 선호도에 상관없이 배당정책을 선택할 수 있다는 것을 의미한다. 따라서 완전자본시장에서 경영자는 기업가치 극대화를 위한 투자와 자본조달을 선택하고, 주주들은 자본시장에서 거래를 통해 각자의 효용을 극대화할 수 있는데 이를 **분리이론**이라고 한다.

4) 미국의 경우 대부분의 기업들은 현금배당을 원하지 않는 투자자들을 위해 배당금을 자동적으로 자기주식에 재투자하는 "automatic dividend reinvestment plan"을 운영하고 있다. 기업은 자기주식에 재투자하기를 원하는 주주들의 배당금을 신탁회사에 보내고, 신탁회사는 주주를 대신하여 시장에서 자기주식을 매입한다. 일부 회사에서는 시장가보다 약 5% 정도 할인된 가격에 주식을 발행하여 주주들이 배당금을 직접 재투자할 수 있도록 한다. 주주들은 유리한 가격에 자기주식에 재투자할 수 있고, 기업은 발행비용을 절약할 수 있다는 이점이 있다.

제2절 배당정책과 배당결정요인

1. 배당정책의 의의

배당정책(dividend policy)은 기업의 이익을 배당과 유보이익으로 배분하는 결정을 말한다. 배당정책도 다른 모든 재무정책과 마찬가지로 기업가치(주주의 부)의 극대화를 목표로 한다. 하지만 배당정책이 투자정책이나 자금조달정책과 무관한 것은 아니다. 기업이 투자자금을 확보하기 위해 현금배당을 줄이고 유보를 늘린다면 배당정책은 투자정책에 영향을 받았다고 할 수 있고, 투자자금을 외부에서 차입이나 유상증자로 조달하고 현금배당을 늘린다면 배당정책은 자본조달정책에 영향을 받았다고 할 수 있다. 배당이 기업가치에 미치는 순효과를 이해하기 위해서는 기업의 투자와 자본구조는 배당 이전에 주어진 것으로 가정해야 한다. 다시 말해서 투자결정이 이루어진 후에 배당이 결정되고, 배당을 지급하기 위한 추가적인 부채 발행은 없다고 가정하는 것이다. 이러한 가정하에서 기업이 배당을 증가시키기 위한 자금은 주식 발행을 통해서만 조달할 수 있다. 따라서 배당정책의 구체적인 내용은 이익을 유보하는 정책과 배당을 위해 신주를 발행하는 정책으로 구분할 수 있을 것이다.

2. 시장의 불완전성과 배당정책

배당정책이 의미를 갖는 이유는 불완전한 자본시장에서 배당정책과 관련하여 다음과 같은 요인들이 기업가치에 영향을 미치기 때문이다.

1) 고배당정책을 선호하게 하는 요인

(1) "손안에 있는 새"

이익을 유보하여 재투자하면 주가상승과 더 많은 현금배당을 기대할 수 있다. 그러나 투자자들은 미래의 불확실한 현금흐름보다는 현재의 확실한 현금배당을 선호하기 때문에 배당을 늘리면 불확실성이 감소하여 주가상승에 도움이 된다는 주장이다. 다시 말해서 숲 속의 많은 새(미래의 불확실한 소득)보다는 **손안에 있는 새**(bird in the hand)(현재의 확실한 배당소득)가 더 가치가 있다는 것이다.

그러나 이러한 주장에는 논리적인 오류가 포함되어 있다. 기업의 위험은 투자와 자본조달에 의해 결정되는 것이지 이미 창출된 투자성과(이익)를 배분하는 배당정책과는 무관하기 때문이다.[5)]

(2) 안정된 수입의 선호

배당무관련이론에서는 현금배당을 받는 대신 보유주식을 매도해서 현금을 조달할 수 있다고 하였지만 투자자들은 보유주식수가 감소하는 것을 자본감소로 인식하는 경향이 있으며 주식매도에는 거래비용이 발생한다. 기업이 미래 배당을 통제할 수는 있지만 미래 주가를 통제할 수는 없다. 따라서 투자자들, 특히 배당금으로 생활을 영위하는 투자자들은 확실하고 안정된 배당을 선호한다.

(3) 대리인 문제와 시장규율

소유와 경영이 분리된 현대 기업에서 기업경영에 실질적으로 참여하지 못하는 다수의 외부주주(outside equity holder)와 경영자(전문경영인이나 경영에 참여하는 대주주) 사이에는 특권적 소비와 태만의 대리인 문제가 발생할 수 있다.

---

5) 현금배당은 확실한 현금흐름이고 자본이득(시세차익)은 불확실한 현금흐름이라면 주식발행자금으로 현금배당을 받는 기존 주주들은 이득을 보는 유리한 거래를 하는 것이고, 현금으로 주식을 인수하는 투자자(신주주)들은 손해를 보는 불리한 거래를 하는 격이 된다. 그러나 효율적 자본시장에서 공정한 가격에 거래가 이루어진다면 이익을 보는 거래도 손해를 보는 거래도 있을 수 없다. 따라서 "손안에 있는 새" 주장에는 논리적인 결함이 포함되어 있는 것이다.

특권적 소비(perquisite consumption, perks)란 기업가치에 기여하지 못하는 경영자의 소비지출을 말한다. 기업 내부에 여유자금이 많을수록 경영자가 특권적 소비를 할 가능성이 커지기 때문에 배당을 늘려서 경영자가 재량으로 소비할 수 있는 여유자금을 축소시키면 기업가치의 손실을 사전에 예방할 수 있을 것이다.

배당을 늘려서 기업내부자금이 감소하면 그만큼 기업 외부(자본시장)로부터 조달해야 하는 자금의 규모가 증가하게 된다. 외부자금은 조달비용이 더 드는 단점이 있지만 외부자금을 조달하기 위해서는 자본시장을 대상으로 투자설명회를 하거나 신용평가를 받는 등 시장의 감시와 평가를 받아야 한다. 따라서 배당을 늘리면 **자본시장의 규율**(market discipline)을 통해 경영자가 시장의 감시와 통제를 받도록 하여 경영자에 대한 감시비용을 절약하고 경영의 효율성을 높일 수 있어 결과적으로 기업가치를 증가시키는 효과가 있을 수 있다.

(4) 배당의 정보효과

기업의 내용이 시장에 제대로 전달되지 못하는 **정보의 비대칭**(information asymmetry) 또는 **정보의 불균형** 상태에서는 배당이 기업의 정보를 시장에 전달하는 효율적인 수단으로 사용될 수 있다. "배당의 안정화 정책"을 추구하는 경영자는 배당을 지속적으로 유지할 수 있다고 판단할 때에만 배당을 증가시키려 할 것이다. 따라서 배당을 늘리면 투자자들은 이를 "미래 수익에 대한 경영자의 낙관적인 전망"으로 해석하고 주가가 상승하게 되는데 이를 배당의 **정보효과** 또는 **신호효과**(signaling effect)라고 한다.

2) 저배당정책을 선호하게 하는 요인

(1) 세 금

현행 조세제도에서는 배당을 낮추는 것이 주가상승에 도움이 된다. 현금배당금에 대해서는 **배당소득세**가 부과되고, 배당을 지급하지 않고 유보해서 투자한 결과 주가가 상승했을 때 주식을 매도해서 발생한 자본소득(시세차익)에 대해서는 **자본소득세**(capital gains tax)가 부과된다. 자본소득세가 배당소득세보다 낮다면 주주들은 현금배당보다는 유보를 선호할 것이다. 한편 배당소득세는 매년 배당소득이 발생할 때마다 내야 하지만 자본소득세는 주식을 매도하여 자본이득이 실현될 때까지 유예되기 때문에 세율이 같더라고 화폐의 시간가치를 고려한다면 현금배당이 주주에게 불리하고 기업가치에 부정적인 영향을 미칠 것이다.[6)]

배당의 고객효과

배당소득세율이 자본소득세율보다 높다면 비과세투자자나 한계세율이 낮은 투자자는 상대적으로 배당소득을 선호하기 때문에 배당성향이 높은 주식을 보유하고, 한계세율이 높은 투자자는 상대적으로 자본소득을 선호하기 때문에 배당성향이 낮은 주식을 보유할 것이라는 추론이 가능하다. 이처럼 배당성향에 따라 주주가 분리되는 현상을 "**고객효과**(clientele effect)"라고 한다. 그러나 고객효과를 입증할만한 충분한 실증적 증거가 제시된 것은 아니다.

(2) 거래비용(자금조달비용)

배당으로 기업 외부로 유출되는 현금이 많을수록 기업 외부로부터 조달해야 하는 자금의 규모가 커진다. 회사채발행, 은행차입, 신주발행 등의 외부자금조달에는 많은 비용이 발생한다는 것을 감안한다면 배당은 기업가치에 부정적인 영향을 미칠 것이다.

3. 배당의 안정화 정책

배당의 안정화 정책은 기업이 단기적인 순이익의 변동이 아닌 장기적인 목표배당(target dividend)에 따라 일정한 주당배당금을 안정적으로 지급하는 것을 말한다. 주당배당금(DPS)은 주당이익(EPS)에 배당성향을 곱한 것($DPS = EPS \cdot$ 배당성향)이므로 주당배

---

6) 한국에서 배당소득에는 14%의 세금이 부과되지만 자본소득은 과세되지 않는다. 따라서 세금을 고려하면 현금배당을 지급하지 않는 것이 최적의 배당정책이다. 미국의 경우 1986년 이전에는 배당소득세율(34%)이 자본이득세율(20%)보다 높았으나 1986년 세제개혁법안(Tax Reform Act)에서는 두 세율이 동일해졌고, 2002년에는 배당소득에 과세를 하지 않았다.

당금을 안정적으로 지급하기 위해서는 주당이익의 변동에 따라 배당성향이 조정되어야 한다.

기업이 배당을 안정적으로 지급하려는 이유는 같은 금액이라도 안정적인 배당흐름이 투자자들에게 덜 위험한 것으로 인식되어 낮은 할인율이 적용되고 주가가 높게 평가되기 때문이다. 특히 배당소득으로 생활하는 투자자들은 배당을 안정적으로 지급하는 주식을 선호할 것이다. 실제로 안정적인 배당을 지급하는 주식은 프리미엄이 붙어서 거래되는 것이 보통이다.

4. 잔여배당정책

많은 배당을 지급하기를 원하는 기업은 배당에 필요한 자금을 조달하기 위해 주식이나 부채를 발행해야 한다. 그러나 주식발행은 많은 비용이 들 뿐만 아니라 기존 주주의 경영권보호 차원에서도 바람직한 일이 아니다. 한편 부채를 계속 발행하면 기업의 자본구조가 악화되는 문제가 발생한다. 그렇다면 신주발행을 최소화하면서도 원하는 자본구조를 유지할 수 있는 배당정책은 무엇일까?

기업이 신주발행을 가능한 한 피하면서 양(+)의 순현가를 갖는 투자프로젝트에 투자하기 위해서는 필요한 자금을 주로 유보이익 등 내부자금으로 조달해야 한다. 따라서 배당은 내부자금 중에서 새로운 투자에 지출하고 남은 잔여 부분으로 지급하는데 이를 **잔여배당정책**(residual dividend policy)이라고 한다.

5. 배당결정요인

배당은 다음과 같은 기업의 특성에 의해서도 영향을 받는다.

(1) 법적 규제와 사채약정서상의 제약

일반적으로 주주들은 많은 배당을 원하지만 채권자들은 부채상환에 필요한 기업의 자산, 특히 현금이 기업 외부로 유출되는 것을 원하지 않는다. 주주와 채권자간의 상반된 이해관계를 고려하여 상법에서는 주주의 이익처분권을 인정하는 대신에 채권자보호를 위해 배당을 제한하는 자본유지정책을 요구하고 있다. 자본유지정책이란 기업으로 하여금 각종 준비금(자본준비금, 법정준비금, 이익준비금 등)을 유지하도록 함으로써 과도한 배당지급을 사전에 규제하려는 것이다.

이밖에도 채권자들은 "사채를 발행하기 이전의 이익을 배당에 사용할 수 없다." 또는 "순운전자본이 일정 수준 이하일 경우에는 배당을 지급할 수 없다."는 등 배당금의 지급을 제한하는 조항을 사채약정서에 명기함으로써 원리금 상환에 필요한 유동성을 확보하여 자신들의 이익을 보호할 수 있다.

(2) 기업의 유동성

재무상태표상의 잉여금은 기업에 현금으로 남아있는 것은 아니라 투자나 영업활동에 투입되어 활용되는 것이 보통이다. 따라서 배당에 영향을 미치는 것은 재무상태표상의 수치가 아니라 기업이 실제로 보유하고 있는 유동성(현금)이다.

(3) 기업의 라이프사이클

기업은 진입기, 성장기, 안정기(성숙기), 쇠퇴기 등 라이프사이클(life cycle)상의 각 단계마다 성장속도, 투자기회, 투자수익률, 이익의 안정성 등에서 다른 특징을 보이고 있는데 이러한 특징들이 배당을 결정하는 요인으로 작용한다.

성장기에 있는 기업은 확장을 위해 많은 내부자금이 필요하기 때문에 배당성향이 상대적으로 낮은 것이 보통이다. 안정기에 있는 기업은 안정적인 이익을 확보하고 있으며 미래 이익을 예측하기 쉽기 때문에 이익을 많이 유보할 필요가 적다. 하지만 이익이 안정적이지 못한 기업은 미래 이익이 감소하는 경우에 대비해 상대적으로 많은 이익을 유보할 필요가 있다.

쇠퇴기에 접어든 기업은 투자기회가 고갈되어 자금수요는 적은 반면 과거의 투자로부터 안정적인 이익이 발생하기 때문에 높고 안정적인 배당을 유지할 수 있다.

(4) 외부자본조달의 용이성

수익성이 확보된 사업에서 안정적인 이익을 창출하고 있는 대기업은 외부자금조달이 상대적으로 쉽다. 그러나 담보자산이 적은 중소기업이나 영업실적이 아직 시장에 알려져 있지 않은 벤처기업은 외부자금조달이 어렵기 때문에 내부자금을 확보하기 위해 되도록 배당을 억제하려는 경향이 있다.

(5) 기업지배권

배당으로 현금이 기업 외부로 유출될수록 외부자금에 대한 의존도가 커지는데 타인자본은 부도위험을 증가시키고, 유상증자는 대주주의 기업지배권을 약화시킬 수 있다. 대주주들이 기업지배권을 유지하기 위해 유상증자시 배정된 신주를 모두 인수하기 위해서는 막대한 자금이 필요하다. 만약 대주주들이 자신들에게 배정된 유상증자물량을 모두 인수하지 못하는 경우에는 지분이 감소하여 적대적인 기업합병·인수(M&A)에 의해 기업지배권을 위협받을 수도 있다. 따라서 대주주들의 입장에서 경영권 방어와 기업지배권 확보를 감안한다면 기업의 배당성향은 낮아질 것이다.

제3절 특수한 형태의 배당

기업은 주식으로 배당을 지급할 수 있으며 자사주매입은 형식적으로는 배당이 아니지만 실질적으로 현금배당과 같은 효과가 있다. 액면분할과 주식병합은 배당과 그 성격이 유사하기 때문에 배당과 함께 설명하기로 한다.

1. 주식배당

주식배당(stock dividend)은 현금 대신 주식으로 배당하는 것을 말하는데 "10% 주식배당"은 주주들에게 보유주식수의 10%에 해당하는 주식을 발행하여 무상으로 지급하는 것을 말한다. 주식배당에서는 자본금의 추가 납입이 없이 재무상태표상의 이익잉여금이 자본금으로 전입되기 때문에 자기자본 총액에는 변동이 없고, 주식수가 증가한 비례대로 주당순이익(*EPS*)과 주가가 하락하게 된다. 보유주식수의 증가와 주가하락이 상쇄되기 때문에 이론적으로 주주의 부에는 아무런 변동이 없고, 보유주식수가 모두 같은 비율로 증가하기 때문에 주주들의 지분비율(경영권)에도 변동이 없다.

주식배당

(주)한국의 자기자본은 액면가 5,000원짜리 보통주 1만주에 대한 자본금(5,000만원)과 1,000만원의 이익잉여금으로 구성되어 있다. 아래 표는 20% 주식배당 이전과 이후를 비교한 것이다. 주식배당으로 주식수가 20%(2,000주) 증가하면서 이익잉여금 1,000만원(@5,000원 × 2,000주)이 자본금으로 전입되지만 자기자본의 구성내용이 바뀔 뿐 자기자본 총액에는 변동이 없다. 기업가치에는 변동이 없으면서 주식수가 20% 증가하였으므로 주당순이익(*EPS*)이 20% 감소하고, 주가도 이론적으로 20% 감소하여 주주의 부에는 아무런 변동이 없다.

	주식배당 이전	주식배당 이후
자본금 이익잉여금	5,000만원(@5,000원 × 10,000주) 1,000만원	6,000만원(@5,000원 × 12,000주) 0
총자기자본	6,000만원	6,000만원

기업은 주식배당을 실시함으로써 다음과 같은 효과를 기대할 수 있다.

① 현금이 사외로 유출되는 것을 막아 유동성을 확보할 수 있다. 특히 주식배당은 성장속도가 빠른 기업에서 재투자에 필요한 자금을 확보하기 위해 실시하는 경우가 많다. 이러한 경우 주식배당은 기업의 미래 전망에 대한 정보를 시장에 전달하는 역할을 한다.

② 주가관리 차원에서 인위적으로 주가하락을 유도하여 시장에서 유동성을 높일 수 있다. 고가주의 경우 원활한 매매거래가 어려워 주가상승에 장애가 될 수도 있다. 이때 주식배당을 실시하여 주가를 인위적으로 하락시키고 소액투자자들이 투자에 참여할 수 있도록 유도한다면 실질적인 주가상승효과를 기대할 수도 있다.

③ 주당배당금을 안정적으로 유지하려고 하는 기업에서는 주식배당으로 증가한 주식수만큼 미래 현금배당이 증가하게 될 것이다. 따라서 장기적으로는 주식배당이 배당압력과 현금유출의 증가(유동성의 감소)를 초래할 수도 있다. 한편 주주들이 증가한 주식수만큼 현금배당을 더 받을 수 있을 것이라고 기대한다면 주식배당은 주가를 상승시키는 역할을 할 것이다.

④ 현금배당의 감소를 보완하기 위한 수단으로 주식배당을 실시하는 경우에 기업의 부정적인 정보(어려운 자금사정)를 시장에 전달하는 효과가 발생할 수도 있다.

2. 자사주매입

자사주매입(stock repurchase)은 기업이 자기주식(자기 회사의 보통주)을 시장에서 매입하는 것을 말한다. 자사주매입으로 취득하여 기업이 보관 중인 자기주식을 **금고주**(treasury stock)라고 한다. 자기주식에는 의결권이 없고, 발행주식수의 산정에도 제외되며, 배당도 지급되지 않기 때문에 주식으로서의 효력이 일시 정지된 상태라고 할 수 있다. 자기 회사의 주식을 취득하여 소각하지 않고 보유하고 있을 때 **일시적인 감자**(자본금의 일시적인 감소)가 일어났다고 한다. **주식소각**(이익소각)은 보관 중인 자사주식을 소각하는 것을 말하며 **영구적인 감자**를 의미한다.[7)]

보관 중인 자기주식은 추후에 소각하거나, 저평가된 주가를 부양해서 차후에 차익을 보면서 재매각할 수도 있고, 적대적 인수합병에 대비하기 위한 목적으로 보유하

7) 주식소각을 할 수 있기 위해서는 주주총회의 결의로 정관에 주식소각에 대한 근거를 마련해야 한다. 이러한 기업은 취득목적과 상관없이 매입한 지 6개월이 지난 자사주식을 이사회의 결의만으로 임의로 소각할 수 있다.

거나, 스톡옵션 지급용으로 사용할 수 있다. 특히 자사주매입을 현금배당과 같이 취급하는 이유는 현금배당을 지급하는 대신 자사주식을 매입하여 주식수가 줄어들면 추후에 주주들에게 더 많은 이익(주당순이익)과 배당(주당배당금)을 지급할 수 있기 때문이다. 주식소각이 폭넓게 허용되면서 점차 많은 기업들이 여유자금과 주가를 관리하는 수단으로 자사주매입을 이용하고 있다.

현금배당과 자사주매입

아래의 표는 발행주식수가 10,000주이고, 주가가 20,000원인 기업에서 이익잉여금 1,000만원으로 현금배당을 지급하는 경우와 자사주매입을 하는 경우를 비교한 것이다.

현금배당과 자사주매입

	현금배당	자사주매입
주당배당액	1,000원(1,000만원/10,000주)	
매입한 자기주식수		500주(1,000만원/20,000원)
유통주식수	10,000주	9,500주(10,000주 − 500주)
주가	19,000원	20,000원(1억 9천만원/9,500주)
기업가치	1억 9천만원	1억 9천만원

1,000만원으로 현금배당(주당 1,000원)을 지급한 후에 주가는 19,000원으로 하락할 것이다.

1,000만원으로 자기주식을 500주(1,000만원/20,000원) 매입하면 주식수는 9,500주로 감소한다. 기업가치는 자사주매입을 위해 유출된 1,000만원을 반영하여 1억 9,000만원으로 감소하지만 주식수도 같은 비율로 감소하기 때문에 주가는 20,000원으로 유지된다.

현금배당의 경우에 1주당 주주의 가치(부)는 20,000원(주가 19,000원 + 현금배당액 1,000원)이다. 자사주매입의 경우에도 1주당 주주의 가치는 20,000원(주가 20,000원)으로 현금배당의 경우와 동일하다. 다만 자사주매입에서는 배당금이 배당소득(현금)이 아닌 자본소득(시세차익)의 형태로 지급되는 것이기 때문에 자본소득세율이 배당소득세율보다 낮은 경우에는 주주들에게 현금배당보다 자사주매입이 유리할 것이다.

자사주매입의 장점과 단점

① 일시적으로 증가한 이익으로 현금배당을 늘리면 늘어난 배당을 유지해야 하는 배당압력을 받을 수 있다. 그러나 자사주매입을 통해 현금배당에 대한 기대감을 자극하지 않으면서도 현금배당과 같은 효과를 얻을 수 있다.

② 저평가된 자기주식을 매입하여 주가를 부양(주가관리)할 수 있다. 자사주매입은 주가가 저평가되었다는 경영진의 인식을 시장에 전달하는 역할을 하고 시장이 이에 반응하면 주가가 상승하게 된다. 저평가된 자기주식를 매입하고 차후에 차익을 얻고 재매각하면 주주들에게 많은 이익을 줄 수 있다. 그러나 자기 기업에 대해 많은 정보를 갖고 있는 경영진이 자사주매입을 주가조작의 수단으로 이용한다면 불공정한 거래로 투자자에게 손실이 발행할 수도 있다. 한편 너무 많은 금고주를 보유하고 있는 기업은 투자기회가 없어 보유 현금을 효과적으로 활용하지 못하는 기업으로 인식될 수도 있다.

③ 적대적 기업인수(hostile takeover)로부터 경영권을 방어하는 수단으로 활용할 수 있다.

3. 액면분할과 주식병합

(1) 액면분할

액면분할(stock split)은 기존의 1주를 분할하여 2주 이상으로 만드는 것을 말하며 **주식분할**이라고도 한다. 예를 들어 2 : 1(2 for 1) 액면분할에서는 기존의 주식 1주에 대해 신주 2주가 무상으로 교부된다. 액면분할을 하면 주식수가 분할비례대로 증가하고 액면가는 분할비례대로 하락할 뿐 자기자본의 구성과 총액에는 변동이 없다. 주주들의 보유주식수는 분할배수만큼 증가하지만 이론적으로 주가가 분할배수만큼 하락하기 때문에 주주의 부에는 아무런 변동이 없다.

다음 표는 2 : 1 액면분할 전후의 자기자본을 나타낸 것이다.

	액면분할 이전	액면분할 이후
자본금 이익잉여금	5,000만원(@5,000원 × 10,000주) 1,000만원	5,000만원(@2,500원 × 20,000주) 1,000만원
총자기자본	6,000만원	6,000만원

기업이 액면분할을 시행하는 이유는 다음과 같은 기대효과 때문이다.

① 주식배당과 마찬가지로 주가를 인위적으로 하락(조정)시켜 원활한 매매거래가 가능하게 함으로써 실질적인 주가상승 효과를 얻을 수 있다.[8)]

② 액면분할은 성장속도가 빠르고 주가가 높은 기업에서 시행하는 것이 보통이기 때문에 액면분할을 통해서 성장속도가 빠른 기업이라는 것을 시장에 전달할 수 있다.

(2) 주식병합

주식병합(reverse split)은 액면분할과 반대 개념이다. 예를 들어 2:1 주식병합에서는 기존의 주식 2주가 새로 발행된 주식 1주로 교환된다. 발행주식수가 1/2로 감소하면서 액면가는 2배 상승하게 된다. 기업의 수익에는 변동이 없으므로 주당순이익이 2배로 상승하고 이론적으로 주가도 2배 상승하게 된다.

저가주의 경우에 "가치 없는" 주식이라는 투자자들의 인식을 바꿔서 주가를 인위적으로 끌어올리기 위한 목적으로 주식병합을 사용할 수 있다. 그러나 낮은 주가는 과거의 실적부진을 반영한 것이므로 주식병합은 액면분할과는 반대로 기업에 대한 부정적인 정보로 인식될 위험도 있다.

---

8) 대표적인 사례는 주가가 한때 500만원 이상을 기록했던 SK텔레콤의 액면분할이다. SK텔레콤은 2000년 4월 24일 액면가 5,000원인 보통주에 대해 10:1 액면분할을 시행하였다. 액면분할 직전에 294만원 거래되던 SK텔레콤 주식은 액면분할 직후에 294,000원 수준으로 하락하였다. 실증연구에 의하면 액면분할의 주가상승효과는 없거나, 있더라도 일시적인 현상이라고 보고하고 있다. 한편 자본금이 적은 코스닥상장 벤처기업들은 발행주식수를 늘려 충분한 주식 유통물량을 확보하기 위해 액면분할을 실시하는 경우가 많다. 강세장에서는 유통물량을 늘리기 위한 액면분할이 효과를 발휘하지만, 약세장에서는 유통물량이 많다는 것이 악재로 작용하여 주가하락을 부추기는 결과를 가져오기도 한다.

자사주와 자기주식, 용어 혼란 경계해야

회사 대표를 포함한 임직원이 (개인적으로) 자기 회사 주식을 샀을 때의 '자사주 매입'과 회사가 '자기의 주식'을 매입하는 '자기주식'과는 구분해야 한다. 실제로 상법과 자본시장법에는 "자사주"라는 용어 자체가 없고 우리사주가 보유하는 '자기 회사 주식'의 의미로 다른 법령 시행규칙 세 군데에 등장할 뿐이다.

회사 임직원의 자사주 매입과 처분은 회사 재무제표에는 아무런 영향이 없다. 그러나 회사가 자기주식을 매입하면 현금은 줄고 자기주식은 자본총계에서 차감하는 형식으로 표시된다. 주주에게 유한책임을 부과하는 주식회사는 채권자 보호를 위해 자본금과 자본잉여금의 임의 처분을 금지한다. 출자를 반환하는 성격인 자기주식 취득과 감자(減資)에 대한 상법 규제는 엄격하며, 자기주식 소각을 통해 자본금을 줄이려면 주주총회 결의가 필요하다.

임직원의 자사주 매입은 회사 주가가 너무 낮다고 판단할 때 이뤄지는 것이 보통이기 때문에 긍정적 시그널로 작용할 수 있다. 반면 회사의 자기주식 취득은 주가 부양이 긴박하거나 장래 수익을 이끌 투자처가 마땅치 않음을 자인하는 부정적 시그널이다.

(한국경제: 2018.10)

연습문제

1. 한국 증권시장에서 배당이 지급되는 과정을 설명하라.

2. 한국기업의 현재 주가는 10,000원이며, 발행주식수는 10만주이다. 순이익을 전부 배당으로 지급하는 한국기업에서 금년도의 순이익 1억원을 배당으로 지급하는 경우에 배당락주가는 얼마인가? 한국기업의 이사회에서는 너무 적은 배당이 주가상승에 걸림돌이 되고 있다는 일부 주주들의 주장에 따라 신주발행으로 자금을 조달하여 배당금을 주당 2,000원으로 늘릴 것을 고려하고 있다. 완전자본시장을 가정하고 배당의 증가가 주주가치에 미치는 영향을 설명하고, 현금배당을 조달하기 위해 발행해야 하는 주식수와 발행가격을 구하라.

3. 한국기업의 당기순이익은 4억원이고, 현재 주가는 20,000원이며, 장부상 자기자본의 구성은 다음과 같다.

자본금	10억원 (액면 5,000원, 발행주식수 20만주)
자본잉여금	5억원
이익잉여금	5억원
자기자본합계	20억원

(1) 10%의 주식배당이 자기자본의 구성, 주가, 주당순이익(*EPS*), 주가수익비율(*PER*), 주주가치에 미치는 영향을 설명하라.

(2) 2:1 주식분할이 자기자본의 구성, 주가, 주당순이익(*EPS*), 주가수익비율(*PER*), 주주가치에 미치는 영향을 설명하라.

(3) 2억원의 이익잉여금으로 현금배당을 지급하는 경우와 자사주매입을 하는 경우에 자기자본의 구성, 주가, 주당순이익(*EPS*), 주가수익비율(*PER*), 주주가치에 미치는 영향을 비교하여 설명하라. 단 법인세가 존재하지 않는 완전자본시장을 가정한다.

4. 세금이 없는 완전자본시장과 배당소득세율이 자본소득세율보다 높은 상황에서 각각 다음 주장을 평가하라.

"기업이 동일한 금액의 여유자금을 사용해서 현금배당을 지급하는 경우와 자사주매입을 하는 경우를 비교했을 때 자사주매입을 하는 경우에는 주식수의 감소를 반영하여 주당순이익(*EPS*)이 증가하므로 현금배당을 지급하는 경우보다 주주들에게 유리하다."

5. 새로운 회계연도초인 현재(시점 0), 무부채기업인 (주)트윈은 1만주의 주식을 발행하고 있고 직전 회계연도말 세후순이익은 120만원이다. 향후 영속적으로 동일한 세후순이익이 기대되고 새로운 성장기회가 없어 직전 회계연도 순이익을 전액 현금배당으로 지급한다. 시장의 무위험이자율은 6%이고 시장포트폴리오의 기대수익률은 12%이며, 이후 변동이 없을 것으로 예상된다. 법인세(세율 40%) 외 개인소득세는 없으며 거래비용도 없고, 시장은 완전하다. 단, 계산은 소수점 아래 넷째 자리에서 반올림하라. (2006년. CPA응용)

(물음 1) (주)트윈은 향후 영속적으로 동일한 세후순이익이 기대되고 새로운 성장기회가 없어 직전회계연도 순이익을 전액 현금배당으로 지급하였고, 내부자금 100만원을 1주당 833.333원의 조건으로 전액 자사주매입에 사용할 것이라고 발표하였다. 만약 당신이 해당 주식을 10주 보유하고 있는 투자자라고 할 때, 제시된 조건으로 자사주매입에 응할 것인지, 아니면 주식을 계속 보유할 것인지에 대한 의견을 두 경우간 최종 부의 차이를 통해 제시하라.

제11장

증권발행

제1절 증권발행시장

증권발행시장은 기업, 정부, 공공기관 등 자본을 필요로 하는 증권발행자가 증권을 신규로 발행·매각하여 장기자본을 조달하는 시장이다. 증권발행시장은 증권이 신규 발행되어 투자자에 매각되는 일련의 과정에 대한 법규, 제도, 관행 등을 포함한 일체의 시스템을 말한다. 증권발행시장은 증권발행자와 투자자 사이에서 증권과 대금이 최초로 교환되고, 발행자에게 자금이 직접 공급된다는 점에서 **1차 시장**(primary market), **신규증권시장**(new issue market)이라고 한다.

증권발행시장은 증권을 신규로 발행하여 자금을 조달하려는 발행자, 그 증권을 매입하는 투자자, 그리고 발행자와 투자자 사이에서 증권발행에 관련된 사무를 담당하고 인수·매출 등 발행과 관련된 위험을 부담하는 발행기관으로 구성되어 있다.

1) 발행자

발행자는 신규증권을 발행하여 자금을 조달하는 증권의 공급자인 동시에 자금의 최종수요자이다. 발행자에는 주식과 회사채를 발행하는 기업, 국공채를 발행하는 정부와 지방자치단체, 특수채와 금융채를 발행하는 공기업과 특수은행 등이 있다.

2) 투자자

투자자는 신규로 발행되는 증권의 매입자인 동시에 자금의 공급자이다. 투자자는 매입한 증권을 투자 목적으로 보유하거나 유통시장에서 매각할 수 있다. 투자자는 개인투자자, 기관투자자, 외국인 투자자로 구분된다.

(1) 개인투자자

자산의 증식 또는 기업의 지배를 목적으로 증권에 투자하는 개인을 말한다. 그 수가 많고 투자자본의 규모가 비교적 작기 때문에 "개미군단"이라고도 한다.

(2) 기관투자자

기관투자자는 일반투자자들의 소규모 자본을 결집하여 전문적으로 투자관리를 해주는 법인을 말하며 이들은 자산운용에 있어서 타인자산에 대한 선의의 관리자로서 의무를 다 하여야 한다. 기관투자자들은 대규모의 자금을 전문적인 지식을 활용하여 운용하기 때문에 이들의 투자행위는 증권시장에 많은 영향을 미치고 있다. 특히 간접투자의 비중이 증가하면서 기관투자자들의 영향력은 점차 커지고 있다.

한국에서는 기관투자자들에 대해 법인세법상 상장법인으로부터 받은 배당소득을 이익으로 산입시키지 않는 혜택과 국공채이자에 대한 법인세 감면혜택을 부여하고 있다. 법인세법상 기관투자자로 지정된 기관들로는 증권회사, 보험회사, 은행, 투자신탁, 뮤추얼펀드, 각종 연금과 기금, 공제회가 있다.

(3) 외국인 투자자

해외자본을 국내로 반입하여 증권투자에 참여하는 투자자를 말한다. 자본시장이 개방되고 통합됨에 따라 외국인 투자자의 역할 역시 점차 중요해지고 있는 추세이다.

3) 발행기관

증권발행기관은 증권발행에 관련된 사무를 담당하고, 증권을 인수하여 투자자에게 매매하는 증권관계기관을 지칭한다. 발행자의 입장에서 증권발행은 자주 발생하는 일상적인 일이 아니며, 법적·제도적으로도 전문성이 요구되는 업무이기 때문에 발행기관의 역할이 필요하게 된다.

신규로 발행된 증권이 발행시장에서 완전히 매각(소화)되지 않으면 발행기업은 계획했던 자금을 조달하지 못할 뿐만 아니라 기업의 이미지가 손상되는 이중의 위험에 처하게 된다. 이러한 위험을 **발행위험**이라고 한다. 발행자의 입장에서 증권의 발행시점과 가격을 책정하는 데 발행기관의 전문적인 경험과 지식을 활용한다면 발행위험을 미리 방지할 수도 있고, 발행증권을 발행기관에 인수시킴으로써 발행위험을 전가할 수도 있다. 발행증권의 가격을 낮게 책정하면 시장에서 매각(소화)은 쉽게 되겠지만 자칫하면 발행자의 자산이 헐값에 매각되어 손해가 발생할 수도 있다. 반대로 너무 높게 책정된 가격에 증권이 발행되면 시장에서 발행물량이 전부 매각(소화)되지 않거나 발행 후 가격이 하락하여 증권을 매입한 투자자에게 투자손실이 발생할 위험이 있다. 따라서 투자자의 입장에서도 믿을 만한 전문 발행기관의 존재는 필요한 것이다.

일반적으로 신규 발행된 증권은 일단 발행기관이 발행 물량의 일부 또는 전부를 인수한 후에 이를 다시 최종 투자자에게 나누어서 매각(분매)하게 된다.

제2절 증권발행방법

증권발행은 증권발행과 관련하여 발생하는 위험을 분담하는 방법, 투자자를 모집하는 방법, 증권발행의 성격 등에 따라 구분할 수 있다.

1. 증권발행과 인수

주식이나 회사채를 발행하는 기업(발행회사)은 증권발헝에 전문적인 지식과 경험을 갖춘 투자은행(investment bank: 증권회사)과 계약을 맺어 증권발행사무와 증권판매를 담당하게 하는 것이 보통이다. 이때 발행회사와 계약을 맺어 증권발행을 주관하는 투자은행을 주간증권사(주관회사: managing underwriter, principal underwriter)라고 한다.[1] 주간증권사는 발행회사와 협의하여 증권발행방법과 발행가격을 결정하고 발행증권의 판매를 주관하게 된다.

(1) 인 수

발행회사와 투자자 사이에서 투자은행이 하는 중개역할을 말하며 투자은행을 **인수회사**(underwriter)라고 한다. 인수(underwrite, underwriting)는 인수회사의 역할에 따라 다음과 같이 구분된다.

① **위탁모집**(best effort underwriting)은 인수회사가 투자자모집에 최선을 다하지만 소화되지 않은 증권은 발행회사에 반납하는 방식으로 모집주선이라고도 한다.

1) 발행위험이란 발행증권의 일부 또는 전부가 투자자에게 판매(소화)되지 않아서(under-subscription) 계획했던 자금을 조달하지 못하고 투자계획을 취소하거나, 기업의 이미지가 훼손되고, 주가가 하락하는 등의 위험을 말한다.

위탁모집에서 발행위험은 최종적으로 발행회사가 부담하고 인수회사는 단순히 중개역할만 하게 된다. 위탁모집은 발행위험이 적은 국공채를 발행할 때 사용된다.

② **잔액인수**(stand-by underwriting)는 인수회사가 투자자를 모집하고 일정 기간까지 매각(소화)되지 않은 증권은 인수회사가 미리 약정한 가격(일반투자자에게 판매하는 가격보다는 낮은 가격)에 인수하는 방식이다. 인수회사는 발행총액에 대한 인수수수료와 판매량에 대한 판매수수료를 보수로 받게 된다.

③ **총액인수**(firm commitment underwriting)는 인수회사가 발행증권 전부를 자기 자금으로 인수하여 일반투자자에게 매각하고, 소화되지 않은 잔량을 책임지는 방식이다. 총액인수에서는 자금부담과 발행위험을 줄이고 원활한 매출을 위해 여러 인수회사가 공동으로 **인수단**(underwriting syndicate)을 구성하는 것이 보통이다. 인수단은 주간증권사의 주도하에 구성된다. 인수단에 가입한 인수회사는 지점망을 통해 일반투자자들로부터 청약을 받아 증권을 판매(분매)하고 발행위험을 분담하게 된다.

인수회사는 투자자로부터 받는 판매가격(offering price, subscription price)과 발행회사에 지불하는 인수가격의 차이(spread)를 발행사무와 발행위험에 대한 보수로 받게 된다. 기업의 증권발행은 대부분 총액인수방식으로 이루어지는데 인수회사는 자신이 부담하는 발행위험을 줄이기 위해 인수가격을 낮게 책정하려는 경향이 있다.

(2) 분 매

분매(distribution)는 인수단으로부터 위탁받은 증권을 일반투자자들로부터 청약을 받아서 판매하는 것을 말하며 주로 증권회사가 이를 담당한다. 분매에만 참여하는 분매기관(청약기관)은 매출하지 못한 잔여 증권을 인수할 의무가 없기 때문에 인수단과는 달리 발행위험은 부담하지 않는다.

증권의 발행과정을 설명의 편의를 위해 인수와 분매로 그 기능을 구분했지만 실제로는 인수단이 분매기능도 겸하는 것이 보통이다.

2. 공모발행과 사모발행

증권발행은 투자자를 모집하는 방법에 따라 공모발행과 사모발행으로 구분된다.

사모발행(private placement, private issue)은 발행회사의 발기인, 기존 주주, 임원, 종업원 등 발행회사와 특수관계에 있는 연고자에게 사적(私的)으로 발행증권을 인수시키는 비공개모집방식을 말한다. 사모발행은 절차가 간단하고 단기간에 적은 비용으로 모집할 수 있는 장점이 있지만, 제한된 투자자만을 대상으로 발행하므로 소화능력에 한계가 있을 수 있다.

공모발행(public offering, public issue)은 공개적으로 투자자를 모집하여 판매하는 것을 말한다. 공모발행은 투자자 보호와 증권시장의 안정을 위해서 증권감독기관에 등록(registration)을 거쳐야 한다. 주식은 대부분 공모방식으로 발행되는데 내용에 따라 다음과 같이 구분된다.

(1) 주주할당과 일반공모

주식공모발행은 투자자를 모집하는 방법에 따라 주주할당과 일반공모로 구분된다.

주주할당(rights offering)은 정해진 가격에 발행주식을 살 수 있는 신주인수권(rights)을 기존 주주들에게 지분대로 배정하는 방식이다. **일반공모**(general cash offer)는 일반투자자들을 대상으로 청약을 받아 판매하는 방식이다. 일반공모에서는 인수단이 구성되는 것이 보통이다.

(2) 최초주식공모와 기존 기업의 주식발행

공모발행은 기업을 공개하면서 최초로 주식을 발행하는 **최초주식공모**(initial public offering: IPO 또는 unseasoned new issue)와 이미 주식을 발행한 적이 있는 기업이 유상증자 등을 위해 주식을 발행(seasoned new issue)하는 경우로 구분할 수 있다. 최초주식공모(IPO)는 일반공모로 발행되지만 유상증자는 주주할당이나 일반공모가 모두 가능하다.

그림 11-1 상장공모 청약(예)

3. 증권발행과 기업가치

기업은 기업가치를 증가시킬 수 있는 투자기회가 있을 때 장기자본을 조달할 것이기 때문에 기업이 장기자본조달계획을 공표하면 주가가 상승할 것으로 생각하기 쉽다. 그러나 실제로는 기업이 회사채발행을 공표하면 주가에 커다란 변동이 없지만 주식발행을 공표하면 주가가 하락하는 것이 일반적인 현상이다. 이러한 현상은 정보의 비대칭, 주식발행의 정보효과, 주식발행비용 때문인 것으로 설명되고 있다.

4. 주식발행비용

주식발행비용(flotation costs)은 실제로 지출되는 각종 직·간접 비용 이외에도 인수회사에 지급하는 스프레드와 주가하락에 의한 손실이 포함된다. 주식발행방법에 따라 발행비용이 달라지기 때문에 주식발행방법을 선택하는 데는 발행비용이 중요한 요소로 작용한다.

전자증권제도

9월 16일 전자증권제도가 도입돼 상장 주식과 채권 등 주요 증권의 발행, 유통, 권리행사가 실물 없이 이뤄진다. 전자증권제도는 OECD 36개국 중 (독일과 오스트리아를 제외한) 34개국이 도입한 선진 자본시장 제도이다.

전자증권제도란 증권을 실물로 발행하지 않고 전자등록기관의 전자등록부에 증권 및 그 소유관계사항을 등록(등록발행)하고, 전산장부상으로만 등록증권의 양도·담보설정·권리행사 등이 이루어지는 제도이다. 즉 증권발행부터 소멸까지 전 과정을 전자화하는 것으로 다음과 같은 효과를 기대할 수 있다.

- 발행회사는 주식사무가 간소화되고, 자금조달 편의가 높아진다.
- 투자자는 실물증권의 위변조·분실할 위험이 없어진다.
- 실물증권 발행에 따른 비용을 절감할 수 있다.
- 증권거래의 투명성이 증대되고, 자본시장의 경쟁력은 강화된다.

(한국예탁결제원: 2019. 09)

제3절 주 식

주식은 주식회사의 형태를 가진 기업이 자기자본을 조달하기 위해 발행하는 유가증권이며 기업의 가장 기본적인 자본조달 수단이다. 주식에는 보통주와 우선주가 있지만 일반적으로 보통주를 의미한다.

1. 보통주와 우선주

(1) 보통주

보통주(common stock)는 주식회사에 출자한 증표로 주주에게 발행되는 유가증권이며 기업이 가장 안전하고 장기적으로 이용할 수 있는 영구적인 자본이다. 보통주주는

그림 11-2 보통주의 견양

기업의 소유주로서 이익배분 청구권, 경영참가권과 함께 회사가 해산할 경우에는 잔여 재산을 분배받을 수 있는 권리를 가지며, 기업의 경영성과에 대해서는 유한책임(limited liability)만을 진다. 주주는 의결권을 행사할 수 있으며, 주권을 타인에게 양도할 수 있고, 회사장부를 열람할 수 있는 권리도 가지고 있으며, 이사를 선출하여 직·간접적으로 경영에 참여하게 한다.

(2) 우선주

우선주(preferred stock)는 이익배당이나 기업청산시 잔여재산분배에서 보통주보다 우선적인 지위가 인정되는 주식이다. 우선주에 대한 배당은 보통주보다는 우선하지만 지급의무사항은 아니다. 우선주의 잔여재산청구권도 그 한도가 우선주의 액면가로 한정된다. 우선주는 법률이나 회계장부상으로는 자기자본으로 처리되지만 우선주에 대한 확정배당금은 고정적인 재무비용의 성격을 가지므로 회사채와 보통주의 성격이 복합된 증권이라고 할 수 있다.

우선주는 이익배당과 재산청구 등 경제적 이익에 관심을 둔 증권이므로 의결권이 주어지지 않는 것이 보통이다.

2. 액면주와 무액면주

주식은 주권에 표시되는 액면금액의 유무에 따라 **액면주**(par value stock)와 **무액면주**(non-par value stock)로 구분된다.[2)]

한국에서는 액면주 발행을 원칙으로 하고 있으며 주당 액면금액은 최저 100원 이상으로 균일해야 한다. 액면가는 주식시세표에서 주식의 종목에 붙는 영문자(A(100원), B(200원), C(500원), D(1,000원), E(2,500원))로 구분하며 액면표시가 없는 것은 액면가

2) 2012년 4월 개정상법 시행으로 기업의 재무관리 편의성을 높인다는 취지에서 무액면주식 발행이 허용되었다. 이를 통해 기업들은 주주총회 특별결의와 법원의 인가를 받지 않고 발행가만을 결정해 주식을 발행할 수 있게 되어 자금조달이 용이해진 반면, 투자자들의 입장에서는 한계에 도달한 부실한 기업들의 무분별한 증자시도로 인한 위험증가가 우려되는 상황이다.

5,000원을 의미한다.

액면가액의 합계(액면가 × 발행주식수)는 재무상태표상에 자본금으로 표시된다.[3] 한편 무액면주는 자본과 출자와의 관계가 명확하지 않은 단점이 있지만 주가에 따라 수시로 주식을 발행할 수 있는 이점이 있다.

3. 기명주와 무기명주

기명주식(bearer stock)은 주권에 주주의 이름이 기재되는 주식이다. 기명주는 주주명단을 명확하게 파악할 수 있는 장점이 있으나, 주식의 신속한 유통이 어렵고 비용이 많이 드는 단점이 있다. **무기명주식**(non-bearer stock)은 주권에 주주의 이름이 명시되지 않고 주식을 소유한 사람이 주주로서 인정을 받게 되는 주식이다. 매매거래가 신속하고 간단하며 거래의 기밀이 유지될 수 있는 장점이 있다.

한국에서는 상법상 기명주식의 발행을 원칙으로 하고 있으나, 정관의 규정에 의해 무기명주식도 발행이 가능하다. 무기명주식을 발행하면 의외의 주주에 의해 경영권을 지배받거나, 주주총회에서 정족수를 확보하지 못하는 경우가 발생할 수도 있다.[4]

4. 의결권주와 무의결권주

일반적으로 보통주는 의결권을 갖는 **의결권주**(voting stock)이다. **무의결권주**(non-voting stock)는 우선적으로 이익배당을 받는 대가로 의결권이 주어지지 않는 주식을 말한다. 기업(대주주)의 입장에서 무의결권주를 발행하면 경영권을 침해받지 않으면서도 자기자본을 조달할 수 있는 이점이 있다. 경영권보다는 높은 배당소득을 원하는 투자자

3) 무액면주는 액면금액이 없으며 자본에 대한 비율만을 표시한다. 무액면주의 경우 발행기준가가 없으므로 발행가를 자본금으로 처리하는 것이 원칙이지만, 발행가의 일부를 자본금으로 하고 나머지는 자본준비금으로 하기도 한다.

4) 무기명주를 발행하는 경우에는 권리행사자를 확정하기 위하여 주권을 회사에 공탁하도록 되어 있다. 대부분의 상장주식은 주주가 주권을 직접 보관하지 않고 증권예탁원에 예탁되어 있으며, 매매거래가 이루어지면 증권예탁원에서 자동적으로 명의개서가 이루어진다.

들에게는 무의결권주가 매력적인 투자가 될 수 있다. 무의결권주는 이익배당을 받지 못하면 의결권을 행사할 수 있다.

한국의 상법에는 “정관으로 이익배당에 관해 우선적 내용이 있는 주식에 대하여 주주에게 의결권을 부여하지 않을 수 있다”고 규정하고 있어 무의결권주의 발행이 가능하다.[5] 하지만 의결권을 가진 소수의 주주에 의해 기업이 지배되는 폐단을 방지하기 위하여 무의결권주의 수가 총발행주식수의 1/4을 초과하지 못하도록 제한하고 있다.

5. 우선주의 종류

(1) 누적적 우선주와 비누적적 우선주

누적적 우선주(cumulative preferred stock)는 기업이 예정된 배당을 지급하지 못하거나 우선주의 배당률에 미달하는 수준의 배당금을 지급하는 경우에 미지급배당금을 이월시켜서 다음 결산기의 배당금에 누적하여 지급하는 우선주이다. 미지급된 배당은 보통주에 대한 배당보다 우선적으로 지급된다. 대부분의 우선주는 누적적 우선주이다. **비누적적 우선주**(non-cumulative preferred stock)는 해당 연도에 지급되지 않은 배당금이 다음 결산기로 이월되어 누적되지 않고 그 해로 끝나는 우선주이다.

(2) 참가적 우선주와 비참가적 우선주

참가적 우선주(participating preferred stock)는 일정률의 우선배당을 받은 후에도 배당이 가능한 잔여이익이 있는 경우에 보통주와 동등하게 잔여이익의 배당에 참여할 수 있는 참가적 성격을 가진 우선주를 말한다. **비참가적 우선주**(non-participating preferred stock)는 추가적인 이익분배에 참여할 수 없는 우선주를 말한다.

5) 개정 상법에서는 의결권이 없는 보통주 이외에도 영업양도·합병·정관개정 등 주주총회 특별 결의사항에서만 의결권을 가지는 주식, 특별 재산으로만 배당을 받을 수 있는 주식 등도 발행이 가능하게 되었다.

(3) 누적적-참가적 우선주

누적적-참가적 우선주(cumulative-participating preferred stock)는 누적적 우선주에 참가적 우선주의 특성이 합해진 우선주를 말한다.

(4) 상환우선주와 전환우선주

우선주는 형식적으로는 보통주와 마찬가지로 만기가 없는 영구자본이지만 실질적으로는 상환이나 전환의 규정을 두는 것이 보통이다.

상환우선주(redeemable preferred stock)는 우선주로 발행된 후 만기가 되면 회사채와 마찬가지로 상환된다. 대부분의 경우 상환가격(call price)을 발행가격보다 높게 정해서 상환프리미엄(call premium)을 지불하는데 상환시기가 빠를수록 많은 프리미엄이 지불된다.

전환우선주(convertible preferred stock)는 우선주 소유자의 의사에 따라 보통주로 전환할 수 있는 우선주이다. 전환우선주에는 수의상환조항이 첨부되어 발행되는데 우선주의 시가가 수의상환조항에 정해진 상환가격보다 높아지면 기업은 수의상환을 하려고 할 것이고, 이때 우선주 소유자가 수의상환되는 것보다 유리하다고 판단하면 보통주로 전환하게 된다.

(5) 신형우선주와 구형우선주

유상증자를 할 때 보통주를 가진 주주에게는 보통주를 배정하고, 우선주를 가진 주주에게는 우선주를 배정하게 되어 우선주를 가진 주주는 상대적으로 불리한 입장에 있게 된다. **신형우선주**는 이러한 우선주의 단점을 보완하기 위해 1996년 12월 1일부터 개정된 상법에 의해 발행되는 우선주를 말한다. 신형우선주는 배당률을 보통주배당률에 연계시키지 않고 자유롭게 정할 수 있으며 최저배당률을 보장해주거나 일정기간(보통 3~10년)이 경과한 후 보통주로 전환할 수 있는 우선주를 말한다. 신형우선주는 보통주 종목에 “2우”라고 표기된다.

구형우선주는 신형우선주가 발행되기 이전의 우선주를 말하는데, 주로 보통주보다 액면가의 1% 만큼 배당을 더 지급하는 조건으로 발행된 비전환, 비누적적 우선주이다.

제4절 주식발행

주식이 발행되는 가장 일반적인 경우는 주식회사의 설립, 기업공개, 증자 등이다. 이밖에도 주식배당을 지급할 때, 전환사채의 전환권과 신주인수권부사채의 인수권이 행사될 때, 스톡옵션이 행사될 때에도 주식이 발행된다.

1. 주식회사의 최초 설립

주식회사가 설립되기 위해서는 발기인에 의해 정관(charter)이 작성되고 설립등기가 되어야 한다. 우리가 택하고 있는 **수권자본제도**에서는 정관에 회사가 발행할 수 있는 주식의 총수(**수권자본금**)를 정하고, 설립 당시에는 수권자본의 1/4 이상만 납입(발행)하면 된다. 회사가 설립된 이후에는 필요에 따라 이사회의 결의를 거쳐 수권자본 내에서 수시로 신주를 발행하여 신속하게 자본조달을 할 수 있다.

주식회사의 설립은 발행되는 주식의 인수와 모집 방법에 따라 발기설립과 모집설립으로 구분된다. **발기설립**은 회사창설을 주관하는 발기인이 발행주식을 모두 인수하는 방법이다. 그러나 기업의 규모가 커서 소수의 발기인이 발행주식을 모두 인수할 수 없는 경우에는 발행주식의 일부만을 발기인이 인수하고 나머지는 일반에게 공모하여 발행하는데 이를 **모집설립**이라고 한다.

2. 기업공개

기업공개(going public)란 1인 또는 몇몇 대주주가 소유하고 있는 주식회사의 지분을 일반대중에게 공개하여 주식소유를 분산시키는 것을 말한다. 기업공개를 통해 소유지분이 분산된 기업을 **공개기업**이라고 한다. 기업공개는 주식을 새로 발행하여 일반투자자에게 공모하는 **신주모집**과 이미 발행되어 기존 주주가 소유하고 있는 주식의 일부를 일반투자자에게 매각하는 **구주매출**이 있는데, 두 방법이 동시에 병행되기도 한다. 신주모집에서는 주식매각대금이 회사로 유입되는 반면 구주매출에서는 주식매각대금이 기업이 아닌 기존 주주들에게 돌아간다.

1) 기업공개와 상장

공개기업의 주식은 한국거래소에 상장(listing)되어 거래되는 것이 보통이다.[6] 한국거래소에 신규 상장되기 위해서는 상장신청일 6개월 이전에 모집 또는 매출한 주식의 총수가 발행주식의 30% 이상이 되도록 규정하고 있다. 따라서 기업공개를 할 때에는 기업공개 후에 가지게 될 자본금의 30% 이상을 공모방식으로 일반투자자들로부터 조달하여야 한다.

2) 기업공개의 의의

일반적인 기업의 발전과정은 개인기업으로부터 출발하여 주식회사의 형태를 거쳐 적절한 시점에 공개기업이 되는 것이다. 기업공개는 다음과 같은 경제·사회적인 의의가 있다.

① 기업의 소유권이 대중에게 분산되어 경제력의 집중을 막고, 기업의 성장과 발전에 대한 과실이 일반 대중에 분배되는 대중자본주의와 증권자본주의를 실현할 수 있다.

② 기업의 성장에 필요한 자금을 기업주 개인의 자금이나 은행차입과 같은 간접금융만으로 조달하는 데는 한계가 있다. 기업공개는 직접금융을 통한 기업의 자금조달능력을 증대시킨다.

③ 기업공개로 소유와 경영이 분리되면 전문경영인에 의한 경영이 가능해지고 기

6) 과거에는 기업의 공개가 상장(listing)을 전제로 이루어져서 기업공개는 곧 상장을 의미하였다. 그러나 1999년부터는 공개와 상장이 분리되어 공개와 상장이 반드시 함께 이루어질 필요가 없다. 예를 들어, 인터넷을 통한 기업공개(사이버 주식공모)는 상장과는 무관하게 기업을 공개하는 방식이다.

업의 투명성과 공신력을 높일 수 있다.[7)]

④ 투자자들은 다양한 투자와 자산증식의 기회를 가질 수 있으며, 창업자는 창업과 기업의 성장에 대한 과실을 현금으로 보상받을 수 있다.

이와 같은 긍정적인 역할 때문에 기업공개를 장려하기 위해 세제와 법률상의 혜택이 주어지고 있다. 공정하고 합리적인 기업공개를 통해 투자자를 보호하고 증권시장의 안정성을 지키기 위해서 기업공개를 원하는 기업은 일정한 요건을 갖추어야 하며, 공개에 부적당하다고 판단되는 기업에 대해서는 증권선물위원회가 공개를 금지하고 있다.

3) 기업공개 시 발행가격의 결정

기업공개 시 발행가격(공모가)은 기존 주주와 신규 투자자의 이해에 영향을 미치게 된다. 이론적으로 주식은 기업의 실질가치를 반영하는 가격으로 발행되어야 하지만 기업공개의 경우에는 기준이 될 시장가격이 존재하지 않기 때문에 발행가격을 결정하기가 더욱 어렵다. 발행가격을 높게 정하면 기업은 일정한 수량의 주식을 발행하여 상대적으로 많은 자금을 조달할 수 있고, 기존 주주들은 소유주식의 가치를 높게 평가받을 수 있다. 하지만 주식을 인수하는 신규 투자자들은 발행가격이 낮을수록 높은 투자수익을 얻을 수 있다.

공모주식의 발행가격은 금융위원회가 정한 규정에 따라 산정된 발행가격을 기준으로 발행회사(공개기업)와 주관증권사가 협의하여 기업가치와 발행 당시 경제와 증권시장의 상황 등을 종합적으로 고려하여 자율적으로 결정한다. 발행가격은 상장 이후 시장에서 형성되는 주가에 비해 낮게 책정되는 경향이 있는데 이러한 현상은 인수기관이 발행주식이 일반투자자들에게 모두 매각되지 않는 위험을 줄이기 위해 가능한 발행가격을 낮추려고 하기 때문인 것으로 이해되고 있다. 〈표 11-1〉은 발행가격을 산정하는 데 기준이 되는 기업가치를 나타낸다.

---

7) 소유와 경영의 분리에서 발생하는 대리인 문제 때문에 기업의 효율성이 떨어지는 경우도 생각할 수 있다. 외국에서는 공개기업의 주식을 기존 경영진과 같은 소수의 투자자가 매입하여 개인기업화(going private)하는 경우도 발생하고 있다.

표 11-1 기업가치의 종류와 내용

기업가치	내 용
수익가치	발행기업의 미래수익을 할인하여 현재가치로 환산한 금액으로 주당 추정이익을 할인율로 나눈 값으로 계산된다.
자산가치	발행기업의 주당 순자산가치를 의미하며 주식발행 후 수정재무제표를 기준으로 산출된다.
상대가치	같은 업종에 속한 유사기업의 주가평균, 주당이익, 주당순자산을 비교하여 평가한 상대적인 가치를 말한다.

IPO 신기록의 씁쓸한 이면

SK바이오팜부터 카카오게임즈, 빅히트엔터테인먼트를 중심으로 올해 기업공개(IPO) 시장에는 공모주 청약 '광풍'이 불었다. 코로나19 여파로 시장이 위축되면서 많은 기업들이 IPO를 미뤘던 상반기와는 분위기가 180도 다르다.

SK바이오팜은 빅이벤트의 시작이었다. SK바이오팜이라는 신약개발회사의 성공 가능성에 수많은 사람들이 몰려들었다. 결과는 성공, SK바이오팜은 상장 첫 날부터 '따상(공모가 2배 가격으로 시초가를 형성해 상한가 기록)'에 성공했고, 3거래일 연속 상한가를 기록했다. 4만 9,000원에 공모주를 배정받은 투자자들은 소위 대박을 경험한 것이다.

공모주 투자자들의 기대는 상장 후 실망으로 바뀌기도 했다. 상장 초반 상한가 행진을 이어갔던 SK바이오팜, 카카오게임즈와 달리 빅히트는 첫 날부터 하락 마감했다. 공모가는 크게 웃돌았지만, 대박을 바라는 투자자들의 기대치에는 못 미쳤다. 빅히트 주가가 시초가 27만원에서 상장 3일 만에 20만원 밑으로 떨어지면서 각종 인터넷 게시판에는 '빅히트 주식을 환불받고 싶다'는 글이 이어졌다.

청와대 국민청원에 나서야 한다는 얘기까지 나오고 있다. 공모 가격을 산정하는 과정이 의심스럽다는 의혹으로 번지는 형국이다. 빅히트의 공모가격이 어떻게 결정된 것인지 밝혀달라는 청원글이 올라온 것이다. 공모가는 주관사(증권사)와 발행사(기업)가 협의해 결정한다. '대어'로 불리는 종목인 만큼 투자자 입장에서는 답답할 수 있겠지만 해당 종목에 대한 투자 여부는 투자자의 몫이다. 공모주 청약은 로또가 아니다. 공모주 열풍에 취하지 말고 냉철한 투자 기준과 판단이 필요하다.

(뉴스토마토: 2020. 10)

3. 유상증자

증자는 주권을 교부받는 대가로 투자자들이 주식대금을 기업에 납입하는 유상증자와 주식대금의 납입이 없이 신주가 발행되는 무상증자로 구분된다. 유상증자와 무상증자를 동시에 시행하는 경우가 많은데 병행증자와 포괄증자로 구분된다. **유·무상 병행증자**에서는 유상증자와 무상증자가 별개로 취급되어 유상증자에 참여하지 않더라도 무상증자에는 참여할 수 있다. **유·무상 포괄증자**에서는 유상증자에 참여하여 주식대금을 납입하지 않으면 무상증자에도 참여할 수 없다.

유상증자의 일차적인 목적은 자금조달이지만 유상증자방식과 신주의 발행가격에 따라 주주의 부와 기업지배권에 변동이 발생하기 때문에 주주들에게 증자방식과 발행가격은 매우 민감한 문제이다.

1) 유상증자방식

유상증자는 발행되는 신주를 인수할 수 있는 신주인수권(rights)을 배정하는 방식에 따라 다음과 같이 구분한다.

구주주배정(주주할당발행)은 기존 주주에게 지분에 따라 신주인수권을 배정하는 방식으로 유상증자 후에도 기존 주주의 지분이 그대로 유지되어 재산권과 경영권이 보호되는 가장 전통적인 방식이다. 주주는 지분대로 신주인수권을 배정받을 권리를 갖지만 기존 주주들에게만 의존하여 필요한 자금을 조달할 수 없는 경우에는 정관의 예외규정을 통해 제3자에게 신주인수권을 배정할 수도 있다.

우리사주조합의 자사주 취득

종업원지주제도란 회사가 특별한 편리를 제공하여 종업원이 자사주를 취득·보유할 수 있도록 하는 제도이다. 이때 종업원들은 우리사주조합을 결성하여 유상증자나 기업공개시 자사주를 우선적으로 배정받거나 상여금을 대신해서 주식을 지급받게 된다.

종업원지주제도를 통해 다음과 같은 효과를 기대할 수 있다. ① 종업원이 주주로서 이익에 참여함으로써 노사분규가 줄고 생산성이 향상된다. ② 시장가격보다 유리한 조건으로 구입하면서 기업으로부터 융자금과 세제혜택을 받을 수 있으므로 종업원의 재산형성에 도움이 된다. ③ 주식을 장기적, 안정적으로 보유하는 주주를 확보함으로써 주가가 안정되고, 기업 외부로부터의 적대적 합병인수에 의한 경영권 분쟁에서 우호적인 지분을 확보할 수 있는 장점이 있다. ④ 그러나 기업이 파산할 경우 종업원은 근로소득과 자산소득을 동시에 잃을 위험도 있다.

제3자배정(연고자할당발행)은 회사와 특수한 관계가 있는 연고자(임원, 거래처, 근로자)에게 신주인수권을 배정하는 방식이다. 배정내용에 따라 회사의 경영권에 변화가 오고 기존 주주에게 손실이 발생할 수도 있으므로 주주총회의 의결을 거쳐야 한다. 근로자 단체인 우리사주조합에 신주발행물량의 일정량을 배정하는 것도 제3자배정에 속한다.

일반공모(general cash offer)는 발행기관(증권회사)이 발행총액을 인수하여 일반투자자들에게 청약신청을 받아 신주를 발행하는 방법이다. 기존 주주의 지분이 감소하여 경영권이 침해될 수도 있고, 발행가격이 너무 낮은 경우에는 기존 주주에게 손실이 발생하므로 주주총회의 의결을 거쳐야 한다.

주주우선공모발행(standby rights offer)은 구주주배정, 제3자배정, 일반공모를 시차를 두고 결합한 방법이다. 우선 기존 주주나 우리사주조합에게 신주인수권을 배정하고, 만약 미청약분(실권주)이 발생하면 일반투자자에게 일반공모를 하고, 그래도 미청약분이 발생하면 인수회사가 나머지를 인수하는 방식이다. 기존 주주의 권익도 보장하고, 실권주 발생에 따른 위험도 피할 수 있기 때문에 가장 일반적으로 사용되는 방법이다.

2) 신주발행가격의 결정

유상증자에서 기존 주주에게는 신주의 발행가격이 높을수록 유리하지만, 발행물량을 원활하게 소화시키기 위해서 발행가격을 기존의 주가보다 할인해서 발행하는 것이 보통이다. 따라서 유상증자 이후의 주가는 유상증자 이전의 주가와 발행가격의 중간 수준에서 형성되는 것이 보통인데 이를 **주가의 희석화**(dilution of stock value)라고 한다.

3) 신주인수권의 가치

신주인수권이 가치를 갖는 이유는 신주발행가격이 시장가격보다 낮게 결정되기 때문이다.

4) 신주배정방식과 주주간 부의 이전

신주의 발행가격은 기존의 주가를 기준으로 결정되고, 신주의 발행가격에 따라 유상증자 이후의 주가도 영향을 받게 된다. 따라서 신주의 발행가격과 신주를 배정하는 방식에 따라 기존 주주(구주주)와 신주주 사이에 부의 이전이 발생할 수도 있다.

신주배정방식과 주주간 부의 이전

자기자본만을 사용하는 (주)한국은 50%의 유상증자를 계획하고 있는데 현재 발행주식수는 1,000주이고 주가는 10,000원이다. 발행가격과 신주배정방식에 따라 다음과 같이 부의 이전이 발생할 수 있다.

현재 주가(10,000원)에 주식이 발행되는 경우에는 부의 이전이 발생하지 않는다. 그러나 현재 주가보다 낮은 가격에 발행되는 주식을 기존 주주가 아닌 다른 투자자들이 인수하는 경우에는 기존 주주의 부가 발행주식을 인수하는 투자자(신주주)에게 이전된다. 시가보다 할인된 가격에 주식을 발행하는 것이 일반적인 상황에서 신주인수권을 기존 주주에게 우선적으로 배정해야 하는 이유가 여기에 있다.

반대로, 현재 주가보다 높은 가격에 주식을 발행하는 경우에는 기존 주주의 부가 증가하는데 이것은 발행주식을 인수하는 투자자(신주주)들로부터 이전되는 것이다. 하지만 이러한 경우에는 신주청약이 미달되어 유상증자를 통한 자금조달에 실패할 가능성이 크다. 그러나 정보와 투명성이 부족한 상태에서 기업의 임원이나 대주주가 기업의 내용을 과대 포장하여 부풀려진 가격으로 주식을 발행하는 경우도 있는데 이를 "물타기 증자"라고 한다.

① 발행주식을 모두 기존 주주 이외의 투자자가 인수하는 경우

	신주 발행 가격(A)		
	7,000원	10,000원	13,000원
신주 발행대금	350만원	500만원	650만원
유상증자 후 기업가치	1,350만원	1,500만원	1,650만원
유상증자 후 주가(B)*	9,000원	10,000원	11,000원
기존 주주의 손익(B−10,000원)	주당 1,000원 손실	0	주당 1,000원 이익
신주주의 손익(B−A)	주당 2,000원 이익	0	주당 2,000원 손실

* 유상증자 후 주가(B) = 유상증자 후 기업가치/1,500주

② 발행주식을 모두 기존 주주가 인수하는 경우

발행가격에 따라 유상증자 이후에 주가가 달라지고 보유주식수가 증가하지만 주주들의 부와 지분권에는 아무런 변동이 없다. 신주인수권(rights)이 기존 주주에게 우선적으로 배정되어야 하는 이유가 여기에 있다.

5) 신주인수권의 행사와 주주의 부

신주인수권을 배정받은 주주는 신주인수권을 행사하여 신주를 인수(유상증자에 참여)하거나, 신주인수권을 시장에서 매각할 수 있다. 신주인수권이 공정한 가격에 거래된다면 어떠한 선택을 하더라도 주주의 부에는 변동이 없다. 신주인수권을 행사하면 지분을 유지할 수 있지만 신주인수권을 매각하면 지분이 감소하게 된다.

4. 무상증자

무상증자는 재무상태표상의 자본잉여금의 일부 또는 전부를 자본금으로 전입하면서 그에 해당하는 금액만큼 주식을 발행하여 기존 주주들에게 지분대로 무상으로 배분하는 것을 말한다.[8] 무상증자는 실제 자금조달은 없으면서 자본금이 증가하는 형식적인 증자이다. 무상증자를 통해 예비 자기자본이 영구자본으로 확정된다고 할 수 있다.

무상증자

자본금이 5,000만원(액면가 5,000원, 발행주식수 10,000주)인 (주)한국에서 자본잉여금 중 1,000만원을 자본금계정에 전입하기 위해 20%의 무상증자를 실시하는 경우 자기자본구성에는 다음과 같은 변동이 발생한다.

---

8) 자본잉여금은 정상적인 영업활동이 아닌 자본거래를 통해 발생하는 이익으로 주식발행초과금, 감자차익, 자기주식처분이익 등이 있다. 주식발행초과금은 주식의 발행가액과 액면가액과의 차이를 말한다. 유상감자는 감자대가를 지불하고 자사주를 매입하여 소각함으로써 자본금을 축소시키는 것을 말한다. 유상감자를 할 때 지불하는 감자대가가 액면자본금의 감소분보다 작으면 감자차익이 발생하게 된다. 기업이 취득한 자기주식을 취득원가보다 비싸게 매각하면 자기주식처분이익이 발생하게 된다.

(주)한국의 자기자본구조

	무상증자 전	무상증자 후
자본금	5,000만원	6,000만원
자본잉여금	2,000만원	1,000만원
이익잉여금	1,000만원	1,000만원
자기자본합계	8,000만원	8,000만원

무상증자로 발행주식수는 10,000주에서 12,000주로 20% 증가하고, 자본금은 1,000만원 증가하지만 자기자본합계는 변함이 없다.

무상증자는 자본계정상의 변동이기 때문에 이론적으로는 주주의 부에 변동이 없다. 그러나 무상증자로 주식수가 증가하면 배당금 수령액이 증가할 가능성이 있고, 무상증자가 기업의 긍정적인 미래 전망을 시장에 알리는 효과(정보효과)가 있기 때문에 무상증자는 주가 상승으로 이어지는 경우가 많다.

5. 주식배당

주식배당(stock dividend)은 주주들에게 현금 대신 주식을 발행하여 배당을 지급하는 것을 말한다. 주식배당도 발행주식수는 늘지만 기업에 새로운 자본이 조달되는 것은 아니라는 점에서는 무상증자와 같다. 그러나 무상증자에서는 준비금이 자본금으로 전환되는 반면, 주식배당에서는 이익잉여금이 자본금으로 전환되는 차이가 있다.

6. 액면(주식)분할과 주식병합

액면분할(stock split) 또는 주식분할은 자본금에는 변동이 없이 주식을 추가로 발행하여 무상으로 교부하는 것이다. **주식병합**(reverse split)은 주식분할과는 반대되는 개념으로 주식을 병합하여 발행주식수를 감소시키는 것을 말한다.

7. 전환우선주와 전환사채의 전환

전환우선주나 전환사채의 소유자가 전환권을 행사하면 이들 증권은 미리 정해진 조건으로 보통주와 교환된다. 전환우선주가 보통주로 전환되는 경우에는 자기자본에 변동이 없지만 전환사채가 보통주로 전환되는 경우에는 타인자본이 감소하는 대신 자기자본이 증가하게 되어 증자의 효과가 있다.

제5절 채 권

채권(bond)은 채권의 발행자가 자금을 차입하면서 채권자에게 '일정한 조건'으로 원리금을 상환하겠다는 약속증서이다. 여기서 말하는 '일정한 조건'에 따라 채권의 종류는 매우 다양하며 채권발행주체, 이자지급과 차입금 상환방식, 채권자의 권리, 채무자의 의무에 따라 구분할 수 있다.

1. 발행주체와 채권(국공채, 회사채)

채권은 발행주체에 따라 크게 국공채와 회사채로 분류된다. 국공채는 다시 발행주체가 중앙정부인가 지방정부(지방자치단체)인가에 따라 국채와 지방채로 분류된다. 넓은 의미의 국공채에는 특별법에 의해 설립·운영되는 정부관리기업(지하철공사, 한국도로공사, 한국수자원공사 등)이 발행하는 공기업채권(공사채)과 특별법에 의해 설치된 금융기관(KDB산업은행, IBK중소기업은행 등)이 발행하는 금융채가 포함된다. 공사채와 금융채는 정부의 보증과 규제를 받고 있기 때문에 이를 특수채라고 한다.

국채는 국가의 조폐권과 조세징수권을 근거로 발행되기 때문에 원리금상환이 보장되는, 즉 채무불이행위험이 없는 무위험자산(risk-free asset)이다. 통화안정증권(통안채)은 중앙은행인 한국은행이 통화량 조절을 목적으로 발행하는 채권이다. 미국 재무성(Treasury Department)이 발행하는 미국 국채인 T-Bill(Treasury Bill), T-Note, T-Bond는 국제금융시장에서 (기축통화로서 미달러의 역할 때문에) 중요한 역할을 하고 있다.

지방채(municipal bonds, munis)는 지방정부(지방자치단체)의 조세징수권을 근거로 발행된다. 지방정부의 권한이 확대되는 추세에 비추어 지방채의 발행은 점차 활성화될 전망이다. 지방채와 금융채는 중앙정부가 묵시적으로 또는 명시적으로 원리금상환을 보장하는 경우가 많기 때문에 국채와 마찬가지로 무위험채권으로 인식되는 경우가 많다.

발행주체에 따른 채권	
국 채	국고채권. 재정증권. 국민주택채권
지방채	도시철도채권, 지역개발채권, 공모지방채, 기타지방채
특수채	통화안정증권, 금융특수채, 비금융특수채
회사채	일반사채, 주식관련사채, 금융회사채

회사채는 일반기업의 회사채를 말하는데 원리금지급방법, 권리내용 등에 따라 다양한 회사채가 발행된다.[9)]

2. 회사채의 발행절차

회사채를 발행하려는 기업은 우선 이사회에서 관련 사항(발행예정액, 자금의 용도, 회사채의 종류, 이자율과 이자지급방법, 상환기간 및 상환방법, 발행가격 등)을 의결하고, 회사채를 인수할 투자은행(주관회사)을 선정한다. 보증사채의 경우에는 원리금상환을 보증할 금융기관과 보증계약을 체결한다. 그 후 증권선물위원회에 유가증권신고서를 제출하여 효력발생을 통고받으면 사채발행안내공고를 내고, 인수회사(증권회사, 종합금융회사 등)가 사채청약서를 배포하여 투자자들로부터 청약을 받는다.

9) 정부관리기업(공사)에 의해 발행되는 공사채는 내용적으로는 국공채에 가깝지만 명목적으로는 회사채로 분류하기도 한다.

회사채는 대부분 총액인수방식으로 발행된다. 인수단은 발행회사로부터 사채발행 총액의 일정비율을 인수수수료로 받으며 청약미달사태가 발생하면 계약내용에 따라 인수단이 미청약된 사채를 인수하게 된다. 사채발행금액이 납입되면 발행회사는 청약한 투자자(사채매입자)들에게 회사채를 발행하여 교부한다.

3. 회사채의 종류

회사채는 이자지급방식, 만기, 발행기업과 채권자의 권리내용에 따라 구분할 수 있다.

(1) 이자지급방식에 따른 구분

이표채(coupon bond) 또는 쿠폰채는 채권의 권면에 붙어 있는 이표(coupon)를 떼어 정해진 이자지급일에 제시하여 이자를 지급받고, 만기일에 액면금액을 (마지막 이자와 함께) 상환받을 수 있는 채권이다. 한국에서 발행되는 대부분의 회사채는 3년 만기에 이자를 매 3개월마다 후급하는(즉 12개의 이표가 붙어 있는) 이표채이다. 흔히 만기까지 정기적으로 지급되는 이자를 쿠폰(coupons)이라고 한다.

할인채(discount bond) 또는 **순수할인채**(pure discount bond, original discount bond)는 만기까지의 이자를 미리 액면금액에서 할인(공제)한 금액에 발행하고 만기일에 액면금액을 상환하는 채권이다. 할인채는 단기국공채처럼 만기가 짧고 신용위험이 적은 기관에 의해 발행되는 것이 보통이다. 한국에서 발행되는 할인채에는 한국은행이 발행하는 통화안정채권(통안채)과 산업은행이 발행하는 산업금융채권(산금채)이 있다. 만기 1년 미만의 할인채는 "bill"이라고 부르는데 미국의 국채인 T-Bill은 만기 1년 미만의 할인채이며 국제금융시장에서 가장 거래가 활발한 채권이다.

복리채(compounding bond)는 중간 이자를 만기까지 복리로 계산하여 만기에 액면가와 함께 지급하는 채권이다.

이표채이면서 액면가 이하로 발행 또는 거래되는 채권을 할인채(discount bond)라고도 하며, 액면가 이상으로 발행 또는 거래되는 채권을 할증채(premium bond)라고 한다.

고할인채(deep discount bond)는 같은 신용등급을 가진 일반사채에 비해 액면이자가 절반 정도인 대신 액면가로부터 상당히(20% 이상) 할인되어 발행되는 채권을 말하는데 통상 OID(original issue discount bond)로 불리운다. 고할인채는 비교적 만기가 길고 발행기업이 원하면 만기 이전에 상환할 수 있는 수의상환부채권(callable bond)이 대부분이다. 고할인채는 만기 전에 수의상환될 가능성이 낮기 때문에 투자자는 장기간 고수익을 확보(lock in)할 수 있다는 이점이 있다.

제로쿠폰채(zero coupon bond)는 만기까지 쿠폰(지급이자)이 없고 만기에 액면가를 상환하는 채권을 말하는데 순수할인채(pure discount bond)라고도 한다. 순수할인채처럼 처음부터 제로쿠폰채로 발행되는 경우도 있지만, 쿠폰채에서 쿠폰을 따로 분리(strip)하여 별도로 유통시킴으로써 다양한 만기의 제로쿠폰채가 생겨나기도 한다.

복리채의 예

차량을 등록하거나 명의이전할 때 지하철과 국철이 운행되는 서울, 부산, 대구, 인천에서는 도시철도채권(지하철공채)을, 나머지 지역에서는 지역개발채권을 의무적으로 매입해야 한다. 서울의 도시철도채권은 7년 거치 후 일시상환하는데 이자는 연 2.5%로 최초 5년간은 1년 단위 복리로, 나머지 2년은 단리로 계산한다. 지역개발채권은 연 2.5%로 1년 단위 복리로 5년 거치 후 일시상환한다.

(2) 권리내용에 따른 구분

보증사채(guaranteed bond)는 발행자 이외의 기업이나 금융기관이 원리금의 상환을 보증하는 회사채이다. 만약 발행기업이 원리금 상환을 하지 못하는 경우에는 보증기관이 이를 대신 지불해야 한다. 보증사채의 수익률은 발행회사의 신용과는 관계없이 보증기관의 신용에 의해 결정되며, 발행회사는 보증의 대가로 보증기관에 보증료를 지불한다. **무보증사채**는 원리금 상환에 대한 보증 없이 발행회사의 신용에 의해 발행되는 회사채를 말한다.

담보부사채(secured bond)는 발행회사의 특정 자산을 담보로 발행되는 회사채이다.

부동산담보사채(mortgage bond)는 발행회사 소유의 부동산을 담보로 발행된 회사채를 말한다. 유가증권담보사채(collateral bond)는 발행기업이 보유한 다른 기업의 주식이나 채권을 담보로 발행하는 회사채이다. 이때 담보가 되는 주식이나 채권은 특정 수탁기관에 예치해두는 것이 일반적이다.

이처럼 특정 자산을 담보로 발행되는 증권을 통칭하여 **자산담보부증권**(ABS: Asset Backed Securities)이라고 한다. 한국에서는 은행차입이 신용보다는 담보 위주로 이루어지고 있으며 담보부사채를 발행하는 것보다는 은행담보차입이 간단하고 신속하며 비용도 적게 들기 때문에 담보부사채는 잘 발행되지 않고 있다.

채권담보부증권(CBO: Collateralized Bond Obligation)

CBO는 ABS의 일종으로 회사채를 담보로 발행되는 증권이며, 발행시장 CBO와 유통시장 CBO로 구분된다. 발행시장 CBO는 채권발행시장에서 인수기관(underwriter)이 여러 기업의 회사채를 총액인수한 다음 이를 유동화전문회사에 매각하고 유동화전문회사는 이를 기초로 다시 증권을 발행하여 일반에게 매각하는 것을 말한다. 발행시장 CBO는 신용등급이 낮은 개별기업이 자체적으로 회사채를 발행하기 어려울 때 공동으로 자금을 조달할 수 있는 방법이다. 유통시장 CBO는 이미 발행되어 유통되고 있는 회사채를 담보로 발행되는 채권을 말한다.

일반사채(debenture)는 원리금 상환에 대한 금융기관의 보증이나 발행회사의 자산에 대한 담보 없이 순수한 발행기업의 신용에 의해 발행되는 **무보증·무담보 회사채**이다. 일반사채는 기업을 청산할 때 기업자산에 대한 청구권이 주주보다는 우선하지만 담보부사채보다는 뒤진다. 일반사채의 수익률은 이러한 위험이 반영되어 높게 형성된다. 일반사채 중에서도 종속무담보사채(subordinated debenture)는 기업자산에 대한 청구권이 주식보다는 우선하지만 다른 모든 채권보다는 뒤지는 채권이다. 일반사채는 투자자보호를 위해서 재무구조가 건전한 우량기업만이 발행할 수 있는데, 대개 신용평가회사로부터 A등급 이상을 받은 기업에게만 일반사채 발행이 허용된다.

(3) 상환방법에 따른 구분

감채기금채권(sinking fund debenture)은 일반사채의 일종으로 채권의 액면가 상환을 위해 정기적으로 일정 금액을 적립할 것을 조건으로 발행되는 일반사채를 말한다. 감채기금채권은 만기에 액면금액을 상환하지 못할 위험이 줄기 때문에 그만큼 수익률이 낮게 정해진다.

수의상환채권(callable bond)은 발행기업이 만기 이전에 약정된 상환가격(call price)으로 상환할 수 있는 권리를 가진 사채를 말한다. 수의상환사채를 발행하는 기업은 자금조달에 유연성을 확보할 수 있다. 예를 들어, 시중금리가 하락하면 낮은 이자율로 회사채를 발행하여 높은 이자율의 회사채를 조기에 상환함으로써 이자비용을 절약할 수 있다. 중도에 상환되는 채권은 추첨에 의해 결정하는 것이 보통이다. 한편 중도에 (강제로) 상환받는 투자자는 낮은 이자율로 재투자할 수밖에 없는데 투자자의 이러한 불이익을 보상하기 위하여 상환가격을 액면금액(face value)보다 높게 정하는 것이 보통이다. 상환가격과 액면가격과의 차이를 상환프리미엄 또는 콜프리미엄(call premium)이라고 한다. 만기보다 일찍 상환될수록 높은 상환가격(많은 콜프리미엄)이 지급되는 것이 보통이다.

정시분할상환사채는 사채발행 후 일정 기간이 경과한 후부터 추첨 등의 방법에 의해 분할상환하는 회사채이다. 발행기업은 만기에 발행채권을 일시에 전액 상환할 때 발생하는 자금압박을 덜 수 있다.

(4) 이익사채, 이익참가부사채, 금리연동부사채, 인덱스채권

이익사채(income bond)는 발행회사가 실적 부진으로 이자를 지급하지 못하더라도 채무불이행이 되지 않는 회사채를 말한다. 그러나 기업의 이익이 회복되면 미지급이자를 지급해야 한다. 이익사채는 투자자에게는 매력이 적기 대문에 일반기업은 발행하지 않고 이미 재무적 곤경에 빠진 기업이 지급불능채권, 즉 고정금리부사채를 이익사채로 교환하여 발행하는 경우가 대부분이다.

이익참가부사채(participating bond)는 발행회사에 많은 이익이 발생한 경우 정해진 이자 이외에도 채권액면가의 일정률 또는 이익의 일정률을 추가로 지급하는 회사채를 말한다. 여기서 추가지급비율은 미리 정해야 하는데 추가지급비율이 미지급되면 누적되어 나중에 지급해야 한다.

고정금리부사채(fixed income bond)는 기업의 영업이익이나 시장이자율의 변동에 관계없이 항상 일정한 이자를 지급하는 채권을 말한다. 이에 반해 **금리연동부사채**(floating rate bond) 또는 변동금리사채는 최소지급이자율을 정해 놓고 정기예금의 금리나 국채수익률 등 기준이자율에 연동하여 이자를 가감 조정하여 지급하는 채권을 말한다.

인덱스채권(index bond)은 소비자물가지수와 같은 물가지수와 연동하여 물가지수(price index)가 상승한 만큼 이자를 사후에 추가로 지급하는 채권이다. 인덱스채권은 인플레이션으로부터 채권의 실질가치 하락을 막아 채권자의 구매력을 보호해주기 때문에 구매력채권이라고도 한다. 주로 전쟁 등으로 물가상승이 심한 국가에서 발행된다.

(5) 상환기간에 의한 분류

상환기간에 따른 장단기채권의 구분은 정해진 것이 아니며 나라마다 다르다. 한국의 경우 통상 만기 1년 미만의 채권을 단기채권(한국은행통화안정증권), 1년 이상 5년 미만의 채권을 중기채권(산업금융채권), 5년 이상의 채권을 장기채권(지하철공채)이라고 한다. 그러나 미국과 유럽에서는 만기 10~20년 이상의 채권을 장기채권이라고 한다. **영구채권**(console bond, perpetual bond)은 만기가 없이 일정액의 이자가 영구히 지급된다.

English consoles

영국 콘솔(English consoles)은 1751년 영국 정부가 발행하고 일정한 이자(coupon)를 지급하고 중도에 액면가로 상환이 가능한 증권이다(최초 상환가능일은 1923년 4월 5일). 그러나 영국 정부는 상환하지 않은 채 지금은 2.5%의 이자를 연 4회에 걸쳐 지급하고 있으며 지금도 런던증권거래소에서 구입할 수 있다. 영국 정부가 이자가 낮은 채권을 상환할 가능성이 거의 없기 때문에 영국 콘솔은 실질적으로 영구채권(perpetual bond)이라고 할 수 있다.

미국 정부도 한때 파나마운하(the Panama Canal)를 건설하기 위한 재원을 마련하기 위해 영구채권인 콘솔을 발행하였다. 미국 정부가 발행한 콘솔에는 미국 정부가 언제든지 미리 정해진 가격으로 환매(buy back)할 수 있는 특별조항(call provision)이 삽입되어 발행되었다. 미국 정부가 이 조건에 의해 일정 기간이 경과한 후에 이들 콘솔을 모두 환매해서 미국 증권시장에는 더 이상 이러한 콘솔이 존재하지 않는다.

신종자본증권과 영구채권

신종자본증권은 본질적으로는 채권이지만 만기가 없어 '영구채권'이라고도 한다. 일정 기간(통상 5년)이 지난 시점부터 발행기업은 콜옵션(회사채를 상환할 수 있는 권리)을 행사할 수 있으며, 콜옵션을 행사하지 않으면 조달한 자금을 중도상환하지 않고 영구히 사용할 수 있으며 회계상 자본으로 처리된다. 따라서 증자를 하지 않고 자본을 확충할 필요가 있는 기업들이 새로운 자금조달 수단으로 활용할 수 있다.

이 증권은 주로 은행들이 BIS비율을 높이기 위한 수단으로 사용하고 있는데 국내 일반 기업 중에서는 두산인프라코어가 처음으로 5억달러의 **신종자본증권**을 발행하였다. 두산인프라코어가 신종자본증권을 발행할 수 있게 된 것은 2012년 4월부터 적용되고 있는 개정 상법에서 하이브리드증권 등 다양한 증권 발행을 허용하고 있기 때문이다.

4. 주식관련 회사채

주식관련 회사채는 일반회사채에 발행회사의 주식이나 발행회사가 보유하고 있는 다른 회사의 주식을 정해진 가격에 살 수 있는 권리를 부여한 것으로 전환사채, 교환사채, 신주인수권부사채가 있다.

(1) 전환사채

전환사채(convertible bond: CB)는 사채소유자의 의사에 따라 회사채 발행 후 일정기간(전환기간) 내에 정해진 조건(전환조건)에 따라 발행기업의 주식으로 전환할 수 있는 권리(전환권)가 부여된 회사채이다. 전환사채 소유자는 전환사채를 발행한 기업의 주가가 충분히 상승하면 전환권을 행사하여 회사채 대신 주식을 소유할 수 있으며, 주가가 충분히 상승하지 못하는 경우에는 전환권을 행사하지 않고 회사채로 보유할 수 있다. 따라서 전환사채는 일반회사채와 주식으로 전환할 수 있는 전환권이 결합된 **혼합증권**(hybrid security)이라고 볼 수 있다. 투자자는 낮은 이자율을 대가로 전환권을 보유함으로써 발행회사의 주가가 상승하면 주식으로 전환하여 매매차익을 얻거나 경영권을 취득할 수 있는 기회를 갖게 된다. 전환사채는 주가변동에 따라 가치가 변동하지만 채권의 안정성도 함께 갖고 있기 때문에 투자자의 입장에서는 "위험이 적은 주식투자"라고 할 수 있다.

전환사채는 주식으로 전환될 것으로 기대하고 발행하기 때문에 발행기업의 입장에서는 "연기된 주식발행"이라고 할 수 있다. 전환권이 행사되면 발행기업은 주식을 새로 발행하여 제공하는 것이 보통이지만 자사주매입으로 보유하고 있는 주식(금고주)을 제공할 수도 있다. 발행회사는 전환권을 제공하는 대신에 낮은 이자율로 채권을 발행할 수 있고, 주식으로 전환되면 원리금을 상환할 필요 없이 자기자본이 증가되어 자본구조를 개선하는 효과도 있다.[10)]

그러나 부당하게 유리한 전환조건을 가진 전환사채가 사모형식으로 특정인에게 인수되는 경우 기존 주주의 부에 손실이 발생하고, 전환권이 행사되어 주식수가 증가하면 기존 주주의 지분이 감소하기 때문에 기존 주주에게 전환사채를 우선적으로 인수할 수 있는 기회가 주어져야 한다. 실제로 전환사채의 발행요건은 일반사채보다는 엄격한 편이다.

① 전환조건

전환조건은 전환사채가 발행될 때 미리 정해지는데 전환비율이나 전환가격으로 표시된다. **전환비율**(conversion ratio)은 전환사채 1단위로 전환할 수 있는 보통주의 수를 말한다. **전환가격**(conversion price)은 보통주 1주로 전환하기 위해 포기해야 하는 사채의 액면가를 말한다. 따라서 전환가격은 사채의 액면가를 전환비율로 나누어서 구할 수 있다.

---

10) 1985년 한국 기업으로는 처음으로 삼성전자가 해외에서 외국투자자를 대상으로 전환사채를 발행하였다. 당시에는 한국 주식시장이 외국인에게 개방되지 않았기 때문에 전환사채는 한국 주식시장에 투자하기 위한 간접적인 수단으로 활용되었다.

$$전환가격 = \frac{전환사채의\ 액면금액}{전환비율}$$

전환사채가 발행된 이후에 주식분할이나 주식배당으로 주가가 하락하면 전환사채 투자자의 이익을 보호하기 위해 전환가격이 비례대로 조정된다. 예를 들어, 2:1 주식분할의 경우에는 전환가격이 1/2로 조정된다.

전환가치(conversion value)는 전환사채를 보통주로 전환하는 경우의 가치를 말하며, 보통주의 가격과 전환비율을 곱하여 구한다.

$$전환가치 = 보통주의\ 가격 \times 전환비율$$

전환가격은 전환사채가 발행되는 시점의 보통주의 시장가격보다 높게 정해지는 것이 일반적이다. **전환프리미엄**(conversion premium)은 전환가격과 주가의 차이를 말하는데 주가에 대한 비율로 나타낸다.

$$전환프리미엄 = \frac{전환가격 - 주가}{주가}$$

표 11-2 전환사채의 발행조건(예)

액면금액: 100,000원	발행가격: 100,000원
표면금리: 연 5%	만기: 5년
전환비율: 10(전환가격: 10,000원)	
발행 당시의 주가: 8,000원	

〈표 11-2〉와 같은 조건으로 발행된 전환사채의 전환프리미엄은 다음과 같다.

$$전환프리미엄 = (10{,}000원 - 8{,}000원)/8{,}000원 = 25\%$$

전환프리미엄은 전환사채를 발행한 기업의 주가상승에 대한 기대치를 반영한 것이다. 따라서 성장가능성이 큰 기업일수록 높은 전환프리디엄(즉, 높은 전환가격 또는 낮은 전환비율)으로 전환사채를 발행할 수 있다.

② 전환사채의 수의상환조항

전환사채에는 발행회사의 선택에 의해 만기 이전(조기)에 정해진 상환가격(call price)을 지불하고 채권을 상환할 수 있는 **수의상환조항**(call provision)이 포함되어 있는 경우가 많다. 수의상환조항은 발행회사가 행사할 수 있는 콜옵션이기 때문에 수의상환부채권을 **콜옵션부채권**(callable bond)이라고도 한다.

전환사채에 수의상환조항을 포함시키는 이유는 주가가 상승하여 전환가치가 상환가격을 초과하는 경우에 전환을 강요하여 이자비용을 절약하기 위해서이다. 이자소득이 배당소득보다 많다면 전환사채를 소유한 투자자는 이자를 받으며 전환을 최대한 미룰 것이다. 그러나 수의상환조항에 의해 전환가치보다 낮은 상환가격에 강제로 조기에 상환받는 것을 피하기 위해서는 전환권을 행사하게 될 것이다.

(2) 교환사채

교환사채(exchangeable bond: EB)는 채권자의 의사에 따라 발행기업이 보유하고 있는 유가증권(타회사 주식 및 발행기업 주식)과 교환을 청구할 수 있는 권리가 부여된 회사채를 말한다. 교환사채를 발행하는 기업은 교환권을 부여하는 대가로 낮은 이자율로 채권을 발행할 수 있다. 투자자는 채권의 안정성과 주식의 수익성을 동시에 소유할 수 있는 이점이 있다.

(3) 신주인수권부사채

신주인수권부사채(bond with warrants: BW)는 회사채 형식으로 발행되지만 일정기간(통상 3개월)이 경과하면 발행기업의 보통주를 미리 정해진 가격에 인수할 수 있는 권리가 부여된 회사채를 말한다. 예를 들어 BW 1매당 신주인수권이 2주, 권리행사가격이 액면가 5,000원으로 정해졌을 경우 BW 10매를 갖고 있는 투자자는 기업이 증자를 할 때 신주 20주를 주당 5,000원에 인수할 수 있다.

신주인수권부사채는 발행기업의 보통주를 정해진 가격에 살 수 있는 권리인 콜옵션이 포함되어 있다는 점에서 전환사채와 유사하다. 전환사채는 전환권이 행사되면서 회사채가 소멸되지만, 신주인수권부사채는 신주인수권이 행사된 이후에도 만기까지 회

"믿을건 주주들뿐"…매출 수십배 조달하는 바이오기업

바이오기업들이 주주들을 대상으로 대규모 자금을 조달하는 사례가 이어지고 있다. 신약 연구개발(R&D) 재원을 주주들로부터 투자받으면서 주주들에게 낮은 가격으로 주식을 매입할 수 있는 기회를 제공하겠다는 취지다. 자금조달 환경이 악화한데다 현금 동원력이 떨어진 상황에서 높은 시가총액을 활용해 주주들의 부담만 가중시킨다는 눈초리가 제기된다.

바이오기업 입장에서는 자금 동원 능력이 녹록지 않은 상황에서 주주들에게 주식을 저렴하게 제공하는 방식으로 수월하게 신약개발 등에 필요한 재원을 확보하려는 노림수다. 올해 들어 신종 코로나바이러스 감염증(코로나19) 여파로 차입과 같은 자금 조달 환경이 원활하지 않은 점도 주주배정 유상증자를 결정한 요인으로 지목된다.

투자자들 입장에선 바이오기업의 대규모 주주배정 유상증자를 바라보는 시선은 복잡하다. 주주들 입장에서도 주식을 시세보다 싸게 매입하는 기회를 확보할 수 있어 향후 주가 상승에 따른 이익을 기대할 수 있다.

하지만 대규모 유상증자 발표 이후 주식가치 희석으로 주가가 떨어지기 때문에 주주들에겐 달가운 소식이 아니다. 자금 여력이 충분치 않아 유상증자에 참여하지 못하는 주주 입장에선 유상증자가 더욱 불편할 수 밖에 없다. 만약 유상증자 이후 주가가 발행가액 아래로 떨어지면 증자에 참여하는 주주들은 더욱 큰 손실을 떠안게 된다.

(데일리팜: 2020. 10)

사채로서 존속하게 된다.

투자자들은 발행기업의 주가가 약정된 매입가를 웃돌면 신주를 인수해 차익(주가와 인수가격과의 차이)을 얻을 수 있고, 그렇지 않으면 인수권을 포기하면 된다. 따라서 신주인수권은 채권의 발행(소화)을 촉진시키는 "감미제(sweetner)"역할을 한다. 성장가능성이 높은 기업은 신주인수권을 부여하는 대신 낮은 이자율로 채권을 발행할 수 있는 장점이 있다.

신주인수권부사채(BW)는 채권과 신주인수권증서(warrants)를 한꺼번에 매매해야 하는 **일체형**과 따로 거래할 수 있는 **분리형** 두 종류가 있는데 분리된 신주인수권증서는 독립적인 증권으로 유통된다.

표 11-3 주식관련 회사채의 비교

구 분	대상 증권	권리행사 후 채권자의 지위
전환사채	발행기업의 신규발행주식	사채권자의 지위 상실 발행기업의 주주 지위 획득
교환사채	발행기업이 보유하고 있는 자기 또는 타기업의 유가증권	사채권자의 지위 상실 발행기업 또는 타기업의 주주 지위 획득
신주인수권부사채	발행기업의 신규발행주식	사채권자 지위 유지 발행기업의 주주 지위 획득

보충설명 유상증자의 신주배정방식과 신주발행가격의 결정

1. 구주주배정, 제3자배정, 주주우선공모 시 발행가격

권리락 이전에 산정하는 1차 발행가격과 권리락 이후에 산정하는 2차 발행가격 중 낮은 가격으로 정하되 100원 미만은 절상한다.

(1) 1차 발행가격의 산정

증자 이전의 주가평균을 나타내는 기준주가는 기산일로부터 소급한 1개월 평균종가, 1주일 평균종가, 최근일 종가를 산술평균하여 정하되, 그 산정가액이 최근일 종가를 상회하는 경우에는 최근일 종가를 기준주가로 한다. 평균종가는 해당 기간(1개월 또는 1주일) 동안의 종가를 거래량으로 가중평균한 가격을 말한다.

$$\text{기준주가} = \frac{1}{3}(\text{1개월 평균종가} + \text{1주일 평균종가} + \text{최근일 종가})\text{와}$$
$$\text{최종일 종가 중 작은 것}$$

이론적 권리락주가는 증자 이후의 주당자산을 증자 이후의 주식수로 나눈 주당 자산가치(이론적인 주가)를 말한다.

$$이론적\ 권리락주가 = \frac{기준주가 + (신주발행가격 \times 증자비율)}{1 + 증자비율}$$

(신주발행가격 × 증자비율)은 구주 1주를 기준으로 증자를 통해 기업으로 유입되는 현금을 나타낸다. (1 + 증자비율)은 구주 1주에 대한 증자 이후의 주식수를 나타낸다.

1차 발행가격은 이론적 권리락주가에 할인율을 적용한 가격이다.

$$신주발행가격 = 이론적\ 권리락주가 \times (1 - 할인율)$$

이 식에 이론적 권리락주가를 나타내는 식을 대입하여 정리하면 다음과 같다.

$$신주발행가격 = \frac{기준주가 + (1 - 할인율)}{1 + (증자비율 \times 할인율)}$$

이론적 권리락주가와 신주발행가격

(주)한국은 20%의 유상증자를 계획하고 있다. 기산일로부터 소급하여 계산된 1개월 평균종가는 43,400원, 1주일 평균종가는 45,000원, 최종일 종가는 46,000원이다. 25%의 시가발행 할인율을 적용하는 경우 (주)한국의 신주발행가격과 이론적 권리락주가는 다음과 같다.

$$기준주가 = \frac{1}{3}(43{,}400원 + 45{,}000원 + 46{,}000원) = 44{,}800원$$

$$신주발행가격 = \frac{44{,}800원 \times (1 - 0.25)}{1 + (0.2 \times 0.25)} = 32{,}000원$$

$$신주발행가격 = 이론적\ 권리락\ 주가 \times (1 - 할인율)에서$$

$$이론적\ 권리락주가 = \frac{32{,}000원}{(1 - 0.25)} = 42{,}667원$$

(2) 2차 발행가격의 산정

기준주가는 청약일 전 제7거래일로부터 소급한 1주일 종가평균과 최근일 종가를 산술평균하여 산정하되, 이 산정가액이 최근일 종가를 상회하는 경우에는 최근일 종가를 기준주가로 한다.

기준주가 = $\frac{1}{2}$(청약일 전 1주일 종가평균 + 최근일 종가)와 최종일 종가 중 작은 것

신주발행가격 = 기준주가 × (1 − 할인율)

(3) 최종 신주발행가격의 산정

최종 신주발행가격은 1차 발행가격과 2차 발행가격 중 낮은 가격으로 정한다.

2. 일반공모 시 발행가격결정

기준주가는 청약일 전 제5거래일을 기산일로 하여 기산일로부터 소급한 1주일 평균종가와 최근일 종가를 산술평균하여 산정하되, 이 산정가액이 최근일 종가를 상회하는 경우에는 최근일 종가를 기준주가로 한다.

기준주가 = $\frac{1}{2}$(청약일 전 제5거래일로부터 소급한 1주일 종가평균 + 최근일 종가)와 최종일 종가 중 작은 것

신주발행가격 = 기준주가 × (1 − 할인율)

연습문제

1. 기업공개의 경제·사회적인 의의를 설명하라.

2. 유상증자를 통해 주식이 발행되는 과정을 설명하라.

3. 총액인수제도를 설명하라.

4. 기업에서 주식을 발행할 때 신주인수권을 기존 주주에게 지분비례대로 배정해야 하는 이유를 설명하라.

5. 발행주식수가 400,000주이고 주가가 50,000원인 한국기업에서는 30억원을 유상증자로 조달하려고 한다. 신주의 발행가격은 30,000원이고 신주인수권은 주주들에게 지분대로 배정할 예정이다. 신주인수권의 가치를 구하라.

6. 자기자본만을 사용하고 있는 한국기업의 현재 발행주식수는 10,000주이고 주가는 40,000원이다. 한국기업이 주식 5,000주를 각각 40,000원, 20,000원, 10,000원에 일반공모를 통해 발행할 경우에 주가에 미치는 영향을 구하라.

7. 한국기업은 주주들에게 신주인수권을 배정하는 방식으로 25,000원에 신주를 발행하여 5,000만원을 조달하였다. 그 결과 주가는 50,000원에서 45,000원으로 하락하였다. 유상증자 이전에 한국기업의 발행주식수(Q)를 구하라. 주식발행비용은 무시하기로 한다.

8. 용산기업에서는 50억원의 연구개발자금을 조달하기 위해 신주인수권을 발행하기로 하였다. 용산기업의 현재 발행주식수는 1,000,000주이며 주가는 25,000원이다. 신주인수권이 시장에서 1,050원에 거래된다면 신주인수권을 배정받은 용산기업의 주주는 신주인수권을 행사하는 것과 신주인수권을 시장에서 매도하는 것 중에서 어느 것이 유리한지 설명하라. 거래비용과 세금 등은 무시한다.

9. 다음과 같은 조건으로 발행된 전환사채의 전환프리미엄과 이 전환사채의 최저 발행가격을 구하라. 이 전환사채와 전환권을 제외한 나머지 조건(신용위험, 만기, 이자지급 조건 등)이 동일한 일반회사채는 시장에서 8%의 수익률에 거래되고 있다. 전환사채를 발행할 당시의 발행기업의 주가는 20,000원이다.

액면가:	100,000원	액면이자율:	8%
만기:	5년	전환가격:	25,000원/주

제 V 편

단기재무계획과 유동성관리

제12장

단기재무계획

제1절 자금분석

1. 자금관리의 의미

자금은 유동성을 뜻하는 말로 사용되며 현금과 예금 및 현금등가물을 의미한다.[1] 기업의 자금난은 자금에 대한 수요와 공급의 불일치에 따라 발생하는 현금의 부족, 즉 유동성의 부족을 의미한다. 기업이 장기간 지속되는 자금난을 해소하지 못하면 신용하락과 지급불능에 이어 결국에는 파산하게 된다.

자금관리는 과거 자금의 조달과 사용을 분석하고, 이를 바탕으로 미래에 기업이 필요로 하는 자금을 예측하고 자금조달계획을 수립하는 일이다. 효율적인 자금관리를

---

1) 현금등가물(cash equivalents)이란 현금을 단기적으로 운용할 목적으로 투자한 유가증권을 말하는 것으로서 현금으로의 전환이 용이하고 이자율변동에 따른 가치변동의 위험이 크지 않은 유가증권을 말한다. 만기가 3개월 이내인 채권과 상환우선주, 3개월 이내 환매조건의 환매채 등이 현금등가물로 취급된다.

위해서는 우선 자금의 순환과정을 이해하는 것이 필요하다. 자금의 순환은 단절되지 않고 연속적으로 이루어지지만 편의상 일정기간 동안의 자금흐름을 분석하게 된다.

2. 현금흐름분석

현금흐름분석은 현금흐름표를 이용하여 과거 현금의 원천과 사용을 분석하고 이를 바탕으로 현금유출과 현금유입 사이에 불균형이 발생하는 원인과 문제점을 찾아내어 자금관리방법과 자금조달방법을 개선하기 위한 것이다.

(1) 현금흐름표

〈표 12-1〉은 현금흐름표의 예이다.

표 12-1 현금흐름표

현금흐름표

202×/1/1부터 202×/12/31까지 (단위: 만원)

				백분율(%)
Ⅰ. **영업활동으로 인한 현금흐름**			150,000	
1. 당기순이익		80,000		18.8
2. 현금의 지출이 없는 비용 등의 가산		20,000		
감가상각비 등	20,000			4.7
3. 현금의 수입이 없는 수익 등의 차감		0		
사채상환이익 등	0			
4. 영업활동으로 인한 자산 · 부채의 변동		50,000		
재고자산의 감소(증가)	(20,000)			(7.3)
매출채권의 감소(증가)	50,000			11.8
매입채무의 증가(감소)	25,000			5.9
미지급법인세의 증가(감소)	(5,000)			(1.8)
Ⅱ. **투자활동으로 인한 현금흐름**			(200,000)	
1. 투자활동으로 인한 현금유입액		0		
2. 투자활동으로 인한 현금유출액		(200,000)		

건물 및 기계설비 취득	(150,000)			(54.5)
무형고정자산 취득	(50,000)			(18.2)
Ⅲ. 재무활동으로 인한 현금흐름			200,000	
1. 재무활동으로 인한 현금유입액		250,000		
단기차입금의 차입	100,000			23.5
사채의 발행	50,000			11.8
보통주의 발행	100,000			23.5
2. 재무활동으로 인한 현금유출액		(50,000)		
단기차입금의 상환				
사채의 상환	0			
배당금의 지급	(50,000)			(18.2)
Ⅳ. 현금의 증가(감소) (Ⅰ+Ⅱ+Ⅲ)			150,000	
Ⅴ. 기초의 현금			350,000	
Ⅵ. 기말의 현금			500,000	

① 영업활동으로 인한 현금흐름

현금흐름분석에서는 영업활동으로 인한 현금흐름이 가장 중요한 의미를 갖는데 그 이유는 영업활동으로 인한 현금흐름이 기업의 부채상환능력, 배당지급능력, 주식의 투자가치 등을 평가하는 기초자료이기 때문이다. 한편 영업활동으로 인한 현금유입과 현금유출 사이에 불균형이 발생하는 원인을 분석함으로써 자금관리상의 문제점을 개선할 수 있다. 예를 들어, 자금불균형이 사업확장에 따른 유동자산의 증가 때문에 발생했다면 판매정책과 신용정책을 조정함으로써 자금압박을 해소할 수 있다.

② 투자활동으로 인한 현금흐름

투자활동으로 인한 현금흐름에서는 기업의 신규 투자와 비유동자산의 처분에 관한 정보를 얻을 수 있다. 정상적인 기업에서는 투자활동에서 순현금유출이 발생하고, 투자활동에 필요한 자금은 영업활동과 재무활동에서 조달되는 것이 보통이다.

③ 재무활동으로 인한 현금흐름

재무활동으로 인한 현금흐름을 분석함으로써 기업의 외부자금 조달내역에 관한 정보를 얻고 자금조달방법을 개선할 수 있다. 자금조달에서 가장 기본적인 것은 내부자금조달(유보이익)과 외부자금조달(신주발행과 차입)이 조화를 이루고, 부채와 자기자본이 균형을 이루는 것이다. 바람직한 자금조달은 부채와 자기자본의 조달이 기업의 목표자본구조에 맞게 적정하게 유지되고, 기존 부채의 상환과 신규 차입이 균형을 이루는 것이다.

(2) 현금흐름표 분석

현금흐름표 분석은 공통형 현금흐름표를 사용하는 방법과 주요 재무비율을 계산하여 상호비교분석이나 추세분석을 하는 방법이 있다.

① 공통형 현금흐름표

공통형 현금흐름표는 현금유입의 각 항목을 총현금유입액으로 나누고, 현금유출의 각 항목을 총현금유출액으로 나누어서 백분율(%)로 표시한 것이다. 공통형 현금흐름표를 분석하면 해당 회사의 자금조달과 운용에 관한 특징을 파악할 수 있다. 〈표 12-1〉에서 현금유입항목의 백분율은 총현금유입액에 대한 백분율을 나타내고, (   ) 안에 표시된 현금유출항목의 백분율은 총현금유출액에 대한 백분율을 나타낸다.

현금유입 중에서 영업활동으로부터 조달된 것은 41.2%(18.8%+4.7%+11.8%+5.9%)에 불과하고 나머지 58.8%는 단기차입과 증권발행을 통해 조달되었다. 특히 현금조달 중에서 단기차입금(23.5%)의 비중이 큰 것이 특징인데, 이는 단기채무에 대한 부담을 고려하여 앞으로 자금관리에 많은 주의를 기울일 필요가 있다는 것을 의미한다. 현금유출은 대부분 비유동자산(72.7%)을 취득하는 데 사용되어 향후 기업의 생산능력을 향상시키는 데 기여할 것으로 전망된다.

② 비율분석

현금흐름표로부터 계산되는 재무비율은 차입금의 상환능력, 주식의 투자가치, 배당금 지급능력 등을 평가하는 데 사용된다.

차입금지급능력은 기업의 전반적인 부채상환능력을 나타내는 것으로 영업활동으로 벌어들인 현금흐름을 부채로 나누어서 측정한다. 장·단기 차입금의 규모에 비해 영업활동에서 조달한 현금이 클수록 차입금에 대한 지급능력이 높게 평가된다. 기업의 상대적인 지급능력은 산업평균 또는 비교대상기업의 지급능력과 비교하여 평가한다.

$$\text{단기지급능력(\%)} = \frac{\text{영업활동으로 인한 현금흐름}}{\text{유동부채}}$$

$$\text{장기지급능력(\%)} = \frac{\text{영업활동으로 인한 현금흐름}}{\text{총부채}}$$

주식의 투자가치는 **주당현금흐름**(cashflow per share)으로 측정하는데 이 수치가 클수록 투자가치가 높은 것으로 평가된다.

$$\text{주당현금흐름(원)} = \frac{\text{영업활동으로 인한 현금흐름}}{\text{발행주식수}}$$

배당지급능력은 주당배당금에 대한 주당현금흐름의 배수로 측정한다. 기존의 주당배당금에 비해 주당현금흐름이 클수록 배당지급능력이 높은 것으로 평가된다.

$$\text{배당지급능력(배)} = \frac{\text{주당현금흐름}}{\text{주당배당금}}$$

제2절 현금예산

1. 현금예산의 의미

현금예산(cash budget)은 기업의 미래 현금상태를 예측하고 계획하는 것을 말한다. 현금흐름분석에서는 과거에 현금이 어떻게 조달되고 사용되었는지를 분석하지만, 현금예산에서는 기업의 미래 경영활동에 대한 예측을 바탕으로 미래 현금의 수입과 지출을 예측한다.

현금예산의 중요성이 강조되는 이유는 적정 현금을 확보하는 일은 기업의 안정과 원활한 경영을 위해 필수적이기 때문이다. 현금예산은 재무의사결정을 위한 기초 자료와 재무계획을 통제하는 수단으로 활용된다. 기업은 현금예산을 통해 미래 현금포지션을 추정하고, 자금조달계획과 자금이용계획을 수립하며, 이를 바탕으로 사전에 영업계획을 수정하고 영업활동을 조정할 수도 있다. 현금예산이 재무계획을 통제하는 유용한 수단이 되기 위해서는 우선 정확한 예측이 전제되어야 하며 경영환경이 변동하면 상황에 따라 예측을 수정하고 통제를 조정할 수 있어야 한다.

현금예산의 유용성은 미래의 현금흐름을 얼마나 정확하게 예측하느냐에 달려 있다. 따라서 현금예산의 간격(주별, 월별, 분기별, 연도별 등)은 기업의 예산제도와 기업이 처한 내·외적 환경에 따라 달라진다. 현금흐름이 불규칙하고 변동이 심한 기업에서는 현금예산의 간격을 1주일 또는 1개월처럼 짧게 할 필요가 있다. 반면에 현금흐름이 안정적인 기업에서는 현금예산의 간격을 3개월 또는 1년처럼 비교적 길게 잡을 수 있다.

2. 현금예산

현금예산에서는 미래 기업활동과 이에 따른 현금수입과 현금지출을 예측하고, 현금의 과부족에 대한 조달과 사용계획을 수립하는 과정이 반복된다.

(1) 현금수입의 예측

현금수입은 영업수입과 영업외수입으로 구분할 수 있다. 영업수입 중에서 가장 중요한 것은 매출액이다. 따라서 미래 매출액을 예측하는 것이 현금예산의 출발점이라고 할 수 있다. 매출액은 기업 외적 요인에 의해 영향을 받으므로 매출액을 예측하기 위해서는 경제와 산업에 대한 경기예측이 선행되어야 한다. 그 다음 단계에서 시장점유율과 같은 개별 기업의 사정을 고려하여 매출액을 예측한다.

매출액 중에서 신용판매는 당장 현금으로 유입되지 않기 때문에 매출에 의한 현금유입을 정확하게 예측하기 위해서는 현금유입에 영향을 미치는 판매조건, 신용정책, 현금회수정책 등이 고려되어야 한다. 현금수입 중에서 영업외수입은 자산 매각이나 이자수입과 같이 영업외활동으로 인한 수익을 말한다.

(2) 현금지출의 예측

현금지출 중에서 가장 큰 비중을 차지하는 것은 매출과 관련된 지출이다. 매출과 관련된 현금지출을 예측하기 위해서는 우선 예상매출액에 대한 생산계획을 세우고, 이에 따라 발생할 재료비, 노무비, 일반관리비 등을 산출한다. 신용매입에 대해서는 매입 후 일정 시간이 지난 후에 실제 현금지출이 발생하므로 이러한 시차가 고려되어야 한다. 재료비나 노무비는 생산량에 따라 변동하지만 세금, 이자, 경영진에 대한 보수 등은 안정적인 지출이므로 비교적 정확하게 예측할 수 있다.

현금지출은 일상적인 영업활동 이외에도 투자비용(시설의 구입, 보수, 개량 등), 배당금 지급, 자사주식 매입, 부채상환 등에 의해서도 발생한다. 투자비용은 장기적인 투자계획에 의해 지출되는 것이 보통이므로 비교적 예측하기가 쉽다. 배당은 지급시기가 미리 정해져 있고, 대부분의 기업에서 배당을 안정적으로 유지하기 때문에 배당을 위한 현금지출 역시 비교적 정확하게 예측할 수 있다.

(3) 현금예산의 예

〈표 12-2〉는 예상매출액으로부터 분기별 현금예산이 계산되는 과정을 나타낸다.

분기의 기초외상매출금(20억원)과 기초현금(5억원)은 전년도로부터 이월된 것이다. 매출액은 당기에 80%, 다음 기에 20%가 수금되는 것으르 가정하였다. I분기 매출수금액 11억원은 매출액 10억원 중에서 당기에 회수된 8억원과 전기매출수금액 3억원을 합한 것이다. 전기매출수금액 3억원은 전년도 Ⅳ분기 매출액이 15억원이라는 가정하에 계산된 것이다. 기말외상매출금은 기초외상매출금과 당기의 예상매출액 중에서 수금액을 제한 금액으로 다음 기의 기초외상매출금으로 이월된다

현금유입은 매출수금액에 기타 현금유입을 합한 것이다. 현금유출은 각종 영업활동과 영업외활동을 위한 지출로 여기에서는 예를 들기 위해 주어진 수치이다. 순현금유입은 현금유입에서 현금유출을 뺀 값이다.

I분기의 기초현금(5억원)은 전년도로부터 이월된 금액이다. 기말현금은 기초현금에

표 12-2 현금예산

(단위: 억원)

		분 기			
		I	II	III	IV
기초외상매출금	(A)	20	19	19	21
예상매출액	(B)	10	10	20	20
매출수금액	(C)	11	10	18	20
당기매출		8	8	16	16
전기매출		3	2	2	4
기말외상매출금	(D = A + B − C)	19	19	21	21
현금유입	(E)	11	10	23	20
매출수금액	(C)	11	10	18	20
기타 현금유입		0	0	5	0
현금유출	(F)	12	12	28	21
외상매입금 납입		4	4	4	4
노무비 등 각종 비용		6	6	12	12
자본지출		0	0	10	0
세금, 이자, 배당금		2	2	2	5
순현금유입	(G = E − F)	−1	−2	−5	−1
기초현금	(H)	5	4	2	−3
기말현금	(J = G + H)	4	2	−3	−4
최소현금보유잔고	(K)	5	5	5	5
단기자금조달액	(L = K − J)	1	3	8	9

분기별 순현금유입을 합한 것이며, 다음 기의 기초현금으로 이월된다.

최소현금보유잔고(minimum cash balance)는 안정적인 영업활동을 위해 기업이 정책적으로 확보해야 하는 최소한의 현금을 말한다. 최소현금보유잔고는 해당 기업의 단기 차입능력(대 은행관계), 투자계획, 부채상환계획 등에 따라 결정된다.

단기자금조달액은 최소현금보유잔고와 기말현금잔액과의 차액이다. 기말현금잔액이 최소현금보유잔고보다 작은 경우에는 최소현금보유잔고를 유지하기 위해 차입을 해야 하며, 반대로 기말현금잔액이 최소현금보유잔고를 초과하는 경우에는 잉여 현금에 대한 단기적인 자금운용을 계획해야 한다.

(4) 현금예산의 한계

현금예산은 각종 예측을 바탕으로 작성된 미래 현금흐름에 대한 예측이기 때문에 오차가 발생할 가능성이 많다. 따라서 효율적인 자금관리를 위해서는 이러한 가능성에 대비하여 추가적인 현금예산을 준비하는 것이 필요하다. 예를 들어, 가장 비관적인 상황이 발생할 경우의 현금예산과 가장 낙관적인 상황이 발생할 경우의 현금예산을 별도로 준비하는 것이 필요하다. 예측오차를 고려한 현금예산을 준비하지 않은 상태에서 예측과 다른 결과가 발생한다면 현금조달과 운용에 많은 어려움과 비용이 발생할 것이다.

제3절 재무계획

1. 재무계획의 의의

기업이 성장하고 사업규모가 확대되면 공장과 설비 등 비유동자산에 대한 투자와 함께 재고자산을 확충하고, 신용거래를 확대해야 하는 등 유동자산에 대한 투자도 증가하게 마련이다. 유동자산의 증가는 외상매입금과 같은 유동부채의 증가로 일부 상쇄된다. 하지만 일반적으로 유동자산이 유동부채보다 많이 증가하기 때문에 운전자본(유동자산 − 유동부채)에 대한 투자가 필요하게 된다. 비유동자산은 추세에 따라 비교적 안정적으로 증가하지만 유동자산은 영구적인 성격을 가진 부분과 불규칙하게 증가하는 부분으로 구성되어 있다.

투자자본은 대부분 장기자본으로 조달되지만 그 차액은 단기자본으로 조정되어야 한다. 필요한 투자자본보다 많은 장기자본이 조달된 경우에는 그 초과분을 단기자산으로 운용하고, 필요한 투자자본을 모두 장기자본으로 조달하지 못하는 경우에는 그 부

그림 12-1 투자자산의 증가와 자본조달정책

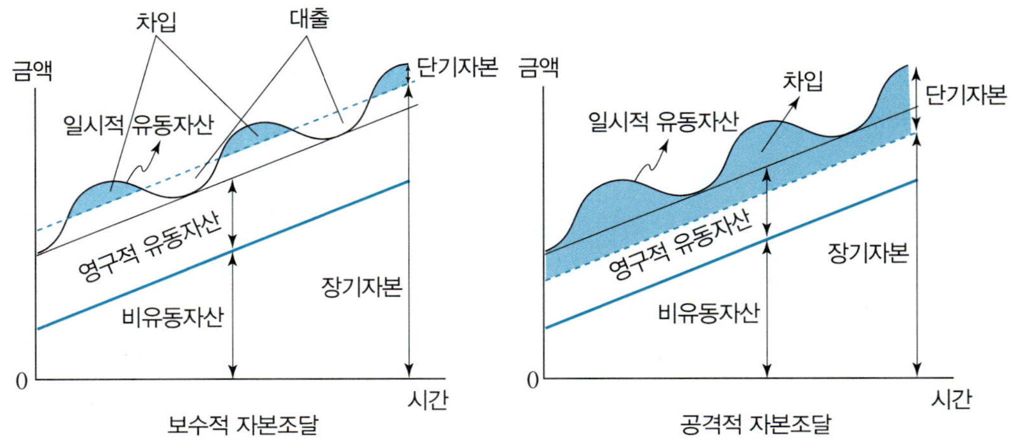

족분을 단기자본으로 조달해야 한다. 다시 말해서, 투자자본의 규모가 정해진 상태에서 자본조달전략에 따라 기업은 단기적으로 자금의 대여자(lender) 역할을 하기도 하고 차입자(borrower) 역할을 하기도 한다. [그림 12-1]은 투자자산의 증가에 따른 자본조달정책을 나타낸다.

보수적인 자본조달정책은 영구적 유동자산은 물론 일시적 유동자산의 일부도 장기자본으로 조달하는 것이다. 일시적 유동자산의 변동에 따라 차입과 대출이 반복되지만 차입의 규모와 빈도가 비교적 적기 때문에 자금압박에 처할 가능성은 적다. 공격적 자본조달정책은 일시적인 유동자산은 물론 영구적 유동자산의 일부까지도 단기자본으로 조달하는 것이다. 항상 단기자본을 차입한 상태이며 차입금액의 규모도 크기 때문에 자금압박을 받을 가능성이 크다.

재무계획은 재무예측을 통해 투자자본의 규모를 예측하고 이에 필요한 자본조달계획을 수립하는 것을 말한다. 투자자본의 규모는 기업의 투자의사결정에 의해 정해지므로 투자, 장기자본조달(long-term financing), 단기자본조달(short-term financing)은 독립적이 아닌 하나의 복합적인 의사결정이라고 할 수 있다.

2. 재무예측

재무예측은 기업의 성장에 따른 자산과 부채의 변동을 예측하고 이를 바탕으로 필요한 자금의 규모를 추정하는 일이다. 현금예산에서는 단기적이고 구체적인 현금흐름을 예측하지만, 재무예측에서는 비교적 장기적이고 전반적인 자금의 수요와 공급을 예측하게 된다.

재무예측은 기업의 성장을 예측하는 것으로부터 시작한다. 기업의 성장은 여러 각도에서 볼 수 있지만 매출액이 기업의 성장을 측정하는 가장 일반적인 척도로 사용되고 있다. **매출액예측**(sales forecast)은 모든 영업계획과 재무계획의 기초가 되기 때문에 정확성이 무엇보다 중요하다. 매출액을 정확하게 예측하기 위해서는 국내외의 경제상황, 해당 산업에 대한 전망, 기업환경과 마케팅전략 등 기업과 관련된 모든 정보를 종합적으로 고려해야 한다. 그러나 매출액예측은 이 책의 범주를 벗어난 것이기 때문에 여기에서는 주어진 예상매출액에 대한 재무예측만을 설명하기로 한다.

예상매출액을 기초로 미래에 필요한 자금의 규모를 추정하기 위해서는 우선 매출액의 변동에 따른 자산과 부채 항목의 변동을 파악해야 한다. 매출액이 증가하면 비유동자산과 유동자산도 따라서 증가하는 것이 보통이다. 비유동자산은 추세에 따라 비교적 안정적으로 증가하지만, 유동자산은 영구적인 성격을 가진 부분과 불규칙하게 증가하는 부분으로 구성되어 있다.

매출액변동에 따른 자산의 변동을 예측하는 데는 지금까지의 경험적인 관계를 이용하는데 매출액백분율법과 회귀분석법이 있다.

(1) 매출액백분율법

매출액백분율법(percent of sales method)은 매출액에 대한 자산과 부채 항목의 비율이 앞으로도 일정하게 유지된다는 전제 아래 매출액변동(기업의 성장)에 따른 자산과 부채 항목의 변동을 추정하고 이를 바탕으로 조달해야 할 자금의 규모를 추정하는 방법이다.

다음과 같은 예를 들어보자. (주)한국의 2021년도 연간매출액은 50억원이다. 세후순이익은 매출액의 10% 수준이며 이 중에서 50%는 배당으로 지급된다. 2022년도에는 매출액이 60억원으로 증가할 것으로 예상된다. 아래와 같은 (주)한국의 재무상태표로부터 매출액과 자산 및 부채 항목간의 관계를 파악할 수 있다.

재무상태표

(주)한국 2021년 12월 31일 (단위: 억원)

자 산		부채 및 자본	
현 금	5	외상매입금	20
외상매출금	20	사 채	30
재고자산	15	보통주(자본금)	20
비유동자산	60	유보이익	30
합 계	100	합 계	100

① 운전자본

운전자본은 매출액과 직접적으로 비례하여 변동한다. 2021년도 (주)한국의 매출액(50억원)에 대한 운전자본 항목의 비율은 다음과 같다.

유동자산		유동부채	
현 금	10%	외상매입금	40%
외상매출금	40%		
재고자산	30%		
합 계	80%	합 계	40%

매출액 증가에 대해 유동자산은 80%, 유동부채는 40%씩 비례하여 증가하므로 매출액 증가에 대해 40%의 자금이 추가적으로 필요하게 된다. 2022년도에는 10억원의 매출액 증가가 예상되므로 운전자본을 위해 추가적으로 4억원(10억원 × 40%)의 자금이 필요하게 된다.

② 비유동자산

매출액이나 생산량이 증가하더라도 비유동자산의 생산능력(capacity)을 초과하지 않는다면 곧바로 비유동자산에 대한 투자를 증가시키지 않아도 된다. 하지만 매출액이나 생산량이 생산능력을 초과하게 되면 비유동자산에 대한 투자가 필요하게 된다. 비유동자산에 대한 투자에는 **규모의 경제**(economies of scale)가 적용되고, 경제적으로 적정한 투자규모가 존재하는 것이 보통이다. 따라서 비유동자산의 증가는 매출액의 증가에 비례하지 않고 계단식으로 일시에 증가(jump)하는 것이 보통이다. 예를 들어, (주)한국의 생산능력이 매출액 기준으로 50억원이고 생산설비에 대한 최소 투자규모가 10억원인 경우에 매출액이 60억원으로 증가한다면 (주)한국은 비유동자산에 대해 일시에 최소한 10억원의 투자가 필요하게 된다.

③ 장기부채와 자본

장기부채(사채, 장기차입금)와 자본 항목(자본금과 이익잉여금)은 매출액 변동과는 직접적인 관계가 없다.

(2) 회귀분석법

회귀분석법은 매출액(X)과 재무상태표의 각 항목(Y)간의 개별적인 선형관계를 바탕으로 매출액 변동에 대한 각 항목의 변동을 추정하여 필요한 자금규모를 파악하는 방법이다.

예를 들어, 매출액(X)과 현금(Y)과의 선형관계가 다음과 같이 추정되었다면 2022년도의 매출액 증가 10억원에 대해 추가적으로 2억원의 자금이 필요하게 된다.

$$Y = 2 + 0.2X$$

같은 방법으로 재무상태표의 각 항목에 대해 매출액 증가에 따라 추가적으로 필요한 자금을 개별적으로 추정하여 이를 합하면 필요한 총자금규모를 파악할 수 있다. 다음 표는 매출액 증가 10억원에 대해 필요한 자금규모를 추정하는 예를 나타낸다.

자산(부채) 항목(Y)	추정회귀식	자금조달액(ΔY)
현 금	$Y = 2 + 0.2X$	2억원
외상매출금	$Y = 5 + 0.2X$	2억원
재고자산	$Y = 3 + 0.1X$	1억원
(외상매입금)	$Y = 4 + 0.1X$	(1억원)
필요한 총자금규모		4억원

3. 자금조달계획

필요한 자금의 규모를 추정한 다음에는 자금조달계획을 세워야 한다. 필요한 자금은 기업내부자금과 기업외부자금으로 조달하게 된다. 기업 내부에서 우선적으로 조달할 수 있는 자금은 유보이익이다. 감가상각비와 같은 **비현금지출비용**(non-cash expense)도 실제 현금이 지출된 것이 아니므로 기업이 이용할 수 있는 내부자금에 포함된다. 이 밖에도 단기간 내에 사용하지 않을 각종 충당금(퇴직급여충당금, 수선충당금 등)도 내부자금으로 이용할 수 있다. 내부자금으로 조달하지 못한 나머지는 주식발행, 사채발행, 차입 등 외부자금으로 조달되어야 한다.

위의 예에서 (주)한국은 2022년도의 세후순이익(매출액 60억원의 10%) 6억원의 50%를 배당으로 지급하므로 유보이익 3억원이 우선적으로 사용할 수 있는 내부자금이 된다. 운전자본을 위해 필요한 자금이 4억원이므로 나머지 1억원은 사채나 주식을 발행하여 외부에서 조달해야 된다. 여기에 생산설비를 증설하는 데 필요한 10억원의 비유동자산 투자를 고려하면 외부자금조달액은 11억원으로 증가한다.

'혁신 기업 자금줄' 크라우드펀딩 발행한도 연간 30억원으로 확대

창업·벤처 기업이 크라우드펀딩을 통해 모집할 수 있는 자금 한도가 15억원에서 30억원으로 늘어나고, 크라우드펀딩 프로젝트 투자를 받을 수 있는 대상 사업도 확대될 예정이다.

크라우드펀딩이란 창의적인 아이디어나 사업계획을 가진 창업 초기(7년 이내) 비상장 중소기업이나 벤처기업이 온라인 플랫폼에서 증권(주식·채권)을 발행해 다수의 소액 투자자로부터 자금을 조달하는 방법이다.

현재는 각 기업이 주식을 연간 15억원어치까지 발행할 수 있는데, 개정안이 시행되면 한도가 30억원으로 상향 조정돼 자금 조달이 더 용이해진다. 채권 발행은 연간 15억원 한도가 유지되지만, 중간에 채권을 상환하면 해당 금액만큼 추가 발행할 수 있도록 했다.

기업 업력과 무관하게, 기존 사업과 분리된 프로젝트 사업을 하는 경우에도 크라우드펀딩을 활용할 수 있는데, 그동안은 문화사업이나 신기술 개발, 산업재산권 창출 프로젝트 사업으로 대상이 제한됐다. 앞으로는 금융·보험업, 부동산업, 유흥업 등 일부 업종을 뺀 나머지 모든 분야의 프로젝트 사업이 크라우드펀딩 투자를 받을 수 있다.

중소기업이 크라우드펀딩으로 프로젝트 사업자금을 조달을 할 때에는 중소기업이 해당 사업의 수익 지분을 70% 이상 보유해야 했으나, 이 비율도 50%로 완화된다. 크라우드펀딩 모집·중개를 하는 온라인 중개업자가 자기자본 요건을 충족하는지 매월 점검해 투자자 보호도 강화할 계획이다.

(조선일보: 2020. 10)

연습문제

1. 현금흐름표의 분석을 통해 얻을 수 있는 정보와 그 내용을 설명하라.

2. 현금예산의 중요성과 그 유용성을 설명하라.

3. 다음의 자료를 이용하여 2022년 1월~3월의 현금예산을 작성하라.
매출의 50%는 현금으로, 나머지 50%는 신용으로 판매한다. 신용판매 가운데 절반은 판매된 달의 다음달에, 나머지 절반은 판매된 달의 두 번째 달에 회수된다. 대손은 없는 것으로 가정한다. 2021년 11월~12월의 실제매출액과 2022년 1월~5월의 예상매출액은 다음과 같다.

연월	2021.11	2021.12	2022.1	2022.2	2022.3	2022.4	2022.5
매출액(백만원)	400	450	600	500	500	400	500

판매할 상품은 다음달 예상매출액의 80%를 판매 1개월 전에 매입하며 매입대금을 매입시점에 전액 현금으로 지급한다. 매월 말에 급여 8,000만원이 지출된다. 2022년 1월에는 생산시설 보수를 위해 1억원과 법인세 1억원이 지출되고, 2월에는 배당금으로 5,000만원이 지출될 예정이다. 이 회사의 최저현금보유잔고는 2억원이며 2021년 12월말 현재의 현금보유잔고는 3억원이다. 은행으로부터 차입과 상환은 월별로 이루어지며 차입이자율은 연 5%이다. 은행차입금에 대한 이자는 차입금이 상환되는 시점에 지급된다.

제 13 장

유동성관리

제 1 절 유동성관리의 개요

1. 운전자본관리

지금까지 자본예산, 자본구조, 배당에서는 비유동자산에 대한 투자와 자본조달에 관한 장기적 재무의사결정 문제들을 논의하였다. 운전자본관리는 1년 이내에 기업에 영향을 미치는 단기적인 재무의사결정에 관한 것이다. **운전자본**(working capital)은 유동자산을 의미하기도 하지만, 유동자산과 유동부채의 차이인 **순운전자본**(net working capital : NWC)을 의미하는 것이 일반적이다. 따라서 운전자본관리는 유동자산(현금, 유가증권, 매출채권, 재고자산 등)과 유동부채(외상매입금, 단기부채, 미지급비용 등)에 대한 종합적인 관리를 말한다.

순운전자본은 기업의 유동성을 의미한다. **유동성**(liquidity)은 원래 자산이 적정한 가격에(가치의 손상 없이) 신속하게 현금화할 수 있는 정도를 나타내는 말인데 보통 기업의 단기부채에 대한 지급능력을 나타내는 말로 사용되고 있다. 따라서 운전자본관리는 유동성관리를 의미하며, 순운전자본이 증가했다는 것은 단기채무에 대한 지급능력의 향상되었다는 것을 의미한다.

기업은 현금을 비롯한 유동자산을 보유함으로써 유동성을 확보할 수 있다. 그러나 대부분의 유동자산은 그 자체로서는 수익을 창출하지 못하는 비수익성 자산이기 때문에 유동자산을 과다하게 보유하면 기업의 수익성이 떨어지게 된다. 따라서 운전자본관리의 목적은 지급불능위험과 수익성을 고려하여 적정 유동성을 확보하는 데 있다.

기업의 자산과 부채에서 유동자산과 유동부채가 차지하는 비중이 크기 때문에 자산과 부채의 효율적인 이용과 관리 측면에서도 운전자본관리는 중요하다. 한편 유동성(현금)이 부족하면 지급불능사태가 발생하고, 재고가 부족하면 영업활동이 중단되는 등 운전자본관리는 기업경영에 당장 직접적인 영향을 미친다. 비유동자산에 대한 투자와 장기자본조달은 비정기적이고 비반복적인데 비해 유동자산에 대한 투자와 유동부채의 조달은 일상적인 영업활동과 관련되어 주기적이고 반복적이라는 것이 특징이다.

2. 영업순환과정과 운전자본관리

[그림 13-1]은 기업에서 일상적인 영업활동과 관련하여 현금이 순환되는 과정을 나타낸다.

그림 13-1 영업활동과 현금순환

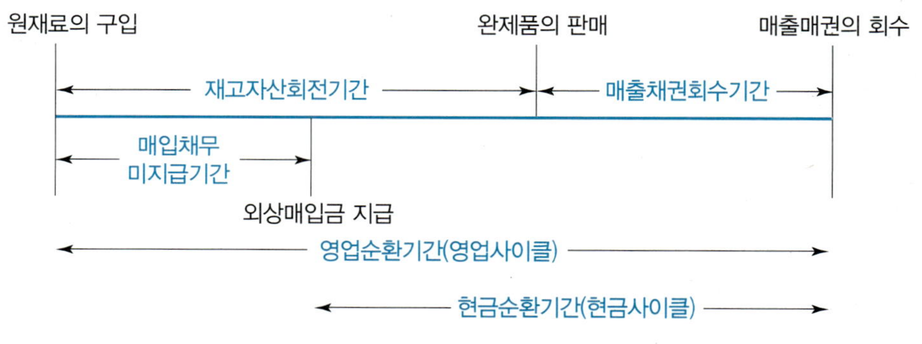

영업순환기간 또는 **영업사이클**(operating cycle)은 원재료의 구입에서 완제품의 판매대금이 회수되기까지의 기간을 말한다. 이 중 **재고자산회전기간**(inventory conversion period)은 원재료의 구입부터 완제품이 판매되는 시점까지의 기간을 말하는데, 이 기간이 길수록 재고자산에 많은 투자가 필요하게 된다. 한편 **매출채권회수기간**(account receivable collection period)은 완제품의 판매부터 판매대금이 회수되기까지의 기간을 말하는데 이 기간이 길수록 매출채권에 많은 투자가 필요하게 된다.[1] **매입채무미지급기간**(account payable deferral period)은 원재료의 구입부터 원재료 구입대금을 결제하기까지의 기간을 말한다.

현금순환기간 또는 **현금사이클**(cash cycle)은 영업활동 과정에서 실제로 현금이 유출되어 회수되기까지의 기간을 말하는데 이는 영업순환기간에서 매입채무 미지급기간을 뺀 것과 같다. 현금순환기간이 짧을수록 운전자본 보유에 따른 기회비용을 절약할 수 있다.

$$\text{현금순환기간} = \text{재고자산회전기간} + \text{매출채권회수기간} - \text{매입채무미지급기간}$$

효율적인 운전자본관리란 영업활동에 지장을 주지 않는 한도에서 현금순환기간을 단축하여 유동성에 대한 투자를 최소화하는 것이다. 현금순환기간을 단축하기 위해서는 재고자산회전기간과 매출채권회수기간을 줄이고, 매입채무미지급기간은 늘리는 전략이 필요하다.

3. 유동자산투자와 운전자본조달

(1) 유동자산투자

유동자산의 규모는 일반적으로 매출액과 밀접한 관계를 갖고 있다. 영업규모가 확

1) 재고자산에 투자하는 것은 재고자산을 확보하기 위해 현금이 투입되는 것을 의미한다. 매출채권에 투자하는 것도 현금이 투입되는 것을 의미한다.

그림 13-2 유동자산투자정책

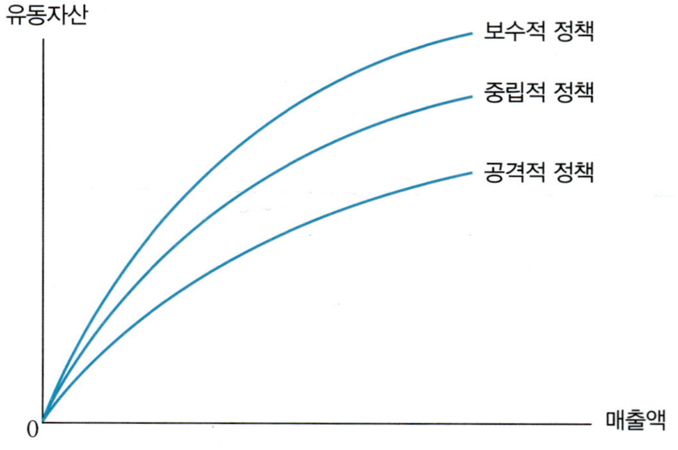

대되고 매출액이 증가하면 현금과 재고자산을 더 많이 보유해야 되고 외상매출금도 증가하게 된다. 유동자산을 많이 보유하게 되면 유동성 부족으로 인한 위험(유동성 위험)은 감소하지만 비수익성 자산의 증가로 수익성은 악화된다. 따라서 유동자산에 대한 투자는 유동성 위험과 수익성 사이의 선택이라고 할 수 있다.

유동자산에 대한 투자는 매출액에 대해 유동자산을 얼마나 보유하느냐에 따라 보수적인 정책, 공격적인 정책, 중립적인 정책으로 구분된다. [그림 13-2]는 유동자산투자정책을 그림으로 나타낸 것이다.

보수적인 투자정책은 상대적으로 많은 유동자산을 보유하는 것으로 유동성 부족으로 인한 지급불능위험이나 재고자산의 부족에 따른 판매활동의 지장과 같은 불편은 감소하지만 수익성은 낮아진다. **공격적인 투자정책**은 상대적으로 적은 유동자산을 보유하는 것으로 유동성보다는 수익성에 중점을 둔 정책이다. 중립적인 정책은 보수적인 정책과 공격적인 정책의 중간으로 중간 정도의 유동성과 수익성을 갖는다.

(2) 운전자본조달

기업의 자본조달전략은 경영환경과 경영자의 주관적인 선택에도 영향을 받지만 대부분의 기업에서는 자산과 부채의 만기를 일치시키기 위해 비유동자산은 장기자본(자본과 장기부채)으로 조달하고, 유동자산은 유동(단기)부채로 조달하는 것을 원칙으로 하고 있다. 그리고 운전자본의 일부는 영구적인 성격을 갖고 있기 때문에 장기자본으로 조달하고 있다.

운전자본조달정책은 유동자산에 투자하기 위한 자금을 단기차입금으로 조달하는지, 장기자금(장기차입금과 자기자본)으로 조달하는지에 따라 공격적인 정책, 보수적인 정책, 중립적인 정책으로 구분된다.

공격적인 조달정책에서는 유동자산을 전부 단기차입금으로 조달하여 필요 이상의 자금을 보유하지 않기 때문에 유휴자금이 발생되지 않고 금융비용을 절약할 수 있다. 하지만 예상하지 못한 사태가 발생하면 단기차입금에 대한 지급불능에 빠질 위험이 있고, 자금이 필요할 때마다 단기차입금에 의존하기 때문에 자금관리가 어려운 단점이 있다.

보수적인 조달정책에서는 유동자산을 장기자금으로 조달한다. 가장 보수적인 정책은 연중 필요한 최고 수준의 유동자산을 장기자본으로 조달함으로써 항상 여유자금을 보유하는 것이다. 계절적이고 순환적인 변동에 따라 일시적으로 증감하는 유동자산까지도 장기자금으로 조달하기 때문에 많은 비용이 발생하고 수익성이 악화되는 단점이 있지만, 항상 풍부한 유동성을 확보할 수 있어 지급불능위험을 최소화할 수 있다.

운전자본조달도 유동자산투자와 마찬가지로 위험과 수익성간의 상충관계를 고려해서 판단해야 한다.

제2절 유동자산관리

1. 현금 및 유가증권관리

(1) 현금관리의 목적

현금은 모든 거래의 최종적인 결제수단이므로 원활한 영업활동을 위해서는 적정 수준의 현금을 보유하고 있어야 한다. 현금에는 화폐형태의 현금은 물론 단기적으로 인출이 가능한 요구불예금도 포함된다.

현금부족으로 지급이 지연되면 기업의 신용이 하락하여 영업활동에 지장을 받고 심한 경우에는 지급불능사태에 빠질 수도 있다. 그러나 전형적인 비수익성 자산인 현금을 과도하게 보유하면 수익성이 떨어지게 된다. 따라서 현금관리의 목적은 적절한 유동성을 유지하여 지급불능위험을 관리하면서 수익성을 높이는 것이다.

(2) 현금보유동기

현금을 보유하는 동기는 전통적으로 다음과 같이 구분한다.

거래적 동기는 일상적인 거래활동에 필요한 현금을 보유하는 것으로 현금유입(회수)과 현금유출(지급) 사이의 공백을 메우기 위해 현금을 보유하는 것을 말한다. **예비적 동기**는 비상사태나 우발적인 상황에 대비해 현금을 보유하는 것을 말한다. 위험은 적으면서 시장성이 높은 단기금융상품이 거래되는 시장이 발달하면서 예비적 동기의 현금보유는 점차 줄고 있다. **투기적 동기**는 미래에 큰 이익을 얻을 수 있는 자산을 취득하기 위해 현금을 보유하는 것을 말한다. 주가하락기에 주식을 매도하여 현금보유비중을 늘리는 것도 투기적 동기의 현금보유라고 할 수 있다.

(3) 현금관리와 유가증권관리

현금관리모형은 현금유입과 유출의 형태와 불확실성을 고려하여 **최적현금보유액**(optimum cash balance)을 결정하고 유지하기 위한 모형이다. 현금관리의 공통적인 원칙은 화폐의 시간가치를 고려하여 현금유입은 되도록 촉진시키고 현금유출은 되도록 지연하는 것이다.

① 보몰(Baumol)의 현금관리모형

보몰의 현금관리모형은 재고관리에 적용하는 **경제적 주문량**(*EOQ*)의 공식을 현금관리에 적용한 방법이다. 보몰의 모형에서는 현금유출이 일정하다고 가정하기 때문에 기업은 거래적 동기로 현금을 보유하게 된다.

보몰의 모형은 간단하다는 장점이 있지만, 현금유출이 지속적으로 일정하다는 비현실적인 가정과 불확실성이 고려되지 않았다는 단점이 있다.

그림 13-3 **보몰의 현금관리모형**

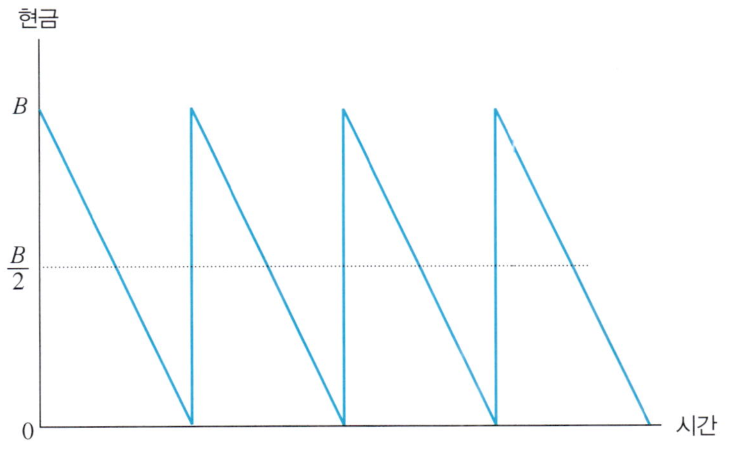

② 밀러-오어(Miller-Orr)의 현금관리모형

밀러-오어의 모형에서는 현금의 유입과 유출이 불규칙해서 미래 현금흐름을 정확하게 예측할 수 없는 상황을 가정한다. 기업은 현금보유의 상한선(U)과 하한선(L), 목표

그림 13-4 **밀러-오어의 현금관리모형**

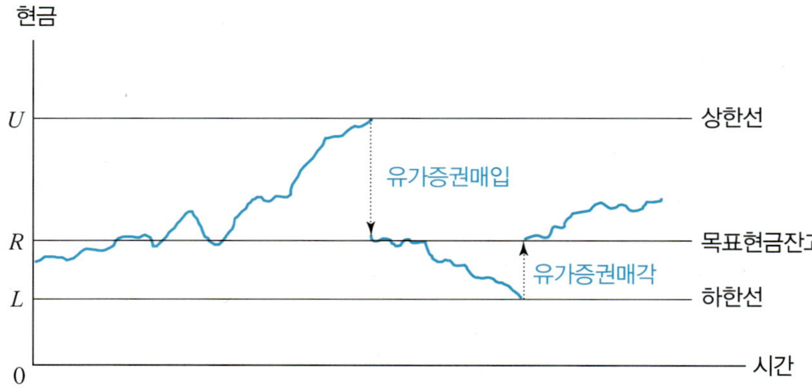

현금잔고(R)를 정해놓고 실제 현금보유액이 상한선을 초과하면 유가증권을 매입하고, 하한선에 미달하면 보유하고 있는 유가증권을 매각하여 목표현금잔고를 유지한다. 실제 현금보유액이 U와 L 사이에 있을 때는 정상적인 수준의 현금을 보유하고 있는 것으로 판단하여 그 상태를 유지한다. 이 모형의 장점은 현금관리를 유가증권관리와 연계시켜 보다 현실적이고 유연한 현금관리가 가능하다는 것이다.

(4) 현금회수와 지급관리

현금관리의 기본적인 원칙은 "회수는 신속하게, 지급은 천천히"이다. 효율적인 현금회수를 위해서는 고객으로부터 대금을 빨리 회수하고, 고객이 대금을 지급한 시점부터 기업이 자금을 사용할 수 있는 시점까지의 기간을 최대한 단축해야 한다. 지급을 지연하는 것은 단순히 지급을 늦추는 것이 아니라 지급된 자금이 실제 현금으로 인출될 때까지의 기간을 연장하고 관리하는 것을 말한다.

(5) 시장성 유가증권의 선택기준

기업이 **시장성 유가증권**(marketable securities)을 보유하는 이유는 현금과 같은 유동성을 유지하면서도 투자수익을 올릴 수 있기 때문이다. 기업이 현금관리 목적으로 단기

여유자금을 투자할 수 있는 유가증권에는 국공채, 양도성예금증서(CD), 우량기업의 회사채, 신용이 높은 기업어음, 투자신탁의 수익증권 등이 있다.

기업의 유가증권투자에서는 수익성보다 필요한 시기에 적정한 가격으로 매각해서 유동성을 확보하는 것이 중요하기 때문에 유가증권을 선택할 때 다음과 같은 요소들을 고려해야 한다.

① 채무불이행위험(부도위험)

현금관리를 목적으로 매입하는 유가증권은 **채무불이행위험**이 가급적 적어야 한다. 이러한 의미에서 국공채는 가장 안전한 투자대상이다.

② 시장성(유동성)

필요할 때 적정수준의 시장가격으로 신속하게 매각하여 현금화할 수 있는 **유동성**은 현금관리 목적의 유가증권투자에서 필수적인 요건이다. 일반적으로 거래량이 많고 시장규모가 큰 유가증권일수록 **시장성**(marketability)이 크다.

③ 이자율위험

이자율(금리)과 유가증권의 가격은 반대로 움직인다. 이와 같이 이자율변동에 따른 투자가치의 변동을 **이자율위험**(interest rate risk)이라고 한다. 이자율이 급상승하여 보유 유가증권의 가격이 급락하면 현금관리의 의미를 잃게 되므로 지나치게 이자율위험이 큰 유가증권은 피해야 한다. 같은 조건이라면 만기까지 남은 기간이 길수록 일정한 이자율변동에 대해 가격변동이 크기 때문에 상대적으로 단기 유가증권에 투자하는 것이 바람직하다.

④ 포트폴리오효과

여러 종류의 유가증권에 분산투자를 함으로써 위험을 줄이는 동시에 유동성관리를 탄력적으로 할 수 있다.

2. 매출채권관리

매출채권(account receivable)은 신용(외상)으로 판매하고 아직 회수되지 않은 외상매출금과 받을어음을 말한다. 다만 영업외활동에서 발생한 미회수금은 매출채권에 포함시키지 않는다. 신용판매는 매출액을 증가시키기 위한 판매촉진의 중요한 수단으로 사용되고 있으며 사업규모가 확장되면 매출채권에 대한 투자가 증가하는 경향이 있다. 하지만 매출채권이 증가하면 매출채권에 투입된 자금에 대한 이자비용을 부담해야 되고, 회수비용과 **대손**(bad debt)이 증가한다. 특히 불황기에는 매출채권의 회수가 늦어지고 자금사정이 악화되어 부도위험이 증가한다.

신용정책(credit policy)은 판매를 촉진시켜 수익성을 높이기 위한 매출채권관리정책을 말한다. 신용정책에는 신용기간, 신용기준, 현금할인정책, 매출채권 회수정책 등이 포함되는데 이러한 요소들은 모두 기업의 이익과 비용에 영향을 미치기 때문에 신용정책을 변경하기 위해서는 **비용－수익분석**(cost-benefit analysis)을 거쳐야 한다.

(1) 신용기간

신용기간(credit period)은 고객에게 허용하는 매출채권의 상환기간, 즉 물품구입부터 대금지급까지의 기간을 말한다. 현금매입을 유도하기 위해 물품을 현금으로 구입하는 고객에게는 일반적으로 할인이 주어진다. 예를 들어, 「2/10, net 30」(「2% 10 days, net 30 days」)는 매입대금을 30일 이내에 지급해야 하지만, 10일 이내에 현금으로 지급하면 2%를 할인해준다는 조건이며 신용기간은 30일이 된다.

신용기간을 연장하면 매출액이 증가하지만 추가적인 비용이 발생하기 때문에 신용기간을 변경할 때에는 이에 따른 비용과 수익을 비교·분석하여야 한다.

(2) 신용기준

신용기준(credit standards)은 신용판매(외상매출)를 허용할 고객을 선별하기 위해 고객의 신용도를 심사하는 기준을 말한다. 신용기준을 강화하여 신용이 높은 고객에게만 신용판매를 허용하면 채권회수기간도 짧아지고 대손도 감소하지만 매출이 감소할 것이다. 반대로 신용기준을 완화하여 상대적으로 신용이 낮은 고객에게도 외상매출을 허용하면 매출은 증가하지만 채권회수기간이 길어지고 대손이 함께 증가할 것이다. 따라서 신용기준도 신용기간과 마찬가지로 비용-수익분석을 통해 최대 이익을 낼 수 있도록 정해져야 한다.

신용기준을 정하기 위해서는 채권회수기간이나 대손에 영향을 주는 고객의 특성(요인)과 그 관계를 찾아내야 한다. 고객의 신용평가에는 전통적으로 다음과 같은 5가지 요소(5C)를 고려한다.

성격(character)	고객의 채무이행에 대한 태도와 같은 도덕적 요인
능력(capacity)	고객의 지급능력
재무상태(capital)	재무비율과 같이 재무제표에 나타난 일반적인 재무상태
담보능력(collateral)	고객이 담보로 제공할 수 있는 자산
기업외적 조건(condition)	고객의 채무이행에 영향을 미칠 수 있는 일반적인 경제상황

고객에 대한 신용도는 과거의 거래경험, 고객의 거래은행이나 다른 거래자, 신용정보를 판매하는 전문기업으로부터 수집한 정보를 기초로 신용판매를 결정하는 신용관리자가 주관적으로 판단해야 한다.

(3) 현금할인정책

현금할인정책(cash discount policy)은 현금으로 물품을 매입하는 고객에게 일정한 할인을 해주는 제도이다. 현금할인정책의 목표는 새로운 고객을 확보하고, 현금매출을 유도하여 채권회수기간을 단축하고 대손을 줄이기 위한 것이다.

「2/10, net 30」의 예를 들어보자. 고객의 입장에서 10일 이내에 현금을 납입하면 2%의 할인을 받을 수 있지만, 10일 이후에는 할인을 받지 못하므로 20일간의 외상매입에 대한 비용(또는 현금할인의 수익)은 매입대금의 2%이다. 이를 연율로 환산하면 36.7%((2%/98%)×(360일/20일))에 해당되며 연 36.7% 미만의 금리로 자금을 조달할 수 없는 고객은 현금할인을 받는 것이 유리하다. 따라서 현금할인율을 시중금리보다 높게 책정하는 경우에만 현금할인의 효과를 거둘 수 있다.[2)] 현금할인율을 높여서 현금매출의 비중이 높아지면 채권회수비용은 절약되지만 매출이익이 감소한다. 따라서 적정 현금할인율은 현금할인에 따른 비용절약과 이익감소를 비교하여 결정해야 한다.

(4) 매출채권 회수정책

매출채권 회수정책을 강화해서 채권회수를 촉진하면 회수기간을 단축하고 대손을 줄일 수 있지만 회수비용이 증가한다. 회수활동을 강화해도 회수기간이나 대손이 회수비용 지출에 비례해서 감소하는 것은 아니다. 초기에는 회수기간이나 대손이 대폭 감소하지만 점차 그 효과가 감소하다가 어느 정도(포화점)를 지나면 더 이상 회수기간이나 대손이 감소하지 않게 된다.

매출채권을 관리하는 방법에는 팩토링과 신용보험이 있다. **팩토링**(factoring)은 매출채권을 제3자에게 매각하는 것을 말한다. 매출채권을 수금전문가(factor)에게 매각하면 자금순환이 원활해지고 대손의 위험을 전가할 수 있지만 매출채권을 장부가격보다 낮은 가격으로 매각하여야 한다. 매출채권의 매각가격은 장부상의 매출채권금액에서 예상되는 대손액, 매출채권 매각대금에 대한 이자비용, 팩터(factor)의 적정이익을 차감한 금액이 될 것이다. **신용보험**(credit insurance)은 대손가능성이 있는 매출채권에 대해 보험을 들어 회수날짜가 지났거나 실제 대손이 발생하면 보상을 받는 제도이다. 대손의 위험을 전가하는 대신 보험료를 비용으로 지불해야 된다.

3. 재고자산관리

재고자산은 원자재(raw material), 재공품(work in process), 완제품(finished goods)으로 구분할 수 있다. 재고자산이 부족하면 기업의 생산과 판매활동을 원활하게 수행할 수 없으며, 과다한 재고를 보유하면 비용이 발생하게 된다. 재고자산관리란 연속적이고 평준화된 생산을 유지하고, 수요와 공급의 불확실성 때문에 발생하는 문제를 해결하기

---

2) 외상매입의 이자비용을 계산하는 식은 제3절의 매입채무에서 설명된다.

위해 적절한 재고수준을 유지하는 일이다.

기업은 정상적인 영업활동에 필요한 기본재고와 미래의 불확실성에 대비한 안전재고(safety stock)를 보유해야 한다. 기업의 적정재고수준은 예상판매량, 생산소요기간, 원자재공급의 계절적 변동, 재고관리비용 등과 함께 각 기업의 사정에 따라 결정된다.

제3절 유동부채관리

유동부채(current liability)는 1년 안에 상환해야 하는 단기부채로 유동자산과 함께 운전자본관리의 주요 대상이 된다. 유동부채는 기업 단기자금의 원천이며 주로 유동자산의 투자에 이용된다. 기업에서는 주로 매입채무, 은행단기대출, 기업어음, 사금융(사채(私債)) 등을 통해 단기자금을 조달하고 있다.

단기부채는 장기부채에 비해 자금조달과 운용면에서 융통성이 있으며 조달비용이 저렴하다는 이점이 있다. 하지만 차입과 상환을 자주 반복해야 하기 때문에 불편하고, 과도하게 단기부채에 의존하는 경우에는 지급불능상태에 빠질 위험이 커진다.

1. 매입채무

매입채무(trade credit)는 외상매입금과 지급어음을 말하는데 거래신용이라고도 한다. 거래신용은 물품을 외상으로 구입하는 일상적인 거래에서 자연스럽게 발생하는 단기금융이다. **외상매입금**(accounts payable)은 특정한 계약 없이 어느 기간 내에 대금을 지급할 것을 약속한 것이고, **지급어음**(notes payable)은 정해진 날짜에 일정한 장소에서 일정한 금액을 지급할 것을 명시한 증서이다.

현금으로 구입할지 아니면 외상으로 구입할지는 외상매출을 제공하는 기업의 신용조건을 분석하여 매입채무의 기회비용을 계산한 후 결정하게 된다. 현금할인을 포기하고 외상으로 매입하는 경우에 연율로 계산된 이자비용은 다음과 같다.

$$\text{외상매입의 이자비용} = \frac{\text{현금할인율(\%)}}{100 - \text{현금할인율(\%)}} \times \frac{\text{360일}}{\text{신용기간(일)} - \text{현금할인기간(일)}}$$

예를 들어 100만원어치의 물품을 구입하면서 「2/10, net 30」의 신용조건에서 현금할인을 포기하면 20일 동안 98만원을 이용하는 대가로 2만원의 이자를 지불하는 것과 마찬가지이므로 이를 연율로 환산하면 36.7%에 해당된다.

$$\frac{\text{2만원}}{\text{98만원}} \times \frac{\text{360일}}{\text{20일}} = 36.7\%$$

당좌차월

기업의 자금거래는 주로 거래은행에 개설한 당좌예금을 이용하여 이루어지는데 은행대출금도 일단은 당좌예금으로 입금된 후 인출되는 것이 보통이다. 당좌예금의 인출은 예금잔액의 한도 내에서만 가능하고 이를 초과해서 발행된 수표는 부도수표가 되어 은행에서 지급을 거절하게 된다.

당좌차월(overdraft)은 미리 은행과 계약을 맺어 예금잔액을 초과하는 수표가 발행되더라도 일정한 한도(당좌차월한도)까지 은행이 지급하도록 하는 은행대출계약이다. 당좌차월은 기업이 일정한 한도 내에서 언제라도 차입하고 변제할 수 있으므로 단기적인 자금운용상 매우 편리한 제도이다. 개인의 마이너스(잔고)통장은 기업의 당좌차월과 같은 성격을 갖는 예금·대출계약이다.

2. 은행대출

은행대출(bank loan)은 가장 널리 이용되고 있는 단기자금 조달방법이다. 은행대출비용은 차입자의 조건에 따라 달라지는데 신용상태가 불량(위험이 높은)한 기업이나 소액의 대출을 받는 경우에는 높은 이자율이 적용된다. 대출조건에 따라 다양한 부대비용이 발생하기 때문에 기업이 실제 부담하는 비용이 대출계약상의 명목이자율보다 큰 것이 보통이다.

은행의 대출이자율은 대출조건, 특히 상환방법에 따라 달리 계산된다.

(1) 단순이자율

단순이자율은 만기일에 원금과 이자를 함께 상환하는 대출에 적용되는 이자율이다.

$$\text{단순이자율} = \frac{\text{연간 이자비용}}{\text{대출금액}}$$

(2) 할인이자율

이자를 미리 공제(선이자공제)하고 대출을 받는 경우 실제로 이용할 수 있는 금액은 계약상의 대출금액보다 적으므로 실제 차입이자율은 계약상의 명목적인 차입이자율보다 높다. 이때 실제 부담하는 이자율이 할인이자율이다.

$$\text{할인이자율} = \frac{\text{선이자비용}}{\text{대출금액} - \text{선이자비용}}$$

(3) 균등분할상환이자율

원금과 이자를 만기까지 **균등분할상환**(amortization)하는 대출의 경우 상환액에는 원금도 일부 포함되어 있음에도 불구하고 이자는 최초의 원금을 기준으로 계산되므로 실제로 부담하는 이자율은 계약상의 명목적인 차입이자율보다 높다.

(4) 보상예금과 이자율

보상예금(compensating balance)은 대출을 조건으로 대출금의 일부를 예금으로 예치해야 하는 경우를 말하는데 흔히 "꺽기"라고도 한다. 예를 들어, 명목적인 대출이자율은 연 10%이지만, 대출금액의 20%를 이자를 지급하지 않는 보상예금잔액으로 유지해야 하는 경우 100만원을 조달하기 위해 실제로 부담하는 대출이자율은 다음과 같다.

$$\text{대출금액} = \frac{\text{필요한 자금}}{1 - \text{보상예금잔액비율}} = \frac{100\text{만원}}{1-0.2} = 125\text{만원}$$

$$\text{실제 대출이자율} = \frac{\text{지급이자(대출금} \times \text{대출이자율)}}{\text{실제 사용금액}} = \frac{125{,}000\text{원}}{1{,}000{,}000\text{원}}$$
$$= 12.5\%$$

따라서 보상예금이 요구되는 경우의 실제 대출이자율은 다음과 같이 계산된다.

$$\text{실제 대출이자율} = \frac{\text{명목상 대출이자율}}{1 - \text{보상예금잔액비율}} = \frac{10\%}{1-0.2} = 12.5\%$$

3. 기업어음

일반적인 어음은 물품구입대금을 정해진 날짜에 지급하겠다는 약속이 명시된 증서이다. 이처럼 기업의 상거래와 관련하여 발행된 어음을 **진성어음**이라고 한다. 어음을 발행하고 물품을 구입한 기업은 어음의 만기까지 구입대금의 지급을 미룰 수 있다. 한편 어음을 받고 물품을 판매한 기업은 어음을 단기금융회사나 은행을 통해 할인하여 자금을 융통할 수 있기 때문에 어음은 효과적인 단기금융수단이다.

기업어음(commercial paper: CP)은 기업이 상거래와는 상관없이 단기운전자금을 조달하기 위해 발행하는 약속어음인데 **융통어음**이라고도 한다. 원금과 이자의 합계가 어음의 액면금액이 되고, 이자는 미리 지급하는 방식으로 액면금액에서 이자가 차감된 금액(원금)으로 어음이 발행된다. 중개기관(종합금융회사, 은행, 증권회사, 투자신탁회사)은 발행된 어음을 매입한 후 다시 최종투자자에게 할인방식으로 매각하고, 만기에 액면금액(원금과 이자의 합계)을 발행기업으로부터 회수하게 된다. 이와 같이 중개기관이 할인방식으로 어음을 매입하여 기업에 단기자금을 조달하는 기능을 어음할인이라고 한다.

넘치는 유동성…비우량기업들 '3개월짜리 어음'으로 자금 조달

양도성예금증서(CD) 금리가 연일 사상 최저 기록을 갈아치우고 있다. 갈 곳 없는 단기 투자자금이 기업어음(CP) 등 단기금융상품에 몰리면서 한동안 제자리걸음하던 CD 유통 금리까지 빠르게 끌어내리고 있다는 분석이다. 투자 수요가 늘어나면서 비우량 기업의 CP 발행도 덩달아 늘고 있다. 하지만 기업들이 과도하게 단기 자금에 의존했다가 경기 회복이 늦어지면 유동성 불안을 키울 가능성이 있다는 우려도 나온다.

채권시장 참여자들은 최근 CD 금리 하락 배경을 기업과 가계의 대기성 보유현금 확대에 따른 단기금융상품 수요 증가에서 찾고 있다. 정부와 한국은행의 신종 코로나바이러스 감염증(코로나19) 지원자금 공급으로 시중 통화량이 크게 늘어났기 때문이다.

비우량 기업 CP의 발행 급증을 우려하는 목소리도 나온다. 과도하게 단기 자금에 의존하다가 경기가 살아나지 않으면 차환에 실패할 가능성도 배제할 수 없기 때문이다. 1990년대 중반 경기침체 속에서 나타났던 중견 그룹사들의 CP 남발은 외환위기로 이어지는 연쇄 부도 충격을 낳기도 했다.

경기 전망을 부정적으로 내다보고 있는 신용평가사들은 국내 기업의 신용등급 강등 추세가 하반기부터 본격화할 것으로 예상하고 유동성 관리를 주문하고 있다.

(한국경제: 2020. 08)

연습문제

1. 홍길동은 용돈으로 연간 1,200만원의 현금이 필요하다. 용돈은 일정하게 지출되며 용돈이 바닥나면 은행예금을 인출하여 다시 용돈을 보충한다. 홍길동의 은행예금에는 6%의 이자가 지급되고 있으며 은행예금을 인출할 때마다 1,000원의 수수료가 부과된다. 홍길동은 용돈유지비용을 최소화하려고 한다.
   (1) 은행예금을 1회에 얼마씩 인출해야 하는가?
   (2) 연간 예금인출회수는?
   (3) 홍길동은 평균 얼마의 용돈을 보유하고 있는가?
   (4) 홍길동의 연간 용돈유지비용은?

2. 단기 여유자금을 투자할 수 있는 시장성 유가증권의 종류와 각 유가증권의 장단점을 설명하라.

3. 현대카센타가 자동차부품을 외상으로 매입할 때 적용되는 신용조건은 「1/10, net 30」이다. 현대카센타가 연 15%로 차입할 수 있다면 신용매입이 유리한가 아니면 차입한 자금으로 현금매입을 하는 것이 유리한가?

4. 대학에 복사기를 납품하는 카피상사의 월평균매출액은 3,000만원이며 평균신용기간은 20일이다. 신용기간을 30일로 연장하면 매출액이 2배로 증가할 것으로 예상된다. 신용기간연장으로 늘어나는 외상매출금 때문에 필요한 자금은 월 2%의 이자율로 조달할 수 있다. 복사기의 단위당 변동비는 판매가의 70%이다. 외상매출금 회수비용은 외상매출금 총액의 5%이며, 추가로 증가하는 외상매출금에 대해서는 10%의 대손(회수불능)이 예상된다. 카피상사는 신용기간을 연장하는 것이 유리한가?

5. 운전자본관리에 있어서 현금관리의 중요성에 대해 설명하라.

제 VI 편

재무관리의 다른 주제들

제14장

리 스

제1절 리스의 개요

1. 리스의 개념

리스(lease)란 임차인(lessee)이 필요한 자산을 구입하는 대신 임대인(lessor)인 리스회사로부터 일정기간 동안 사용권을 얻어 사용하고 그 대가로 리스료를 지급하는 계약을 말한다. 임차인의 입장에서 리스는 자산구입에 필요한 자금을 조달하는 금융의 효과가 있기 때문에 "리스금융"이라고 한다. 임대인은 소유권을 가지고 있으면서 리스자산(리스의 대상이 되는 자산)의 구입대금과 이자 등 리스와 관련된 각종 비용을 리스료에 포함시켜 회수할 수 있다.

리스자산은 컴퓨터, 복사기, 자동차, 항공기, 의료기기, 공장, 건물 등 매우 다양하다. 리스회사에는 리스자산 제조회사, 금융기관(은행, 종합금융회사), 전업 리스회사 등이 있다.

2. 리스의 유형

리스는 그 기능적 성격에 따라 운용리스와 금융리스로 구분한다.

(1) 운용리스

운용리스(operating lease)는 자금조달보다는 자산의 효율적인 이용에 중점을 둔 리스로서 **서비스 리스**(service lease)라고도 한다. 임차인은 필요한 자산을 비교적 단기간(1~5년) 동안 임대하여 사용하게 된다. 운용리스의 대상자산은 주로 컴퓨터와 복사기 같이 기술발전속도가 빠르고 모델의 주기가 짧아 진부화위험이 큰 자산이지만 항공기나 선박같이 구입가격이 비싼 자산이 그 대상이 되기도 한다.

운용리스의 특징은 다음과 같다.

① 계약기간이 리스자산의 경제적 내용연수보다 짧다. 리스계약이 만료된 후 리스회사는 계약을 갱신하여 재리스(re-leasing)하거나 리스자산을 매각한다.

② 리스회사(임대인)가 리스자산을 보수·유지하기 위한 서비스를 제공하고 재산세와 보험료도 부담한다.

③ 임차인은 리스계약를 중도에 해지할 수 있는 권리를 보유하고 있어 경제적·기술적으로 진부화된 자산을 사용해야 하는 위험을 피할 수 있다.

(2) 금융리스

금융리스(financial lease)는 임차인이 필요한 자산을 장기적으로 확보하기 위해 임대인과 장기사용계약을 맺는 것으로, 자금조달수단의 성격이 강하기 때문에 **자본리스**(capital lease)라고도 한다. 금융리스의 대상자산으로는 부동산, 항공기, 선박, 생산설비 등이 있으며 계약기간은 리스자산의 경제적 내용연수와 비슷하게 정해진다.

금융리스의 특징은 다음과 같다.

① 리스료는 리스자산의 구입비용과 금융비용이 리스계약기간 동안에 상환되도록 결정된다.

수입승용차 할부금융과 운용리스 비교 견적표

차량정보

차량명	XXX 2.0 TDI
배기량	1,968 cc
권장소비자가	34,300,000원
옵션가격	0 원
할인금액	1,029,000원
탁송료	0원
총차량 가격	33,271,000원

금융조건

상품 형태		할부금융	운용리스
상품 종류		클래식 할부금융	운용리스
차량 가격(1)		33,271,000 원	33,271,000 원
등록 비용(2)		2,458,740 원	2,337,740 원
취득세 7%	고객부담	2,117,240 원	2,117,240 원
공채비용	고객부담	241,500 원	120,500 원
부대비용	고객부담	100,000 원	100,000 원
총구입가격 (1)+(2)		35,729,740 원	35,608,740 원
월납입금(a)		734,011 원	794,648 원
월보험료(b)	고객보험부보	0 원	0 원
월자동차세(c)	월납입금 불포함	0 원	0 원
월 총납입액(a+b+c)		**734,011 원**	**794,648 원**

	할부금융		운용리스	
금융신청금액		23,289,700 원		33,271,000 원
보증금	0%	0 원	30%	9,981,000 원
선납금	30%	9,981,300 원	0%	0 원
잔존가치	0%	0 원	30%	9,981,000 원
상환유예원금	0%	0 원	0%	0 원
근저당설정비(당사부담)		139,738 원	해당사항없음	
인 지 대(50%)		0 원	금융사부담	
계약기간	36 개월		36 개월	
납입방법	1개월 후불		1개월 후불	
차량등록명의/지역	고객님 명의/서울		금융사 명의/성남	
만료시 처리방법	–		양도, 반납, 재리스	
약정 연간 주행거리	–		30,000 km	

② 임차인이 리스자산에 대한 보수·유지의 책임은 물론 재산세와 보험료도 부담한다.

③ 임차인은 리스계약을 중도에 해약할 수 없으며 계약기간이 종료된 후에는 해당 자산을 구매할 수 있는 선택권(option)을 갖는 것이 보통이다.[1)]

(3) 판매후 재리스

판매 후 재리스(sales and lease back)는 금융리스의 특수한 형태로서 임차인이 소유하고 있는 자산을 리스회사에 매각하는 동시에 그 자산을 다시 리스하여 사용하는 것을 말한다. 임차인은 자산을 매각하여 자금을 조달하는 동시에 리스료를 지급하면서 그 자산을 계속 사용할 수 있다. 현금이 부족한 기업들은 판매후 재리스를 통해 자산을 매각하여 현금을 조달한 다음에도 자산을 계속 사용해 영업활동을 유지할 수 있다.

(4) 레버리지드 리스

레버리지드 리스(leveraged lease)는 금융리스의 일종으로 고가의 리스자산에 대해 리스회사는 리스자산 구입비용의 일부만을 부담하고 나머지는 리스자산을 담보로 자금대여자(lender)로부터 차입하여 조달하는 것을 말한다. 리스회사는 부채에 대한 법인세감세효과(interest tax shield)를 누릴 수 있으며, 이를 반영하여 리스료를 인하할 수 있고, 임차인은 리스료 부담을 줄일 수 있다.

(5) 신디케이트 리스

신디케이트 리스(syndicated lease)는 금융리스의 일종으로 리스자산 구입에 거액이 필요한 경우 여러 리스회사가 공동으로 출자하여 리스회사집단을 형성하여 리스하는 것을 말한다.

---

1) 금융리스에서는 리스계약이 종료되면 임차인이 리스자산을 시장가격보다 낮은 가격으로 구입할 수 있는 선택권(bargain purchase option)을 갖는 경우가 많다. 따라서 리스계약기간 중에 리스자산의 가치가 상승하면 임차인은 계약종료 후에 리스자산을 낮은 가격으로 구입하여 이득을 얻을 수도 있다.

3. 리스의 이득

임차인과 리스회사는 리스를 통해 다음과 같은 이득을 얻을 수 있다.

① 자산을 단기간 사용하는 데는 리스가 편리하다. 자산을 구입해서 사용하기 위해서는 매입한 후 등록하고 보험에 가입해야 하며, 사용 중에는 보수·유지해야 하고, 사용이 끝난 후에는 매각 처분해야 하는 등 복잡한 절차를 거쳐야 한다. 임차인은 이러한 업무를 리스회사에 전가하면서 필요한 자산을 필요한 기간 동안 사용할 수 있다. 리스회사는 이러한 업무를 효율적으로 처리할 수 있으므로 그 이득을 임차인도 공유할 수 있다.

② 임차인은 기술진보가 빠른 자산에 대한 진부화위험을 줄일 수 있다. 특히 리스계약의 중도해지가 가능한 경우에 임차인은 리스자산의 진부화위험을 리스회사에 전가할 수 있다. 리스회사는 리스자산의 매각 또는 재리스를 통해 진부화위험을 보다 효율적으로 관리할 수 있다.

③ 리스자산에 대한 감가상각으로부터 리스회사가 임차인(사용자)보다 더 많은 법인세 절감효과를 얻을 수 있다면 임차인도 이러한 세제상 이득을 공유할 수 있다. 리스회사는 리스료를 인하함으로써 절세액의 일부를 임차인에게 제공할 수 있다. 임차인은 리스료를 비용으로 처리하여 법인세 절감효과를 누릴 수 있다.

④ 리스회사는 리스자산에 대한 전문가로서 표준화된 리스계약에 의해 다량의 거래를 하기 때문에 관리비용과 거래비용을 절감할 수 있다. 임차인도 리스를 통해 이러한 비용상의 이득을 공유함으로써 자산을 매입하는 것보다는 비용을 절약할 수 있다.

⑤ 운용리스의 경우에 임차인은 리스자산을 사용하면서 양질의 서비스를 받을 수 있다. 이러한 편의의 대가가 리스료에 포함되지만 서비스 제공에 있어서 리스회사가 임차인보다 효율적이다.

⑥ 임차인은 자산구입비용을 부담하지 않으면서도 자산을 이용할 수 있어 자금운용상의 이점이 있다. 특히 담보능력이 부족하여 은행차입이 어려운 중소기업의 경우에 리스는 유용한 자금조달수단이 될 수 있다.

4. 리스의 단점

① 리스료에는 리스회사의 자산구입비용과 금융비용, 리스자산의 감가상각비, 보험료, 일반관리비용 이외에도 리스회사의 이익이 모두 포함되어 계산되므로 은행차입비용보다 높은 것이 일반적이다.

② 임차인은 리스회사의 승낙 없이 임의로 리스자산을 개조나 개량할 수 없기 때문에 자산을 직접 소유하는 경우보다 자산의 관리와 운용이 불편하다.

2019년도 리스회계기준변경

2019년 1월 1일부터 리스 관련 새로운 회계기준이 적용되었다. 개정된 리스회계기준에서는 금융리스와 운용리스의 구분을 없애고, 리스이용자의 사용권을 자산으로, 리스료 지급의무를 부채로 인식하게 된다.

리스회계기준 변경 전후의 재무제표

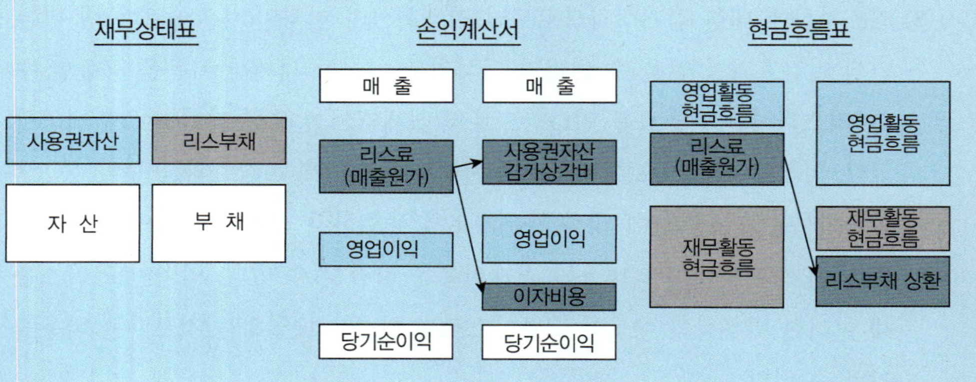

제2절 리스의 가치평가

리스의 가치는 자금조달수단으로서의 가치, 즉 리스금융의 가치와 리스로 자산을 사용함으로써 얻을 수 있는 가치로 구분할 수 있다. 임차인과 리스회사에게 금융수단으로서의 리스의 가치는 다음과 같다.

1. 임차인에 대한 리스금융의 가치

리스, 특히 금융리스는 리스회사로부터 차입해서 자산을 구입하고 원리금을 할부금의 형태로 만기까지 상환하는 것으로 생각할 수 있다. 따라서 리스금융의 가치는 차입해서 구입하는 것과 비교해서 평가되어야 한다. 리스계약 초기에는 자산 구입대금을 지불할 필요가 없기 때문에 그만큼의 현금유입의 효과가 있지만 리스계약기간 동안에는 리스료에 대한 지급의무를 지게 된다. 차입해서 구입하는 경우에는 당장 차입금만큼의 현금유입이 발생하고 차입기간 동안에는 원리금에 대한 지급의무를 지게 된다.

그러나 리스금융의 가치는 단순히 차입금융과 비교하여 평가한 것이기 때문에 리스금융의 가치와 리스자산을 이용하는 투자프로젝트의 가치는 구별되어야 한다. 리스금융의 가치평가는 리스자산의 이용가치가 양(+)인 경우에만 의미가 있다.

기업이 필요한 자산을 리스로 사용할지 아니면 차입해서 구입할지는 *NPV*를 기준으로 선택하면 된다. 다시 말해서 차입과 비교해서 리스의 증분현금흐름의 *NPV*가 양수(+)인 경우에 리스를 선택하면 된다.

(1) 리스금융의 증분현금흐름

리스금융의 증분현금흐름은 차입해서 구입하는 경우와 비교한 현금흐름을 말한다.

① 리스가 시작되는 시점에서는 자산구입을 위한 현금유출이 없기 때문에 자산 구입비용을 현금유입으로 처리한다. 리스자산이 고용창출투자세액공제의 대상이 되는 경우에는 투자세액공제액만큼의 기회손실을 현금유출로 처리한다.

② 리스기간 중에 지급하는 리스료는 비용이므로 현금유출로 처리하고 리스료에 대한 절세액은 현금유입으로 처리한다. 이는 세후리스료를 현금유출로 처리하는 것과 마찬가지이다. 리스자산은 감가상각에 의한 세금절감효과(depreciation tax shield)를 누릴 수 없으므로 절세액에 해당되는 금액(기회손실)을 현금유출로 처리한다.

③ 리스가 종료되는 시점에서는 리스자산에 대한 예상처분가격만큼의 기회손실이 발생하므로 이를 현금유출로 처리한다. 자산을 구입해서 처분하면 처분가격(SV: salvage value)과 장부상 잔존가치(BV: book value)의 차이에 따라 자산처분에 의한 특별이익 또는 특별손실이 발생하고, 특별이익에 대해서는 세금을 부담하고 특별손실에 대해서는 세금감면효과를 얻게 된다. 그러나 리스에서는 자산처분이익에 대한 세금($(SV-BV)\cdot T_c$)을 부담할 필요가 없으므로 그 세금만큼을 현금유입으로 처리한다. 반대로 자산처분손실에 대해서는 세금을 절약할 수 있는 기회를 잃는 것이므로 기회손실(세금절약금액)을 현금유출로 처리한다.

표 14-1 임차인에게 발생하는 현금흐름

시점	현금유입	현금유출	순현금흐름
자산구입 ($t=0$)	자산구입비용(I_0)	고용창출투자세액공제(ITC)	I_0-ITC
리스기간 ($t=1\sim n$)	리스료의 절세효과($L\cdot T_c$)	리스료(L) 감가상각의 절세효과($D_t\cdot T_c$)	$-L\cdot(1-T_c)-D_t\cdot T_c$
리스종료 ($t=n$)	자산처분이익에 대한 세금 $((SV-BV)\cdot T_c)^*$	자산처분 예상가격(SV) 자산처분손실에 대한 절세효과 $((BV-SV)\cdot T_c)^{**}$	$-SV+((SV-BV)\cdot T_c)^*$ $-((BV-SV)\cdot T_c)^{**}$

* : $SV>BV$인 경우에만 적용
**: $SV<BV$인 경우에만 적용

〈표 14-1〉은 리스료(lease payment: L)가 매기 말에 지급되는 경우에 임차인에게 발생하는 현금흐름을 정리한 것이다.

(2) 리스현금흐름의 할인율

리스금융은 차입해서 자산을 구입하는 것과 같기 때문에 리스금융과 차입의 위험은 같다고 할 수 있다. 따라서 리스금융의 증분현금흐름은 임차인이 지급해야 하는 세후차입금리로 할인하는 것이 적절하다. 그러나 세부적인 현금흐름의 위험이 각기 다르다면 해당 현금흐름의 위험이 조정된 할인율로 할인되어야 한다. 예를 들어, 임차인이 리스료를 지불하는 데는 문제가 없지만 리스료에 대한 법인세 감면효과를 얻을 만큼 충분한 이익을 얻지 못할 가능성이 있다면 리스료의 절세효과(현금유입)는 리스료(현금유출)보다 높은 할인율로 할인되어야 한다.

(3) 리스의 간접적인 이득

리스의 가치를 정확하게 평가하기 위해서는 리스가 가진 금융상의 직접적인 이득뿐만 아니라 리스를 통해 얻을 수 있는 보수·유지 서비스, 보험, 각종 세금, 운용비용의 이득도 고려되어야 한다. 예를 들어, 리스회사가 리스료에 포함시켜서 부과하는 보수·유지 서비스 비용보다 임차인이 자산을 직접 보수·유지하는 비용이 더 든다면 리스의 가치를 계산할 때 그 차액이 현금유입으로 처리되어야 한다.

리스금융의 가치

(주)한국은 기계를 직접 구입하는 것과 리스하는 것을 비교하고 있다. 기계구입비용은 5,000만원이며 5%의 고용창출투자세액공제를 받을 수 있다. 새 기계의 내용연수는 4년이고 잔존가치는 1,000만원이며 정액법으로 감가상각한다. 4년 후의 예상처분가격은 500만원이다. 동일한 기계를 4년간 리스로 사용할 경우에는 리스료 1,500만원을 매년 말에 지불해야 한다. (주)한국의 법인세율은 22%이며 기계구입자금을 차입하기 위해서는 10%의 이자를 지불해야 한다.

리스의 현금흐름

(단위: 만원)

	$t=0$	$t=1$	$t=2$	$t=3$	$t=4$
기계구입비용(I_0)	5,000				
고용창출투자세액공제(ITC)	−250				
리스료(L)		−1,500	−1,500	−1,500	−1,500
리스료의 절세효과($T_c \cdot L$)		330	330	330	330
감가상각의 절세효과($T_c \cdot D$)		−220	−220	−220	−220
처분가치(SV)					−500
자산처분손실에 대한 세금효과($(SV-BV) \cdot T_c$)					−110
현금흐름	4,750	−1,390	−1,390	−1,390	−2,000

(주)한국의 세후차입금리인 7.8%를 할인율로 계산한 리스금융의 가치는 다음과 같다.

$$NPV = 4,750 - \frac{1,390}{(1.078)} - \frac{1,390}{(1.078)^2} - \frac{1,390}{(1.078)^3} - \frac{2,000}{(1.078)^4} = -326.27(\text{만원})$$

따라서 (주)한국은 리스보다는 차입해서 기계를 직접 구입하는 것이 유리하다.

2. 리스회사에 대한 리스의 가치

리스회사에게 리스는 투자활동이기 때문에 전통적인 자본예산처럼 리스의 현금흐름을 적절한 할인율로 할인하여 $NPV > 0$인 경우에 리스계약을 판매하게 된다. 리스회사에 대한 현금흐름은 다음과 같다.

① 리스자산을 구입하는 시점에는 자산구입을 위한 현금유출이 발생하고, 리스자산이 고용창출투자세액공제를 받을 수 있는 경우에는 공제액만큼의 현금유입이 발생한다.

② 리스기간 중에는 세후 리스료수입액과 리스자산의 감가상각액에 대한 법인세 절감액만큼의 현금유입이 발생한다.

③ 리스가 종료되는 시점에는 리스자산을 회수하게 되므로 리스자산의 예상처분가격을 현금유입으로 처리한다. 리스자산 처분결과 특별손실(이익)이 발생하면 손실(이익)액에 법인세율을 곱한 금액을 현금유입(유출)으로 처리한다.

〈표 14-2〉는 리스료(lease payment: L)가 매기 말에 지급되는 경우에 리스회사에게 발생하는 현금흐름을 정리한 것이다.

리스회사의 입장에서 평가한 리스계약의 가치는 위의 현금흐름을 리스회사의 가중평균자본비용으로 할인한 NPV이다.

표 14-2 리스회사에게 발생하는 현금흐름

시점	현금유입	현금유출	순현금흐름
자산구입 $(t=0)$	고용창출투자세액공제(ITC)	자산구입비용(I_0)	$-I_0+ITC$
리스기간 $(t=1\sim n)$	세후리스료수입($L\cdot(1-T_c)$) 감가상각의 절세효과($D_t\cdot T_c$)		$L\cdot(1-T_c)+D_t\cdot T_c$
리스종료 $(t=n)$	자산처분 예상가격(SV) 자산처분손실에 대한 절세효과 $((BV-SV)\cdot T_c)^*$	자산처분이익에 대한 세금 $((SV-BV)\cdot T_c)^{**}$	$SV+((BV-SV)\cdot T_c)^*$ $-((SV-BV)\cdot T_c)^{**}$

* : $SV<BV$인 경우에만 적용

**: $SV>BV$인 경우에만 적용

3. 장기균형리스료의 결정

〈표 14-1〉과 〈표 14-2〉를 비교하면 임차인과 리스회사에게 적용되는 세율이 같은 경우에는 같은 금액의 현금흐름이 서로 반대방향으로 임차인과 임대회사에게 발생한다. 임차인과 리스회사가 자산매입비용, 서비스 제공 비용, 세율, 차입비용 등에서 동등한 조건을 가지고 있다면 리스계약이 임차인과 리스회사에게 제공하는 가치의 합은 0이 된다. 이 말은 임차인이 리스로 얻는 이득 또는 손실만큼 리스회사에게는 손실 또는 이익이 발생한다는 것을 의미한다. 앞의 예제에서 제시된 것과 같은 조건의 리스계약은 리스회사에게 326.27만원의 가치를 가져다준다.

리스료는 기본적으로 리스자산에 대한 투자액, 리스계약 만기시점에서의 리스자산의 잔존가치, 리스회사의 각종 비용, 적정 이윤(normal profit)이 포함되어 결정된다. 리스시장이 완전경쟁시장이고 임차인과 리스회사가 모든 면에서 동일한 조건을 가지고 있다면 장기균형리스료는 리스의 경제적 가치가 0이 되는 수준에서 결정될 것이다. 이때 리스회사의 가중평균자본비용은 임차인의 세후차입비용과 같아지고 리스의 가치(NPV)는 0이 될 것이다. 리스의 NPV가 0이라는 것은 리스회사는 리스계약을 판매해서 적정 이윤만을 얻을 수 있으며, 임차인에게 리스와 차입은 아무런 차이가 없어 완전대

체관계에 있다는 것을 의미한다.

그러나 실제로는 리스회사가 임차인보다 비용면에서 여러 가지로 유리한 것이 보통이다. 제조회사가 직접 리스를 제공하는 경우는 물론이고 리스회사가 대량 구매를 하는 경우에는 임차인보다 유리한 조건으로 자산을 구입할 수 있을 것이다.

임차인과 리스회사의 세율이 다르거나 리스회사가 임차인보다 유리한 조건으로 자금을 조달할 수 있다면 임차인과 리스회사가 모두 리스계약으로부터 이득을 얻을 수 있다. 예를 들어, 임차인이 세금을 면제받는 비영리법인인 경우에는 임차인이 얻을 수 없는 각종 세금혜택(고용창출투자세액공제, 리스료와 감가상각비에 대한 법인세 절세)을 리스회사가 대신 얻을 수 있다. 이와같이 임차인보다 리스회사에 높은 세율이 적용되어 리스회사가 상대적으로 많은 세금감면효과를 얻을 수 있다면 절세액만큼 임차인과 리스회사에게 공동이득이 발생한다.

일반적으로 리스를 통해 임차인과 리스회사가 공동으로 얻을 수 있는 이득은 임차인보다 리스회사에 높은 세율이 적용될수록, 리스자산의 내용연수가 짧아서 감가상각의 절세효과가 빨리 나타날수록, 리스기간이 길수록, 리스료가 리스기간의 후반부에 집중되어 있을수록 증가한다.

임차인이 비과세대상인 경우 리스의 현금흐름

임차인이 비과세대상인 경우에는 리스료와 감가상각비에 대한 법인세 절감효과가 없고, 자산처분이익(손실)에 대한 세금효과도 없으므로 현금흐름은 다음과 같이 단순해진다.

현금흐름은 앞에서 소개한 예제(리스금융의 가치)의 경우로부터 계산한 것이다.

임차인이 비과세대상인 경우의 현금흐름

(단위: 만원)

	$t=0$	$t=1$	$t=2$	$t=3$	$t=4$
기계구입비용(I_0)	5,000				
리스료(L)		−1,500	−1,500	−1,500	−1,500
처분가치(SV)					−500
현금흐름	5,000	−1,500	−1,500	−1,500	−2,000

차입이자율 10%를 할인율로 계산된 리스의 가치는 다음과 같다.

$$NPV = 5,000 - \frac{1,500}{(1.1)} - \frac{1,500}{(1.1)^2} - \frac{1,500}{(1.1)^3} - \frac{2,000}{(1.1)^4} = -96 \text{(만원)}$$

비과세대상인 임차인에게도 리스보다 차입해서 직접 구입하는 것이 유리하다. 하지만 22%의 법인세율이 적용되는 리스회사에게는 리스계약의 가치가 326.27만원이라는 것을 알 수 있었다. 이러한 경우에 리스회사가 리스료를 인하하여 자기에게 주어진 이득의 일부를 임차인에게 이전한다면 리스회사와 임차인 모두에게 이득이 되는 리스계약이 가능하게 된다.

新리스 회계기준으로 영업이익률 증가… "착시효과 주의해야"

지난해까지 비용으로만 처리했던 운용리스가 자산과 부채로 인식되면서 부채비율이 상승할 것으로 예상된다. 특히 항공운송업의 경우 항공기 운용리스 관련 5조 9,000억원이 추가로 부채로 인식되면서 부채비율이 평균 85.8%포인트 증가할 것으로 예상된다. 해운업 역시 선박 운용리스 비중에 따라 기업별로 차이가 크지만, 평균 42.8%포인트 증가할 것으로 예상된다.

또 영상 및 오디오 업종의 경우 주로 영화관 운영 등과 관련한 건물 및 시설물 리스가 많은 기업들은 부채와 부채비율이 크게 증가할 것으로 분석된다. 유통업 역시 영업점포 등 부동산 리스 이용이 많아 부채비율 상승폭이 클 것으로 전망된다.

한편 기존에는 영업비용으로 처리됐던 운용리스료가 변경된 리스기준에서는 사용권자산 감가상각비(영업비용)와 리스부채 이자비용(영업외비용)으로 나뉘어 인식됨에 따라 영업이익의 증가 효과(업종 최대 3.0%포인트 증가)가 예상된다. 다만 이자비용에 있어서 리스부채 규모뿐만 아니라, 기업 신용도나 사용권자산의 가치 등이 반영되는 리스부채 적용 이자율(추정치 약 1~10%)이 각기 다르므로 영업이익 증가 효과는 기업 및 리스계약별로 다르게 나타났다.

또 옛 리스기준을 적용하면 영업손실이 발생하는 기업이 신 리스기준 적용으로 영업이익이 발생하거나, 영업손실 폭이 크게 축소되기도 한다고 분석했다.

(조선비즈: 2019. 08)

연습문제

1. 임차인과 리스회사가 리스계약의 가치를 평가하기 위한 할인율로 세후 차입비용과 가중평균자본비용 중 어떤 것이 적절하지 설명하라.

2. 명승지관광회사는 신형 관광버스가 필요하다. 관광버스의 대당 구입가격은 1억원이고, 내용연수는 5년이며, 잔존가치가 2,000만원이다. 관광버스에 대한 감가상각은 정액법으로 이루어지고 있으며 5년 후의 예상처분가격은 1,000만원이다. 명승지관광회사의 차입이자율은 10%이고 법인세율은 22%이다. 매년 말에 지급하는 연간 리스료가 2,000만원인 경우 명승지관광은 관광버스를 구입하는 것이 유리한가 아니면 리스하는 것이 유리한가? 리스회사의 법인세율이 22%이고 자본비용이 10%인 경우에 리스회사의 입장에서 리스계약의 가치를 구하라.

3. [문제 2]에서 임차인이 비과세대상인 경우에 리스계약의 이익을 동등하게 배분하기 위한 리스료를 구하라.

4. 한국건설이 건설장비를 구입하는 데는 10억원이 소요된다. 이 장비는 내용연수가 10년이고, 잔존가치가 없으며, 정액법으로 감가상각된다. 같은 장비를 10년간 매년 말에 1억 5천만원의 리스료를 지불하고 사용할 수 있다. 장비를 직접 구입하는 것과 리스하는 것 중 어느 것이 유리한가? 한국건설은 부채비율이 100%이며 타인자본비용은 10%, 자기자본비용은 14%, 법인세율은 22%이다.

5. (주)한국은 미국 델라웨어 주에 새로운 공장을 설립하고자 한다. 공장 설립 비용은 총 $10,000,000이며 이 공장 설비는 10년 후 폐기처분될 예정이다. (주)한국은 다음과 같은 두 가지의 자금조달방안을 고려하고 있다. 첫째는 전액을 연 8%의 이자로 차입하는 것이며 둘째는 공장설비회사로부터 10년간 설비를 리스하는 것이다. 차입금이나 리스료는 모두 공장설비 설치 후 1년말 시점부터 매년 1회씩 10회에 걸쳐 지불되고, (주)한국의 가중평균자본비용이 15%일 때 리스가 차입 방안보다 더 선호되게 하여주는 최대의 리스료는 약 얼마인가? (단, 세금이나 기타 비용은 무시할 수 있다고 가정하자) (2005년. CPA)

($n=10$; $r=8\%$)

($n=10$)	미래가치계수	연금의 현재가치계수
8%	2.1589	6.7101
15%	4.0456	5.0188

제15장

기업설립, 기업부실(실패), M&A

제1절 주식회사 설립

재무관리에서 기업은 일반적으로 다수공동기업인 주식회사를 의미한다. 주식회사의 설립은 발기인이 정관을 작성하고, 주주를 모집하여 창립총회를 거쳐서 등기하는 순서로 진행된다.

(1) 발기인

발기인(promoter)이란 정관을 작성하고 기명날인 또는 서명한 자로서 실질적으로 주식회사의 설립을 기획하고 그 설립사무를 집행하는 사람을 말한다. 발기인은 회사가 성립되면 자동 소멸된다.

(2) 정 관

정관(articles of incorporation)이란 실질적으로 회사의 조직과 활동에 관한 기본규칙을 기재한 서면을 말한다. 정관에는 다음의 사항을 기재하고 각 발기인이 기명날인 또는 서명하여야 한다. 정관은 공증인의 인증을 받음으로써 그 효력이 발생한다.

1. 목적
2. 상호
3. 회사가 발행할 주식의 총수
4. 1주의 금액
5. 회사의 설립시에 발행하는 주식의 총수
6. 본점의 소재지
7. 회사가 공고를 하는 방법
8. 발기인의 성명·주민등록번호 및 주소

(3) 주식발행

회사설립시 발행하는 주식의 종류와 수는 정관작성시 결정되지만 주식발행에 관한 나머지 사항은 정관에서 특별히 정한 사항이 없으면 발기인 전원의 동의로 이를 정한다(상법 제291조). 회사의 설립시에 발행하는 주식의 총수는 회사가 발행할 주식의 총수의 4분의 1 이상이어야 한다.

주식회사의 설립은 발기설립과 모집설립으로 구분한다.

① 발기설립

발기설립은 발기인이 발행주식 총수를 인수하는 방법으로 설립절차가 간단하다는 장점이 있다. 발기인이 발행하는 주식의 총수를 인수한 때에는 지체 없이 그 인수가액의 전액을 납입하여야 한다. 현물출자를 하는 발기인은 납입기일에 지체 없이 출자의 목적인 재산을 인도하고 등기 또는 등록하여야 한다.[1)]

납입과 현물출자의 이행이 완료된 때에는 발기인은 지체 없이 의결권의 과반수로 이사와 감사를 선임하여야 한다. 발기인의 의결권은 그 인수주식의 1주에 대하여 1개

1) 현물출자의 대상은 재무상태표상의 자산에 계상할 수 있는 것으로서 동산, 부동산, 유가증권, 특허권, 광업권, 상호 및 영업상의 비결 등 재산적 가치가 있는 사실관계와 영업의 일부 또는 전부를 말한다.

로 한다. 이사는 3인 이상이어야 하는데 다만, 자본의 총액이 10억원 미만인 회사는 1인 또는 2인으로 할 수 있으며(2009년 개정. 상법 383조), 감사를 두지 않을 수 있다(상법 409조)

법인설립을 위한 최소 자본금의 규모

현행 상법 329조에서는 법인설립을 위한 최소 자본금의 구모에 대해서 확실하게 정해져 있지 않고 액면주식 1주당 100원 이상으로 하여야 하는 것으로 되어 있어 이론상으로는 100원 이상이면 법인설립이 가능하다.

특히 법인설립을 통한 창업의 경우 1인 이사 체제인 1인 법인설립도 가능한데 이 경우 대표 겸 이사와 회사 주식이 없는 감사 1인이 필요하다(자본금 10억 이상일 경우 이사 3명 이상, 감사 1명 필요).

그러므로 상법개정 전 최소 자본금 한도인 5,000만원의 기준은 없어졌다. 그러나 일반적으로 소기업의 경우 1천만원 이상으로 설립하는 것이 보통이며, 대외신용도를 고려하여 설립 후 추가로 증자를 통해 자본금을 확대하고 있다. 이밖에 법령에 의하여 최소 자본금 규정이 있는 경우(여행업, 건설업 등)에는 동 법령에 따른 자본금 규모를 맞추어야 한다.

② 모집설립

모집설립은 발기인이 주식의 일부를 인수하고 나머지 주식은 주주를 모집하여 인수하게 하는 방법으로 연고모집과 공개모집이 있다. **연고모집**은 발기인 조합이 가까운 소수의 지인을 주주로 모집하여 설립하는 것을 말한다. **공개모집**은 불특정 다수인을 대상으로 주주를 모집하는 방법으로 불특정 다수인 50인 이상에게 주식청약을 하는 경우 금융감독원에 유가증권발행을 등록해야 하고, 모집 금액이 10억원 이상인 경우 금융감독원에 유가증권신고서를 제출하고, 유가증권 분석전문기관의 주식가치 평가 등의 절차를 거쳐야 한다. 따라서 창업 설립 때에는 공개모집을 기피하는 경향이 있다.

(4) 주식의 배정과 인수

주식의 배정은 주식청약서에 정한 방법이 없으면 발기인이 청약의 순서, 청약주식수에 관계없이 자유롭게 배정할 수 있으며 통상적으로 청약증거금 기준에 의하여 배정한다. 상법상은 주식청약 → 배정 및 인수 → 주금납입 순서이지만 실제로는 먼저 배정을 하고 배정 받은 자는 배정된 주식수를 주식청약서에 기재하고 청약기간 내에 청약증거금을 첨부하여 주식청약서에 기재된 납입장소인 은행이나 기타 금융기관에 제출하는 방식을 취한다(상법 제303-4조).

(5) 창립총회 개최

납입과 현물출자의 이행을 완료한 때에는 발기인은 지체 없이 창립총회를 소집하여야 한다. 창립총회의 결의는 출석한 주식인수인의 의결권의 3분의 2 이상이며 동시에 인수된 주식의 총수의 과반수에 해당하는 다수로 하여야 한다. 창립총회에서는 정관의 변경 또는 설립의 폐지를 결의할 수 있다(상법 제308조-309조, 311-316조).

(6) 설립 등기와 법인설립 신고

회사설립등기가 완료되면 회사는 법적으로 완전한 법인격을 취득하게 되며 법인등기부등본을 주금납입은행에 제출하여 납입금을 수령함으로써 이를 자본화한다(상법 제317조). 설립등기가 완료되면 사업장소재지 관할 세무서에 법인설립신고와 사업자등록신청을 하여야 한다(법인세법 제109조).

제2절 기업부실

1. 기업부실의 개념

기업부실은 그 실태가 복잡하고 다양하기 때문에 한 마디로 정의하기 어렵지만 기업부실이 진행되는 과정에 따라 경제적 부실, 지급불능, 파산으로 구분할 수 있다.

경제적 부실(economic failure)은 기업의 수익성이 저하되어 나타나는 문제를 말한다. 경제적 부실의 원인은 기업마다 다르지만 공통적으로 기업의 수익이 비용에 미달해서 순손실이 발생하거나 기업의 투자수익률이 자본비용에 미달하는 것으로 나타난다.

지급불능(insolvency)은 기업이 유동성 부족으로 갚아야 할 채무를 제때에 갚지 못하는 상태를 말한다. 지급불능은 일시적인 유동성 부족으로 인한 **기술적 지급불능**(technical insolvency)과 기업의 총자산이 총부채에 미달해서 순자산가치가 마이너스(−)인 **실질적 지급불능**(real insolvency)으로 구분된다. 기술적 지급불능의 경우에는 채무상환에 필요한 유동성이 공급되면 기업이 회생하여 정상적인 영업활동이 가능하다. 그러나 실질적 지급불능은 경제적 부실이 누적되어 발생하는 것이므로 파산으로 이어질 가능성이 많다.

파산(bankruptcy)은 기업의 자산가치가 부채가치에 미달해서 실질적 지급불능상태에 들어갔을 때 채권자들이 파산신청을 하고 법원이 이를 받아들여 파산선고를 내리면 **청산**(liquidation) 절차를 거쳐 기업이 해산되는 것을 말한다.

2. 기업부실화의 과정

기업의 파산은 어느 한 순간에 발생하는 것이 아니라 기업부실이 누적되어 나타나는 결과이다. 기업부실이 발생하여 파산에 이르는 부실화과정은 수익성저하, 지급능력저하, 법률적 파산의 3단계로 나누어 볼 수 있다.

제1단계는 수익성의 악화이다. 수익성이 악화되어 순손실이 발생하면 기업의 사내유보와 유동성이 줄어들고, 지급능력을 유지하기 위해서는 업무상 덜 중요한 자산부터 매각하기 시작한다. 이와 같은 결손기간이 지속되면 제2단계로 접어들게 되는데 이때에는 유동성 부족을 해결하고 지급능력을 유지하기 위해 비업무용자산은 물론 업무용자산까지도 매각하게 되어 정상적인 영업이 어려워지는 지경에 이르게 된다. 제2단계에서 기업의 자산을 대대적으로 매각하는 구조조정을 하거나 대규모의 금융지원을 받을 수 있는 기업은 회생할 가능성이 있지만 그렇지 못한 기업은 부실기업정리과정에 들어가게 된다.

3. 기업부실의 사회적 비용

기업부실은 그 기업의 이해관계자는 물론 국민경제 전체에 비용을 발생시킨다. 기업부실로 발생하는 비용을 부담하는 주체별로 구분하면 다음과 같다.

(1) 기업의 파산비용

기업이 파산되는 과정에서는 직접비용 이외에도 많은 기회비용이 발생하게 된다. 우선 파산과 관련된 법적 처리과정에서 변호사, 회계사, 파산관재인 등에게 지불하는 보수는 대표적인 직접비용이다. 회사가 청산되는 경우에는 자산을 실제가치보다 낮은 가격에 처분하게 되어 그만큼 손실이 발생하게 된다. 회사가 재건된다고 하더라도 그 과정에서 발생하는 매출 감소와 계약 취소, 매입단가의 상승, 불리한 지급조건, 신용하락으로 인한 차입비용 상승, 자금조달곤란으로 인한 투자기회 상실, 인재의 유출 등과 같은 다양한 기회비용이 발생하게 된다.

(2) 투자자의 손실

주주들은 주가의 급락으로 투자원금이 손실되고 배당금을 받을 수 없게 된다. 특히 대주주의 경우에는 기업을 재건하는 과정에서 **감자**(reduction of capital)를 통해 소유지분이 소멸되어 투자손실은 물론 경영권을 박탈당할 수도 있다. 채권자는 원금이나 이자를 받지 못하게 되고, 채권을 보전하기 위한 활동에 비용이 들어간다.

(3) 근로자, 소비자, 거래처

근로자는 급료나 퇴직금을 받을 수 없거나 지급이 지연되고 고용을 잃을 수도 있다. 도산기업의 제품을 구입한 소비자는 A/S를 받을 수 없어 제품의 효용과 가치가 하락하게 된다. 도산기업의 거래처는 판매대금을 받을 수 없거나 지급이 지연되고 판매처를 잃어 매출이 감소하게 된다. 판매대금에 대한 부도나 지급지연은 거래처의 유동성에도 압박을 가하고 연쇄부도가 발생하기도 한다.

(4) 경쟁기업

도산기업은 유동성 확보를 위해 덤핑판매를 하는 경우가 많다. 이때 도산기업과 같은 업종에 있는 기업은 가격경쟁에 휘말리게 되어 수익성이 감소하는 피해를 볼 수 있다. 한편 제품과 산업에 대한 이미지가 훼손되면 매출이 감소하는 피해를 볼 수도 있다. 그러나 장기적으로는 도산기업이 시장에서 퇴출되면 시장점유율을 높여 매출을 증가시킬 수 있는 기회가 될 수도 있다.

(5) 지역사회 및 정부

기업의 도산은 그 기업이 위치한 지역사회에 심각한 경제적, 심리적 악영향을 미친다. 지역주민의 고용과 소득이 감소하면 소비가 감소하여 연쇄적으로 다른 업종의 불황으로 이어질 가능성이 있다. 정부는 조세수입이 감소하고 지역주민에 대한 복지비용의 부담이 증가하게 된다.

(6) 국민경제

기업도산이 증가하면 실업증가 등 사회불안이 고조된다. 기업도산으로 대외신인도가 하락하면 기업의 해외차입비용이 증가하고 외국인투자가 감소하는 등 경제성장이 침체된다. 도산기업을 회생시키는 과정에서 제공되는 세제 및 금융상 지원은 결국 국민이 부담하게 된다.

4. 기업부실의 예측

(1) 재무제표와 시장정보의 이용

재무상태표와 손익계산서상의 각종 재무비율을 분석함으로써 기업의 안정성, 수익성 등 재무건전성을 파악하고 부실가능성을 파악할 수 있다. 가장 최종적인 도산의 원인은 현금부족으로 인한 지급불능이므로 현금흐름표를 이용하여 기업의 장·단기 현금흐름의 추이를 분석함으로써 해당 기업이 지급불능에 처할 가능성을 예측할 수 있다.

재무제표는 과거의 재무와 경영상태를 나타내는 것이므로 현재 진행상태를 파악하는 데는 한계가 있다. 재무제표가 가진 **적시성**(timeliness)의 문제는 주가의 움직임으로 보완할 수 있다. 주가에는 기업에 관한 정보가 신속하게 반영되므로 부실이 진행중인 기업의 주가는 도산 발생 수개월 전부터 하락하는 경우가 많다. 한편 신용평가기관에 의해 회사채나 기업어음(CP)의 신용등급이 하락하는 것도 채무불이행의 위험을 나타내는 지표로 활용할 수 있다.

(2) 부실예측모형

부실예측모형은 재무비율을 이용하여 기업부실을 예측하기 위한 것이다. 모형에 사용되는 재무비율의 개수와 통계처리방법에 따라 다양한 예측모형이 존재하지만 가장 일반적으로 사용되는 것은 부실예측에 유용하다고 판단되는 여러 개의 재무비율을 결합하여 만들어진 **다변량 부실예측모형**(multi-variate model of distress prediction)이다.

다변량 부실예측모형을 만들기 위해서는 부실예측에 중요한 재무비율을 찾아내고, 선택된 재무비율에 부여할 가중치를 결정해서, 개별기업의 부실 여부를 판별해주는 판별함수를 추정해야 한다. 이러한 일련의 문제들을 해결하는 데는 판별분석이 이용된다.

판별분석

판별분석(multiple discriminant analysis: MDA)은 샘플이 지닌 특성에 따라 샘플을 어느 한 그룹으로 분류해주는 통계기법이다. 예를 들어, 기업의 재무상태 또는 재무비율을 바탕으로 그 기업을 건전기업과 부실기업으로 분류하거나, 개인의 소득이나 재산상태를 바탕으로 개인의 신용상태를 판단하는 데 판별분석이 이용된다.

판별분석을 위해서는 우선 건전기업 또는 부실기업과 같이 그룹분류(group classification)를 해야 한다. 그룹이 분류되면 각 그룹에 속하는 샘플의 특성과 관련된 자료를 수집하여 그룹을 가장 잘 판별할 수 있는 **판별함수**(discriminant function)를 추정한다. 예를 들어, 건전기업과 부실기업을 판별해주는 변수들(매출액순이익률, 자기자본비율 등)이 선정되었다면 선정된 변수들이 결합된 판별함수는 다음과 같이 표시된다.

$$Z_i = a_1X_{1i} + a_2X_{2i} + \cdots + a_mX_{mi}$$

여기에서 Z_i를 기업 i의 판별점수(Z-Score)라고 한다. 판별함수의 계수추정치(a_1, a_2, $\cdots$, a_m)는 분류오류를 최소화하도록 결정해야 하는데 그러기 위해서는 건전기업의 판별점수평균과 부실기업의 판별점수평균의 차이가 많이 벌어지도록 하면서, 각 그룹별로 샘플이 판별점수를 중심으로 집중되도록 하는 것이다.

판별함수를 추정한 다음에는 그룹을 판별하기 위한 절사점(Z^*)을 결정해야 한다. 결정된 절사점에 대해 판별점수가 절사점보다 낮은 기업($Z_i < Z^*$)은 부실기업으로 판별되고, 판별점수가 절사점보다 높은 기업($Z_j > Z^*$)은 건전기업으로 판별된다. 절사점은 분류오류를 최소화하도록 결정한다. 판별분석의 전과정은 SAS(Statistical Analysis System)와 SPSS(Statistical Package for Social Science)와 같은 통계패키지를 이용하여 진행할 수 있다.

5. 부실기업의 정리

부실기업의 정리는 크게 기업을 회생시키기 위한 제도와 청산을 통해 부실기업을 해산하는 제도로 구분할 수 있다.

종전의 회사정리법·화의법·파산법 등은 '채무자회생 및 파산에 관한 법률(속칭 통합도산법)'로 통합 제정되어 적용되고 있다.

(1) 회사정리(법정관리)

회사정리는 '채무자회생 및 파산에 관한 법률'에 의해 부도위기에 몰린 기업을 파산시키기보다 살려내는 것이 단기적으로는 채권자의 이익을 희생시키지만 장기적으로는 기업과 채권자는 물론 국민경제 전반에 바람직한 경우가 많다는 점에서 법원이 채권자, 주주 등의 이해관계를 조정하여 영업을 계속하면서 기업을 갱생시키는 재건절차이다. 회사정리가 법원의 주도하에 이루어지기 때문에 통상 **법정관리**라고 한다.

2006년 '채무자의 회생 및 파산에 관한 법률'이 시행되어 기존의 '회사정리법', '화의법', '파산법', '개인채무자회생법'을 하나의 법률로 통합함에 따라 기존의 회생절차

중 화의절차를 폐지함과 아울러 회사정리절차가 개선되었다.

회사정리는 기업이 회사정리 신청과 함께 회사재산보전 신청을 하는 것으로부터 시작된다. 기업이 회사정리를 신청하면 법원에서는 갱생가능성, 경제 전체에 미치는 영향, 채권자들의 동의여부 등을 검토하여 재산보전처분 결정을 내리고 회사정리개시 결정을 내린다. 회사정리가 시작되면 법원은 관리인을 선임하고 관리인은 경영에 관한 모든 권한을 갖게 된다. 이후 관리인은 회사정리계획안을 작성하여 기업의 이해관계자들의 동의를 얻어 정리절차를 진행하게 된다.

한편 기존의 회사정리절차에서는 기존 대표자를 회사경영에서 배제하기 때문에 기업이 경영권 박탈을 우려하여 회사정리절차를 기피하는 경향이 발생하여 문제점으로 지적되어 왔는데, '통합도산법'에서는 원칙적으로 현재의 법인대표자를 관리인으로 선임하고, 예외적으로 재산 유용, 은닉 또는 중대한 책임이 있는 부실경영에 의하여 재정적 파탄에 이르게 된 경우나 채권자협의회의 요청이 있는 경우로서 상당한 이유가 있는 경우 등에 한하여서만 제3자를 관리인으로 임명하도록 하였다.

(2) 은행관리

은행관리는 경영난과 자금난에 처한 기업에 대해 채권자인 주거래은행이 해당기업과 사적인 계약을 맺고 은행직원을 파견하여 경영 및 자금관리에 참여하여 적극적으로 기업회생을 도모하는 제도이다. 그러나 현실적으로 은행관리는 그 실효성이 낮기 때문에 채권자인 금융권에서는 부실기업 정리수단으로 은행관리보다는 제3자에게 부실기업을 인수시키는 제3자 인수를 선호하는 경향이 있다.

(3) 기업개선작업(워크아웃)

기업개선작업 또는 **워크아웃**(workout)은 부실기업에 대해 파산이나 회사정리 등의 도산절차에 들어가지 않고 경영자, 주주, 채권자(채권금융기관) 등이 협의하여 기업의 채무상환조건을 재조정하는 방식으로 기업의 회생을 진행하는 것을 말한다.

워크아웃은 지급불능이 발생하기 이전에 기업이 채권단에 기업 재무구조 개선을 요구하는 것으로부터 시작된다. 채권단이 대상기업을 진단하여 기업을 파산시키는 것보다는 사적계약을 통해 부실요인을 덜어내고 기업을 회생시키는 것이 낫다고 판단하여 관련된 모든 채권자들이 합의(채권액 기준 3/4 이상의 찬성)하면 워크아웃이 진행된다. 이 과정에서 기업은 자산매각, 감자, 대주주의 사재 출자 등 구조조정을 시행한다. 채권단은 단기대출금을 장기대출금으로 전환, 대출금상환의 유예, 금리 인하 등의 채무재조정이나 대출채권의 출자전환 등을 시행한다. 이 중 대출채권을 기업의 자본금으로 전환하는 출자전환은 기업의 부채와 신용위험 자체를 감소시켜주기 때문에 가장 강력한 워크아웃 수단이다.

워크아웃의 장점은 대상기업이 '채무자의 회생 및 파산에 관한 법률'의 규제를 받지 않고 경영자와 주주 그리고 채권자간의 사적 협의와 계약을 통해 규칙을 만들 수 있기 때문에 적은 비용으로 유연하게 대처할 수 있다는 것이다. 채권자는 기업개선작업이 진행되는 동안 채권자로서의 권리행사가 유보되고 담보권 등 채권자로서의 권리가 일부 또는 전부 상실될 수도 있다. 기업의 경영자나 주주의 입장에서는 기업의 도산이 유예되므로 자구노력을 통해 기업을 회생시킬 수 있는 기회를 가질 수 있다.

워크아웃은 1997년 외환위기 때 기업도산의 사회적 비용을 최소화하기 위해 회생가능성이 있다고 판단되는 기업들에게 적용되었으며 '기업구조조정촉진법'을 기반으로 아직도 자주 활용되고 있다.

(4) 청산과 파산

청산(liquidation)은 상법에 따라 기업을 해산하고 그 기업의 법률관계를 정리(법인격을 소멸)한 후 남은 재산을 채권자와 주주에게 분배하는 절차를 말한다. **파산**(bankruptcy)은 기업이 채무의 원리금을 상환할 능력이 없을 때 법원이 기업의 재산가치를 평가하여 '채무자의 회생 및 파산에 관한 법률'에 정해진 기준에 따라 채권자에게 재산을 분배하는 제도이다. 청산과 파산은 기업의 재산을 처분하여 분배하고 기업을 해산한다는 점에서는 같지만, 파산은 지급불능이라는 경제적인 이유 때문에 발생하는데 비해 청산은 지급불능뿐만 아니라 주주의 자발적인 해산, 기업의 위법행위로 인한 해산 등에도 적용된다는 점이 다르다.[2)]

2) 주식회사에서는 법정청산만을 인정하고 있다. 청산을 위해 설립되는 청산회사는 현재 사무의 종결, 채

파산은 채권자의 신청으로 시작되는 것이 일반적이지만 채무자인 기업이나 법원의 직권으로 파산선고를 할 수도 있다. 법원은 파산선고와 함께 파산관재인을 선임하고 이후의 파산절차는 파산관재인에 의해 집행된다.

제3절 M&A와 기업분할

1. M&A의 개념

기업이 성장하는 방법에는 내적 성장과 외적 성장이 있다. **내적 성장**(internal expansion)은 기업 내부의 투자와 자본조달을 통해 성장하는 것을 말하며, **외적 성장**(external expansion)은 기존의 기업을 합병 및 매수(merger and acquisition: M & A)하여 성장하는 것을 말한다. 경제성장이 완숙단계에 이르고 내적 성장의 기회가 고갈되면 기업은 외적 성장에 의존하게 된다. 한편 과잉설비가 존재하고 제품시장이 공급과잉의 상태인 경우에는 부실기업이 생겨나기 마련인데 이때 M&A는 자본시장에서 부실기업처리와 산업구조조정의 중요한 수단으로 활용된다.

1) 합병 및 매수

(1) 합 병

합병(merger)은 두 개 이상의 기업이 하나로 합쳐지는 경우를 말하며 흡수합병과 신설합병으로 구분된다. **흡수합병**은 한 기업이 다른 기업들을 흡수하여, 합병하는 기업은 존속하지만 합병되는 기업은 소멸되는 경우를 말한다. **신설합병**(consolidation)은 합병

권 추심, 채무 변제, 잔여재산 분배 등의 청산사무를 하게 된다. 청산인이 청산사무를 끝낸 후 청산보고서를 작성하여 주주총회의 승인을 거쳐 청산종결을 법원에 등기하면 청산이 종결된다.

하는 기업들을 해체하고 새로운 기업을 창립하는 경우를 말한다.

(2) 매 수

매수(acquisition)는 한 기업이 다른 기업의 경영지배권을 획득하기 위해 주식이나 자산을 매수하는 행위를 말한다. 매수가 합병과 다른 점은 매수 후에도 매수대상기업(target firm, acquired firm)이 소멸되지 않고 존재한다는 것이다. 매수는 매수대상, 매수방법, 매수의 성격에 따라 다양하게 구분한다.

자산매수는 매수기업(acquiring firm)이 대상기업의 경영진과 합의하여 대상기업 자산의 일부 혹은 전부를 취득함으로써 경영지배권을 획득하는 것을 말한다. 주식매수는 대상기업 주식의 일부 또는 전부를 인수하여 경영지배권을 획득하는 것을 말한다. 지분이 널리 분산되어 있는 기업의 경우에는 50% 미만의 지분으로도 경영지배권을 확보할 수 있다. 주식은 대주주들로부터 매수하기도 하지만, 일반주주들로부터 공개적으로 매수하는 **주식공개매수**(tender offer, take-over bid)가 일반적이다.

주식공개매수는 대상기업 경영진과의 협상을 통해 우호적으로 이루어지는 **우호적 매수**(friendly takeover)와 대상기업 경영진과의 협상 없이 또는 그들의 의사에 반하여 이루어지는 **적대적 매수**(hostile takeover)로 구분된다. 주식매수대금의 지급은 현금으로 지급하는 방법과 매수기업의 주식으로 지급(주식교환)하는 방법이 있다.

그림 15-1 기업합병과 매수

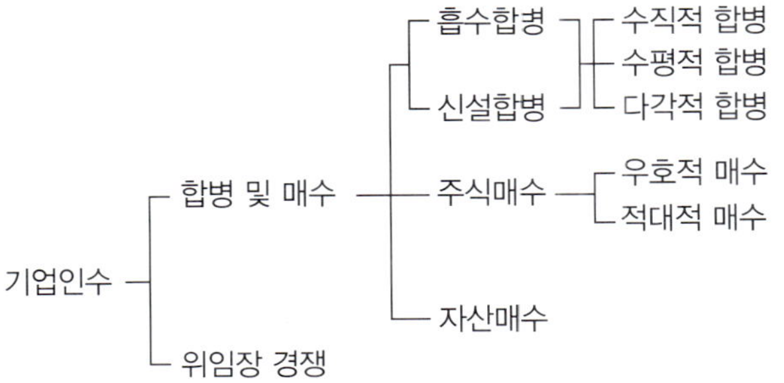

LBO와 MBO

차입매수(leveraged buyout: LBO)는 주식매수의 일종으로 매수기업이 매수대상기업의 자산이나 미래 수익을 담보로 외부에서 차입한 자금으로 매수대상기업의 주식을 매입하여 지배권을 확보하는 것을 말한다. 매수에 성공한 후에는 대상기업의 일부 또는 전부를 분할 매각하여 차입금을 상환하는 것이 보통이다. 차입매수를 위해 매수기업이 발행하는 회사채를 **정크채권**(junk bond)이라고 한다. "정크(쓰레기)"라는 말은 정크채권의 상환 여부는 차입매수의 성공 여부에 달려있기 때문에 위험이 매우 크다는 것을 나타내기 위한 것이다.

경영자매수(management buyout: MBO)는 차입매수의 일종으로 경영진이 외부에서 차입한 자금으로 자기 기업의 주식을 매집하여 기업지배권을 확보하는 것을 말한다. 경영자매수는 외부로부터의 매수위협이 있을 때 경영진이 발행주식을 전량 인수한 후 상장폐지시켜 개인기업화(going private)함으로써 매수위협으로부터 벗어나기 위해 사용하는 전략이다.

(3) 기업인수와 기업지배권시장

합병과 매수는 형태는 다르지만 기본적으로 기업지배권을 획득하기 위한 행위이다. **기업인수**(takeover)는 합병 및 매수를 포함해서 기업지배권 획득을 위한 행위를 나타내는 광범위한 의미로 사용된다. 경영진을 포함한 투자자들이 기업지배권을 확보하기 위해 경쟁하는 시장을 **기업지배권시장**(markets for corporate control) 또는 기업인수시장이라고 한다.

2. 매수전략과 방어전략

기업인수는 우호적 인수와 적대적 인수로 구분할 수 있다. **우호적 인수**는 매수자(매수기업)가 매수대상기업의 경영진에게 인수의사를 타진하고, 협상을 통해 인수합의에 이르는 경우이다. **적대적 인수**는 대상기업의 경영진에게 의사를 묻지 않거나, 이들의 의사에 반하여 공개매수 등의 방법을 통하여 경영권을 취득하는 것을 말한다.

1) 매수전략

매수전략은 크게 공개매수와 위임장 경쟁으로 구분된다. 매수전략의 성공가능성을 높이기 위해 공개시장에서 주식을 미리 매입(매집)하는 것이 보통이다.

① 공개매수

공개매수(tender offer)는 우호적인 인수협상이 가능하지 않은 경우에 사용된다. 공개매수는 특정 유가증권을 균일한 조건으로 증권거래소시장 밖에서 불특정 다수를 대상으로 매도청약을 권유하여 대량으로 매수하는 행위를 말한다. 매수행위의 구체적인 내용은 법으로 규정된다.

> **5% rule**
>
> 한국의 자본시장법에서는 "의결권이 있는 주식 등을 증권시장 및 증권시장 밖에서 6개월 이내에 10명 이상으로부터 매수한 결과 특별관계자의 보유분을 합쳐 5% 이상이 되는 경우"를 공개매수로 보고 있다. 공개매수는 의무적으로 공개매수의 규정에 따라야 하는데 이를 **5% 규정**(5% rule)이라고 한다.
>
> 5% 규정이 적용되는 유가증권에는 의결권이 있는 주식과 의결권이 있는 주식으로 전환이나 교환이 가능한 CB(전환사채), BW(신주인수권부사채), EB(교환사채)가 포함된다.

② 위임장 경쟁

위임장(proxy)은 의결권의 대리를 입증하는 증서이다. **위임장 경쟁**(proxy fight)은 주주들의 의결권을 위임받아 주주총회에서 다수의 의결권을 확보하기 위한 경쟁을 말한다. 주식을 취득하는 것은 아니지만 위임장 경쟁도 경영지배권을 획득하기 위한 경쟁이기 때문에 일정한 법 절차에 따라 진행되어야 한다.

③ 공개시장매입

공개매수는 비용이 많이 들 뿐만 아니라, 공개매수가 공표되면 주가상승을 기대하는 주주들이 보유주식을 매각하지 않으려는 경향이 있다. 따라서 매수자가 공개매수의 성공가능성을 높이기 위해 공개시장에서 대상기업의 주식을 미리 매집해두는 경우가 있는데 이를 **공개시장매입**(open market purchase)이라고 한다. 공개시장매입에서는 주가 상승을 막기 위해 실제 매수자와 관계가 없는 것처럼 보이는 대리인이 비밀리에 주식을 매집하는 것이 보통이다.

2) 방어전략

적대적 인수에 대한 방어전략은 **예방적 방어전략**과 **적극적 방어전략**으로 구분할 수 있다. 예방적 방어전략은 적대적 매수의 성공가능성을 낮추고, 적대적 매수에 성공하더라도 기업사냥꾼에게 돌아갈 이익이 대폭 축소되도록 사전에 조치를 취함으로써 매수동기를 감소시키려는 전략이다. 적극적 방어전략은 적대적 매수가 실제로 발생했을 때 대상기업이 사용하는 방어전략이다.

(1) 예방적 방어전략

① **독약전략**(poison pills strategy)은 적대적 인수에 성공한 매수자에게 막대한 피해가 발생하도록 규정을 만들어 놓거나 계약을 체결해 둠으로써 매수의지를 와해시키는 것을 말한다.

독성 풋(poison put)은 적대적 인수와 같은 특정 계기가 발생하면 채권자가 발행기업으로부터 액면가격 또는 그 이상의 가격으로 회사채를 상환받을 수 있는 풋옵션을 말한다. 독성 풋이 포함된 회사채(puttable bond)를 발행한 기업을 매수하기 위해서는 회사채 상환에 필요한 현금이 필요하고, 매수비용이 증가하기 때문에 대상기업의 매력이 떨어지고 결과적으로 적대적 매수가 어렵게 된다.

② **초다수의결조항**(super-majority provisions)은 합병, 자산양도 등 특별 사항에 대해서는 주주총회의 법정의결요건을 강화하는 것을 말한다. 예를 들어 합병을 위해서는 인수대상회사의 주주총회에서 총주식의 과반수 또는 2/3 이상, 심지어는 95% 이상의 찬성결의가 있을 것을 요구할 수 있다.

③ **황금낙하산**(golden parachutes)은 기업이 외부인에게 인수되어 경영진이 교체될

경우에 퇴직하는 경영진에게 고액의 특별보상금을 지급하도록 하는 계약을 말한다. 매수자에게는 기업인수에 성공하더라도 막대한 보상금 때문에 대상기업의 가치가 하락하여 M&A의 매력이 떨어지게 된다. 기업이 인수되면 대상기업의 가치는 하락하여 남아있는 일반주주는 손해를 보지만 경영진은 막대한 보상금을 받고 회사를 빠져나간다는 의미에서 황금낙하산이라는 말이 생겨났다.

(2) 적극적 방어전략

① **그린메일**(green mail)은 인수를 시도할 가능성이 있거나 인수에 나선 기업사냥꾼이 보유한 주식을 프리미엄을 주고 재매입하여 적대적 매수를 막는 방법이다. "그린"은 미국 달러(dollar)의 색에서 유래한 것이다.

② **백기사**(white knights)는 적대적 인수자로부터 현 경영진을 구해주는 우호적인 제3의 인수자를 말한다.
매수위협을 받는 대상기업은 우호적인 제3자를 찾아 우호적인 협상을 통해 적대적인 매수로부터 방어하면서 더 높은 매수가격을 받거나 경영진의 지위를 유지할 수도 있다.

③ **역매수전략**(pac-man strategy)은 매수대상기업이 매수기업을 역으로 매수하려는 공격적인 방어전략이다. 역매수전략은 매수기업을 실제로 매수하기보다는 역매수위협을 통해 매수의지를 꺾으려는 목적으로 사용된다.

3) 적대적 매수와 재무구조개편

적대적 매수의 대상기업은 **재무구조개편**(capital restructuring)을 함으로써 적대적 매수에 대한 방어효과를 얻을 수 있다.

(1) 자본재구축

자본재구축(recapitalization)은 기업의 재무구조를 급격하게 변화시키는 것을 말하는데 적대적 공개매수에 대한 방어수단으로 사용할 수 있다. 예를 들어, 부채로 조달한 자금으로 주주에게 배당을 지급하여 부채비율을 대폭 증가시키면 대상기업의 매력을 떨어뜨릴 수 있다. 이때 경영진은 방어에 유리하도록 현금 대신 주식배당을 받아 지분율을 높일 수도 있다.

(2) 채권발행

인수목적이 대상기업의 차입능력(debt capacity)을 이용하려는 것이라면 대상기업은 부채비율을 상승시켜 매수의도를 억제시킬 수 있다. 특히 공개매수에 소요되는 자금을 부채로 조달하는 차입매수(Leveraged Buyout: LBO)의 경우에는 부채에 대한 원리금상환의 부담 때문에 대상기업의 매력이 떨어지게 된다. 그러나 대상기업 역시 방어에 성공하더라도 과도한 부채 때문에 부도의 가능성이 증가하기 때문에 이를 **초토화 방어전략**(scorched earth defense)이라고 한다.

(3) 주식발행

매수대상기업은 적대적 매수자의 지분권을 희석시킬 목적으로 주식을 추가로 발행하기도 한다. 매수대상기업은 우호적인 제3자에게 직접 주식을 발행하거나 우리사주조합에 신주발행물량을 배정함으로써 우호적인 의결권을 확보할 수 있다. 그러나 이러한 방식으로 주식을 추가발행하게 되면 기존 주주의 지분도 희석되고 주가가 하락하게 된다.[3)]

사모발행 CB를 이용한 경영권방어

1996년 12월 한화종금의 2대 주주(우풍상호신용금고 회장)는 경영부진을 이유로 한화종금의 경영진을 퇴진시키고 경영권을 인수할 목적으로 우호세력을 결집하여 임시주주총회의 개최를 요구하였다. 최대주주인 한화그룹 측은 이에 대한 방어책으로 전체 주식수의 17.9%에 해당하는 400억원어치의 전환사채를 사모형태로 발행한 후 바로 주식으

3) 상법에서는 자본증자시 발행하는 신주를 기존의 주주에게 지분율에 따라 배정할 것을 원칙으로 하고 있다. 다만 정관에 주주의 신주인수권을 제한하고 제3자의 범위를 구체적으로 정하면 주주가 아닌 제3자에게도 배정이 가능하다.

로 전환하여 공식지분을 18.9%에서 33.4%로 높여 경영권을 방어할 수 있었다.

한화그룹에 반대하는 측은 전환사채 발행무효 소송과 전환된 주식의 의결권행사금지 가처분 소송을 제기하였으나 1심에서는 전환사채의 발행이 적법하다는 판결이 내려졌다. 그러나 2심에서는 전환사채 발행의 적법성에 문제가 있다는 판결이 내려졌다. 대법원에 계류 중이던 이 소송은 한화종금이 경영부실로 인가취소되면서 중도에 막을 내리게 되었다.

(4) 자사주매입

자사주매입(stock repurchase)은 자기 기업의 주식을 매입하여 금고주로 보관하거나 소각(이익소각)하는 것을 말한다. **금고주**(treasury stock)에는 의결권과 배당권이 주어지지 않으며 그 수만큼 유통주식수가 축소되기 때문에 결과적으로 적대적 매수자의 손에 넘어갈 수 있는 주식의 수가 축소된다. **이익소각**은 발행주식수와 함께 자본금이 감소하기 때문에 영구감자라고 한다.

자사주매입을 위해서는 기업보유현금을 소모하거나 차입을 해야 한다. 그러나 자금조달방식에 상관없이 적대적 매수자에게는 대상기업에 대한 매력이 떨어지는 일이기 때문에 자사주매입은 적대적 매수에 대한 예방조치로 사용되기도 한다.

3. 기업분할

기업재편(corporate restructuring)은 기업의 영업활동, 재무구조, 자산구성, 주주구성 등의 변경을 뜻하는 넓은 의미로 사용된다. 기업재편의 대표적인 수단이 M&A인데 M&A는 기업확장을 위해 사용되는 것이 보통이다. 이에 비해 기업분할은 사업을 축소하거나 기업에서 분리시켜 매각하는 것을 의미한다.

1) 기업분할의 유형

(1) 분리매각

분리매각(divesiture)은 기업의 일부를 분리하여 기업 외부의 제3자에게 현금이나 유가증권을 받고 매각하는 것을 말한다.

(2) 분리설립

분리설립(spin-off)은 기업의 일부(자산과 부채)를 분리(분할)하여 독자적인 경영을 하는 기업을 설립하는 것을 말하며 통상 **기업분할**로 통용된다. 기업분할은 주주총회의 특별결의를 거쳐야 하며 참석 주주 2/3 이상, 총발행주식의 1/3 이상의 승인이 동시에 이루어져야 한다.

기업분할은 방식에 따라 물적분할과 인적분할로 구분할 수 있다.

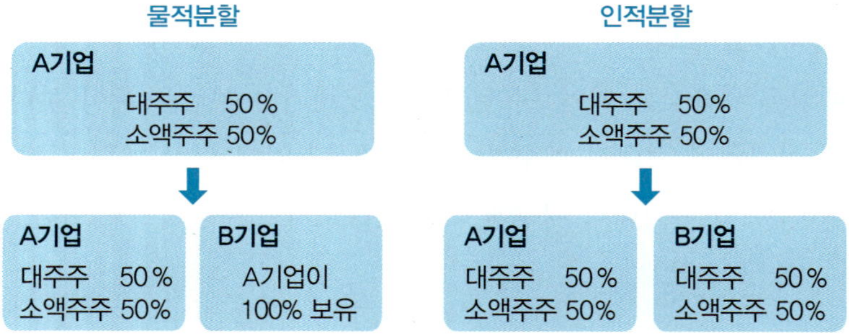

물적분할에서는 모회사(A기업)가 자회사(B기업)의 주식 100%를 소유하게 된다. 인적분할에서는 모회사 주주가 지분 비례대로 자회사의 지분을 소유하게 된다. 따라서 분할 초기에는 모회사와 자회사의 주주구성이 같지만 시간이 지나면서 주식이 매매되면 주주의 구성이 달라질 수 있다.[4)]

기업을 분할하는 목적은 효율성을 높여 기업경쟁력을 향상시키기 위한 것이다. 기업의 성장과 기업다각화 과정에서 한 회사에 이질적인 여러 개의 사업영역이 존재하

4) 삼성전자는 LCD사업부를 물적분할하여 삼성디스플레이를 설립하였다. 대한항공은 인적분할을 통해 지주회사인 (주)한진칼을 설립하였다.

는 경우 인력과 자원을 효율적으로 배분하고 집중함으로써 경쟁력을 확보할 수 있으며, 모기업의 입장에서는 위험부담이 감소하는 장점도 있다. 한편 지주회사로 전환하기 위해 기업분할을 하는 경우도 많다.

(3) 주식매각

주식매각(equity carve-outs)은 모회사가 보유한 자회사 지분의 일부를 공개 매각하여 현금을 조달하는 것을 말한다. 매각된 자회사는 모기업의 주주구성이 다르고 독립적인 기업으로 운영되지만 모회사는 자회사의 지배권을 그대로 유지하게 된다.

2) 지주회사

지주회사(holding company)는 다른 회사의 주식을 보유하여 그 회사의 경영을 지배하는 기업을 말한다.

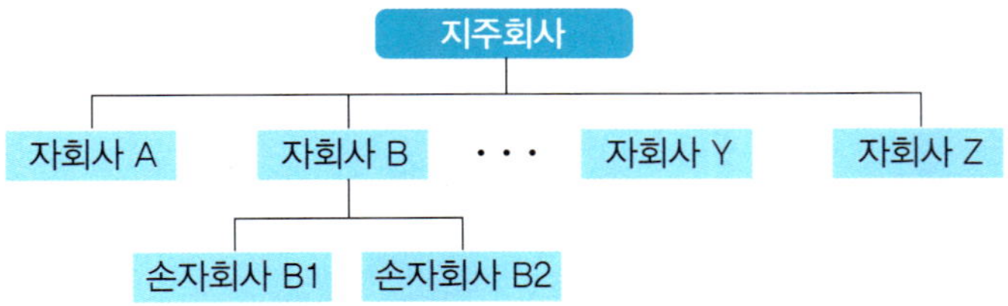

> 대표적인 지주회사체제인 LG그룹의 경우 (주)LG를 지주회사로 그 아래 LG전자, LG화학, LG생활건강, LGU+, LG생명과학을 자회사로 두고 있다. LG전자는 다시 LG디스플레이와 LG이노텍을 자회사(지주회사인 (주)LG에 대해서는 손자회사)로 두고 있다.

지주회사의 장점은 지배구조가 단순하다는 것이다. 계열사들이 연쇄적으로 서로 지분을 보유하는 순환출자는 한 계열사의 부실이 다른 계열사로 연결되는 단점이 있다. 지주회사체제는 지주회사가 계열사의 주식을 보유하고 계열사간 지분 보유를 차단함으로써 지배구조의 투명도를 높일 수 있는 장점이 있는 것이다. 뿐만 아니라 사업부문에 따라 회사가 분리되어 있으므로 필요시 구조조정이 용이하고, 한 회사의 실패가 그룹 전체로 전이될 위험이 낮다는 장점도 있다.

한편 지주회사의 단점은 경제력의 집중이다. 지주회사의 대주주는 자회사 → 손자회사 → 증손회사 → …로 이어지면서 실제 보유한 지분보다 많은 지배력을 행사할 수 있다. 극단적으로 지주회사의 대주주는 지분이 없어도 자회사를 완전히 지배할 수 있다.

이러한 경제력 집중의 폐단을 막기 위해 지주회사의 설립에는 여러 가지 제한을 두고 있다. 지주회사가 부채로 무리하게 계열사를 확장하는 것을 막기 위해 지주회사는 자본총액의 2배를 초과하는 부채액을 보유할 수 없다. 지주회사는 자회사의 지분 40%(상장기업은 20%) 이상을 보유해야 하며, 손자회사의 경우 계열사를 자회사로 보유할 수 없다. 또한 지주회사와 자회사는 그 회사의 자회사가 아닌 계열사 지분을 보유할 수 없다.

지주회사는 자회사의 사업내용에 따라 금융지주회사와 일반지주회사(비금융지주회사)로 나뉘어진다. 금융지주회사(신한금융지주, KB금융지주 등)는 은행, 보험사 등을 자회사로 두고 있다. 금산(금융과 산업)분리의 원칙에 따라 일반지주회사는 금융회사를 보유할 수 없고, 금융지주회사는 일반회사(비금융회사)를 보유할 수 없다.[5)]

〔2019 세법개정〕 인적분할 · 현물출자 과세…'지주사 마법' 막는다

정부는 25일 발표한 '2019년 세법 개정안'에서 이 같은 내용을 발표했다. 먼저 지주회사 개편 과정에서 대주주가 다른 계열사 주식을 현물출자하고 지주회사 주식을 받을 때 발생하는 양도차익에 대해 세금을 무기한 미룰 수 있는 특례가 사라진다. 2022년부터는 4년 거치 후 3년 간 분할 납부해야 한다. 현물출자 양도차익 과세 이연 특례는 지주사 전환 장려책의 일환으로 지난 2000년 도입됐는데, 대주주가 자기 돈을 들이지 않고 지배력을 높일 수 있는 수단으로 악용되고 있다는 비판이 끊이지 않았다.

현재 대기업집단은 지주사 전환을 다음의 방식으로 실시한다. 먼저 지주사가 될 핵심회사를 인적분할 방식으로 사업회사와 투자회사(지주회사)로 쪼갠다. 인적분할은 한 회

5) 지주회사는 순수하게 지주회사의 역할만 하는 순수지주회사(예, (주)LG)와 다른 사업을 하는 사업지주회사(예, (주)두산)로 구분할 수도 있다.

사를 기존 주주 지분율이 똑같이 유지되는 별개의 두 회사로 나누는 것이다. 그리고 대주주가 갖고 있는 사업회사 지분을 투자회사에 현물 출자한다. 사업회사 지분만 갖고 있는 지주사의 주식 가치는 사업회사보다 낮기 때문에 일반 투자자들이 투자를 꺼린다. 따라서 대주주만 현물출자에 참여해 지주사 지분율을 대폭 끌어올릴 수 있다. 2018년 지주사로 전환한 효성(83,700원▼ 3,000 −3.46%)의 경우 조현준 회장, 조현상 총괄사장과 부친인 조석래 명예회장, 모친인 송광자 경운박물관장 등 대주주 일가의 (주)효성 지분을 53.3%로 끌어올릴 수 있었다. 이전에 이들의 주력 계열사 지분율은 37.8%였다.

지금까지는 이 과정에서 발생한 양도차익에 대해서 대주주 일가가 지주사 지분을 매각하기 전까지는 과세가 이뤄지지 않았다. 정부는 일몰이 돌아오는 2021년 말 과세특례를 연장하지 않고 거치 및 분할 납부 방식을 도입하기로 했다.

(조선비즈: 2019. 07)

〈A의 지주회사 전환 사례〉

- A는 자사주 취득 → 인적분할 → 현물출자과정을 통해 지주회사로 전환
  - 인적분할 · 현물출자 과정에서 총수일가 지분율이 33.2%p 상승(16.9% → 50.1%)
  - B에 대한 A 지분율도 A가 보유하던 자기주식 19.6%에 대해 B의 신주가 배정되고, 현물출자 받은 주식까지 더해져 지분율이 36.5%까지 상승

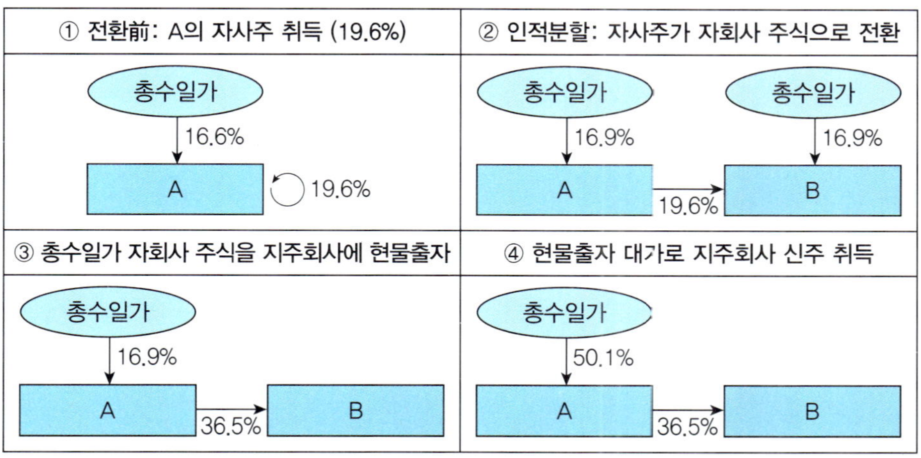

연습문제

1. 주식회사의 설립과정을 발기인의 정관작성에서 설립신고에 이르기까지 단계별로 설명하라.

2. 회사정리(법정관리)와 기업개선작업(워크아웃)의 차이점을 설명하라.

3. 기업매수의 유형과 특징을 설명하라.

4. 기업분할의 유형과 특징을 설명하라.

5. 적대적 M&A에 대비해서 사용할 수 있는 예방적 방어전략의 유형과 특징을 설명하라.

6. 적대적 M&A가 발생했을 때 사용할 수 있는 적극적 방어전략의 유형과 특징을 설명하라.

7. 적대적 M&A에 대한 방어수단으로 사용할 수 있는 자본재구축의 유형과 특징을 설명하라.

8. M&A에 의한 영업시너지와 재무시너지를 설명하라.

9. 기업분할 방식에 따른 물적분할과 인적분할에 대해 설명하라.

제16장

선 물

제1절 선물의 개념과 선물시장의 구조

1. 선물거래의 개념

매매거래는 매매계약의 내용이 결제되는 시점에 따라 현물거래와 선도거래로 구분할 수 있다. **현물거래**(cash transaction, spot transaction)는 매매계약과 동시에 상품과 대금의 인수·인도가 이루어지는 통상적인 거래를 말한다. **선도거래**(forward transaction)는 두 거래당사자가 미래의 특정 시점에 특정 자산을 미리 정한 가격에 매매하기로 약정하는 거래를 말한다. 선도거래는 두 거래당사자가 합의만 하면 어떠한 형태로도 가능하지만 선도계약이 반드시 이행된다는 보장은 없다.

선물계약(futures contracts)은 표준화된 상품에 대해 대금의 지급과 상품의 인수·인도를 미래의 특정 시점에 이행하기로 약속하는 계약을 말한다. **선물거래** 또는 **선물**(futures)은 선물계약을 거래하는 것을 말한다. 선물거래는 선도거래에다 상품의 품질과

규격, 그리고 거래조건을 표준화하여 시장성을 높이고, 조직화된 선물시장에서 거래함으로써 안정성을 높인 것이라고 할 수 있다. 선물거래는 표준화된 계약이 거래되기 때문에 다수 거래자의 주문이 신속하고 효율적으로 체결될 수 있으며, 시장의 안전성을 확보하기 위한 제도적 장치 때문에 계약불이행의 위험이 없다는 것이 최대의 장점이다.

선물시장의 구조는 증권의 거래소시장과 유사하며 선물거래소, 선물(중개)회사, 선물투자자(고객)로 구성되어 있다. 선물거래는 거래소 내에서 거래소회원(중개인)들에 한하여 허용되며 전통적인 선물시장에서는 중개인들이 손짓과 큰 소리로 가격을 외쳐대면서 거래상대방을 찾는 공개호가방식(open outcry)에 의해 거래가 이루어진다.

선물시장에서 유동성이 확보되기 위해서는 거래의 안정성과 선물계약의 표준화가 전제되어야 한다. 선물거래소에서 **청산소**(clearing house)는 선물거래의 안정성을 보장하는 역할을 한다. 선물거래가 성립되면 거래자 쌍방 사이에 청산소가 개입하여 매수자에게는 매도자로서의 역할을, 매도자에게는 매수자로서의 역할을 수행하여 두 거래자의 계약관계를 분리시킨다. 따라서 모든 거래자들이 거래 상대방의 신용상태를 우려할 필요 없이 안심하고 거래할 수 있기 때문에 시장의 유동성과 안정성이 확보되는 것이다. 청산소는 이 밖에도 선물거래의 안전성을 확보하기 위해 일일정산, 청산, 실물인수도의 기능을 담당하고 있다.

일반적으로 선물투자자의 거래는 거래소의 회원자격을 취득한 전문적인 선물거래 중개회사나 증권회사를 통해 이루어지는데 이러한 회사들은 수수료를 받고 고객의 계좌개설, 주문처리, 고객예탁금의 관리, 매매종료까지의 모든 중개 및 관리업무를 대행한다.[1)]

1) 선물거래는 거래소회원이 직접 자기 자신을 위해 행하는 자기거래와 일반고객의 주문에 따라 중개수수료를 받고 거래를 중개해주는 중개거래로 구분된다. 선물거래소의 회원은 역할에 따라 장내거래인(FT: Floor Trader)과 장내중개인(FB: Floor Broker)으로 구분된다. 장내거래인(FT)은 자기거래를, 장내중개인(FB)은 일반고객을 위해 거래를 중개하는 역할을 한다. 장내거래인(FT)은 주로 매입·매도의 호가 차이, 현물과 선물간의 가격차이, 선물계약간의 가격차이 등을 이용한 단기차익거래에 치중하는 투기거래자이다. 이들은 선물시장의 유동성을 높이고 거래를 활성화시키는 시장조성자(market maker)의 역할을 하고 있다.

2. 선물거래절차

선물거래는 선물투자자가 전문적인 선물거래중개회사나 증권회사를 선택해서 위탁계좌를 개설하고, 거래상품별로 정해져 있는 증거금을 납부한 후, 주문을 내는 것으로부터 시작한다. 주문이 체결되면 선물거래중개회사나 증권회사는 고객에게 주문체결 여부를 통보해야 한다. 주문이 체결되면 그 날부터 가격변동에 따라 일일정산을 실시하며 선물계약의 만기일에는 계약상품을 인수·인도하거나 현금결제가 이루어진다.

계좌 개설	선물회사, 증권회사 또는 제휴은행 방문 계좌개설 신청
⬇	
증거금 납입	현금(증거금) 입금(증거금의 필요액의 1/2은 대용증권이나 외화증거금도 가능)
⬇	
주문 체결	전화주문, HTS 또는 모바일App. 이용
⬇	
일일정산 (장 종료 후)	결제금액 산출(일일 시세변동에 따른 손익을 증거금으로 청산)
⬇	
만기정산 (만기일)	최종거래일 종가로 거래소에서 계약상품 인수 · 인도 또는 현금결제

선물계약은 미래의 특정일에 결제를 하기로 약속한 계약에 불과하므로 거래당사자들의 계약이행을 보장하는 시장의 안전장치가 필요하다. 증거금제도와 일일정산제도는 선물시장의 안전성을 확보하기 위한 제도이다.

(1) 개시증거금

투자자가 신규로 선물계약을 체결하기 위해서는 계약금액의 일부(보통 6%~20% 정도)를 **개시증거금**(initial margin)으로 납입해야 한다.[2] 선물거래에서는 계약금액의 일

---

2) 증거금은 원래 청산소회원(선물중개회사)이 계약이행을 보증하기 위해 청산소(선물거래소)에 예치해서

부(margin)만을 납부하고 거래를 할 수 있기 때문에 레버리지효과가 크다. 가격변동이 심한 상품일수록, 그리고 투기목적의 거래자일수록 많은 개시증거금이 요구된다. 개시증거금 중의 일부는 현금으로, 나머지는 대용 유가증권으로 납부할 수 있다.

(2) 일일정산

선물계약이 체결된 후에 선물가격이 상승하면 선물계약 매입자에게는 이익이, 매도자에게는 손실이 발생하지만 이 이익과 손실은 거래를 청산하기 전까지는 실제로 실현되지 않는 이익과 손실이다. **일일정산**(daily settlement, daily marking to market)이란 선물거래에서 매일의 정산가격을 기준으로 1일간의 손익을 평가하고 이 손익을 실제로 실현시키는 제도를 말한다. 선물회사는 손실이 발생한 고객의 증거금계좌에서 손실액을 인출하여 이익이 발생한 고객의 증거금계좌에 입금시켜준다. 일일정산가격은 특별한 경우가 아니면 당일의 종가를 적용한다.

일일정산제도는 선물거래에 의한 손익을 매일 실현시킴으로써 계약불이행위험을 없애고 시장의 안정성을 확보하기 위한 제도이다. 또한 일일정산제도는 선물거래자들이 만기 전에 언제라도 반대매매를 통해 손쉽게 거래를 청산할 수 있도록 함으로써 선물시장의 유동성을 높이는 역할을 한다.

(3) 유지증거금과 마진 콜

손실이 누적되어 증거금잔고가 정해진 **유지증거금**(maintenance margin) 이하로 떨어지면 선물회사는 추가증거금을 납입하여 증거금잔고를 다시 개시증거금 수준으로 채울 것을 요구하는데 이러한 요구를 **마진 콜**(margin call)이라고 한다. 마진 콜을 당한 투자자(고객)는 그 다음날 낮 12시까지 추가증거금을 반드시 현금으로 예치해야 한다. 마진 콜에 응하지 않는 고객에 대해서는 선물회사가 독단으로 고객의 선물계약을 반대매매하고 증거금 대용으로 납입된 대용증권을 매각하여 거래를 청산할 수 있다.

유지해야 하는 금액이다. 선물중개회사는 증거금을 납입함으로써 고객을 대신하여 계약이행에 관한 1차적인 책임을 지게 된다. 형식적으로는 선물회사가 증거금을 납입하지만 선물회사는 다시 고객에게 증거금의 납입을 요구하므로 결과적으로는 고객이 증거금을 납입하게 된다.

투자포지션과 반대매매

투자포지션은 자산을 사고(long) 파는(short) 투자행위에 의해 생겨난다. 선물계약을 매입하여 매입포지션(long position)을 갖게 된 투자자는 만기일에 현물을 인수받거나, 만기일 이전에 선물계약을 매도하여 선물포지션을 청산(매도청산: long liquidation)해야 한다. 선물계약을 매도하여 매도포지션(short position)을 갖게 된 투자자는 만기일에 현물을 인도하거나, 만기일 이전에 선물계약을 매입하여 선물포지션을 청산(매입청산: short covering)해야 한다. 원래의 투자포지션을 청산하고 선물거래를 마감하기 위한 거래를 반대매매라고 한다. 반대매매에 의한 선물포지션의 청산을 선물포지션 클로즈 아웃(close out)이라고 하며, 아직 청산되지 않은 선물계약은 미결제약정(open interest)이라고 하며 선물포지션이 오픈(open)되었다고 한다.

(4) 반대매매와 결제

투자자가 선물거래를 마감하는 방법에는 만기일 이전에 반대매매를 통해 **청산**(close out)하는 방법과 만기일에 결제하는 방법이 있다.

① 반대매매

반대매매는 계약만기일 이전에 애초에 거래했던 것과 동일한 계약(동일상품, 동일만기, 동일수량)을 반대방향으로 매매함으로써 포지션을 청산하는 것을 말한다. 예를 들어, 선물계약을 매입했던 투자자는 동일한 계약을 매도하고, 선물매도포지션을 가지고 있는 투자자는 선물매입포지션을 취함으로써 포지션을 청산할 수 있다. 거래 기간 동안 일일정산에 의해 누적된 이익 또는 손실이 선물거래에 대한 손익이 된다.

② 결 제

만기일까지 반대매매를 통해 중도에 청산되지 않은 선물계약은 만기일에 결제된다. 만기일에 선물계약을 결제하는 방법에는 현물인수도와 현금결제가 있다. **현물인수도**(actual delivery)는 선물매도자는 선물가격을 대가로 현물을 인도하고 선물매입자는 선물가격을 지급하고 현물을 인수하는 것을 말한다. **현금결제**(cash settlement)는 상품을 실제로 인수·인도하지 않고 만기일의 현물가격을 기준으로 일일정산하여 거래를 이행하는 방법이다. 현금결제는 현물인도가 어렵거나 주가지수처럼 기초자산 자체가 존재하지 않는 경우에 사용된다.

KOSPI200 선물의 일일정산

2021년 3월 8일에 투자자 갑은 2021년 3월 만기의 KOSPI200 선물 10계약을 200.00포인트에 매입하였고, 투자자 을은 같은 가격에 10계약을 매도하였다. 그 후 최종거래일(결제월의 둘째 목요일)인 3월 11일까지 KOSPI200 선물의 가격(종가)은 다음과 같다. 두 거래자가 모두 최종거래일까지 포지션을 유지한다면 거래 기간 동안 일일정산에 의한 증거금 변동과 거래손익은 다음과 같다. 일일정산은 당일의 종가에 의해 이루어진다고 가정한다. KOSPI200 선물의 계약당 계약금액은 「KOSPI200 선물가격 × 50만원」이며, 개시증거금은 계약금액의 9%, 유지증거금은 계약금액의 6%이다.

일 자	KOSPI200 선물가격(종가)
2021. 3. 8	200.50
2021. 3. 9	197.50
2021. 3. 10	194.50
2021. 3. 11	196.00

(1) 갑의 위탁증거금과 일자별 손익

① 계약금액(거래금액) = KOSPI200 선물가격 × 50만원 × 10계약 = 10억원

② 개시증거금 = 계약금액 × 개시증거금율 = 10억 × 0.09 = 9,000만원

③ 유지증거금 = 계약금액 × 유지증거금율 = 10억 × 0.06 = 6,000만원

④ 일자별 손익과 증거금의 변동

(단위: 포인트, 만원)

일 자	선물가격	일일정산이익(손실)	누적이익(손실)	증거금잔고	추가증거금
2021. 3. 8	200.50	250	250	9,250	
2021. 3. 9	197.50	(1,500)	(1,250)	7,750	
2021. 3. 10	194.50	(1,500)	(2,750)	6,250	2,750
2021. 3. 11	196.00	750	(2,000)	9,750	

2021. 3. 8 일일정산이익(손실) = (200.50 − 200.00) × 50만원 × 10계약 = 250만원
2021. 3. 9 일일정산이익(손실) = (197.50 − 200.50) × 50만원 × 10계약 = −1,500만원
2021. 3. 10 추가증거금 = 개시증거금 − 당일의 증거금잔고
= 9,000만원 − 6,250만원 = 2,750만원
2021. 3. 11 증거금잔고 = 전일의 증거금잔고 + 추가증거금 + 일일정산이익(손실)
= 6,250 + 2,750 + [(196.00 − 194.50) × 50만원 × 10계약]
= 9,750만원

⑤ 갑의 누적손실 2,000만원은 증거금의 변동액과 일치한다.
증거금 변동액 = 최종거래일의 증거금잔고 − (개시증거금 + 추가증거금)
= 9,750만원 − (9,000만원 + 2,750만원) = −2,000만원

(2) 을의 위탁증거금과 일자별 손익
① 계약금액, 개시증거금, 유지증거금은 갑과 동일하게 적용된다.
② 일자별 손익과 증거금의 변동

(단위: 포인트, 만원)

일 자	선물가격	일일정산이익(손실)	누적이익(손실)	증거금잔고	추가증거금
2021. 3. 8	200.50	(250)	(250)	8,750	
2021. 3. 9	197.50	1,500	1,250	10,250	
2021. 3. 10	194.50	1,500	2,750	11,750	
2021. 3. 11	196.00	(750)	2,000	11,000	

2021. 3. 8 일일정산이익(손실) = (200.00 − 200.50) × 50만원 × 10계약 = −250만원
2021. 3. 9 일일정산이익(손실) = (200.50 − 197.50) × 50만원 × 10계약 = 1,500만원

③ 을의 이익 2,000만원은 갑의 손실 2,000만원과 금액상 일치하며 을의 증거금의 변동액과도 일치한다.

3. 선물시장의 경제적 역할

(1) 가격변동위험의 관리수단 제공

불확실성 시대에 누구나 가격변동위험에 노출되어 있다. 제조업자는 원자재의 가격상승위험과 상품가격하락위험에, 수출입에 관련된 기업은 환율변동위험에, 금융기관

은 금리변동위험에, 주식투자자는 주가변동위험에 노출되어 있다.

선물시장은 예상하지 못한 가격변동으로 인한 손실위험을 사전에 방지하거나 줄일 수 있는 수단을 제공한다. 가격변동위험은 선물시장에서 현물시장에서의 포지션과 반대되는 포지션을 취함으로써 가능하다. 경영자는 가격변동위험을 관리함으로써 안정적으로 경영계획을 수립하고 집행할 수 있다.

(2) 가격예시

선물가격은 미래 특정시점에서의 현물의 수요와 공급에 대한 예상에 의해 결정되기 때문에 선물가격을 통해 미래 현물가격의 동향을 미리 파악할 수 있다. 선물시장의 이러한 **가격예시**(price discovery)기능으로 인해 생산자나 투자자는 미래에 대한 예측을 할 수 있으며 장기적으로 현물시장의 안정에도 도움이 된다.

(3) 시장효율성의 향상

선물시장에는 시장정보를 수집하고 평가하는 데 전문적인 능력을 갖춘 투기거래자들이 참여함으로써 시장정보의 양과 질이 향상되고 시장의 효율성이 향상된다. 시장효율성의 향상은 결과적으로 경제 전체의 자원배분의 효율성을 증대시킨다.

(4) 자본형성의 촉진

금융선물시장은 이자율변동위험과 주가변동위험을 효과적으로 관리할 수 있는 수단을 제공함으로써 채권과 주식 등 증권에 대한 수요를 증가시키고 저축과 투자를 유발하는 역할을 한다. 증권에 대한 수요가 증가하면 기업의 자금조달이 쉬워지고 자금조달비용이 감소하게 되어 투자가 촉진되고 고용과 소득이 증가하는 등 궁극적으로 국가 전체의 부를 증진시키는 역할을 한다.

4. 세계의 선물시장

선물거래는 거래대상에 따라 상품선물과 금융선물로 구분된다. **상품선물**(commodities futures)에는 농축산물, 금속 및 에너지와 같은 원자재가 포함되어 있으며, **금융선물**(financial futures)에는 주가지수, 통화(외국환), 채권(금리) 등이 포함되어 있다.

근대적인 선물거래는 전통적으로 가격파동이 심한 농축산물을 대상으로 미국 농산물의 집산과 가공의 중심지인 시카고의 시카고상품거래소(Chicago Board of Trade: CBOT)에서 1948년에 시작된 이후 금속, 원유 등의 주요 원자재로 거래가 확대되었다. 1970년대 초반에는 국제금융환경의 변화에 따라 외국환의 거래가 자유화되고 환율의 변동이 심해지면서 1972년 시카고상업거래소(Chicago Mercantile Exchange: CME)안에 국제화폐시장(International Monetary Market: IMM)이 개설되어 통화선물거래가 시작되었다. 그 후 주가지수를 비롯한 금융선물거래에 대한 거래가 폭발적으로 증가하면서 금융선물시장은 거래 규모와 기능 면에서 현물시장 못지않게 중요한 역할을 하고 있다.

〈표 16-1〉은 세계 주요 선물거래소와 거래되는 상품을 정리한 것이다.

표 16-1 세계 주요 선물거래소와 상품

선 물 거 래 소	상 품
Chicago Board of Trade(CBT)	곡물(소맥, 옥수수, 대두), 광물(금, 은) 금리선물(T-Bond, T-Note), 주가지수선물
Chicago Mercantile Exchange(CME)	축산물(돈육, 생우, 생돈) 통화선물(미달러, 독일마르크, 일본엔, 스위스프랑, 프랑스프랑) 금리선물(T-Bill, 유로달러) 주가지수선물(S&P 500), 선물옵션
Commodity Exchange(COMEX)	비철금속(금, 은, 동, 알루미늄)
New York Mercantile Exchange(NYMEX)	에너지(원유, 난방유, 프로판가스), 백금
Coffee, Sugar & Cocoa Exchange(CSCE)	커피, 원당, 코코아
New York Cotton Exchange(NYCE)	원면
London Metal Exchange(LME)	비철금속
London International Financial Futures Exchange(LIFFE)	통화선물, 금리선물(영국장기국채, 유로달러)

5. 한국의 선물시장

한국에서는 1996년 5월에 KOSPI200을 대상으로 하는 주가지수 선물거래가 한국증권거래소(KSE)에서 시작된 이후 1999년 4월 부산에 한국선물거래소(KOFEX)가 개설되었다. 이후 2005년 1월 한국증권거래소, 코스닥, 한국선물거래소 및 코스닥위원회가 합병되어 한국증권선물거래소로 출범하였다가 2009년 2월에 한국거래소(KRX: Korea Stock Exchange)로 이름을 변경하여 현재까지 유지되고 있으며, 코스피200 선물, 미국달러선물, 코스피200 변동성지수선물, 금선물 등이 거래되고 있다.

표 16-2 한국거래소(KRX) 파생시장 주요 상품명세

구 분	주가지수선물	KOSPI200변동성지수(선물)	미국달러선물	금선물
거래소	한국거래소(KRX)	한국거래소(KRX)	한국거래소(KRX)	한국거래소(KRX)
기초자산	코스피200지수	KOSPI200변동성지수	미국 달러화(USD)	순도 99.99%이상 1kg 벽돌모양 직육면체 금지금
거래단위	250,000원	250,000원	US $10,000	100g
결제월	3, 6, 9, 12월	최근 연속 6개월	분기월 중 12개, 그 밖의 월 중 8개	2, 4, 6, 8, 10, 12월 중 6개와 짝수월이 아닌 월 중 1개의 총 7개
가격표시	코스피200선물 수치	KOSPI200 변동성지수 선물 수치(포인트)	US $1당 원화	원/g
호가가격단위	0.05포인트	0.05포인트	0.10원	10원/g
최소가격 변동금액	12,500원	12,500원	1,000원	10,000원
가격제한폭	기준가격 대비 각 단계별로 확대 적용 ①±8% ②±15% ③±20%	기준가격 대비 각 단계별로 확대 적용 ①±30% ②±45% ③±60%	기준가격 대비 상하 ± 4.5%	기준가격+/-(기준가격 ×10%)
최종결제일	최종거래일의 다음 거래일	최종거래일의 다음 거래일	최종거래일로부터 기산하여 3일째 거래일	최종거래일 T+1일 16:00시
최종거래일	각 결제월 두 번째 목요일	결제월이 속하는 월의 다음 월의 두 번째 목요일부터 30일 전일에 해당하는 날	결제월의 세 번째 월요일	각 결제월의 세 번째 수요일
결제방법	현금결제	현금결제	인수도결제	현금결제

〈표 16-2〉는 한국 선물시장에서 거래되고 있는 선물계약을 요약한 것이며 계약의 상세한 내용은 〈보충설명〉에 수록되어 있다.

제2절 선물가격결정이론

1. 보유비용모형

선물가격은 기본적으로 선물계약에 대한 수요와 공급에 의해 결정되지만, 선물거래에 대한 결제는 최종거래일의 현물가격에 의해 이루어지기 때문에 선물가격과 현물가격은 밀접한 관계를 가지면서 움직인다.

현물가격과 만기일이 T인 선물가격은 다음과 같이 표시하기로 한다.

S_t: t시점의 현물가격

$F_{t,T}$: 만기가 T인 선물의 t시점에서의 가격

부호를 단순화하기 위해 현재($t=0$) 시점에서의 현물가격(S_0)은 S로 표시하고, 만기일이 T인 선물의 현재 시점에서의 가격($F_{0,T}$)은 F_T로 표시하기로 한다.

선물가격과 현물가격과의 관계는 **베이시스**(basis)로 정의된다.

$$\text{베이시스}(B_{t,T}) = \text{선물가격}(F_{t,T}) - \text{현물가격}(S_t)$$

베이시스를 「현물가격 − 선물가격」으로 정의하는 경우도 있으므로 베이시스가 어떻게 정의되었는지를 확인하는 것이 중요하다. 선물가격은 만기일에 접근하면서 현물가격에 접근하고 만기일에는 현물가격과 같아진다. 마찬가지로 베이시스는 만기일에 접근하면서 0에 접근하고 만기일에는 0이 되는데 이러한 현상을 **선물가격의 수렴**(convergence) 또는 **베이시스의 수렴**이라고 한다. 만기일에 베이시스가 0이 되어야 하는

그림 16-1 선물가격의 수렴

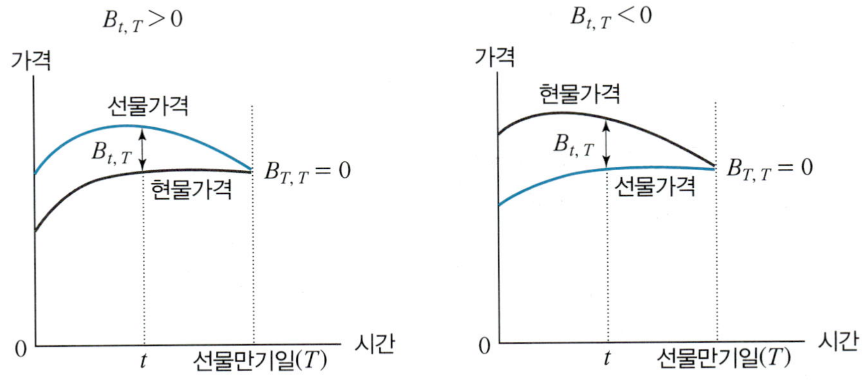

이유는 그렇지 않은 경우에는 선물과 현물을 이용하여 차익거래가 가능하기 때문이다. [그림 16-1]은 선물가격과 현물가격의 수렴과정을 그림으로 나타낸 것이다.

선물계약의 만기일(T)에 어떤 상품을 확보하는 방법에는 현물시장에서 현물을 매입하여 선물계약의 만기일까지 보유하는 방법과 선물시장에서 선물계약을 매입하고 만기일에 계약상품을 인수하는 방법이 있다.

현물을 매입하여 만기일까지 보유하기 위해서는 비용이 발생하는데 이 비용을 **보유비용**(carrying costs)이라고 한다. 보유비용에는 현물매입자금에 대한 이자비용(금융비용), 보관비용(창고료, 보험료, 가치손실비용) 등이 포함된다. 상품에 따라서 현물을 보유하고 있으면 이득을 얻을 수 있는 경우도 있는데 주식의 현금배당, 채권의 이자, 현물재고를 보유하는 데 따른 이득 등이 그것이다. 이러한 **보유수익**(convenience yield)은 현물보유에 대한 마이너스(−)비용으로 생각할 수 있다.

선물계약은 단지 계약일 뿐이므로(계약을 유지하는 데 필요한 비용을 무시한다면) 현물보유와는 달리 보유비용이 들지 않는다. 따라서 선물계약을 F_T에 매도하고 동시에 현물을 S에 매입해서 선물계약의 만기일(T)까지 보유하는 투자자에게 선물계약의 만기일에 차익거래의 기회가 존재하지 않기 위해서는 다음과 같은 조건이 만족되어야 한다.

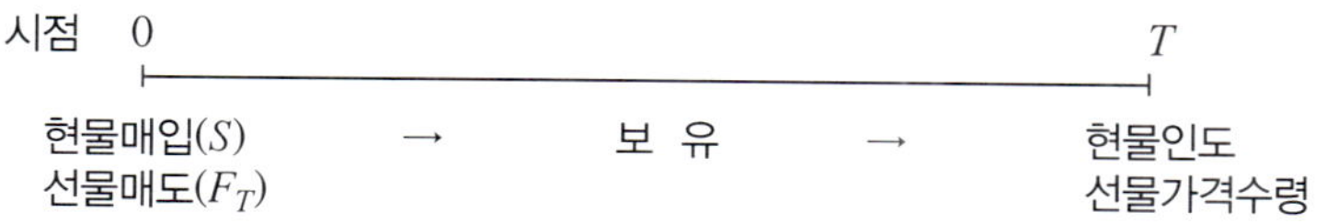

$$이론선물가격(F_T^*) = 현물가격(S) + 현물보유비용(C) - 현물보유수익(Y)$$

주식에 대한 보유비용모형

주식에 대한 보유비용으로는 주식매입대금에 대한 이자비용이 있고 보유수익으로는 보유기간동안 기대되는 현금배당수익이 있다. 주식에 대한 이론적인 선물가격은 다음과 같다.

$$F_T^* = S + S \cdot \frac{T}{365} \cdot (r - d)$$

F_T^*: 이론선물가격
S: 현물가격(주가)
T: 선물계약 만기일까지의 날수
r: 이자율
d: 배당수익률

이론선물가격이 선물의 시장가격과 일치하지 않는다면 이는 선물과 현물 중 어느 하나가 고평가 또는 저평가된 상태이며 **차익거래**의 기회가 존재한다는 것을 의미한다. 저평가된 것을 매입하는 동시에 고평가된 것을 매도하는 차익거래가 진행되는 과정에서 현물과 선물가격은 균형을 이루고 차익거래의 기회는 사라진다.

2. 선물가격과 기대현물가격

거래비용과 세금 등이 존재하는 불완전한 시장에서는 차익거래기회가 존재하지 않기 위한 선물가격의 범위가 확대된다. 그리고 상품의 특성상 보관이 어려운 상품에 대해서는 현실적으로 차익거래논리를 적용하기가 어렵기 때문에 보유비용모형으로 선물가격을 설명하는 것이 불가능한 경우도 있다. 선물계약은 미래 현물에 대한 계약이므

그림 16-2 선물가격과 기대현물가격과의 관계

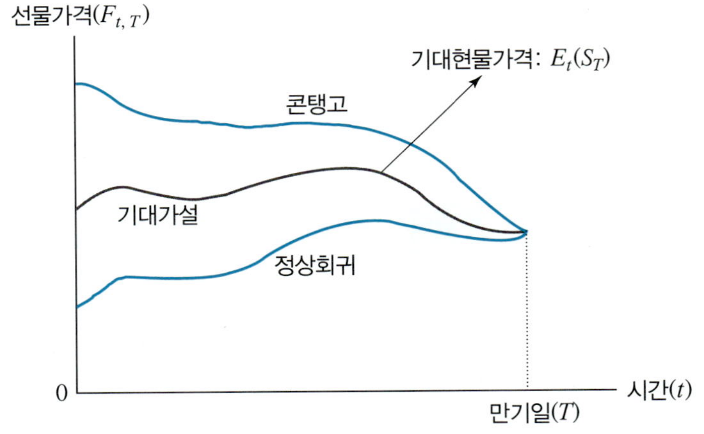

로 선물가격은 만기일의 현물가격에 대한 기대치(기대현물가격)와 밀접한 관계를 가질 것이다. [그림 16-2]는 선물가격과 기대현물가격과의 관계를 그림으로 나타낸 것이다.

(1) 기대가설

기대가설(expectation hypothesis)에 의하면 선물가격(F_T)은 만기일에 기대(예상)되는 현물가격, 즉 만기일의 기대현물가격($E(S_T)$)과 같다는 것이다.

$$F_T = E(S_T)$$

기대가설에 의하면 투자자들은 위험이 따르는 선물거래에 아무런 위험프리미엄을 요구하지 않는다. 따라서 기대가설은 투자자들이 위험중립적(risk-neutral)이라는 전제하에 성립할 수 있다. 그러나 투자자들을 위험중립형이라고 가정하는 것은 비현실적이라고 할 수 있다.

(2) 백워데이션

정상회귀(normal backwardation)가설은 선물가격은 만기일의 기대현물가격보다 낮게 형성되고 만기일에 접근하면서 선물가격이 기대현물가격으로 회귀한다는 것이다.

$$F_T < E(S_T)$$

정상회귀(백워데이션)는 헤저(hedger)들이 선물시장에서 매도포지션을 취해야 하는 상황에서 투기거래자들이 선물을 매입하도록 유인하기 위해서는 투기거래자들이 부담하는 위험에 대한 보상을 지불해야 하는데 그러기 위해서는 선물가격이 기대현물가격보다 낮게 형성되어야 한다는 것을 의미한다. 정상회귀에서 기대현물가격과 선물가격과의 차이는 헤저가 자신의 가격위험을 투기거래자에게 전가하기 위해 지불하는 위험 프리미엄 또는 보험료의 성격을 가진다.[3)]

(3) 콘탱고

콘탱고(contango)는 선물가격은 만기일의 기대현물가격보다 높게 형성되고 만기일에 접근하면서 선물가격이 기대현물가격으로 회귀한다는 것이다.

$$F_T > E(S_T)$$

콘탱고는 정상회귀와는 반대되는 주장이다. 선물을 매입하는 헤저들은 위험을 회피하는 대가로 투기거래자에게 선물가격과 기대현물가격과의 차이를 기대이익으로 제공한다는 것이다.

선물시장에는 매입포지션을 취하는 헤저(매입헤저)도 참여하고 매도포지션을 취하는 헤저(매도헤저)도 참여한다. 따라서 어느 쪽 비중이 더 큰가에 따라 선물가격과 기대현물가격의 상대적 크기(차이)가 결정된다. 매도헤저의 비중이 크면 정상회귀($F_T < E(S_T)$)가 형성되고, 매입헤저의 비중이 크면 콘탱고($F_T > E(S_T)$)가 형성되는 것이다.

---

3) 정상회귀(백워데이션)란 용어는 경제학자인 John Hicks가 처음으로 사용하였는데, 농민의 가격위험을 떠맡을 투기거래자가 선물시장에 존재하기 위해서는 위험회피형인 투기거래자에게 평균적으로 이익이 제공되어야 하며, 그러기 위해서는 선물가격이 기대현물가격보다 낮은 것이 정상(normal)이며 만기일에 접근하면서 선물가격은 점차 현물가격으로 회귀(backwardation)한다는 것이 Hicks의 주장이다. Hicks 시대에는 곡물을 중심으로 하는 상품선물이 선물거래의 대부분을 차지하고 있었다.

제3절 선물거래의 목적과 종류

선물거래는 거래목적에 따라 기본적으로 헤징, 투기거래, 차익거래, 스프레드거래 등으로 구분하지만 거래목적이 항상 명확하게 구분되는 것은 아니다.

1. 헤 징

(1) 헤지의 개념

헤지(hedge) 또는 **헤징**(hedging)은 현물포지션을 가지고 있는 투자자가 선물시장에서 현물과 반대되는 포지션을 취함으로서 현물포지션의 가격변동위험을 감소시키기 위한 거래를 말한다. 헤징거래자를 **헤저**(hedger)라고 한다. 헤지를 했을 때 수렴현상에 의해 선물가격은 현물가격과 같은 방향으로 움직이는 것이 일반적이므로 현물포지션에서 발생하는 손실은 선물포지션에서 발생하는 이익으로 상쇄되고, 선물포지션에서 발생하는 손실은 현물포지션에서 발생하는 이익으로 상쇄된다.

헤지기간 동안 베이시스(basis)가 변동하지 않거나 변동을 정확하게 예측할 수 있다면 현물과 선물포지션간의 이익과 손실이 정확히 상쇄되어 가격변동위험을 완전히 없앨 수 있는데 이를 **완전헤지**(perfect hedge)라고 한다. 베이시스가 변동하지 않는다는 것은 현물가격과 선물가격의 변동이 정확하게 일치하는 것을 말한다. 실제로는 헤지기간 동안 베이시스가 변동하고 베이시스의 변동을 완전하게 예측할 수 없기 때문에 완전헤지의 기회는 거의 존재하지 않는다. 그러나 베이시스의 변동이 현물이나 선물가격의 변동보다는 훨씬 안정적이기 때문에 헤징으로 가격변동위험의 상당 부분을 감소시킬 수 있다. 결국 헤징은 현물가격변동위험을 보다 작은 베이시스위험으로 대체하는 투자전략이다. 현물가격과 선물가격의 움직임이 밀접할수록, 즉 베이시스의 움직임이 안정적일수록, 헤징의 효과는 크다.

(2) 교차헤지

선물거래는 일부 표준화된 상품에 대해서만 이루어지기 때문에 헤지하려는 현물상품을 기초자산으로 하는 선물계약이 존재하지 않는 경우가 많다. 이러한 경우에 헤지하려는 현물상품과 가격변동패턴이 비슷한 선물계약을 대용으로 헤지하는 것을 **교차헤지**(cross hedge)라고 한다. 예를 들어, 은 가격의 상승을 걱정하는 은세공업자는 은관련 선물상품이 존재하지 않을 경우 가격변동이 매우 유사한 금선물 상품계약을 매입함으로써 헤지를 할 수 있다. 교차헤지에서는 현물과 선물의 기초자산이 일치하지 않기 때문에 추가적인 베이시스위험이 발생하게 된다.

(3) 헤징의 종류

선물시장에서 취하는 포지션에 따라 매입헤지와 매도헤지로 구분된다.

① 매입헤지

매입헤지(long hedge)는 현물시장에서 매도포지션을 갖고 있는 투자자가 현물가격의 상승에 대비하여 선물시장에서 매수포지션을 취하는 전략이다. 현물가격이 상승하면 선물가격도 상승하여 선물매수포지션의 이익이 현물매도포지션의 손실을 상쇄하고, 현물가격이 하락하면 현물매도포지션의 이익이 선물매수포지션의 손실을 상쇄한다.

매입헤지

제조업자가 적정이윤을 보장받기 위해서는 안정된 가격에 원자재를 확보해야 한다. 원자재에 대해 헤저(hedger)인 제조업자가 원자재가 필요한 시점과 만기일이 일치하는 선물계약을 필요한 만큼 매입하는 매입포지션(long position)을 취할 수 있다. 원자재가격이 상승하면 선물매입포지션에서 발생하는 이익으로 현물가격상승에 의한 손실을 상쇄할 수 있어 원자재가격을 고정시키는 효과를 얻을 수 있다. 원자재가격이 하락하는 경우에는 선물매입포지션에서 손실이 발생하지만 원자재를 현물시장에서 하락한 가격에 구입할 수 있으므로 원자재가격을 고정시키는 효과를 얻을 수 있다.

② 매도헤지

매도헤지(short hedge)는 현물을 보유(현물 매수포지션)하고 있는 투자자가 현물가격의 하락에 대비하여 선물시장에서 매도포지션을 취하는 전략이다. 매도헤지는 보유하고 있는 상품이나 유가증권의 가치를 가격하락위험으로부터 보호하기 위한 전략이다.

달러선물을 이용한 환위험 헤지

컴퓨터를 생산하는 (주)Nice-Com은 미국의 컴퓨터판매업자와 대당 \$1,000에 컴퓨터 1,000대를 판매하는 수출계약을 상담하고 있는 중이다. 미국의 수입업자가 요구하는 사양을 검토한 결과 제조원가는 모든 비용을 합쳐 100만원으로 계산되었다. 수출계약이 체결되면 제조와 선적을 거쳐 3개월 후에 수출대금(\$100만)을 지급받게 된다.

거래은행에 조회해본 결과 현재 원/달러 환율은 1,100원이며, 3개월 후가 만기인 미국달러 선물은 시장에서 달러당 1,050원에 거래되고 있었다. (주)Nice-Com은 환위험에 노출되어 기업의 안정성이 위협받는 것을 원치 않는다.

3개월 후에 환율이 현재와 같다면 대당 10만원의 이익이 예상된다.

대당 예상이익 = (\$1,000 × 1,100원/\$) − 100만원 = 10만원

3개월 후에 환율이 달러당 1,000원 이하로 하락(달러가치의 하락 또는 환율절하)하는 경우에는 오히려 수출로 손실이 발생할 위험이 있다.

그러나 외환선물시장에서 미국달러선물 20계약(100만달러/5만달러)을 매도하면 대당 5만원(수출총이익은 5,000만원)의 이익이 보장되어 환율변동위험을 헤지하면서 안심하고 수출계약을 체결할 수 있다. 실제로는 헤지비용이 발생하여 예제보다 이익은 줄어들지만 설명의 편의상 헤지비용은 무시하기로 한다.

대당 보장이익 = (\$1,000 × 1,050원/\$) − 100만원 = 5만원

만약 (주)Nice-Com이 환율이 1,050원 이하로는 하락하지 않거나 아니면 오히려 상승할 것을 확신한다면 달러선물시장을 이용한 헤지거래를 하지 않을 수도 있다. 하지만 이 경우에는 수출계약 이후에 발생하는 환율변동에 대한 위험에 노출되는 것이다.

매도헤지

잘 분산된 주식포트폴리오를 운용하고 있는 펀드매니저는 주가하락이 예상될 때 보유주식을 매도하지 않고도 주가지수선물을 매도함으로써 포트폴리오의 가치를 보호할 수 있다. 주가가 하락하면 주가지수선물을 매도해서 얻는 이익이 주식포트폴리오의 손실을 상쇄해주고, 반대로 주가가 상승하면 주식포트폴리오의 이익이 주가지수선물을 매도해서 발생한 손실을 상쇄시켜 포트폴리오의 가치를 보호할 수 있다. 주식을 직접 매매하는 것보다 주가지수선물을 거래하는 비용이 훨씬 적기 때문에 비용 면에서도 주가지수선물 매도헤지는 유용한 전략이다.

(4) 최소분산헤지

현물과 선물의 기초자산이 완전히 일치하고, 원하는 헤지기간과 선물의 만기일이 일치하는 경우에는 완전헤지(perfect hedge)가 가능하다. 그러나 완전헤지의 가능성이 매우 적은 현실 상황에서 위험을 최소화하기 위한 헤지를 **최소분산헤지**(minimum variance hedge)라고 한다.

현물 1단위에 대해 선물 h단위를 결합하여 헤지포트폴리오($S+h\cdot F$)를 구성했을 때 헤지기간 동안에 발생하는 헤지포트폴리오의 가치변동은 다음과 같다.

$$\Delta V = \Delta S + h\cdot \Delta F$$

ΔS: 헤지기간 동안 현물의 가격변동
ΔF: 헤지기간 동안 선물의 가격변동
h: 현물 1단위에 대한 선물의 비율(헤지비율)

헤지포트폴리오의 위험(가치의 변동성)은 다음과 같다.

$$Var(\Delta V) = Var(\Delta S) + h^2\cdot Var(\Delta F) + 2h\cdot Cov(\Delta S, \Delta F)$$

헤지포트폴리오의 위험($Var(\Delta V)$)을 최소화하기 위한 최소분산헤지비율(h^*)은 다음과 같이 구해진다.

$$\frac{\partial Var(\Delta V)}{\partial h} = 2h^*\cdot Var(\Delta F) + 2Cov(\Delta S, \Delta F) = 0\text{에서}$$

$$h^* = -\frac{Cov(\Delta S, \Delta F)}{Var(\Delta F)} = -\frac{\rho_{\Delta S, \Delta F} \cdot \sigma_{\Delta S}}{\sigma_{\Delta F}}$$

$\rho_{\Delta S, \Delta F}$: ΔS와 ΔF간의 상관계수
$\sigma_{\Delta S}(\sigma_{\Delta F})$: $\Delta S(\Delta F)$의 표준편차

최소분산헤지비율(h^*)의 부호가 음(−)인 것은 선물포지션이 현물포지션과 반대라는 것을 의미한다.

최소분산헤지는 위험을 최소화하는 헤지이지 투자자의 기대효용을 극대화하는 **최적헤지**(optimal hedge)는 아니다. 최적헤지는 투자자의 위험에 대한 태도(효용)에 따라 각기 다를 것이다.

(5) 주가지수선물을 이용한 헤징

주가지수선물은 개별 주식이나 주식포트폴리오의 체계적 위험을 관리하는 데 이용할 수 있다.

① 베타헤지

최소분산헤지비율(h^*)을 주식포트폴리오의 수익률과 주가지수선물의 수익률(가격변화율)로 표시하면 다음과 같다.[4)]

$$h^* = -\frac{S}{F_T} \cdot \frac{Cov(R_S, R_F)}{Var(R_F)} = -\frac{S}{F_T} \cdot \beta_{SF}$$

S: 주식포트폴리오의 현재가치
F_T: 만기일이 T인 주가지수선물 1계약의 가격(선물지수 × 거래단위승수)
R_S: 주식포트폴리오의 수익률
R_F: 주가지수선물의 수익률(가격변화율)
β_{SF}: 주가지수선물 수익률에 대한 주식포트폴리오 수익률의 민감도

---

4) $h^* = -\frac{Cov(\Delta S, \Delta F)}{Var(\Delta F)} = -\frac{Cov\left(\frac{\Delta S}{S} \cdot S, \frac{\Delta F}{F} \cdot F\right)}{Var\left(\frac{\Delta F}{F} \cdot F\right)} = \frac{SF}{F^2} \cdot \frac{Cov(\Delta S, \Delta F)}{Var(\Delta F)}$

주가지수선물의 수익률(R_F)과 시장포트폴리오의 수익률(R_M)이 동일하게 움직인다고 가정하면, β_{SF} 대신에 β_S를 사용할 수 있다.[5)]

$$h^* = -\frac{S}{F_T} \cdot \beta_S$$

주가지수선물을 이용한 최소분산 헤지포트폴리오의 수익률은 거의 무위험수익률에 가까워진다. 무위험수익률을 얻기 위해 주식포트폴리오에 투자하지는 않을 것이다. 그러나 주식포트폴리오를 보유하고 있는 투자자가 단기적인 주가변동위험을 회피하기 위해서는 주식포트폴리오를 직접 매도하는 것보다는 주가지수선물을 이용하여 최소분산 헤지포트폴리오를 구성하는 것이 비용 면에서 훨씬 유리하다.

② 주가지수선물을 이용한 포트폴리오 관리

주식포트폴리오와 주가지수선물을 결합하여 구성한 헤지포트폴리오의 수익률은 다음과 같다.

$$R_h = \frac{\Delta S + h \cdot \Delta F}{S} = \frac{\Delta S}{S} + h \cdot \frac{F_T}{S} \cdot \frac{\Delta F}{F_T} = R_S + h \cdot \frac{F_T}{S} \cdot R_F$$

헤지포트폴리오의 베타(β_h)는 다음과 같다.

$$\beta_h = \beta_S + h \cdot \frac{F_T}{S} \cdot \beta_F$$

주가지수선물 수익률(R_F)과 시장포트폴리오의 수익률(R_M)이 동일하게 움직인다면 주가지수선물의 베타(β_F)는 1이 된다.

이 식은 주식포트폴리오의 베타(β_S), 주식포트폴리오의 가치(S), 주가지수선물가격(F_T)이 주어진 상태에서 헤지비율(h)과 헤지포트폴리오의 베타(β_h)와의 관계를 나타내는데 헤지비율(h)을 조정함으로써 헤지포트폴리오의 베타(β_h)를 원하는 대로 조정할 수 있다는 것을 의미한다. 따라서 현재 보유하고 있는 주식포트폴리오의 베타(β_S)를 임의의 헤지포트폴리오 베타(β_h)로 조정하기 위한 헤지비율(h)은 다음과 같다.

---

5) KOSPI200과 KOSPI와의 상관관계가 매우 높다는 것을 감안하면 이러한 가정이 비합리적인 것은 아니다. β_S는 시장포트폴리오를 상대로 측정한 주식포트폴리오의 베타계수로 시장모형을 이용해서 다음과 같은 회귀식으로 추정할 수 있다. $R_S = \alpha + \beta_S R_M + \varepsilon$

$$h = (\beta_h - \beta_S)\frac{S}{F_T}$$

주가상승기에는 포트폴리오의 베타가 클수록 수익률이 극대화되고, 주가하락기에는 포트폴리오의 베타가 작을수록 수익률 하락이 최소화된다. 따라서 시장전망에 따라 다음과 같은 투자전략을 세울 수 있다.

주식시장 전망	투자전략	효 과
상 승	주가지수선물 매입($h > 0$)	포트폴리오의 베타를 상승 조정($\beta_h > \beta_S$)
하 락	주가지수선물 매도($h < 0$)	포트폴리오의 베타를 하락 조정($\beta_h < \beta_S$)

이와 같이 주가지수선물을 이용하여 포트폴리오의 베타(체계적 위험)를 조정하는 방법이 주식을 직접 매매하여 포트폴리오를 재구성하는 방법보다 간단하고 비용도 적게 든다.

2. 투기거래

투기거래(speculation)는 현물포지션을 가지고 있지 않은 상태에서 선물가격변동을 이용하여 시세차익을 얻기 위해 선물시장에서 포지션을 취하는 거래를 말하며, 이러한 거래자를 **투기거래자**(speculator)라고 한다. 투기거래는 시장(투자자들 평균)보다 우월한 가격예측으로 이익을 얻을 수 있다는 기대하에 의도적으로 가격변동위험에 노출시키는 거래이다. 투기거래를 위해 선물시장에서 포지션을 취한 후 선물가격이 예측과 반대로 움직이는 경우에는 손실이 발생한다.

선물시장에서 투기거래자는 헤저가 전가한 위험을 떠맡으면서 시장에 유동성을 제공하는 역할을 한다. 투기거래자가 없다면 헤저는 위험을 전가시킬 수 없으며 시장의 유동성이 감소하여 주문의 체결에 어려움이 발생할 수도 있다.

(1) 단순 투기거래

투기거래는 포지션의 종류에 따라 **단순 투기거래**와 **스프레드거래**로 구분된다. 단순

투기거래는 가격상승이 예상되는 상품의 선물계약을 매입(선물 매입포지션)하고, 가격하락이 예상되는 상품의 선물계약을 매도(선물 매도포지션)하는 거래를 말한다.

단순 투기거래

주가상승을 예상한 투자자가 2021년 12월물 KOSPI200 주가지수선물을 240포인트에 10계약을 매입하였다. 예상대로 주가가 상승하여 만기일 이전에 252.0포인트에 매도하여 거래를 청산한 경우의 투기거래이익은 다음과 같다.

12월물 KOSPI200 주가지수선물 매도	252.0 포인트
12월물 KOSPI200 주가지수선물 매입	240.0 포인트
투자거래 매매차익	12 포인트

투자거래이익 = 12포인트 × 50만원 × 10계약 = 6,000만원

(2) 투기거래자의 종류

투기거래자는 포지션을 보유하는 기간에 따라 구분된다.

스캘퍼(scalper)는 몇 분 단위의 짧은 기간동안의 가격변동을 예측하고 이를 바탕으로 소규모의 거래를 반복하여 매매차익을 얻으려는 투자자이다. 스캘퍼들은 수분동안 자기가 예상한 방향으로 가격이 움직이지 않으면 즉시 포지션을 마감하고 새로운 기회를 찾는다. 스캘퍼들은 대부분 선물거래소의 회원으로서 거래비용이 매우 낮기 때문에 스캘퍼로서의 활동이 가능하며 이들의 거래는 결과적으로 선물시장에 유동성을 증대시키는 중요한 역할을 하고 있다.

데이 트레이더(day trader)는 하루 동안의 가격변동으로부터 이익을 얻으려는 거래자이며 자신이 취한 포지션을 당일을 넘기지 않고 청산함으로써 가격변동위험을 최소화한다.

포지션 거래자(position trader)는 비교적 장기적인 가격 예측을 바탕으로 포지션을 보유하는 거래자로 수일 또는 수주동안 포지션을 유지한다. 포지션 거래자는 단순한 매입 또는 매도포지션 뿐만 아니라 스프레드 포지션을 갖기도 한다.

밭떼기거래

한국에서 배추와 같은 농산물을 기초자산으로 하는 선물시장은 존재하지 않지만 농산물을 정해진 가격에 미리 매매하는 밭떼기거래는 제도화되지 않은 선물거래라고 할 수 있다. 밭떼기거래에서 농부는 가격변동위험을 헤지하는 헤저이고, 거래 상대방인 중간매집상은 투기거래자이다. 중간매집상이 없다면 농부는 농산물 가격변동위험에 그대로 노출될 수밖에 없다. 투기거래자는 선물시장에서 헤저의 가격변동위험을 떠맡아주고, 유동성을 제공하며, 시장의 효율성을 증가시키는 중요한 역할을 하고 있다.

3. 차익거래

차익거래(arbitrage)는 **일물일가(一物一價)의 법칙**이 지켜지지 않는 일시적인 가격불균형을 이용하여 위험이 수반되지 않는 무위험이익을 얻으려는 거래이며 이러한 거래자를 **차익거래자**(arbitrageur)라고 한다. 차익거래는 동일한 자산에 대해 현물과 선물시장에서 서로 상반된 포지션을 동시에 취하기 때문에 투기거래와는 달리 가격변동을 예측할 필요가 없으며 위험도 없다.

일물일가의 법칙과 차익거래

거래비용(수수료, 수송비용 등)이나 거래이익에 대한 세금 등 거래를 제약하는 요인이 없다고 가정하자. 그리고 같은 물건이 같은 시장(같은 장소, 같은 시간)에서 다른 가격으로 거래되어 일물일가의 법칙이 지켜지지 않는 경우를 가정해보자.

A상점에서의 매매가격	B상점에서의 매매가격
100원	99원

이러한 상황에서 차익거래자는 B상점에서 99원에 매입하는 동시에 A상점에 100원에 매도하는 차익거래를 통해 자본금투자와 위험부담이 없이(두 거래가 동시에 이루어지므로 가격변동위험이 없음) 1원의 이익을 얻을 수 있다. 이러한 이익을 차익거래이익

(arbitrage profit) 또는 무위험이익(riskless profit)이라고 한다.

차익거래의 기회가 생기면 순식간에 99원짜리 상품에 대한 수요(가격상승압력)와 100원짜리 상품에 대한 공급(가격하락압력)이 증가하여 99원과 100원 사이에서 단일가격(균형가격)이 결정되고 일물일가의 법칙이 지켜지는 균형상태가 복원되어 차익거래의 기회는 사라지게 된다. 따라서 차익거래의 기회는 차익거래자의 차익거래에 의해 사라지게 된다.

실제로는 매입가격과 매도가격의 차이, 거래비용, 세금이 존재하기 때문에 차익거래에 필요한 비용을 차감한 후에도 차익거래이익을 얻을 수 있는 경우에만 차익거래가 가능하다. 따라서 일물일가의 법칙이 정확하게 지켜지지 않는 상황에서도 차익거래비용이 차익거래이익을 초과한다면 차익거래가 발생하지 않을 수도 있다.

대표적 차익거래인 **주가지수 차익거래**(Stock Index Arbitrage)는 현물주식과 주가지수 선물 사이의 일시적인 가격불균형을 이용하여 두 시장에서 동시에 서로 반대의 포지션을 취함으로써 이익을 얻으려는 거래로서 **프로그램매매**(program trading)를 통해 활발하게 이루어지고 있다.[6)]

4. 스프레드거래

(1) 스프레드거래의 개념

스프레드거래(spread trading)는 동일 시장 또는 관련된 시장에서 다른 선물계약을 동시에 사고 파는 것을 말한다. 다른 선물계약이란 동일 상품에 대해 만기월이 다른 선물계약이나, 유사한 상품에 대해 만기월이 같은 선물계약을 말한다.

6) 주가지수차익거래는 주로 프로그램매매를 이용하여 수행된다. 프로그램매매는 컴퓨터를 이용하여 시장상황을 모니터하면서 매매에 관한 의사결정을 미리 준비된 프로그램으로 실행시키는 거래전략을 말한다. 한국 증권시장에서는 프로그램매매를 모든 주가지수 차익거래와 동일인이 일시에 KOSPI 200 구성종목 중 15종목 이상을 거래하는 것으로 정의하고 있다.

스프레드거래는 현재 두 선물계약 사이의 가격차이(스프레드)가 비정상적이며 앞으로 정상적인 수준으로 돌아갈 것으로 예상할 때 상대적으로 저평가된 선물계약을 매입하는 동시에 고평가된 선물계약을 매도하는 거래이다. 투자기간동안 투자자가 예상한 대로 가격이 움직여서 스프레드가 정상으로 회복되면 반대매매를 통해 이익을 얻게 된다. 스프레드거래의 손익은 선물가격의 변동이 아니라 선물가격 차이(스프레드)의 변화에 의해 결정되기 때문에 단순 투기거래보다는 훨씬 위험이 적다.

(2) 스프레드거래의 종류

스프레드거래는 두 선물계약의 연관성에 따라 구분된다.

① 만기 간 스프레드

만기 간 스프레드(intra-market spread)는 같은 시장에서 같은 상품에 대해 만기가 다른 두 개의 선물계약을 동시에 매입·매도하는 거래이다.

만기 간 스프레드

3월 만기의 옥수수선물가격이 부셀(bushel)당 $3.95이고 7월 만기 선물가격은 $4.05이다. 스프레드($0.10)가 축소될 것으로 예상한다면 3월물을 매입하고 7월물은 매도할 것이다. 스프레드의 축소는 3월물이 7월물에 비해 더 많이 오르거나 더 적게 내리는 것을 의미한다. 예상대로 3월물의 만기일 이전에 3월물은 $4.03으로, 7월물은 $4.10으로 인상되면 스프레드는 $0.07로 축소된다. 이 경우 스프레드 거래자는 반대매매를 통해 부셀(bushel)당 $0.03의 이익을 얻게 된다.

3월물 거래 이익:	매도 $4.03 − 매입 $3.95 =	$0.08
7월물 거래 손실:	매도 $4.05 − 매입 $4.10 =	−$0.05
스프레드거래 이익:	=	$0.03

정상시장에서는 만기가 먼 선물(원월물)의 가격이 만기가 가까운 선물(근월물)의 가격보다 높게 형성된다(+스프레드). 따라서 스프레드가 축소될 것으로 기대되면 근월물을 매입하고 원월물을 매도한다. 스프레드가 확대될 것으로 기대되면 근월물을 매도하

고 원월물을 매입한다.

역조시장에서는 근월물이 원월물보다 가격이 높게 형성된다. 따라서 스프레드가 확대될 것으로 예상되면 근월물을 매입하고 원월물을 매도한다. 스프레드가 축소되거나 정상적인 시장으로 돌아갈 것으로 예상되면 근월물을 매도하고 원월물을 매입한다.

② 상품 간 스프레드

상품 간 스프레드(inter-commodity spread)는 밀접한 관계에 있어 대체성이 큰 상품에 대해 동일한 만기의 선물계약을 동시에 매입·매도하는 거래이다. 예를 들어, 밀과 옥수수는 다른 상품이지만 곡물로서 상호대체적인 관계에 있으며 두 상품의 가격에는 이러한 관계가 반영된다. 만약 현재 두 상품 간의 가격차이가 과도하다고 판단되면 저평가된 상품을 선물매입하고 동시에 고평가된 상품을 선물매도하는 상품 간 스프레드를 통해 이익을 기대할 수 있다.

③ 시장 간 스프레드

시장 간 스프레드(inter-market spread)는 동일한 자산이 다른 시장(거래소)에서 거래되는 경우 시장 간 가격차이를 이용하여 저평가된 선물계약을 매입하고 동시에 고평가된 선물계약을 매도하여 이익을 취하려는 거래이다.

차익거래에 의해 현물과 선물의 가격차이가 적정수준으로 유지되는 것처럼, 스프레드거래도 관련된 선물계약 사이의 가격차이를 적절하게 유지시켜 주는 역할을 한다. 스프레드거래는 시장의 가격기능과 효율적인 자원의 배분을 향상시키는 역할을 한다. 투기거래, 차익거래, 스프레드거래는 모두 이익을 우선으로 하는 거래인 반면, 헤징은 이익보다는 위험관리를 우선으로 하는 거래이다.

5. 프로그램매매

(1) 프로그램매매의 개념

프로그램매매(program trading)는 일반적으로 컴퓨터를 이용하여 시장상황을 모니터하면서 매매에 관한 의사결정을 미리 준비된 프로그램으로 실행시키는 거래전략을 말한다. 하지만 프로그램매매는 주로 주가지수선물을 이용한 차익거래에 이용되고 있기 때문에 좁은 의미로는 **주가지수차익거래**로 통용되고 있다. 한국에서는 프로그램매매를 모든 주가지수차익거래, 그리고 동일인이 일시에 KOSPI200 구성종목 중 15종목 이상을 거래하는 것으로 정의하고 있다.

(2) 주가지수선물의 이론가격

KOSPI200 선물에 대한 이론적인 가격은 다음과 같다.

$$F_T^* = S + \text{현물매입에 대한 이자비용} - \text{현물보유기간 동안의 배당금}$$
$$= S + S \cdot i \cdot \frac{T}{365} - S \cdot d \cdot \frac{T}{365}$$
$$= S\left[1 + (i - d)\frac{T}{365}\right]$$

F_T^*: KOSPI200 선물의 이론가격
S: KOSPI200 지수(현물지수)
i: 이자율
d: 배당수익률
T: 선물계약 만기일까지의 날수

주가지수선물은 주식과 비교해 주식매입자금에 대한 이자비용은 부담하지 않지만 배당금을 받지 못한다. 따라서 주가지수선물의 이론가격은 현물지수에다 주식매입을 위한 이자비용을 더하고 주식보유기간 동안의 배당금을 뺀 값이다. 이자율은 91일물 CD의 수익률로 대용하고, 배당수익률은 KOSPI200을 구성하는 주식들에 대한 전기의 가중평균배당수익률을 사용한다.

KOSPI200 선물의 이론가격

KOSPI200이 현재 240.00이고, 91일물 CD금리가 연 12%이고, 전기의 배당수익률이 3%이고, 잔여만기일이 60일이라면 KOSPI200 선물의 이론가격은 다음과 같다.

$$\text{KOSPI200 선물의 이론가격} = (240.00)\left[1 + (0.12 - 0.03)\frac{60}{365}\right]$$

$$= 243.55(\text{포인트})$$

KOSPI200 선물이 243.55포인트보다 낮은 가격에 거래되면 KOSPI200 선물이 저평가되었거나 주가가 고평가된 상태를 나타낸다. 반대로 KOSPI200 선물이 243.55포인트보다 높은 가격에 거래되면 KOSPI200 선물이 고평가되었거나 주가가 저평가된 상태를 나타낸다. 이 경우에 KOSPI200 선물을 이용한 차익거래가 가능하게 된다.

(3) 주가지수차익거래 전략

KOSPI200 선물이 이론가격보다 높은 가격에 거래되는 경우에는 상대적으로 고평가된 KOSPI200 선물을 매도하고 저평가된 현물 KOSPI200을 매수하는 **매수프로그램**(buy program)을 시행한다. 반대로 KOSPI200 선물이 이론가격보다 낮은 가격에 거래되는 경우에는 상대적으로 저평가된 KOSPI200 선물을 매입하고 고평가된 현물 KOSPI200을 매도하는 **매도프로그램**(sell program)을 시행한다.

선물고평가(선물시장가격2 선물이론가격) ⟶ 매수차익거래(현물매수, 선물매도)
선물저평가(선물시장가격1 선물이론가격) ⟶ 매도차익거래(현물매도, 선물매수)

그러나 주식시장(현물시장)에서 KOSPI200을 직접 매매할 수는 없으므로 KOSPI200을 복제한 **인덱스펀드**(index fund)를 매매하게 된다. 인덱스펀드는 KOSPI200에 영향력이 크고 연관성이 높은 10~30개의 종목으로 구성된 포트폴리오를 말한다. 주가지수차익거래가 성공하기 위해서는 KOSPI200을 복제한 인덱스펀드의 매매가 신속하고 정확하게 실행되어야 한다. 그러기 위해서는 인덱스펀드에 편입할 종목과 각 종목의 비중을 미리 정해놓고 각 종목의 가격을 감안하여 일시에 주문이 실행되어야 한다. 이를 위해서 미리 준비한 컴퓨터 매매프로그램이 필요하며 **프로그램매매**(program trading)라는 용어가 생겨난 것이다.

(4) 주가지수 차익거래의 위험

① 주가지수와 인덱스펀드간의 오차

주가지수에 대한 대용으로 사용되는 인덱스펀드는 과거 자료(통계치)에 의해 구성되지만, 시장상황은 수시로 변하기 때문에 인덱스펀드와 주가지수의 변동에는 차이가 발생한다. 이러한 오차를 트랙킹오차(tracking error)라고 하는데, 이러한 경우에는 차익거래시 의도했던 수익이 보장되지 않을 수도 있다.

② 주문체결위험

차익거래시 선물에 대한 주문은 즉각 처리되지만 현물 주식포트폴리오(인덱스펀드)를 구성하는 개별 주식종목에 대한 주문은 선물보다 많은 시간이 소요된다. 따라서 선물과 현물에 대한 주문이 동시에 처리되지 않는 경우에는 차익거래가 계획대로 시행되지 못할 수도 있다. 호가수량 부족으로 거래체결이 되지 않거나 예상치를 벗어난 가격에서만 체결이 가능한 경우 원하는 차익거래에 실패할 수도 있다.

③ 프로그램매매의 제한

프로그램매매에 의한 지수차익거래가 주식가격의 변동성을 증가시키고 주식시장을 교란시킨다는 주장은 1987년 10월 미국 NYSE에서 주가가 대폭락한 사건(Black Monday) 이후 아직도 논란거리로 남아있다. 고성능 컴퓨터와 정교한 거래기법으로 무장한 기관투자자들의 비중이 증대되고 전체 주식거래에서 프로그램매매가 차지하는 비중이 급증하면서 각국에서는 주가변동의 확대를 방지하고 개인투자자의 신뢰를 회복하여 주식시장의 안정성을 확보한다는 차원에서 특별한 상황에서는 인위적으로 프로그램매매를 제한하는 조치를 취하고 있다.

1987년과 1989년 두 번의 주가폭락을 경험한 미국에서는 S&P500 주가지수 선물가격이 전일에 비해 12포인트 이상 하락한 경우 프로그램매매를 별도로 구분하여 5분간 거래회송을 지연시키는 **사이드카**(side car) 제도를 시행하고 있다. 그리고 다우지수(DJIA: Dow-Jones Industrial Average)가 전일 종가보다 250포인트 이상 등락하는 경우에는 1시간, 400포인트 이상 등락하는 경우에는 2시간 동안 거래를 정지시킬 수 있는 **서킷 브레이커**(circuit breaker)라 불리는 긴급거래정지장치를 시행하고 있다.

보충설명 한국거래소(KRX)의 주요 파생상품

코스피200 선물

코스피200 선물은 유가증권시장에 상장된 주권 200 종목의 시가총액 기준으로 산출된 코스피200 지수 [산출기준시점 1990.01.03]를 기초자산으로 하는 상품입니다. 이처럼 코스피200 선물은 주가지수를 거래대상으로 하고 있어 최종결제방법으로 현금결제를 채택하고 있습니다.

○ 상품명세

기초자산	코스피200지수
거래단위	코스피200선물가격X25만(거래승수)
결제월	3, 6, 9, 12월
상장결제월	3년 이내 7개 결제월(3,9월 : 각 1개, 6월 : 2개, 12월 : 3개)
가격의 표시	코스피200선물 수치(포인트)
호가가격단위	0.05 포인트
최소가격변동금액	12,500원 (25만원X0.05)
거래시간	09:00 ~ 15:45 (최종거래일 09:00 ~ 15:20)
최종거래일	각 결제월의 두 번째 목요일(공휴일인 경우 순차적으로 앞당김)
최종결제일	최종거래일의 다음 거래일
결제방법	현금결제
가격제한폭	기준가격 대비 각 단계별로 확대 적용 ① ±8% ② ±15% ③ ±20%
정산가격	최종 약정가격(최종 약정가격이 없는 경우, 선물이론정산가격)
기준가격	전일의 정산가격

미국달러선물

미국달러선물은 미래의 일정시점에 인수도할 미국 달러화를 현재시점에서 미리 매수하거나 매도하는 계약입니다.

○ 계약명세

거래대상	미국달러화(USD)
거래단위	US $10,000
결제월	분기월 중 12개, 그 밖의 월 중 8개
상장결제월	총20개(1년이내 매월, 1년초과 매분기월 상장)
가격의 표시	US $1 당 원화
최소가격변동폭	0.10원
최소가격변동금액	1,000원 (US $10,000X0.10원)
거래시간	09:00~15:45 (최종거래일 09:00~11:30)
최종거래일	결제월의 세 번째 월요일(공휴일인 경우 순차적으로 앞당김)
최종결제일	최종거래일로부터 기산하여 3일째 거래일
결제방법	인수도결제
가격제한폭	기준가격 대비 상하 ± 4.5%
단일가격경쟁거래	개장시(08:30~09:00) 및 거래종료시 (15:35~15:45), 최종거래일 거래종료시(11:20~11:30)

코스피200 변동성지수선물

코스피200변동성지수선물은 코스피200옵션가격을 이용하여 미래(30일) 코스피200의 변동성을 나타낸 지수(V-KOSPI 200)를 기초자산으로 하는 상품입니다. 변동성지수선물은 지수를 거래대상으로 하고 있어 최종결제방법은 현금결제방식을 채택하고 있습니다.

상품명세

기초자산	코스피200변동성지수
거래단위	코스피200변동성지수선물가격X25만(거래승수)
결제월	최근 연속 6개월
상장결제월	6개월 이내의 6개 결제월
가격의 표시	코스피200변동성지수선물 수치(포인트)
호가가격단위	0.05 포인트
최소가격변동금액	12,500원 (25만원X0.05)
거래시간	09:00 ~ 15:45 (최종거래일 09:00 ~ 15:35)
최종거래일	결제월이 속하는 월의 다음 월의 두번째 목요일(해당일이 휴장일인 경우에는 앞당김)부터 30일(Calendar Day) 전일에 해당하는 날(해당일이 휴장일인 경우에는 직전 거래일로 함)
최종결제일	최종거래일의 다음 거래일
결제방법	현금결제
가격제한폭	기준가격 대비 각 단계별로 확대 적용 ① ±30% ② ±45% ③ ±60%
단일가격경쟁거래	개장시(08:30~09:00) 및 거래종료시 (15:35~15:45)
필요적 거래중단	코스피200옵션시장의 거래중단인 경우 변동성지수선물거래도 일시중단

3년국채선물

3년 국채선물은 만기일 기준으로 잔존기간 3년의 국고채를 대상으로 거래하는 계약을 말합니다. 국고채는 정부가 발행하는 채권으로 유가증권시장본부와 같은 장내 유통시장 또는 증권회사 등을 통한 장외유통시장에서 거래가 되고 있습니다.

계약명세

거래대상	표면금리 5%, 6개월단위 이자지급방식의 3년만기 국고채
거래단위	액면 1억원
결제월	3, 6, 9, 12월
상장결제월	6월 이내의 2개 결제월
가격의 표시	액면 100원당 원화(백분율방식)
호가가격단위	0.01 포인트
최소가격변동금액	10,000원 (1억원X0.01X1/100)
거래시간	09:00~15:45 (최종거래일 09:00~11:30)
최종거래일	결제월의 세 번째 화요일(공휴일인 경우 순차적으로 앞당김)
최종결제일	최종거래일의 다음거래일
결제방법	현금결제
가격제한폭	기준가격 대비 상하 ± 1.5%
단일가격경쟁거래	개장시(08:30~09:00) 및 최종거래일 이외의 거래종료시 (15:35~15:45)

금선물은 금을 기초자산으로 하여 선물거래가 가능하도록 만든 상품으로 1999년 4월에 상장된 금선물과 2010년 9월에 상장된 미니금선물이 있었으나 두 상품은 2015년11월19일을 기준으로 상장폐지되고, 기존의 미니금선물이 2015년11월23일부터 본소의 유일한 금선물로 새롭게 상장되었습니다. 금의 가격변동위험에 노출된 기업은 금선물을 활용하여 금가격과 관련한 위험을 헤지할 수 있고, 투자자들은 재테크를 위한 투자수단으로 금선물을 활용할 수 있습니다.

항목	거래제도(안)
대상자산	순도 99.99%이상 1kg 벽돌모양 직육면체 금지금
계약크기	100g
호가가격단위	10원/g
결제월	2, 4, 6, 8, 10, 12월 중 6개와 짝수월이 아닌 월 중 1개의 총 7개
최장거래기간	2, 4, 6, 8, 10, 12 결제월 거래 : 1년 그 밖의 결제월 거래 : 2개월
최종거래일	각 결제월의 세 번째 수요일
거래시간, 호가접수시간	구분 / 호가접수시간 / 거래시간 최종거래일 미도래종목 / 08:30~15:45 / 09:00~15:45 최종거래일 도래종목 / 08:30~15:20 / 09:00~15:20
가격표시방법	원/g
가격제한폭	기준가격+/-(기준가격 ×10%)
결제시한	최종거래일 T+1일 16:00시
최종결제가격	최종거래일 KRX 금시장 1천그램(g) 종목의 종가

연습문제

1. 선물시장에서 증거금제도와 일일정산제도의 의미와 역할을 설명하라.

2. 투자자 갑은 2021년 3월 2일에 2021년 3월 만기의 KOSPI200 선물 10계약을 198.00 포인트에 매입한 후 3일 후에 반대매매로 청산하였다. 선물매입 이후 3일 동안의 KOSPI200 선물의 가격(종가)은 다음과 같다. 거래기간 동안 일일정산에 의한 증거금 변동과 최종적인 손익을 구하라. 일일정산은 당일의 종가에 의해 이루어진다고 가정한다.

일 자	KOSPI200 선물가격(종가)
2021. 3. 2	200.50
2021. 3. 3	197.50
2021. 3. 4	194.50
2021. 3. 5	198.00

3. 선물시장이 존재하는 경우와 존재하지 않는 경우를 비교하여 선물시장의 경제적 역할을 설명하라.

4. 현재 KOSPI200 지수는 200.00포인트이고, 만기까지 6개월 남은 KOSPI200 선물가격은 202.50포인트에 거래되고 있다. 무위험이자율은 10%이고, KOSPI200을 구성하고 있는 주식들의 가중평균배당수익률은 연 8%이다. 배당은 연중 균등하게 지급된다고 가정한다. KOSPI200 선물을 이용한 차익거래가 가능한가? 가능하다면 거래를 시행하고 KOSPI200 선물을 1계약 거래했을 경우의 차익거래이익을 구하라.

5. 미래투자신탁의 펀드매니저인 갑이 운용하는 주식포트폴리오의 구성내용은 다음과 같다.

편입된 주식	투자액(억원)	베타
A	20	2.0
B	40	1.5
C	40	2.0

현재 KOSPI200 지수는 198.00포인트이고, 만기까지 3개월이 남은 KOSPI200 선물의 가격은 199.50포인트이다.

(1) KOSPI200 선물을 이용하여 갑이 운용하는 주식포트폴리오의 가치변동위험을 3개월 동안 최대한 제거할 수 있는 투자전략을 소개하라.

(2) (1)의 투자전략을 사용하면 주가변동위험을 완전히 제거할 수 있는가?

(3) 3개월이 지나 만기일에 KOSPI200 지수는 195.00포인트로 마감되었고 주식포트폴리오의 가치는 95억원으로 하락하였다. (1)에서 시행한 투자전략의 손익을 구하라.

(4) 주가전망이 불투명하다고 판단하여 포트폴리오의 베타를 1.0 수준으로 낮추려고 할 때 사용할 수 있는 투자전략을 소개하라.

6. 만기가 1년인 금선물계약을 고려하자. 금의 현물가격은 온스당 400달러이고 무위험이자율은 연 10%이다. 보관비용은 연간 온스당 2달러이며 만기에 지불된다. 금선물 1계약은 금 100온스 기준이다. 선물거래에 대해서는 만기에 가서 현물을 인수 또는 인도함으로써 계약을 이행한다고 가정하자. (2012년. CPA)

(물음 1) 금선물의 균형가격을 계산하라.

(물음 2) 선물가격이 500인 경우 차익거래(arbitrage)를 통한 차익(payoff)을 계산하라. 계산 결과는 아래의 표를 이용하여 시점별 현금흐름의 관점에서 표기하라. (단, 선물계약 1단위 기준으로 작성한다.)

거래내용	$t=0$	$t=1$
⋮	⋮	⋮
차익(payoff)		

제17장 옵 션

제1절 옵션의 개념과 종류

1. 옵션의 개념

옵션(option)이란 특정 자산을 미리 정해진 가격으로 정해진 시점(또는 정해진 시점까지)에 살 수 있는 권리(call option) 또는 팔 수 있는 권리(put option)를 말하며 옵션시장에서 증권의 형태로 매매된다. 옵션시장에서 결정된 옵션가격은 **프리미엄**(premium)이라고 한다. 옵션거래에서 계약대상이 되는 자산, 즉 옵션을 행사함으로써 취득하게 되는 현물 또는 선물을 **기초자산**(underlying asset) 또는 **대상자산**이라고 한다. 기초자산은 옵션의 가치를 결정하는 기준이 되므로 **기준물**이라고도 한다. 옵션의 **만기일**(expiration date)은 옵션의 권리행사가 가능한 마지막 날을 말한다. 옵션의 **행사가격**(exercise price, striking price)은 옵션의 권리를 행사할 수 있는 정해진 가격을 말한다.

옵션을 매입하여 보유하는 **옵션매수자**(option buyer)는 옵션의 권리행사를 결정할 수 있는 권한을 대가로 **옵션매도자**에게 프리미엄을 지불하고, 옵션매도자는 옵션매수자로부터 옵션프리미엄(옵션가격)을 받는 대가로 옵션매수자의 권리행사에 대한 의무를 지게 된다. 옵션거래에서는 옵션매수자를 흔히 **옵션보유자**(option holder)라고 하고, 옵션매도자를 **옵션발행자**(option writer)라고 한다.

2. 옵션의 종류

(1) 콜옵션과 풋옵션

옵션은 행사가격에 기초자산을 매수할 수 있는 **콜옵션**(call option)과 매도할 수 있는 **풋옵션**(put option)으로 구분된다.

옵션은 유리한 경우에만 행사되고, 불리한 경우에는 행사가 되지 않는다. 콜옵션은 기초자산의 가격이 행사가격보다 높은 경우에만 행사되고, 기초자산의 가격이 행사가격보다 낮은 경우에는 콜옵션을 행사하는 것보다 기초자산을 직접 매수하는 것이 유리하기 때문에 콜옵션이 행사되지 않는다. 풋옵션은 기초자산의 가격이 행사가격보다 낮은 경우에만 행사되고, 기초자산의 가격이 행사가격보다 높은 경우에는 풋옵션을 행사하는 것보다 기초자산을 직접 매도하는 것이 유리하기 때문에 풋옵션이 행사되지 않는다.

표 17-1 옵션거래의 권리와 의무

옵션 종류 / 거래자	콜옵션	풋옵션
옵션매수자의 권리	행사가격에 기초자산을 매수	행사가격에 기초자산을 매도
옵션발행자의 의무	행사가격에 기초자산을 매도	행사가격에 기초자산을 매수

[표 17-2]는 옵션매매와 옵션의 권리행사와 의무이행에 따라 발생하는 기초자산과 현금의 흐름을 요약한 것이다. 표에서 +는 받는 것을, −는 지불하는 것을 나타낸다.

옵션매수자와 옵션발행자 사이에서 발생하는 기초자산과 현금(프리미엄과 행사

표 17-2 옵션거래에 대한 기초자산과 현금의 흐름

옵션종류 / 거래자	콜옵션		풋옵션	
	옵션거래시	옵션행사시	옵션거래시	옵션행사시
옵션매수자	− 콜프리미엄	+ 기초자산 − 행사가격	− 풋프리미엄	− 기초자산 + 행사가격
옵션발행자	+ 콜프리미엄	− 기초자산 + 행사가격	+ 풋프리미엄	+ 기초자산 − 행사가격

가격)의 흐름은 정반대이며 옵션거래는 매수자와 발행자 사이의 **제로섬게임**(zero-sum game)이라는 것을 알 수 있다.

(2) 유럽식 옵션과 미국식 옵션

옵션은 만기일 이전에 권리행사 여부에 따라 유럽식과 미국식으로 구분된다. **유럽식 옵션**(European option)은 만기일이나 만기일 직전에만 옵션을 행사할 수 있고, **미국식 옵션**(American option)은 만기일 이전에 언제든지 옵션을 행사할 수 있다. 미국식 옵션은 동일한 조건의 유럽식 옵션보다 옵션매수자에게 더 많은 선택권이 주어진 것이기 때문에 조건에 따라 유럽식 옵션보다 높은 가격에 거래되는 것이 보통이다.

(3) 기초자산에 따른 옵션의 종류

① **주식옵션**(stock option)[1)]은 개별 주식을 기초자산으로 하는 옵션을 말한다. 개별 주식에 대한 옵션이 행사되면 기초자산인 주식을 실제로 교환하지 않고 옵션 발행자가 옵션보유자에게 해당 주식의 시장가격과 행사가격의 차액만을 현금으로 지불하는 것이 보통인데 이러한 방식을 **현금결제**라고 한다.

② **주가지수옵션**(stock index option)은 특정 주가지수를 기초자산으로 하는 옵션을

---

1) 주식시장에 상장되어 있고 유통주식수가 1,000만주 이상, 소액주주수가 10,000명 이상, 1년간 총거래대금이 5,000억원 이상인 보통주식 중에서 시가총액과 재무상태 등을 감안하여 선정한 기업이 발행한 주식을 기초자산으로 하는 옵션상품을 말하는데 2015년 현재 60개 종목의 주식옵션이 거래되고 있다.

말한다. 한국에서는 KOSPI200 지수와 KOSDAQ 150 지수를 기초자산으로 하는 옵션이 거래되고 있다. 주가지수옵션에서는 옵션이 행사될 때 실제 인수 · 인도할 현물이 존재하지 않기 때문에 주식옵션과 마찬가지로 옵션매수자와 옵션발행자 사이에서 손익이 현금으로 결제된다.

③ **통화옵션**(currency option)은 특정 외환을 기초자산으로 하는 옵션을 말한다. 국제금융시장에서는 주요 국가의 통화를 기초자산으로 하는 통화옵션이 거래되고 있다.

④ **금리옵션**(interest rate option)은 특정 채권을 기초자산으로 하는 옵션을 말한다. 금리옵션은 미국국채(T-bill, T-note, T-bond)와 회사채, 양도성예금증서(CD) 등 유동성이 높은 채권을 대상으로 거래되고 있다.

⑤ **선물옵션**(futures option 또는 option on futures)은 특정 선물계약을 기초자산으로 하는 옵션을 말한다.

〈KOSPI200옵션 결제월별 옵션가(만기월: 2020년 11월물)〉

콜옵션							풋옵션					
미결제약정	거래량	매도	매수	전일비	현재가	행사가	현재가	전일비	매도	매수	거래량	미결제약정
5,204	2,932	6.41	6.24	▼ 1.79	6.24	310.00	5.05	▲ 0.92	5.05	5.03	14,292	8,570
3,726	5,391	5.00	4.85	▼ 1.43	4.85	312.50	6.17	▲ 1.10	6.17	6.15	7,158	5,402
8,994	15,885	3.71	3.70	▼ 1.19	3.71	315.00	7.46	▲ 1.27	7.46	7.33	3,187	5,917
7,716	40,217	2.71	2.70	▼ 0.99	2.71	317.50	8.77	▲ 1.28	10.30	8.50	1,657	4,408
11,915	62,870	1.96	1.95	▼ 0.77	1.96	320.00	10.40	▲ 1.60	11.50	10.60	385	4,387
13,096	74,638	1.34	1.32	▼ 0.62	1.32	322.50	12.30	▲ 1.70	14.50	12.00	88	1,536
17,600	97,533	0.86	0.85	▼ 0.48	0.86	325.00	14.80	▲ 2.30	16.40	12.40	32	561
22,554	82,198	0.57	0.54	▼ 0.35	0.55	327.50	16.45	▲ 2.00	22.00	14.35	8	789
29,018	77,198	0.35	0.34	▼ 0.24	0.35	330.00	19.25	▲ 3.80	19.80	16.15	17	931
18,090	44,896	0.21	0.20	▼ 0.15	0.21	332.50	19.85	▲ 1.90	23.55	19.10	2	25
23,495	28,077	0.13	0.12	▼ 0.09	0.13	335.00	23.35	▲ 2.00	46.40	21.45	1	41
20,047	28,324	0.08	0.07	▼ 0.05	0.07	337.50	25.95	▲ 3.15	28.05	23.10	2	15
17,821	24,631	0.05	0.04	▼ 0.03	0.04	340.00	26.55	- 0.00	51.65	4.60	0	67
16,114	17,988	0.04	0.03	▼ 0.01	0.03	342.50	29.00	- 0.00	54.10	8.60	0	3
18,018	6,165	0.02	0.01	▼ 0.01	0.02	345.00	31.45	- 0.00	56.60	6.32	0	103

■〈코스피200 옵션 상품명세〉

기초자산	코스피200지수
거래단위	코스피200옵션가격×25만(거래승수)
상장결제 종목	비분기월 4개 및 분기월 7개(3, 9월 각 1개, 6월 2개, 12월 3개)/연속 1주
행사가격의 설정	• 각 결제월의 최초 상장시 행사가격 설정방법 ① 최근 6개월: 2.5포인트 간격으로 ATM 1개, ITM 16개, OTM 16개 ② 제7 및 8근월물: 5포인트 간격으로 ATM 1개, ITM 12개, OTM 12개 ③ 최종결제월이 가장 나중에 도래하는 3개월물: 10포인트 간격으로 ATM 1개, ITM 6개, OTM 6개 • 지수 변동에 따라 항상 ATM 기준으로 아래 행사가격 수가 유지되도록 추가 설정 ① 최근 6개월: 33개 ② 제7 및 8근월물: 25개 ③ 최종결제월이 가장 나중에 도래하는 3개월물: 13개 • 최종거래일 도래로 신규결제월 상장시 결제월 순서에 따라 상기와 같이 행사가격 추가 설정
가격의 표시	프리미엄(포인트)
호가가격단위	프리미엄 10 이상: 0.05포인트 프리미엄 10 미만: 0.01포인트
최소가격변동금액	프리미엄 10 이상: 12,500원(25만원×0.05) 프리미엄 10 미만: 2,500원(25만원×0.01)
거래시간	09:00-15:45(최종거래일 09:00~15:20)
최종거래일	각 결제월의 두 번째 목요일
최종결제일	최종거래일의 다음 거래일
권리행사	최종거래일에만 가능(European형)
결제방법	현금결제
가격제한폭	기초자산 기준가격 대비 아래에 해당하는 옵션이론가격 ① ±8% ② ±15% ③ ±20%
단일가격경쟁거래	개장시(08:30~09:00) 및 거래종료시(15:35~15:45)
필요적 거래중단(CIrcuit Breakers)	현물가격 급변으로 매매거래 중단 시 선물거래 일시중단 및 단일가로 재개

자료: 한국거래소(KRX)—코스피200 옵션—상품명세

제2절 옵션가치

옵션매수자에게 옵션거래란 옵션매도자에게 프리미엄을 지불하고 기초자산을 사거나 팔 권리를 획득하는 것을 말한다. 따라서 옵션의 프리미엄은 옵션의 가치(가격)를 나타내며 기초자산의 가격과 매우 밀접한 관계가 있다.

1. 옵션의 내재가치와 시간가치

(1) 내재가치

옵션의 **내재가치**(intrinsic value)는 옵션의 권리를 행사해서 얻는 가치를 말하며 **행사가치**(exercise value) 또는 **본질가치**라고도 한다. 옵션의 내재가치는 기초자산의 가격과 권리행사가격에 따라 결정되는데 옵션의 행사는 의무가 아니라 권리이기 때문에 옵션의 내재가치는 음수(−)가 될 수 없다.

콜옵션의 내재가치는 기초자산의 가격(S)에서 행사가격(X)을 뺀 부분이며 옵션을 행사하여 기초자산을 낮은 가격에 매수하여 곧바로 현물시장에 매도함으로써 얻을 수 있는 차액을 말한다.

$$\text{콜옵션의 내재가치} = \begin{cases} S-X & S \geq X\text{인 경우} \\ 0 & S < X\text{인 경우} \end{cases}$$

풋옵션의 내재가치는 행사가격(X)에서 기초자산의 가격(S)을 뺀 부분이며 현물시장에서 낮은 가격에 매수한 기초자산을 옵션행사를 통해 옵션매도자에게 높은 가격에 매도함으로써 얻을 수 있는 차액을 말한다.

$$\text{풋옵션의 내재가치} = \begin{cases} X-S & S \leq X\text{인 경우} \\ 0 & S > X\text{인 경우} \end{cases}$$

(2) 내가격(ITM), 등가격(ATM), 외가격(OTM)

옵션은 내재가치에 따라 ITM, ATM, OTM으로 구분한다. **내가격옵션**(ITM: in-the-money option)은 내재가치가 있는(양수인) 옵션을 말하며, 특히 내재가치가 아주 큰 옵션을 **심내가격옵션**(deep ITM)이라고 한다. **외가격옵션**(OTM: out-of-the-money option)은 내재가치가 없는(0인) 옵션을 말하며, 특히 기초자산의 가격이 큰 폭으로 변동해야만 내가격옵션이 될 수 있는 경우를 **심외가격옵션**(deep ITM)이라고 한다. **등가격옵션**(ATM: at-the-money option)은 기초자산의 가격이 행사가격과 같은 경우를 말한다. 등가격옵션은 기초자산의 가격이 조금만 변해도 내가격옵션이나 외가격옵션이 된다.

(3) 시간가치

옵션은 항상 내재가치보다 높은 가격에 거래되고 있으며 특히 deep OTM 옵션도 양(+)의 가격에 거래되는 경우가 많은데 그 이유는 만기까지 남은 기간 동안 기초자산의 가격이 옵션보유자에게 유리하게 변동할 가능성을 나타내는 옵션의 시간가치 때문이다.

옵션의 **시간가치**(time value)는 옵션프리미엄 중 내재가치를 초과하는 부분을 말한다.

옵션의 시간가치 = 옵션프리미엄 − 옵션의 내재가치
콜옵션의 시간가치 = 콜프리미엄 − (기초자산가격−행사가격)
풋옵션의 시간가치 = 풋프리미엄 − (행사가격−기초자산가격)

따라서 옵션의 시장가격(옵션프리미엄)은 내재가치와 시간가치의 합이다.

옵션프리미엄 = 옵션의 내재가치 + 옵션의 시간가치

옵션의 시간가치는 만기일에 근접할수록 감소하며 옵션프리미엄은 옵션의 내재가치 또는 0에 접근해 간다. 이러한 의미에서 옵션을 **소모성 자산**(wasting assets)이라고 한다. 그러나 만기일 이전에는 시장상황이 옵션보유자에게 유리하게 변동할 가능성이 있기 때문에 옵션은 시간가치를 갖게 된다. 옵션의 시간가치는 만기일까지 남은 기간이 길수록 그리고 기초자산의 가격변동성이 클수록 커지는데 그 이유는 이러한 경우에 기초자산의 가격이 옵션보유자에게 유리하게 변동할 가능성이 크기 때문이다.

2. 옵션가격 결정요인

설명의 편의를 위해 유럽식 주식옵션을 이용하여 옵션가격을 결정하는 요인을 설명하기로 한다. 주식에 대한 배당금은 지급되지 않는다고 가정한다.

(1) 주가(*S*)

[그림 17-1]은 주가와 콜옵션 프리미엄간의 관계를 나타낸다. 콜옵션은 기초자산을 살 권리이기 때문에 기초자산의 가격은 옵션의 가격결정에 가장 큰 영향을 미친다. 주가가 상승하면 콜옵션의 프리미엄도 상승하고, 반대로 주가가 하락하면 콜프리미엄도 하락한다. 그러나 주가변동에 대한 프리미엄의 변화정도는 주가수준에 따라 달라진다. 예를 들어, 주가가 행사가격보다 크게 낮은 deep OTM에서는 주가가 상승하더라도 프리미엄은 거의 상승하지 않는다. 그러나 주가가 행사가격보다 크게 높은 deep ITM에서는 주가가 상승하면 프리미엄은 주가상승폭과 거의 동일하게 상승한다.

[그림 17-2]는 주가와 풋옵션프리미엄간의 관계를 나타낸다. 주가가 하락하면 풋옵션의 프리미엄도 상승하고, 반대로 주가가 상승하면 풋프리미엄도 하락한다. 그러나 주가변동에 대한 프리미엄의 변화정도는 주가수준에 따라 달라진다. 예를 들어, 주

그림 17-1 주가와 콜옵션의 가치

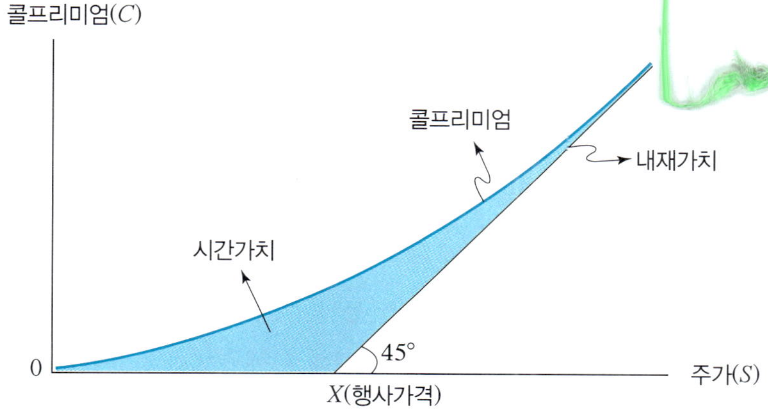

그림 17-2 주가와 풋옵션의 가치

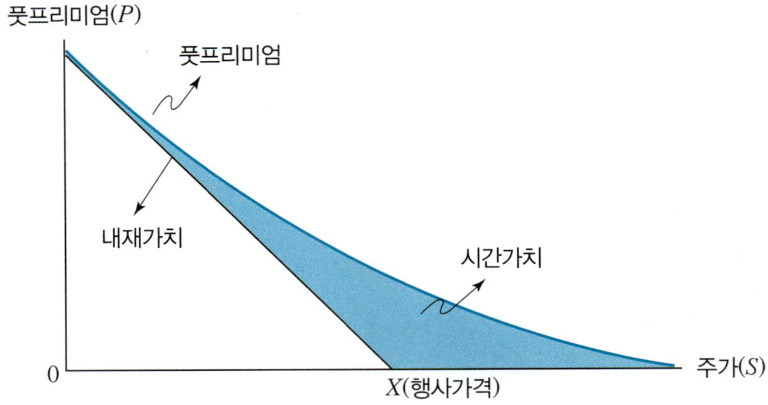

가가 행사가격보다 크게 높은 deep OTM에서는 주가가 하락하더라도 프리미엄은 거의 상승하지 않는다. 그러나 주가가 행사가격보다 크게 낮은 deep ITM에서는 주가가 하락하면 프리미엄은 주가하락폭과 거의 동일하게 상승한다.

(2) 행사가격(X)

콜옵션의 행사가격은 대상주식을 매수할 수 있는 가격이므로 행사가격이 낮을수록 콜옵션의 프리미엄은 높아진다. 반대로 풋옵션에서 행사가격은 대상주식을 매도할 수 있는 가격이므로 행사가격이 높을수록 풋프리미엄은 높아진다. 행사가격은 옵션이 발행될 당시에 고정되기 때문에 프리미엄을 변동시키는 요인이라기보다는 내재가치와 프리미엄을 산출하는 역할을 한다고 볼 수 있다.

(3) 기초자산의 가격변동성(σ^2)

주식투자자에게는 주가의 변동을 예측하는 것이 중요하지만 주식옵션투자자에게는 단순한 주가의 변동이 아니라 일정 기간 동안 주가가 어느 정도 변하는지를 예측하는 것이 중요하다. 그 이유는 주가의 변도을 제대로 예측했다고 하더라도 옵션의 만기일 이전에 주가변동이 나타나지 않으면 옵션은 아무런 가치가 없기 때문이다.

주식투자자에게는 주가의 상승과 하락이 그대로 이익과 손실로 나타난다. 하지만 콜옵션보유자는 주가가 상승하면 비례적으로 이익을 보지만, 주가가 하락하더라도 콜옵션의 권리행사를 포기하면 되므로 콜옵션프리미엄으로 손실을 제한할 수 있다. 다시 말해서 콜옵션은 주가하락위험(down side risk)으로부터 보호받고 있는 것이다. 마찬가지로 풋옵션보유자는 주가가 하락하면 비례적으로 이익을 보지만, 주가가 상승하더라도 풋옵션의 권리행사를 포기하면 되므로 풋옵션프리미엄으로 손실을 제한할 수 있다. 따라서 콜옵션과 풋옵션은 모두 손실은 제한된 반면 기초자산의 가격변동성이 클수록 많은 이익을 볼 수 있는 가능성이 높아지기 때문에 옵션의 가치는 상승하게 된다.

한편, 가격변동성의 증가는 옵션매도자(발행자)에서 불리하게 작용한다. 콜옵션매도자의 경우 주가가 급락하더라도 이익은 처음에 지급받은 콜프리미엄에 한정되는데 반해 주가가 급등하면 손실이 제한 없이 증가하게 된다. 풋옵션매도자의 경우는 주가가 급등하더라도 이익이 처음에 지급받은 풋프리미엄으로 한정되는데 반해 주가가 급락하면 손실은 제한 없이 증가하게 된다.

(4) 만기일까지 남은 기간(T)

옵션은 만기까지 남은 기간(잔존기간)이 길수록 높은 가치를 갖게 되는데 그 이유는 만기까지 남은 기간이 길수록 기초자산의 가격이 옵션보유자에게 유리하게 변동할 가능성이 크기 때문이다. 따라서 다른 요인들에 변화가 없다면 옵션의 프리미엄은 시간이 경과할수록 하락하는데 이는 시간가치가 하락하기 때문이다.

콜옵션의 경우 만기까지 남은 기간이 길수록 만기일에 지급할 행사가격의 현재가치가 감소하기 때문에 옵션가격을 더욱 상승시키는 역할을 한다.

풋옵션의 경우에는 만기까지 남은 기간이 길수록 만기일에 지급받을 행사가격의 현재가치가 감소하기 때문에 옵션가격을 하락시키는 요인으로 작용한다. 특히 현재 주가가 행사가격에 비해 크게 낮은 deep ITM에서는 주가가 더 이상 하락할 가능성이 적기 때문에 만기까지 남은 기간이 길수록 풋옵션가격이 하락할 수도 있다. 그러나 일반적으로 풋옵션에서도 만기까지 남은 기간이 길수록 옵션가격이 상승하는 것으로 파악되고 있다.

(5) 이자율(r)

이자율이 높아질수록 콜옵션가격은 상승하는데 그 이유는 이자율이 높을수록 만기일에 지급할 행사가격의 현재가치가 감소하여 콜옵션의 이익을 증가시키는 효과가 있기 때문이다.

이자율이 높아질수록 풋옵션가격은 하락하는데 그 이유는 이자율이 높을수록 만기일에 지급받을 행사가격의 현재가치가 감소하여 풋옵션의 이익을 감소시키는 효과가 있기 때문이다.

(6) 현금배당(d)

현금배당이 지급되면 배당락에 의해 현금배당액만큼 주가가 하락하므로, 주가하락이 옵션가격에 주는 영향과 동일하게 현금배당액이 클수록 콜옵션가격은 하락하고 풋옵션가격은 상승하게 된다.

표 17-3 옵션가격결정요인

가격결정요인		가격에 미치는 효과	
		콜옵션가격(C)	풋옵션가격(P)
기초자산의 가격(S)	상승	+	−
	하락	−	+
행사가격(X)	높은	−	+
	낮음	+	−
만기까지 남은 기간(T)	많음	+	
	적음	−	
기초자산의 가격변동성(σ^2)	상승	+	
	하락	−	
이자율(r)	상승	+	−
	하락	−	+
현금배당(d)	지급	−	+

〈표 17-3〉은 옵션가격을 결정하는 요인들과 옵션가격과의 관계를 요약한 것이다. +는 옵션가격상승효과를, −는 옵션가격하락효과를 나타낸다.

3. 풋-콜 패리티

풋-콜 패리티(put-call parity)란 만기와 행사가격이 같은 유럽식 풋옵션가격과 콜옵션가격 사이의 균형관계를 말한다. 주가가 S인 주식을 기초자산으로 하고 만기(T)와 행사가격(X)이 동일한 콜옵션과 풋옵션의 가격을 각각 C와 P라고 했을 때 다음과 같은 포트폴리오를 생각해보자.

① 주식과 풋옵션에 투자 ($S+P$)

② 콜옵션과 만기일에 행사가격을 상환 받는 무위험할인채권에 투자 ($C+X$)

두 포트폴리오는 모두 만기일에 주식과 행사가격 중에서 유리한 것을 선택할 수 있는 포트폴리오이다.

포트폴리오	포트폴리오의 현재 가치	만기일의 포트폴리오 가치	
		$S^* < X$	$S^* \geq X$
$S+P$	$S+P$	X	S^*
$C+X$	$C+X \cdot B(T)$	X	S^*

수익이 동일한 포트폴리오에 대한 투자금액(현재가치)은 같아야 하므로 다음과 같은 풋-콜 패리티가 성립하게 된다.

$$S + P = C + X \cdot B(T)$$

$$B(T) = e^{-rT} \text{ 또는 } B(T) = \frac{1}{1 + r \cdot \frac{T}{365}}$$

$B(T)$는 액면가 1원에 대해 만기까지 남은 기간이 T일인 무위험할인채권의 가격을 나타낸다.

풋-콜 패리티가 지켜지지 않는 경우에는 상대적으로 저평가된 포트폴리오를 매수하는 동시에 고평가된 포트폴리오를 매각하는 차익거래가 발행하고, 결과적으로 풋-콜 패리티가 성립하게 된다. 콜(풋)옵션의 가격을 알고 있다면 풋-콜 패리티를 이용하여 동일한 기초자산에 대해 만기와 행사가격이 동일한 풋(콜)옵션의 가격을 추정할 수 있다.

풋-콜 패리티

주가$(S)=62$달러, 행사가격$(X)=60$달러, 만기$(T)=3$개월, 유럽식 콜옵션가격$(C)=6$달러, 유럽식 풋옵션가격$(P)=5.75$달러, 무위험이자율$(r)=12\%$인 경우 풋-콜 패리티를 이용한 차익거래는 다음과 같다.

$$S+P=62+5.75=67.75$$

$$C+\frac{X}{\left(1+\frac{r}{4}\right)}=6+\frac{60}{1+0.03}=64.25$$

콜옵션과 채권으로 구성된 포트폴리오$(C+X\cdot B(T))$는 저평가되어 있고, 주식과 풋옵션으로 구성된 포트폴리오$(S+P)$는 고평가되어 있는 상태이다. 따라서 차익거래전략은 콜옵션과 채권을 매수하는 한편 주식을 공매도하고 풋옵션을 발행하는 것이다. 이러한 차익거래과정에서 풋-콜 패리티가 복원되고 균형가격으로 돌아오게 된다.

차익거래전략과 차익거래이익

투자포지션	현재시점의 현금흐름	만기일의 현금흐름	
		$S^*<60$	$S^*\geq 60$
C(콜옵션 매수)	−6.00	0	S^*-60
X(채권 매수)	−58.25	60	60
$-S$(주식공매도)	62.00	$-S^*$	$-S^*$
$-P$(풋옵션 발행)	5.75	S^*-60	0
차익거래이익	3.50	0	0

제3절 옵션의 응용

옵션이 증권투자에서 차지하는 중요성은 점차 커지고 있다. 옵션은 옵션의 성격을 가진 증권의 가치를 평가하고 여러 가지 재무행위의 의미와 그 가치를 평가하는 데 이용할 수 있다. 특히 정교한 옵션가격모형이 개발되면서 옵션의 유용성은 더욱 커지고 있다.

옵션가격모형을 이용할 수 있는 대표적인 예는 전환사채, 신주인수권부사채, 교환사채 등 주식관련 회사채의 가치를 평가하는 것이다. 이밖에도 옵션의 개념을 이용하여 주식과 회사채의 가치를 평가하고, 자본구조와 관련하여 발생하는 대리인 문제인 주주들의 투자행태를 이해하고 실물자산의 가치를 평가하는 데도 옵션가격모형을 이용할 수 있다.

1. 전환사채

전환사채(convertible bond: CB)는 사채소유자의 의사에 따라 회사채발행 후 일정기간(전환기간) 내에 정해진 조건(전환조건)에 따라 발행회사의 주식으로 전환할 수 있는 권리(전환권)가 부여된 회사채이다.

전환사채는 일반회사채와 전환가치 중에서 유리한 것을 선택하는 것이기 때문에 전환사채의 가치는 둘 중의 큰 값을 하한으로 갖는다. 그러나 전환사채에는 만기일까지 전환권의 행사를 연기하여 유리한 선택을 할 수 있는 선택권(옵션)이 있으므로 실제 전환사채의 가치는 옵션가치를 반영하여 하한보다 높게 평가되는 것이 보통이다.

$$\text{전환사채의 가치} = \max[SB, CV] + \text{옵션가치(프리미엄)}$$

SB: 일반회사채(straight bond)로서의 가치
CV: 전환가치

그림 17-3 전환사채의 가치

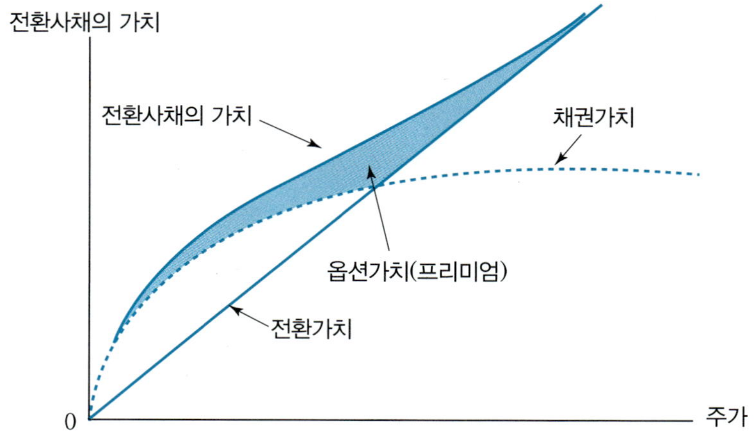

[그림 17-3]은 주가와 전환사채와의 관계를 나타낸다. 기업의 영업실적이 저조하고 재무상태가 악화되어 주가가 아주 낮은 구역에서는 채권의 가치도 채무불이행위험 때문에 낮게 평가된다. 기업의 실적과 재무상태가 호전되면 주가가 상승하고 채무불이행위험도 감소하면서 채권의 가치도 상승한다. 이와 같이 주가가 낮아서 전환가치가 채권가치보다 낮은 경우에 전환사채의 가치는 채권가치에 의해 결정된다. 이때 전환사채가 채권가치보다 높은 가격에 거래되는 이유는 만기일 이전에 주가가 상승하면 주식으로 전환할 수 있는 가능성 때문인데 이를 **채권가치를 초과하는 프리미엄**(premium over bond value)이라고 한다. 주가가 아주 낮아서 전환가능성이 아주 적을 때는 이 프리미엄이 적지만 주가가 상승하면서 전환가능성이 높아질수록 이 프리미엄도 증가한다.

채무불이행위험이 사라지면 채권가치는 주가상승과는 관계없이 확정소득증권으로서의 일정한 값을 유지하게 된다. 전환가치가 채권가치보다 높아지면 전환가치가 전환사채 가치의 하한이 된다. 이때에도 전환사채가 전환가격보다 높은 가격에 거래되는 이유는 주가가 하락하더라도 전환권을 포기하고 채권으로서의 가치를 확보할 수 있기 때문인데 이를 **전환가치를 초과한 프리미엄**(premium over conversion value)이라고 한다. 그러나 주가가 상승할수록 발행기업이 수의상환권을 행사할 가능성이 커지기 때문에 이 프리미엄은 감소하게 된다. 따라서 주가가 높아질수록 전환사채의 가격은 전환가치에 수렴하게 된다.

전환사채가 채권가치나 전환가치보다 높은 가격에 거래되는 이유는 주가하락에 대해서는 최소한의 채권가치를 확보할 수 있는 위험보호기능과 주가상승에 대해서는 주식으로 전환하여 시세차익을 얻을 수 있는 권리를 동시에 가지고 있기 때문이다.

전환사채는 일반회사채에 콜옵션(call option)이 첨가된 증권으로 생각할 수 있다. 전환사채를 발행한 회사의 주식은 콜옵션의 기초자산에 해당되고, 전환사채의 전환가격은 콜옵션의 행사가격에 해당된다.

2. 신주인수권부사채

신주인수권부사채(bond with warrants: BW)는 일정기간 내에 정해진 수량의 보통주를 정해진 가격에 매입할 수 있는 권리가 부여된 회사채를 말한다. 기업이 신주를 발행하여 자금을 조달하는 유상증자의 경우에 기존 주주들의 권리를 보호하기 위해 기존 주주들에게 새로 발행되는 주식을 일정한 가격에 매입할 수 있는 권리가 지분비율대로 부여되는데 이러한 권리를 **신주인수권**(pre-emptive rights) 또는 **주식인수권**(stock rights, rights)이라고 한다. 신주인수권부사채에 포함된 신주인수권이나 유상증자시 주주에게 부여되는 신주인수권은 모두 일정한 가격에 주식을 매입할 수 있는 권리이므로 주식에 대한 콜옵션이라고 할 수 있다.

콜옵션은 옵션시장에서 옵션발행자에 의해 발행되고, 콜옵션이 행사되더라도 총발행주식수에는 변동이 없다. 그러나 신주인수권은 기업이 발행하고 신주인수권이 행사되면 신주가 발행되기 때문에 총발행주식수가 늘어나서 주가가 하락하는 **주가의 희석화**(dilution)가 발생한다. 따라서 신주인수권의 가치를 평가할 때는 희석화의 영향이 반영되어야 한다.

3. 주식과 회사채의 가치평가

(1) 콜옵션으로서의 주식과 회사채

옵션의 개념을 이용하여 주식과 회사채의 가치를 이해하기 위해 다음과 같은 단순한 상황을 생각해보자. 만기일이 T이고, 액면가가 D인 할인채를 발행하여 타인자본을 사용한 기업의 주주는 회사채의 만기일(T)에 영업이익(V_T)이 부채상환액(D)을 초과하면 채권을 상환하고 그 나머지를 갖게 된다. 하지만 영업이익이 부채상환액보다 작은 경우에는 유한책임만을 지는 주주들은 부치상환을 포기(부도)하고 기업은 채권자들이 차지하게 된다. 다시 말해서 주주는 채권자에게 행사가격(D)을 지불하고 기업을 살 수 있는 권리를 가지고 있는 것이다. 이와 같이 채무불이행위험이 있는 기업에서 부채상환일에 주주의 가치(S_T)는 다음과 같이 나타낼 수 있다.

$$S_T \begin{cases} V_T - D & V_T > D\text{인 경우} \\ 0 & V_T \le D\text{인 경우} \end{cases}$$

따라서 주식은 기업자산의 가치를 기초자산으로 하는 일종의 콜옵션으로 생각할 수 있는데, 부채상환액은 옵션의 행사가격이 되고 부채상환일은 옵션의 만기일이 된다.

한편 채권자는 기업의 영업이익(V_T)이 부채상환액(D)보다 큰 경우에는 부채를 상환받지만 영업이익이 부채상환액보다 작으면 부채상환 대신 기업을 소유하게 된다. 따라서 채권자는 기업을 기초자산으로 하고 행사가격이 부채상환액(D)인 콜옵션을 주주에게 발행한 것과 같다.

[그림 17-4]는 부채상환일에 주식과 회사채의 가치를 콜옵션의 가치로 표시한 것이다.

(2) 주주의 위험선호

주식의 가치(주주의 부)는 경영성과에 따라 결정되는 기업가치(V_T)에서 확정된 부채(D)를 차감한 잔여가치이며 콜옵션 또는 풋옵션으로 이해될 수 있다는 것을 설명하였다. 그렇다면 옵션에서 기초자산의 가격변동성이 증가할수록 옵션의 가치가 증가하

그림 17-4 A 주식의 가치

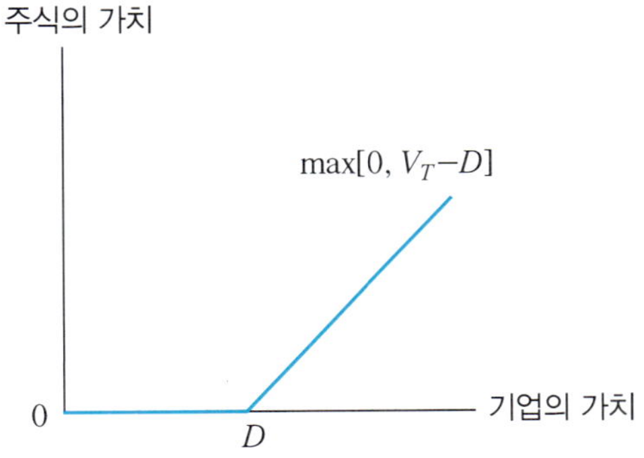

그림 17-4 B 회사채의 가치

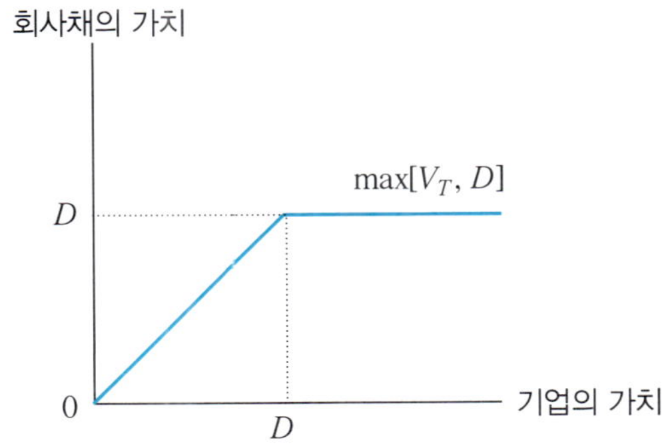

듯이 기업가치의 변동성이 클수록 주식의 가치도 증가할 것이다. 따라서 주주는 기업가치의 변동성을 증가시키기 위해 위험이 큰 투자프로젝트를 선호할 가능성이 있는데 이를 주주의 **위험선호** 또는 **위험유인**(risk incentive)이라고 한다.

경우에 따라서 주주들이 기업 전체의 위험을 증가시키기 위해 순현가가 0보다 작은 투자프로젝트를 선택하는 **과잉투자**(over-investment)가 발생할 수도 있으며, 순현가가 0보다 크더라도 주주의 이익에 도움이 되지 않는 투자프로젝트는 포기하는 **과소투자**(under-investment)가 발생할 수도 있다.[2] 주주들에 의해 과도하게 위험한 투자가 선택되면 부채상환에 대한 불확실성이 증가하고 결국에는 채권자의 부가 감소하는 현상이 발생할 수도 있는데 이러한 현상을 채권자로부터 주주로의 **부의 이전효과**(wealth transfer effect)라고 한다.

그러나 효율적인 자본시장에서는 주주들에 의한 위험선호행위의 가능성이 사전에 채권가격에 반영되고 주주들은 채권을 낮은 가격에 발행(높은 타인자본비용을 지불)해야 하기 때문에 주주들의 위험선호행위에 대한 대가는 최종적으로 주주들이 부담하게 될 것이다. 주주들에 의한 위험선호행위는 기업의 재무구조와 관련된 대리인비용인데 대리인 문제를 발생시킨 당사자인 주주들이 대리인비용을 부담하게 되는 것이다.

2) 기업의 재무구조와 관련하여 발생하는 대리인 문제의 일종인 과잉투자와 과소투자의 문제는 제9장(자본구조)을 참조.

4. 지급보증과 예금보험

(1) 지급보증

지급보증은 채무자가 채무를 약정대로 상환하지 못하는 경우에 보증기관이 대신 지급할 것을 내용으로 하는 채무자와 보증기관 사이의 계약을 말한다. 채무자는 보증기관의 신용을 이용하여 낮은 비용으로 부채를 조달하고 지급보증의 대가로 수수료를 지급한다.

지급보증은 채무자의 자산이 기초자산(A)이고, 고정된 채무상환액이 행사가격(B)이며, 상환만기일이 옵션만기일인 유럽식 풋옵션을 보증기관이 발행하고 채무자가 매수한 것으로 생각할 수 있다. 채무자는 지급보증료(풋옵션프리미엄)를 지불하고 상환만기일에 자산을 행사가격에 팔 수 있는 권리를 갖게 된다. 상환만기일에 채무자의 자산가치(A)가 채무상환액(B)보다 크면 부채는 정상적으로 채무자에 의해 상환되지만, 자산가치가 채무상환액보다 작은 경우에는 지급보증기관이 채무자의 자산을 인수하고 채무를 대신 상환하게 된다.

(2) 예금보험

예금보험은 금융기관이 취급하는 5,000만원 미만의 예금에 대해 예금보험공사가 원리금의 지급을 보장하는 제도를 말한다. 예금보험도 지급보증이므로 금융기관의 자산이 기초자산이고, 예금지급액이 행사가격이며, 예금만기일이 옵션만기일이며, 예금보험료가 옵션프리미엄인 유럽식 풋옵션으로 이해될 수 있다. 옵션가격이론을 적용하면 적정 예금보험료를 산정할 수 있다. 그러나 예금을 취급하는 금융기관의 모든 금융상품이 예금보험대상이 되는 것은 아니다. 만기일에 지급액(행사가격)을 확정할 수 없는 신탁상품은 예금보험대상에서 제외된다.

유럽식 풋옵션	지급보증	예금보험
기초자산 행사가격 옵션만기일 풋옵션프리미엄	채무자의 자산 채무상환액 채무상환만기일 지급보증 수수료	은행자산 예금지급액 예금만기일 예금보험료

5. 실물옵션

미래의 상황과 경영환경의 변화에 대해 경영자가 선택할 수 있는 기회의 가치와 투자프로젝트에 내재되어 있는 전략적 가치는 옵션의 개념을 이용하여 설명할 수 있다. 미래 상황의 변화에 대응하여 투자의사결정을 수정하는 것은 실물투자에 내재되어 있는 옵션을 행사하는 것으로 이해될 수 있다. 이와 같이 실물투자에 내재되어 있는 옵션을 **실물옵션**(real options)이라고 한다. 실물옵션의 존재는 이익의 가능성은 크게 하고 손실의 가능성은 제한하여 결과적으로 투자프로젝트의 가치를 증가시키는 역할을 한다. 따라서 실물옵션의 가치를 반영한 투자프로젝트의 가치는 다음과 같이 평가된다.

투자프로젝트의 가치 = 투자프로젝트의 순현가 + 투자프로젝트에 내재된 실물옵션의 가치

(1) 중도처분옵션, 포기옵션

투자프로젝트를 선택해서 집행하는 도중에라도 투자프로젝트의 처분가치(abandonment value)가 투자프로젝트의 잔여기간 동안의 현금흐름의 가치보다 클 경우에는 투자프로젝트를 중도에 처분해서 포기하는 것이 유리하다. 따라서 투자프로젝트를 중도에 처분할 수 있는 옵션의 가치도 투자프로젝트의 가치를 평가할 때 고려되어야 한다. 이와 같이 투자프로젝트를 중도에 포기할 수 있는 선택권을 포기옵션이라고 한다.

투자프로젝트에 대한 중도처분옵션은 투자프로젝트를 중도처분(포기)할 수 있는 시점(T)이 만기일이고, 처분가치(A)가 행사가격인 풋옵션이라고 할 수 있다. 따라서 사업을 중도에 처분(포기)할 수 있는 날에 중도처분옵션의 가치(P_T)는 다음과 같이 표시할 수 있다.

$$P_T = \max[0, A - V_T]$$

V_T: 중도처분시점(옵션의 만기일)에서의 투자프로젝트의 잔여가치
A: 투자프로젝트의 중도처분가치(옵션의 행사가격)

(2) 연기옵션

지금 현재에는 가치가 없는($NPV < 0$) 투자프로젝트일지라도 앞으로 상황이 유리하게 전개되어 현금흐름이 증가하고 할인율이 하락하는 경우에는 투자의사결정이 바뀔 수도 있다. 이처럼 지금 투자를 하지 않더라도 미래에 투자할 수 있는 기회를 **연기옵션**이라고 한다.

연기옵션을 가지고 있는 투자프로젝트는 그 자체로서는 *NPV*가 음수(−)라서 가치가 없더라도 연기옵션의 가치가 충분히 큰 경우에는 전체적으로 가치가 있는 투자프로젝트가 될 수 있다.

(3) 확장옵션

기업은 현재시점에서는 경제성이 없더라도 해당 사업 또는 시장에 진출하기 위한 거점을 마련하기 위해 투자를 집행하는 경우가 있다.

당장은 수익성이 없지만 전략적인 차원에서 투자를 선택하고 나중에 사업을 확장할 수 있는 기회를 **확장옵션**이라고 한다. 투자프로젝트의 가치를 평가할 때에는 이와 같은 확장옵션의 가치가 고려되어야 한다.

보충설명 옵션가격결정모형

옵션의 가격범위와 풋-콜 패리티는 모두 옵션가격결정요인이 옵션가격에 미치는 영향이나 옵션간의 균형관계를 나타낼 뿐 완전한 형태의 옵션가격결정모형은 아니다. 1973년에 블랙(Fischer Black)과 숄즈(Myron Scholes)는 최초로 유럽식 콜옵션에 대한 **가격결정모형**(Black-Scholes Option Pricing Model: B-S OPM)을 발표하였다.

여기에서는 블랙-숄즈 모형을 도출하는 데 사용된 복잡한 수학을 생략하고 CRR(Cox-Ross-Rubinstein) 모형을 이용하여 옵션가격모형의 기본적 개념을 설명한다.

블랙-숄즈 모형에 대해서는 유도과정을 생략하고 모형의 결과와 그 응용만을 살펴보기로 한다.

1. 2항모형

CRR옵션모형은 기초자산의 가격이 일정한 비율로 상승 또는 하락하는 **이항분포**(binomial distribution)를 갖는다고 가정하였기 때문에 이항모형이라고 한다. 이항모형에서 주가상승률을 u로, 주가하락률을 d로 표시하면 현재의 주가 S는 1기간 후에 $(1+u)S$로 상승하거나 $(1-d)S$로 하락하는데 상승 또는 하락할 확률은 이항확률분포에 의해 결정된다.

(1) 1기간 모형

주가가 이항분포에 의해 움직일 때 행사가격이 X인 콜옵션의 가치는 각각 다음과 같다. C_u와 C_d는 각각 주가가 상승한 경우와 하락한 경우의 콜옵션의 가치를 나타낸다.

$$S \begin{cases} S_u = (1+u)S \\ S_d = (1-d)S \end{cases} \qquad C \begin{cases} C_u = \max[0,\ (1+u)S - X] \\ C_d = \max[0,\ (1-d)S - X] \end{cases}$$

주식 h주와 B만큼의 무위험 할인채권으로 구성된 포트폴리오$(hS+B)$를 생각해보자. 주가등락에 따른 이 포트폴리오의 가치는 다음과 같다. r은 무위험채권의 수익률을 나타낸다.

$$hS+B \begin{cases} h(1+u)S + (1+r)B \\ h(1-d)S + (1+r)B \end{cases}$$

h와 B를 선택하여 주가변동에 관계없이 항상 콜옵션의 수익과 동일한 수익을 가져다주는 포트폴리오를 구성한다면 이 포트폴리오의 현재가치는 콜옵션의 가치와 같아야 한다.

주가변동에 관계없이 이 포트폴리오의 가치와 콜옵션의 가치가 같기 위해서는 다음과 같은 조건이 동시에 만족되어야 한다.

$$h(1+u)S+(1+r)B=C_u$$
$$h(1-d)S+(1+r)B=C_d$$

위의 두 식을 만족하는 h와 B를 구하면 다음과 같다,

$$h=\frac{C_u-C_d}{(u+d)S}$$
$$B=\frac{(1+u)C_d-(1-d)C_u}{(u+d)(1+r)}$$

h와 B는 1기간 후에 이 포트폴리오의 가치와 콜옵션의 가치를 같게 해주는 값이다. 차익거래의 기회가 없기 위해서는 다음과 같은 관계가 성립해야 한다.

$$C=hS+B$$
$$=\frac{\frac{r+d}{u+d}C_u+\frac{u-r}{u+d}C_d}{(1+r)}$$

$p=\frac{r+d}{u+d}$로 정의하면 콜옵션가격은 다음과 같이 표시된다.

$$C=\frac{pC_u+(1-p)C_d}{1+r}$$

p는 0과 1 사이의 값을 갖기 때문에 확률로 해석될 수 있으며 p를 **헤지확률**(hedge probability)이라고 한다.[3] 따라서 이항모형에서 콜옵션가치는 위험중립형(risk neutral)의 세계에서 미래 옵션가치의 기대치를 할인한 것으로 해석할 수 있다.[4]

이항옵션모형에서 옵션가격은 S, X, u, d, r에 대한 상대가격으로 표시되며 5개의

---

3) p가 1보다 크기 위해서는 $r>u$라야 한다. 그러나 무위험이자율이 주식의 최대수익률보다 높다면 누구도 주식에 투자하지 않고 주식은 존재하지 않을 것이다. 또한 r과 u와 d가 양수(+)인 한 p는 0보다 작을 수 없다. 따라서 p는 0과 1 사이의 값을 갖게 된다.

4) 위험중립형의 세계란 불확실성하에서 위험은 상관없이 기댓값만으로 의사결정이 이루어지는 것을 말한다.

변수를 알면 콜옵션의 가치를 구할 수 있다. 옵션가격결정모형의 특징은 다음과 같다.

① 옵션의 가치는 주가상승 또는 주가하락의 확률과는 무관하게 결정된다. 다시 말해서 주가변동에 관한 투자자들의 주관적인 확률이 다르더라도 옵션의 균형가격이 존재한다.

② 옵션의 가치는 투자자들의 위험에 대한 태도에 관계없이 결정된다. 옵션가격을 결정하는 데 필요한 것은 투자자들이 많은 부를 선호한다는 것뿐이며, 투자자들이 위험회피형이거나 위험선호형이거나 상관없이 옵션가치는 동일하게 결정된다.

③ 옵션의 가치에 영향을 미치는 유일한 확률변수는 기초자산인 주식의 가격이며 시장포트폴리오와 같은 다른 자산이나 포트폴리오의 가치와는 무관하게 결정된다.

(2) 다기간 모형

1기간 이항모형은 다기간 모형으로 확장할 수 있다. 2기간 모형에서 주가상승에 대한 옵션의 가치는 다음과 같다.

$$S \begin{cases} S_u = (1+u) \begin{cases} S_{uu} = (1+u)^2 S \\ S_{ud} = (1+u)(1-d)S \end{cases} \\ S_d = (1-d) \begin{cases} S_{ud} = (1+u)(1-d)S \\ S_{dd} = (1-d)^2 S \end{cases} \end{cases}$$

$$C \begin{cases} C_u = \max[0,\ (1+u)S-X] \begin{cases} C_{uu} = \max[0,\ (1+u)^2 S-X] \\ C_{ud} = \max[0,\ (1+u)(1-d)S-X] \end{cases} \\ C_d = \max[0,\ (1-d)S-X] \begin{cases} C_{ud} = \max[0,\ (1+u)(1-d)S-X] \\ C_{dd} = \max[0,\ (1-d)^2 S-X] \end{cases} \end{cases}$$

2기간 모형에서 옵션가치는 1기간 모형에서의 옵션가치를 만기에서부터 거꾸로 대입하여 구할 수 있다.

$C_u = \dfrac{pC_{uu} + (1-p)C_{uu}}{1+r}$와 $C_d = \dfrac{pC_{ud} + (1-p)C_{dd}}{1+r}$를 1기간 모형의 C에 대입하여 정리하면 2기간 모형에서의 콜옵션의 가치는 다음과 같이 표시된다.

$$C = \frac{p^2 C_{uu} + 2p(1-p)C_{ud} + (1-p)^2 C_{dd}}{(1+r)^2}$$

이항모형에 의한 콜옵션의 가치를 n기간으로 확장하면 다음과 같다.

$$C = \frac{\sum_{k=0}^{n} \frac{n!}{k!(n-k)!} p^k (1-p)^{n-k} \max[0, (1+u)^k (1-d)^{n-k} S - X]}{(1+r)^n}$$

(3) 이항모형에 의한 풋옵션프리미엄

이항모형에서 풋옵션의 가격은 다음과 같이 표시된다.

$$P = \frac{pP_u + (1-p)P_d}{1+r}$$

$$P_u = \max[0,\ X-(1+u)S]$$

$$P_d = \max[0,\ X-(1-d)S]$$

2. 블랙-숄즈 옵션가격결정모형

블랙-숄즈의 옵션가격결정모형도 주식과 옵션으로 구성된 무위험 포트폴리오의 개념에서 출발한다. 블랙-숄즈 모형에서는 완전자본시장에 대한 가정과 함께 다음과 같은 주가의 움직임에 대한 가정을 바탕으로 배당을 지급하지 않는 유럽식 콜옵션의 균형가격을 산정한다.

주가는 무작위하게 움직이는 랜덤워크(random walk)를 따르며, 짧은 기간 동안의 주가의 변화율(주가수익률)은 정규분포(normal distribution)를 따른다.[5)]

정규분포의 가정하에서 주가의 움직임은 주가의 기대수익률(μ)과 변동성(σ)으로 표시된다. 기대수익률은 짧은 기간 동안의 투자에서 얻을 수 있는 연평균수익률이며, 주가의 변동성은 주가움직임에 대한 불확실성을 나타낸다.

블랙-숄즈 옵션가격결정모형에서 배당이 지급되지 않는 주식에 대한 유럽식 옵션

5) 주가수익률이 정규분포를 따른다는 것은 주가는 대수정규분포(lognormal distribution)를 따른다는 것을 의미한다. 대수정규분포를 갖는 확률변수는 그 확률변수의 자연로그(natural logarithm)값이 정규분포를 갖게 된다.

의 가치는 다음과 같이 계산된다.

$$C = SN(d_1) - Xe^{-rT}N(d_2)$$

$$P = Xe^{-rT}N(-d_2) - SN(-d_1)$$

$$d_1 = \frac{\ln(S/X) + (r + \sigma^2/2)T}{\sigma\sqrt{T}}$$

$$d_2 = \frac{\ln(S/X) + (r - \sigma^2/2)T}{\sigma\sqrt{T}} = d_1 - \sigma\sqrt{T}$$

ln: 자연대수, 즉 $\ln X = \log_e X$
σ: 연속복리로 계산된 주가수익률의 표준편차
T: 연단위로 환산된 옵션의 만기까지 남은 기간
$N(\cdot)$: 표준정규분포의 누적확률함수

블랙-숄즈 모형에서 옵션가격은 기초주식의 현재가격(S), 행사가격(X), 기초주식수익률의 분산(σ^2), 만기(T), 무위험이자율(r) 등 5가지 요인에 의해 결정된다.[6] 블랙-숄즈 모형에서 주식수익률의 분산(σ^2)을 제외한 나머지 4개의 변수는 시장에서 관찰할 수 있으며, 주식수익률의 분산은 사후적인 주가자료를 이용하여 추정할 수 있다. 위험을 측정하는 데 제곱근($\sqrt{\ }$)을 취하는 이유는 주가(또는 주가지수, 환율, 선물가격)에 대한 불확실성은 기간에 비례하지 않고 기간의 제곱근에 비례하여 증가하는 것으로 가정했기 때문이다.

블랙-숄즈 모형의 기본적인 개념은 주식과 콜옵션을 결합하여 무위험헤지포트폴리오를 구성하는 것이다. **무위험헤지포트폴리오**(riskless hedge portfolio)는 주가의 변동에 상관없이 항상 일정한 수익을 얻을 수 있는 포트폴리오를 말한다. 무위험헤지포트폴리오에서 매수한 주식 1주에 대해 발행해야 하는 콜옵션의 수를 **헤지비율**(hedge ratio)이라고 한다. 블랙-숄즈 모형에서 $N(d_1)$은 헤지비율을 나타내고, $N(d_2)$는 콜옵션이 행사될 가능성을 나타낸다.

따라서 블랙-숄즈 모형의 콜옵션가격에서 $S \cdot N(d_1)$는 콜옵션이 행사됐을 때의 주

6) B-S모형을 각 요인에 대해 1차 편미분하여 부호를 확인하면 각 요인이 옵션가격에 미치는 영향을 알 수 있는데 앞의 옵션가격결정요인에서 설명한 것과 동일하다는 것을 확인할 수 있다.

식가격의 현가를 나타내고, $X \cdot e^{-rT}N(d_2)$는 콜옵션이 행사될 확률에 행사가격의 현가를 곱한 값이다. 따라서 블랙-숄즈 모형에서 콜옵션가격은 콜옵션을 행사하면서 받을 기초자산의 현재가치에서 콜옵션을 행사하면서 지불해야 하는 행사가격의 현재가치를 뺀 값이다.

콜옵션가격 =(현재주가×헤지비율)-(행사가격의 현가×콜옵션이 행사될 확률)

옵션가격 어떻게 산출하나

옵션은 만기일에 옵션 매수자가 권리(미리 약속된 행사가격으로 콜옵션은 매수, 풋옵션은 매도)를 사고파는 것이다. 옵션의 가치는 권리를 행사할 수 있는 기초자산가격과 행사가격의 차이인 내재가치의 크기에 따라 결정된다. 따라서 옵션가격결정 모형은 옵션의 내재가치를 산출하는 모형이다. 그런데 만기까지는 행사가격은 미리 정해져 있어서 옵션가격은 만기에 기초자산가격이 어떻게 될 것인가에 달려 있다.

이제까지 제시된 옵션가격 모형은 확실성모형, 이항분포모형(Binomial model), 블랙-숄즈모형(BS OPM)으로 구분된다. 확실성모형은 주식옵션의 경우 만기일의 주가를 하나의 값으로 알 수 있다는 아주 엄격한 가정하에서, 알고 있는 주가에서 이자율로 할인한 행사가격을 빼 내재가치를 계산한다. 이항분포모형은 의사결정트리 개념을 이용해 만기 주가가 두 값 중 하나의 값을 갖는다는 간단한 가정하에서 내재가치를 계산한다. 즉, 만기일의 주가가 상승할 경우의 내재가치, 주가가 하락할 경우의 내재가치를 계산한다.

블랙-숄즈모형은 만기까지 주가는 계속 변동하기 때문에 특정한 값으로 알 수 없다는 가정하에서 수학적 확률개념을 이용해 내재가치를 계산한다. 이 모형에서는 기초자산인 주식의 수익률이 기하학적으로 브라운운동을 따른다고 가정한다. 브라운운동은 1827년 영국의 식물학자 로버트 브라운이 물 위에 떠있는 꽃가루에서 나온 작은 입자가 물 위를 끊임없이 떠돌아다니는 것을 발견한 것에서 유래한 이론이다. 액체 혹은 기체 안에 떠서 움직이는 작은 입자의 불규칙한 운동을 의미한다.

이러한 이론은 주가의 움직임이 정해진 규칙성을 찾을 수 없기 때문에 주가 예측이 불가능하다는 랜덤워크 가설과 일맥상통한다. 또한 블랙-숄즈모형은 기초자산의 가격이 브라운운동을 따른다면 옵션가격도 브라운운동을 따른다는 'Ito's Lemma(보조정리)'를 적용한다. 블랙과 숄즈 두 교수는 블랙-숄즈모형 개발과 다른 학문적 공로를 인정받아 1997년 노벨 경제학상을 받기도 했다. 블랙-숄즈모형은 실용성이 매우 뛰어나 신주인수권부사채(BW) 등 각종 금융상품의 가격산출, 실물옵션과 이색옵션의 가치산정을 비롯해 부동산 분양가격의 산정 등에까지 널리 적용되고 있다.

(파이낸셜뉴스: 2018. 1)

연습문제

1. 옵션의 가격을 결정하는 요인들은 무엇이며, 이들 요인이 옵션가격에 어떻게 영향을 미치는지를 설명하라.

2. 다음과 같은 경제상황의 변화가 주식에 대한 콜옵션과 풋옵션의 가격에 어떤 영향을 미치는지를 설명하라.
   (1) 배당의 증가
   (2) 기업의 투자위험증가
   (3) 인플레이션율의 상승
   (4) 투자자들의 위험선호성향 증가
   (5) 경기호전에 따라 주가가 상승할 가능성 증가

3. 한국산업의 현재주가는 10,000원이며 주가는 이항분포를 따른다. 6개월 후에 주가가 15,000원으로 상승할 확률과 8,000원으로 하락할 확률은 각각 50%씩이다. 무위험이자율은 연 10%이며 만기까지 배당이 지급되지 않는다고 가정한다.
   (1) 6개월 후에 주가상승과 주가하락의 상황에서 콜옵션과 풋옵션의 가치를 구하라.
   (2) 콜옵션과 주식을 결합하여 헤지포트폴리오를 구성하기 위한 헤지비율을 구하라.
   (3) 이 주식을 기초자산으로 하고 만기가 6개월이고 행사가격이 각각 12,000원인 유럽식 콜옵션과 풋옵션의 가격을 구하라.
   (4) 주가가 상승할 확률이 80%로 높아지고, 주가가 하락할 확률이 20%로 낮아진다면 옵션의 가격은 어떻게 변동할 것인가?

4. 현재 주가는 40,000원이며, 주가는 매 6개월마다 10% 상승하거나 10% 하락한다. 무위험이자율은 연 10%인 경우에 행사가격이 42,000원이고 만기까지 1년 남은 유럽식 콜옵션의 가치를 구하라.

5. 한국기업의 현재 주가는 30,000원인데, 한국기업의 주식을 기초자산으로 하고 행사가격이 30,000원이고 만기까지 3개월 남은 유럽식 콜옵션과 풋옵션이 시장에서 거래되고 있다. 무위험이자율은 8%이다.

(1) 콜옵션과 풋옵션이 시장에서 각각 2,000원에 거래되고 있다면 이 가격이 균형가격인지 여부를 풋-콜 패리티를 이용하여 확인하라. 옵션가격이 균형가격이 아니라면 차익거래를 시행하고 차익거래를 통해 얻을 수 있는 이익을 구하라.

(2) 풋옵션의 가격이 1,800원인 경우에 콜옵션의 균형가격을 구하라.

6. 칠성전자의 보통주 1주를 300,000원에 매수하면서 동시에 칠성전자 보통주를 기초자산으로 하고 행사가격이 300,000원인 풋옵션 1개를 5,000원에 매수하였다. 옵션 1개를 행사할 경우에 사거나 팔 수 있는 주식의 수는 1주이며, 거래에 대한 모든 거래비용은 무시하기로 한다.

(1) 칠성전자의 주가와 이 포트폴리오의 수익과의 관계를 그림으로 표시하라.

(2) 이 포트폴리오로부터 이익을 얻을 수 있는 최저주가 또는 최대주가, 즉 손익분기점을 구하라.

(3) 이 포트폴리오로부터 발생할 수 있는 최대손실과 최대이익은 얼마인가?

(4) 이러한 포트폴리오를 구성함으로써 얻을 수 있는 효과를 설명하라.

7. (주)대한 보통주를 기초자산으로 하고 만기가 같고 행사가격도 30,000원으로 동일한 콜옵션을 2,000원에 매수하고 풋옵션을 1,500원에 매수하였다.

(1) (주)대한의 주가와 이 포트폴리오의 수익과의 관계를 그림으로 표시하라.

(2) 이 포트폴리오로부터 이익을 얻을 수 있는 최저주가 또는 최대주가를 구하라.

(3) 이 포트폴리오로부터 발생할 수 있는 최대손실과 최대이익은 얼마인가?

(4) 이러한 포트폴리오를 구성함으로써 얻을 수 있는 효과를 설명하라.

8. (주)한국의 현재 주가는 10,000원이고 발행주식수는 100만주이다. 이 회사는 유상증자를 통해 20억원의 자금을 조달하려고 한다. 신주인수권은 모두 기존 주주들에게 지분비율대로 배정할 예정이며 1개의 신주인수권으로는 신주 1주를 인수할 수 있다. 신주인수가격은 주당 8,000원으로 결정하였다.

(1) 주식 1주에 대한 신주인수권 배정비율은? 다시 말해서 신주 1주를 인수하기 위해서는 현재 주식을 몇 주 소유하고 있어야 하는가?

(2) 신주인수권이 행사된 후의 이론적인 주가(이론적 권리락주가)를 구하라.

(3) 신주인수권의 가치를 구하라.

(4) 이 신주인수권과 같은 조건으로 발행된 콜옵션이 시장에서 거래되고 있다면 이 콜옵션의 가격은 얼마이어야 하는가?

9. 어느 투자자가 행사가격이 25,000원인 콜옵션을 개당 4,000원에 2개 매입하였고, 행사가격이 40,000원인 콜옵션을 2,500원에 1개 발행하였다. 옵션만기일에 기초주식가격이 50,000원이라고 할 때, 이러한 투자전략의 만기가치와 투자자의 만기손익을 각각 구하라. (단, 옵션의 기초주식과 만기는 동일하며 거래비용은 무시하라) (2005년. CPA)

10. 한국과 미국의 무위험이자율은 각각 연간 6%와 4%이다. 한국의 금융시장에서 달러화의 현물환율은 1달러당 1,250원이다. 잔존만기가 1년이고 행사가격이 1,000원인 유럽형 콜옵션이 300원에 거래되고 있다. 국내 및 미국의 금융시장에는 어떠한 차익거래의 기회도 존재하지 않는다고 가정하라. 소수점 첫째 자리에서 반올림하여 답하라. (2010년. CPA)

(물음 1) 미화 1달러에 대한 1년 만기 선물의 적정가격을 구하라.

(물음 2) 한국의 대미 수출기업인 (주)한텍은 환리스크를 헤지하고자 한국의 금융시장에서 달러화를 기초자산으로 하고 행사가격이 1,000원이며, 만기가 1년인 유럽형 풋옵션을 매입하고자 한다. 이 풋옵션의 적정 프리미엄은 얼마인가?

(물음 3) 미국에 본사를 둔 Detroit Hardware Inc.는 한국에 공구를 수출하는 기업이다. 이 기업은 수출대금으로 수취할 원화 100만원을 시카고옵션시장에서 1,000달러에 처분할 수 있는 풋옵션을 매입하고자 한다. 100만원에 대한 1년 만기 유럽형 풋옵션의 적정 프리미엄은 달러화로 얼마인가? 단, 미국의 금융시장에서 원화에 대한 현물환율은 1/1,250(USD/원) = 0.0008(USD/원)이다.

제18장

국제재무관리

제1절 국제재무관리의 기초

1. 국제재무관리의 개념, 목표, 기능

(1) 국제재무관리의 개념

국제재무관리란 전세계적으로 통합된 금융시장에서 자금을 조달하고 운용하는 전략을 수립하고 이를 효율적으로 관리하는 일을 말한다. 국제재무관리는 그동안 다국적 기업에만 필요한 것으로 인식되어 왔으나 현재와 같은 글로벌 금융시대에는 모든 기업이 필요로 하는 중요한 내용으로 인식되고 있다.

(2) 국제재무관리 목표

국제재무관리의 목표는 통합된 세계시장을 대상으로 한다는 점에서 범위의 차이가 있을 뿐 전통적인 재무관리의 목표와 다를 바 없다. 따라서 국제재무관리의 목표는 글로벌시장에서 기업가치를 극대화하는 것이라고 할 수 있다. 시장의 범위가 전세계시장으로 확대되면서 환율과 국제금리의 불확실성, 국가간 금융 및 조세제도의 차이, 국가신용위험, 금융과 자본시장의 접근 용이성, 국가간 인플레이션의 차이 등이 의사결정에 영향을 미치는 새로운 요소로 등장하게 된다.

(3) 국제재무관리의 기능

국제재무관리에서는 자본조달 및 투자결정과 함께 위험관리가 중요한 기능으로 인식되고 있다. 국제재무관리에서 자본조달은 국내외 금융시장을 이용하여 기업가치를 극대화할 수 있는 국제적 자본구성을 선택하는 일인데 특히 국제금융시장에서 낮은 비용으로 타인자본을 조달하는 일이 중요한 일이다. 국제재무관리에서 투자결정은 국제직접투자와 국제금융시장을 통한 간접투자로 구분할 수 있다.

전통적인 재무관리에서는 자본조달과 투자가 한 나라에서 한 가지 통화로 이루어지기 때문에 환율변동이나 국제금리변동에 의한 위험이 발생하지 않는다. 그러나 기업이 여러 국가를 대상으로 서로 다른 통화와 금융상품을 거래하는 경우에는 환율변동과 국제금리변동이 새로운 위험요소로 등장하게 된다. 한편 정치, 법률, 경제, 사회, 문화가 다른 나라에서 경영활동을 하는 과정에서 **국가위험**(country risk)이 발생하기도 한다. 따라서 국제재무관리에서는 환율과 금리변동과 같은 재무적 위험 이외에도 국가위험과 같은 비재무적 위험을 관리하는 것도 중요한 일이다.

2. 환 율

환율(foreign exchange)은 한 나라의 화폐가치를 다른 나라의 화폐로 표시한 것으로 자국통화와 외국통화간의 교환비율 또는 상대가격이라고 할 수 있다. 환율은 외환시장에서 수요와 공급의 원리에 의해 결정되지만 화폐가 가지고 있는 특수성 때문에 가격결정에는 많은 요인들이 복합적으로 작용한다.

(1) 환율의 표시방법

환율을 표시하는 방법은 직접표시법과 간접표시법으로 나누어진다. **직접표시법**(direct quotation)은 외국통화 1단위와 교환할 수 있는 자국통화의 수로 표시하는 방법으로 자국통화표시법이라고도 한다. 예를 들어 U$1 = ₩1,000 또는 ₩/U$ = 1,000으로 표시하는 방법이다.

간접표시법(indirect quotation)은 자국통화 1단위와 교환되는 외국통화의 수로 표시하는 방법으로 외국통화표시법이라고도 한다. 예를 들어, ₩1 = U$1/1,000 또는 U$/₩ = 1/1,000로 표시하는 방법이다.

외환시장에서 어떤 통화의 상대가치가 오르는 것을 **평가절상**(revaluation), 내리는 것을 **평가절하**(devaluation)라고 한다. 직접표시법으로 표시되는 원-달러 환율의 경우 **환율하락**(depreciation)은 원화의 평가절상과 미국 달러화의 평가절하를 의미한다. 반대로 원-달러의 **환율상승**(appreciation)은 원화의 평가절하와 미국 달러의 평가절상을 의미한다. 외환시장에서 화폐의 가치가 상승하는 통화를 **강세통화**(bullish currency), 화폐의 가치가 하락하는 통화를 **약세통화**(bearish currency)라고 한다.

(2) 매입률과 매도율

매입환율(buying rate, bid rate)은 은행이나 외환딜러가 고객으로부터 외환을 매입할 때 적용하는 가격을 말한다. **매도환율**(selling rate, ask rate)은 은행이나 외환딜러가 고객에게 외환을 매도할 때 적용하는 가격을 말한다. 따라서 고객은 은행과의 외환거래에서 매도율로 매입하고, 매입률로 매도하게 된다. **매매기준율**은 매도율과 매입률의 평균이다.

스프레드(spread) 또는 **매입-매도 스프레드**(bid-ask spread)는 매도환율과 매입환율과의 차이를 말한다. 스프레드는 은행이나 외환딜러에게는 외환거래에 대한 수익이며, 고객에게는 거래비용의 성격을 갖는다. 스프레드는 해당 통화의 유동성이 낮고 환율이 불안정할수록 커진다.

(3) 현물환율과 선물환율

외환거래는 외환 매매계약의 결제시기에 따라 현물환거래과 선물환거래로 나뉘어진다. 현물환거래는 매매체결 이후 2영업일 이내에 결제가 이루어지는 거래를 말하며 이때 적용되는 환율이 **현물환율**(spot exchange rate)이다. 선물환거래는 매매체결일로부터 2영업일이 경과한 특정한 영업일에 결제하기로 약정하는 거래를 말하며 이때 적용되는 환율이 **선물환율**(forward exchange rate)이다.

3. 국제기준금리

국제금융시장에서 국가간의 자금이동에 공통적으로 사용되고 있는 **국제기준금리**(base rate, benchmark rate)에는 미국 연방기금금리(Federal Funds rate), 미국 재무성 증권금리(T-bill rate, T-note rate, T-bond rate), LIBOR 등이 있다.

Federal Funds rate는 미국에서 은행간에 지불준비금을 거래할 때 적용하는 단기금리이다. 이 금리는 미국 금융당국의 금리정책의지와 상업은행의 차입비용을 나타내기 때문에 미국은 물론 세계의 금리에 직접적인 영향을 미치는 대표적인 단기금리이다.

T-bill rate는 미국 재무성이 발행하는 만기 1년 미만의 단기채권(Treasury bill)의 수익률이며 무위험이자율(risk-free interest rate)로 사용되고 있다. T-note rate는 미국 재무성이 발행하는 만기 2년에서 10년 이하의 중기채권의 수익률을 말한다. T-bond rate는 미국 재무성이 발행하는 만기 10년 이상의 장기채권의 수익률을 말한다. 30년 만기의 T-bond rate는 장기금리의 기준으로 사용되고 있다.

LIBOR(London Inter-Bank Offered Rate)는 런던 금융시장에서 신용이 우수한 일류은행간 자금거래에 적용되는 대출금리를 말하며 "런던 은행간 대출금리"라고도 한다. LIBOR는 국제금융시장에서 가장 중요한 기준금리의 역할을 하고 있다.

국제금융거래에서 대출금리는 위에 설명된 국제기준금리에 차입자의 신용도에 따라 일정률을 가산하여 정하는데 이때 가산되는 일정률을 **가산금리**(spread)라고 한다.[1)]

1) 1998년 말 IMF 외환위기 당시 한국 정부가 미국 달러를 조달하기 위해 뉴욕시장에서 발행한 외국환평

제2절 국제평가이론

국제평가이론은 **일물일가의 법칙**에 의한 환율 · 금리 · 물가 등 국제금융변수간의 균형관계를 말하는데 국제금융의 기본적인 메카니즘을 이해하고 외화 자산과 부채를 효율적으로 관리하기 위해서는 필수적으로 이해해야 하는 내용이다.

국제평가이론은 다음과 같은 가정을 전제로 한다.

① 완전한 금융시장(perfect financial market)으로서 금융거래와 자본이동에 제약이 없으며 거래비용이나 세금이 없다.

② 완전한 상품시장(perfect goods market)으로서 국가간의 상품교역이 자유로우며 조세나 거래비용이 없다.

③ 모든 사람에게 공통의 효용을 주는 단일한 동질의 소비재가 존재하며 국가간 교역에서 단일한 상품이 거래된다.

④ 미래에 대한 불확실성이 없으며 예측이 오차 없이 확실하게 실현된다.

한국과 미국의 예를 들어 국제평가이론을 설명하기 위해 다음과 같은 기호를 정의하기로 한다.

S: 현물환율
F_T: 만기일이 $T(t=T)$인 선물환율[2)]
i: 원화(내국환)의 금리
i^*: 미국 달러화(외국환)의 금리
P: 한국(국내)의 물가수준
P^*: 미국(외국)의 물가수준
π: 만기일$(t=T)$까지 한국(국내)의 예상 물가상승률
π^*: 만기일$(t=T)$까지 미국(외국)의 예상 물가상승률

형채권(외평채)의 수익률은 T-note rate에 3.45%의 가산금리가 더해진 것이었다.

2) 현재 시점을 $0(t=0)$으로 표시하면 F_T에서 만기일이 $T(t=T)$라는 것과 만기일까지 남은 기간이 T일이라는 것은 같은 의미를 갖는다.

1. 구매력평가이론

구매력평가이론(purchasing power parity theory: PPP)은 양국간 물가변동이 균형환율에 어떻게 반영되는지를 설명하는 이론으로 균형상태에서 양국의 화폐가 동일한 구매력을 유지하기 위해서는 양국간 물가변동이 환율로 조정되어야 한다는 내용이다.

(1) 절대구매력평가이론

절대구매력평가이론(absolute PPP)은 통화 1단위의 구매력이 양국 시장에서 동일하기 위해서는 국내물가수준과 외국물가수준의 비율이 균형환율로 반영되어야 한다는 것이다.

$$P = S \cdot P^* \quad \text{또는} \quad S = \frac{P}{P^*}$$

절대구매력평가이론에서 물가수준은 동일상품이 동일비율로 구성되어 있는 동일상품바스켓의 가격수준을 말한다. 이 이론은 동일상품의 가격은 일물일가의 법칙에 따라 어느 나라에서나 동일하다는 주장이다.

빅맥지수

빅맥(Big Mac)지수란 영국의 경제주간지 The Economists가 1986년부터 세계 100여개국 이상에서 판매되는 미국 맥도날드(McDonald)사의 햄버거인 빅맥의 가격을 기준으로 계산한 각국의 통화가치를 말한다. 빅맥지수는 구매력평가이론을 빅맥이라는 세계적인 상품에 적용한 것으로 미국과 다른 나라에서의 빅맥 가격을 비교하여 해당 국가와 미국 달러간의 환율이 적정한지를 평가하는 데 사용된다. 예를 들어, 미국에서 빅맥의 평균가격이 4.5달러이고, 한국에서는 빅맥 가격이 4,000원이라면 빅맥가격을 기준으로 한 적정환율은 4.000원/4.5달러 = 888.89원/달러이다. 그런데 시장에서 실제 환율이 1,000원/달러라면 원화의 가치는 (888.89/1,000)−1 = −11% 정도 저평가된 상태라는 것을 의미한다.

(2) 상대구매력평가이론

상대구매력평가이론(relative PPP)은 두 시점(t와 T) 사이에 양국간 물가상승률의 차이는 환율변동률과 같아야 한다는 이론이다.

$$\frac{P_T / P_t}{P^*_T / P^*_t} = \frac{S_T}{S_t}$$

예를 들어, 물가상승률이 미국에서는 5%, 한국에서는 10%가 예상되는 경우에 원-달러 환율은 5% 정도 상승되어야 한다는 것이다. 이 말은 원화의 구매력이 미국 달러에 비해 감소하는 만큼 환율이 조정되어 원화가치가 하락(평가절하)되어야 한다는 것을 의미한다.

그러나 가정과는 달리 국가간 상품의 구성과 내용이 다르고, 수송비와 관세 및 비관세장벽이 존재해서 상품이동에 제약이 있는 등 시장의 불완전성 때문에 구매력평가이론이 실제로 성립하기는 어렵다. 한편 상품시장과 외환시장의 가격조정 메카니즘에도 많은 차이가 있다. 외환시장에서 환율변동은 미래에 대한 시장의 예측에 많은 영향을 받는 반면, 상품시장에서 물가변동은 과거와 현재의 수급상황에 많은 영향을 받는다. 그리고 균형가격으로의 조정은 상품시장에서 보다 외환시장에서 빠르게 진행되는 것이 보통이다.

이러한 제약에도 불구하고 구매력평가이론은 장기적인 환율예측이나 사후적인 환율조정의 기준으로 이용되고 있다.

2. 국제피셔효과

피셔효과(Fisher effect)는 명목금리와 실질금리, 그리고 기대인플레이션율과의 관계를 나타낸다.

$$1 + i = (1 + r)(1 + \pi) \quad \text{또는} \quad i = r + \pi$$

i: 명목금리 r: 실질금리
$E(\pi)$: 기대인플레이션율(예상되는 물가상승률)

국제피셔효과(International Fisher effect)는 양국간 금리격차와 환율의 기대변화율간의 관계를 나타내는 것으로 환율예측에 자주 이용된다.

$$\frac{i-i^*}{i+i^*}=\frac{E(S_T)-S}{S}$$

$i(i^*)$: T시점까지의 국내(외국)의 명목금리
$E(S_T)$: T시점의 현물환율의 기대치(기대현물환율)

i^*가 작을 경우에 국제피셔관계는 다음과 같이 간략하게 표시된다.

$$i-i^*=\frac{E(S_T)-S}{S}$$

예를 들어, 원화에 대한 금리가 달러에 대한 금리보다 5% 높은 상태라면 원-달러 환율이 5% 상승할 것으로 기대된다는 것인데 이 말은 원화로 표시되는 자산에 투자해서 얻는 상대적인 금리차이가 원화의 평가절하에 의한 환차손으로 상쇄된다는 것을 의미한다.

그러나 환율의 기대변화율과 환율의 실제 변화율과는 차이가 있기 때문에 국제피셔효과에 의한 거래는 위험이 커버되지 않는(uncovered) 거래의 성격을 갖는다.

3. 금리평가이론

금리평가이론(interest rate parity theory: IRP)은 양국간의 금리격차와 환율과의 균형관계를 설명하는 이론으로 **금리차익거래**(covered interest arbitrage: CIA)라고도 한다.

국가간 자금의 이동이 자유롭다면 투자자들은 금리격차와 환율변동에 의한 환차익을 고려하여 유리한 시장에 투자할 것이다. 1원을 투자해서 얻을 수 있는 수익을 생각해보자. 1원을 원화표시자산에 투자해서 얻을 수 있는 수익은 $1+i$이다. 1원을 미국달러표시자산에 투자하는 경우에는 현물환율(S)로 바꾼 달러에 대해 $1+i^*$의 수익을 얻을 수 있다. 그런데 투자수익을 원화로 고정하기 위해서는 원화를 대가로 달러화를 매각하는 선물환커버거래를 해야 한다.

금리평가이론은 균형상태에서 1원을 원화표시자산에 투자하나 미국 달러표시자산에 투자하나 수익률이 같아야 한다는 것이다. 금리평가이론이 지켜지지 않는 불균형상태에서는 선물환거래로 환위험이 보호되는 금리차익거래가 발생하게 된다.

$$1+i=\frac{1}{S}(1+i^*)F$$

금리평가이론은 선물환프리미엄과 선물환디스카운트 또는 스왑레이트 등으로 표시할 수 있다.

$$\text{선물환프리미엄(디스카운트)}:\ \frac{F-S}{S}=\frac{i-i^*}{i+i^*}$$

$$\text{스왑레이트}:\ F-S=S\left(\frac{i-i^*}{1+i}\right)\quad \text{또는}\quad F=S\left(\frac{1+i}{1+i^*}\right)$$

원화에 대한 금리가 미국 달러에 대한 금리보다 높은 경우($i>i^*$)에는 $F>S$가 되어 미국 달러화는 선물환프리미엄이 되고, 원화는 선물환디스카운트가 된다. 따라서 금리와 환율간에는 "고금리통화는 선물환디스카운트, 저금리통화는 선물환프리미엄"의 관계가 성립하게 된다.

금리평가이론을 선물환만기($t=T$)를 감안하여 표시하면 다음과 같다.

$$\frac{F_T-S}{S}=\frac{i(T/360)-i^*(T/360)}{1+i^*(T/360)}$$

F_T: 만기일이 T(만기일까지 남은 기간이 T일)인 선물환율

4. 불편기대이론

불편기대이론(unbiased expectation theory)은 선물환율은 선물환계약 만기일의 현물환율에 대한 **불편예측치**(unbiased predictor)라는 것이다.

$$F_T=E(S_T)\quad \text{또는}\quad \frac{F_T-S}{S}=\frac{E(S_T)-S}{S}$$

5. 환율, 금리, 물가의 균형관계

[그림 18-1]은 지금까지 설명한 환율, 금리, 물가간의 균형관계를 종합한 것이다.

그림 18-1 국제평가이론

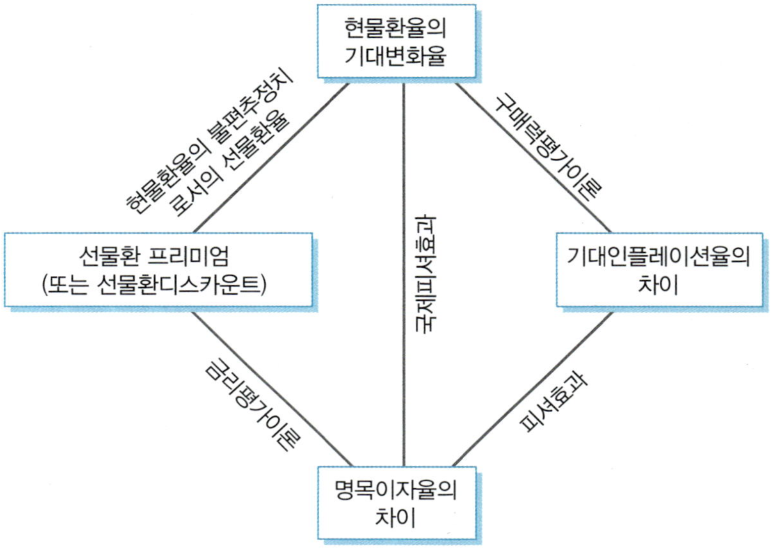

제3절 외환시장과 국제금융시장의 이해

1. 외환시장

(1) 외환시장의 구조와 특징

외환시장은 지리적 시차로 인해 거래시간이 부분적으로 중복·연결되면서 하루 종일 거래가 가능한 24시간 시장(24-hour market)이다. 외환거래의 대부분은 장외시장에서 이루어지고 있으며 결제는 SWIFT(The Society for Worldwide Inter-bank Financial Telecommunication)를 통해 이루어진다.[3)]

외환시장에서 이루어지는 외환거래에는 일반고객, 외국환은행, 외환브로커, 중앙은행 등이 참여하고 있다. 외환거래는 시장참가자들에 따라 대고객거래, 은행간거래, 중앙은행의 시장개입 등으로 구분된다. 외환거래의 대부분은 은행간거래이며, 통화별로는 미국 달러화가 가장 많은 비중을 차지하고 있으며, 지역별로는 영국, 미국, 일본 시장에서의 거래가 가장 활발하다.

(2) 외환시장의 종류

① 현물환시장

현물환시장(spot exchange market)은 외환거래의 기본이 되는 현물환이 거래되는 시장이다. 현물환거래에서 대고객거래는 계약 즉시 외환의 인도가 이루어지고, 은행간거래는 계약일로부터 2영업일 이내에 외환의 인도가 이루어진다.[4)]

② 선물환시장

선물환시장(forward exchange market)은 외환매매계약 체결일로부터 일정 기간(통상 둘째 영업일) 경과 후 특정일에 외환을 결제하기로 약정하는 선물환계약이 거래되는 시장이다. 선물환거래는 약정된 만기일까지 매매쌍방의 현금결제가 유보된다는 점에서 현물환거래와 차이가 있다. 선물환거래는 장래의 외환결제에 적용할 환율을 거래시점에 미리 약정함으로써 선물환계약을 체결한 날부터 결제일 사이에 발생하는 환율변동 위험을 회피하는 수단으로 활용할 수 있다.

---

3) SWIFT는 1973년 외국환은행간 무역관련업무와 자금결제업무 등을 처리하기 위해 유럽의 은행들을 중심으로 설립된 비영리 국제민간통신기구이다. 우리나라 대부분의 외국환은행들도 SWIFT에 가맹하고 있다.

4) 현물환거래는 외환의 인도시점에 따라 매매계약 당일에 인도되는 것을 당일물, 계약일로부터 첫 영업일에 인도되는 것을 익일물, 계약일로부터 둘째 영업일에 인도되는 것을 익익일물이라고 한다. 계약일로부터 영업일 2일 이내까지를 현물환거래로 간주하는 이유는 지역간 시차를 고려하여 계약이행을 위한 시간이 필요하기 때문이다.

③ 통화선물시장

통화선물시장(currency futures market)에서는 외환에 대한 선물거래가 이루어진다. 통화선물거래(currency futures)는 선물환거래를 표준화해서 제도화된 상설거래소에서 거래하는 것을 말한다.

통화선물시장은 은행간거래에서는 할 수 없는 소액거래를 원활하게 해주고, 저렴한 비용으로 환위험을 헤지할 수 있는 수단을 제공하고, 환투기를 원하는 투자자에게는 투자수단을 제공하는 역할을 하고 있다.[5)]

④ 통화옵션시장

통화옵션시장(currency options market)에서는 외환에 대한 옵션계약이 거래된다. 선물환거래는 현물환거래를 시간적으로 보완한 것이고, 통화선물거래는 선물환거래를 표준화한 것이라고 할 수 있다. 현물환거래, 선물환거래, 통화선물거래에서는 모두 환율이 예상한 방향으로 변동해야만 이익을 얻을 수 있고 환율이 예상과 반대 방향으로 변동하면 손실이 발생하게 된다. 그러나 통화옵션거래에서는 현물환거래, 선물환거래, 통화선물거래를 혼합하여 다양한 수익구조를 만들어 낼 수 있다.

⑤ 통화스왑시장

통화스왑(currency swap)시장에서는 두 당사자가 서로 다른 통화로 차입한 자금의 원리금상환을 맞바꿔서 이행하기로 한 약정, 즉 일정 통화로 차입한 자금을 다른 통화 차입으로 대체하는 거래가 이루어진다.

---

5) 통화선물시장은 1972년 5월에 미국의 시카고 상업거래소(Chicago Mercantile Exchange: CME) 내에 국제통화시장(International Monetary Market: IMM)을 설치하면서 시작되었다. IMM의 통화선물계약은 CME에서 이미 100년 넘게 거래되고 있는 곡물 및 상품선물계약을 기초로 만든 것이다. 이 밖에도 런던국제금융거래소(London International Financial Futures Exchange: LIFFE), 싱가포르 국제통화거래소, 시드니 선물거래소, 토론토 선물거래소 등에서 다양한 통화선물이 거래되고 있다.

2. 국제금융시장

국제금융(international finance)은 비거주자를 상대로 이루어지는 국제적인 자금이동을 말한다. 국제금융시장에는 국제은행시장, 국제채권시장, 국제주식시장, 파생금융상품시장 등이 있으며 넓은 의미로는 각종 외환시장도 포함된다. 국제금융시장에 대한 상세한 설명은 생략하기로 한다.

제4절 국제자본조달과 국제투자

국제금융시장에서 자본을 조달하는 기업은 다양하고 유리한 기회를 이용하여 저렴한 비용으로 자본을 조달할 수 있기 때문에 국내금융시장에만 의존하는 기업보다는 기업가치를 증대시킬 수 있는 기회가 많다. 국제투자는 기업경영을 통한 이윤추구를 목적으로 자본, 생산기술, 경영능력 등을 해외에 이전시키는 국제직접투자와, 경영에는 참여하지 않고 단순히 이자, 배당 등을 통한 이득을 목적으로 국제적으로 분산투자하는 국제간접투자로 구분된다.

1. 국제자본조달

국제자본조달은 상환기간에 따라 단기자본조달과 장기자본조달로 구분할 수 있다.

(1) 단기자본조달

① 현지의 단기금융시장

가장 손쉬운 단기국제자본조달 방법은 현지 은행으로부터 단기대출(loan)이나 당좌대월(overdrafts)을 받거나 기업어음(commercial paper: CP)을 발행하는 등 해외 현지의 단기금융시장을 이용하는 것이다. 그러나 해외 현지의 단기금융시장을 이용하기 위해서는 오랜 거래관계를 통해 신용을 구축해야 하고 현지의 거래관행과 제도 등의 공식적인 절차에 따라야 한다.

② 유러은행시장

유러은행(eurobank)은 소재국 이외의 통화로 표시된 예금 및 대출업무를 수행하는 은행을 말한다. 예를 들어, 수출업자로부터 달러화로 예금을 받는 한국의 K은행과 한국의 K은행에게 일본의 엔화를 대출해주는 미국의 A은행이 있다면 이들은 모두 유러은행이다.

유러은행들은 다양한 만기의 유러정기예금(time deposit: TD)과 단기대출을 취급하고 있다. 우리나라의 은행들은 유럽이나 일본의 은행들로부터 단기의 달러화표시 자금을 대출 받고 있는데 이때 대출금리는 보통 LIBOR에 일정한 **가산금리**(spread)가 더해져서 결정된다. 이 밖에도 유러은행시장에서 유러CP나 유러CD를 발행하여 단기자금을 조달하는 방법도 있다.

③ 국제팩토링

팩토링(factoring)이란 외상매출금이나 받을어음 등 매출채권을 제3자인 팩터(factor)에게 일정한 대가를 받고 매각하는 것을 말한다. 예를 들어, 수출업자는 수출과 관련된 채권(수출환어음)을 매각하여 단기적으로 자금을 조달할 수 있다. 국제팩터링을 이용하면 자금회수에 대한 불확실성과 현금흐름의 불확실성을 줄일 수 있으며 특히 소규모 기업은 유용한 금융수단으로 활용할 수 있다. 팩터링은 팩터에게 많은 비용을 지불해야 한다는 단점이 있다.

(2) 장기자본조달

① 신디케이트론

신디케이트론(syndicate loan)이란 은행이 공동융자를 위한 차관단을 구성하여 주로 정부나 공공기관에게 대규모의 중장기자금을 공동으로 융자하는 것을 말한다. 신디케이트론은 차입자의 신용을 바탕으로 무담보로 대규모의 장기성 자금을 조달할 수 있다는 것이 장점이다.

② 외국채

외국채(foreign bond)는 채권의 표시통화국에서 비거주자에 의해 발행되는 채권을 말한다. 외국채는 대부분 장기자금을 조달하기 위해 발행되므로 대부분의 외국채는 만기 5~10년의 장기채이다.

가장 중요한 외국채시장은 뉴욕으로 여기에서 발행되는 외국채를 양키채권(Yankee bond)이라고 한다. 1998년 IMF 외환위기 직후에 한국 정부가 뉴욕에서 달러표시로 발행한 외국환평형기금채권(외평채)이 대표적인 양키채권이다.[6)]

③ 유러채

유러채(euro bond)는 채권의 표시통화국 이외의 국가에서 발행되는 채권을 말한다. 유러채는 외국채와는 달리 통화표시국 이외의 지역에서 모집되고 판매되기 때문에 규제가 거의 없고 발행의 양과 시기에 대해서도 제한을 받지 않는다. 기업의 입장에서 외국채보다는 유러채를 발행하는 것이 자금조달비용 면에서 유리한 경우가 많다.

④ 국제전환사채와 국제신주인수권부사채

국제전환사채는 해외에서 발행 · 유통되는 전환사채를 말한다. 기업은 국제전환사채를 발행하여 대규모 자금을 조달할 수 있을 뿐만 아니라 기업의 국제적 인지도를 높일 수도 있다. 삼성전자, 현대자동차 등 한국의 대표적인 기업들도 국제전환사채를 발행하여 자금을 조달하고 있다.

국제전환사채는 일반 회사채보다 쉽게 소화시킬 수 있으며, 낮은 표면금리로 발행할 수 있으므로 조달비용 면에서도 유리하다. 국제전환사채는 일반 회사채보다 장기로 발행

---

6) 외국채는 채권발행국에 따라 별칭이 붙여지고 있다. 미국에서 발행되는 외국채는 양기채(Yankee bond), 영국에서 발행되는 외국채는 불독채(Bulldog bond), 일본에서 발행되는 외국채는 사무라이채(Samurai bond) 또는 쇼군채(Shogun bond), 한국에서 발행되는 외국채는 아리랑채(Arirang bond) 또는 타이거채(Tiger bond)라고 한다.

할 수 있고, 주식으로 전환되면 재무구조를 개선하는 효과와 함께 환위험도 없어진다.

국제신주인수권부사채는 해외에서 발행 · 유통되는 신주인수권부사채를 말한다. 국제신주인수권부사채는 국제전환사채가 갖는 장점을 그대로 가지고 있다. 전환사채는 주식으로 전환되면서 채권이 주식으로 대체되지만 신주인수권부사채는 주식인수대금을 현금으로 납입해야 하기 때문에 기존의 채무 이외에 자기자본금이 증가하는 효과가 있다.

⑤ 국제주식예탁증서

기업이 해외에서 주식을 직접 발행하려면 제도와 거래관습의 차이, 주권의 해외수송에 따른 위험과 비용 등 여러 가지 불편이 발생한다. 이러한 불편을 해소하기 위해 주권을 발행회사 소재국의 은행에 보관시켜 두고, 이 주권 대신에 해외은행 또는 신탁회사가 발행해서 유통시키는 증권을 **국제주식예탁증서**(depository receipt: DR)라고 한다. 주식예탁증서 소유자는 수탁기관을 매개로 하여 주권 소재국의 보통주주와 동일한 권리(배당지불청구권, 신주인수권, 의결권)를 행사할 수 있다.

국제주식예탁증서는 다양한 주주기반을 확보하고 기업의 내용을 외국에 홍보하는 효과가 있어 해외시장확보에도 도움이 된다. 국제주식예탁증서는 외화채무와는 달리 자기자본을 조달하는 것이므로 환위험이 없다. 그리고 국내에서 증자할 경우에는 주식의 공급증가로 주가에 압박을 주게 되지만 국제주식예탁증서는 일정 기간 내에는 국내로 환류하지 않으므로 국내 주가에 직접적인 영향을 주지 않는다.

(3) 국제자본조달비용

국제자본조달에서는 금융상품의 다양성, 환율변동과 국제금리변동 가능성, 국가간 금융환경과 규제의 차이 등이 존재하기 때문에 국내금융시장에서 자본을 조달하는 경우보다 여러 가지 요인들을 고려해야 한다.

① 환위험

국제자본조달은 국내자본조달과는 달리 환위험이 수반되는데 환위험은 기업의 자본조달비용을 상승시키는 요인으로 작용할 수 있다.

환위험과 자본조달비용

한국의 K기업은 미국 달러를 연 5%로 차입하였는데 차입기간 동안 미국 달러화가 원화에 대해 10% 평가절상되었다. 이러한 경우 실제로 부담하는 차입비용은 환율변동에 따라 발생하는 추가적인 이자부담과 원금부담때문에 명목적인 차입금리보다 높아지게 된다.

실제 차입비용 = 명목적인 차입금리 + 추가적인 이자부담 + 추가적인 원금부담
$= 5\% + 5\%(0.1) + 10\% = 15.5\%$

② 정치적 위험

정치적 위험(political risk)이란 현지 정부에 의한 외국기업의 몰수 · 국유화 또는 송금제한 등을 말한다. 기업의 노력으로 정치적 위험을 완전하게 제거할 수는 없지만 모기업의 자본조달비용을 줄이기 위해 현지 금융기관으로부터의 차입과 제3국으로부터의 자본조달을 늘리고, 현지기업과 합작을 함으로써 정치적 위험을 줄일 수 있다.

③ 국제조세

국제조세와 관련하여 자금조달비용을 줄일 수 있는 방법은 세금을 부과하지 않거나 세율이 낮은 **조세천국**(tax heaven)을 이용하는 것이다. 이자소득세가 부과되지 않는 나라에서는 다른 지역보다 낮은 이자율로 채권을 발행할 수 있으므로 자금조달비용을 줄일 수 있다.[7] 외국기업을 유치하기 위해 수년간 법인세를 면제해주는 등 각종 특혜를 부여하고 있는 국가를 이용하는 방법도 있다.

2. 국제직접투자

(1) 국제직접투자의 의미와 특징

국제직접투자(foreign direct investment)는 투자자가 경영에 직접 참여하여 이윤을 얻

7) 조세천국의 대표적인 국가로는 솔로몬, 마샬, 바하마, 바베이도스 등 카리브해 연안국가와 벨기에, 룩셈부르크, 네덜란드의 베네룩스 3국 등이 있다.

기 위해 생산요소를 해외로 이전하는 것을 말한다. 국제직접투자의 목적은 해외시장개척, 자원과 기술 확보, 글로벌 네트워크 구축 등 다양하다.

국제직접투자에 필요한 자금을 반드시 투자자의 소재국에서 조달할 필요는 없으며 현지 국가의 자본시장에서 조달할 수도 있다. 그러나 국제직접투자를 위해 현지에서 자본을 조달하는 것은 현실적으로 어렵기 때문에 투자자가 자체적으로 조성한 자금으로 해외에 투자하게 된다.

(2) 국제직접투자의 결정기준

국제직접투자에는 *NPV*법이나 *IRR*법과 같은 일반적인 투자의사결정기준을 적용할 수 있다. 다만 현금흐름과 할인율을 추정할 때 환율, 세금과 회계관행의 차이, 위험요인의 차이 등이 고려되어야 한다.

*NPV*를 모국통화로 추정하기 위해서는 우선 외화 현금흐름을 모국통화 현금흐름으로 환산해야 한다. 이때 환산에 사용되는 환율은 양국간의 금리격차와 환율의 기대변동률과의 관계를 나타내는 국제피셔효과를 이용하여 계산한다.

$$\text{국제피셔효과: } \frac{i-i^*}{1+i^*} = \frac{E(S_t)-S}{S}$$

모국통화 현금흐름(CF_t)은 외화 현금흐름(CF_t^*)을 국제피셔효과이론에 의해 산출된 당해 시점의 기대환율($E(S_t)$)로 환산한 것이다.

$$CF_t = CF_t^* \times E(S_t)$$

할인율은 모국통화 현금흐름에 적용하는 할인율을 적용한다.

순현가법을 이용한 국제직접투자의 가치평가

한국의 A자동차는 미국에 자회사를 설립하여 직접투자를 하려고 한다. 초기투자비용으로는 6억 달러가 소요되고 자회사설립 후 3년 동안 예상되는 현금흐름은 다음과 같다.

기간(t)	0	1	2	3
현금흐름(백만U$)	−600	100	200	500

투자수명기간인 3년 동안 한국의 금리는 8%, 미국의 금리는 5%로 유지될 것으로 예상된다. 현재 원–달러 환율은 ₩1,000/U$이고, 원화 현금흐름에 대한 할인율은 10%이다.

1년 후의 예상환율(S_1): $\frac{0.08-0.05}{1.05}=\frac{S_1-1{,}000}{1{,}000}$에서 $S_1=1{,}029$

2년 후의 예상환율(S_2): $\frac{0.08-0.05}{1.05}=\frac{S_2-1{,}029}{1{,}029}$에서 $S_2=1{,}058$

3년 후의 예상환율(S_3): $\frac{0.08-0.05}{1.05}=\frac{S_1-1{,}058}{1{,}058}$에서 $S_3=1{,}088$

달러표시 현금흐름을 원화 현금흐름으로 환산하면 다음과 같다.

기간(t)	0	1	2	3
원화 현금흐름(억원)	$-6\times1{,}000$ $=-6{,}000$	$1\times1{,}029$ $=1{,}029$	$2\times1{,}058$ $=1{,}216$	$5\times1{,}088$ $=5{,}440$

원화 현금흐름으로 계산된 NPV는 다음과 같다.

$$NPV=-6{,}000+\frac{1{,}029}{(1.1)}+\frac{1{,}216}{(1.1)^2}+\frac{5{,}440}{(1.1)^3}=276(\text{억원})$$

3. 국제간접투자

(1) 국제간접투자의 의미와 특징

국제간접투자(foreign indirect investment)란 투자이득을 위해 외국의 증권 또는 금융상품에 분산하여 투자하는 것으로 **국제포트폴리오투자** 또는 **국제분산투자**라고도 한다. 국제포트폴리오도 수익률과 위험을 동시에 고려하여 가치를 평가한다는 점에서는 다를 바 없다. 그러나 국제간접투자에는 환율의 변동가능성, 국제조세와 거래비용, 국가 간의 법적 규제 등을 고려해야 한다.

국가위험(country risk)은 투자대상국에서 원리금의 상환정지, 외환시장의 폐쇄, 현금의 동결 등과 같이 예상치 못한 규제로 불이익이 발생할 가능성을 말한다. 따라서 국제간접투자에서는 외화자산운용에 따른 일반적인 위험 이외에도 추가적으로 발생가능

그림 18-2 국제분산투자효과

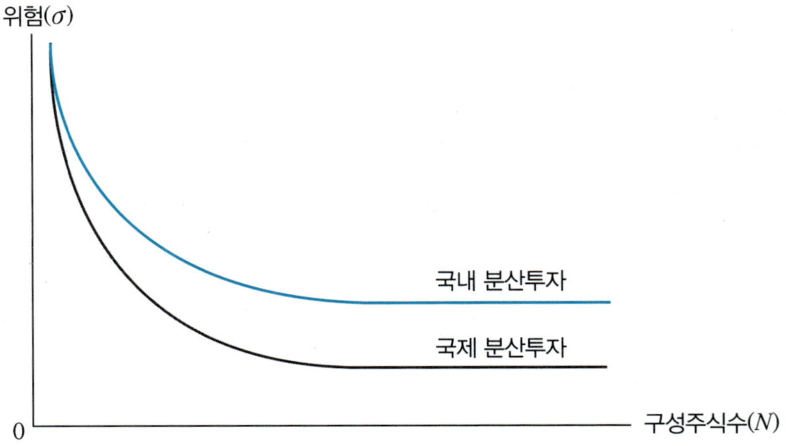

한 위험을 고려하여 포트폴리오를 구성하고 운용해야 한다.

국제간접투자의 가장 큰 장점은 국내투자에서는 더 이상 줄일 수 없었던 체계적 위험을 줄일 수 있다는 것이다. 외국주식까지를 포함하는 국제포트폴리오에 투자하는 경우에는 각국의 투자여건과 시장상황이 다르기 때문에 체계적 위험을 추가적으로 축소할 수 있다. [그림 18-2]는 국제투자를 통해 얻을 수 있는 위험감소효과를 나타낸다.

(2) 국제포트폴리오의 수익률과 위험

국제간접투자에서는 환율변동에 따라 수익률과 위험이 달라지기 때문에 외국 주식이나 채권 자체의 수익률과 함께 투자대상국 통화가치에 대한 전망(환율변동)도 고려해야 한다.

환율변동을 고려한 수익률은 국제피셔효과의 원리에 따라 다음과 같이 표시된다.

$$1 + R^* = (1 + R)(1 + E(\dot{S}))$$

R^*: 외국증권투자의 실효수익률
R: 외국증권투자의 명목수익률
$E(\dot{S})$: 예상 환율변동율

국제간접투자의 위험에는 해외증권의 수익률 변동에 따른 위험 이외에도 환율변동위험이 포함되어야 한다. 이때 환율변동위험은 환율변동성뿐만 아니라 환율과 해외증권 수익률간의 상관관계에 의해서도 영향을 받는다.

국제간접투자는 국내투자보다 위험이 가중되며 특히 해외증권 수익률과 환율과의 공분산($Cov(R, S)$)이 클수록 위험이 증가하게 된다. 예를 들어, 미국 주가와 원-달러 환율이 양(+)의 상관관계를 갖는다면 미국 주식에 투자하는 국제투자의 위험은 더욱 커지게 된다. 미국 주가가 상승하는 경우에 원-달러 환율의 상승으로 유효수익률은 더욱 큰 폭으로 증가하지만 미국 주가가 하락하는 경우에는 주가하락으로 인한 손실과 환율하락으로 인한 손실이 겹쳐 유효수익률은 크게 하락하게 된다. 따라서 주가수익률 위험에 환율변동위험이 겹쳐 국제투자의 위험은 큰 폭으로 증가하게 되는 것이다. 반대로 미국 주가와 원-달러 환율이 음(−)의 상관관계를 갖는 경우에는 국제투자위험을 감소시켜주는 역할을 하게 된다.

제5절 환위험관리

1. 환위험의 개념

환위험(foreign exchange risk)이란 미래의 불확실한 환율변동 때문에 발생하는 기업가치의 변동성을 말한다. 환위험은 외환포지션을 보유하는 것으로부터 시작된다. 따라서 환위험의 관리는 곧 외환포지션을 관리하는 일이라고 할 수 있다.

(1) 환산환위험

환산(translation)이란 외국통화로 표시된 금액을 자국의 화폐단위로 바꾸는 것을 말한다. **환산환위험**(translation exchange risk)은 자회사의 재무제표를 모회사의 보고통화로 환산하는 과정에서 발생하는 손익을 말한다. 예를 들어, 한국 모기업(A)의 회계처리는 원화로 이루어지는 반면 미국에 위치한 A의 자회사(a)의 회계처리는 달러로 이루어질 것이다. 미국 달러로 표시된 자회사(a)의 자산 · 부채와 수익 · 비용을 원화로 평가하기 위해서는 적절한 환율로 환산되어야 하는데 이때 발생하는 위험이 환산환위험이다.

(2) 거래환위험

거래환위험(transaction exchange risk)이란 상품의 수출입 또는 외화자금거래에서 계약시점과 결제시점 사이의 환율변동에 의해 발생하는 환위험이다. 기업의 환위험에서 거래환위험이 가장 큰 비중을 차지하고 있기 때문에 환위험은 거래환위험을 의미하는 경우가 많다.

KIKO(kick-in kick-out option trading) 사태와 교훈

2008년 초에 원/달러 환율은 1,000원 수준이었고, 대부분의 외환전문가들은 환율이 800원까지 하락할 것이라고 예측하였다. 대부분의 매출을 수출에 의존하고 있는 중소기업들은 거래은행이 권장하는 KIKO라는 환율변동위험을 헤지(hedge)하는 상품에 가입하였다. KIKO는 환율이 약정 기간 동안 일정 범위 안에서 움직이면 계약한 금액의 달러를 미리 정한 환율에 은행에 팔 수 있어 환율변동위험을 줄일 수 있도록 설계된 상품이다. 그러나 환율이 미리 정한 범위보다 상승(원화가치가 하락)하면(kick in) 기업이 계약금액의 2~3배 만큼의 달러를 당초 계약한 환율로 은행에 팔아야 하므로 손실이 발생하게 된다. 환율이 일정 범위 이하로 하락(원화가치의 상승)하는 경우(kick out)에는 계약이 해지된다.

환헤지 상품은 환율이 불리하게 움직여서 발생하는 환차손은 최대한 보호하고 환율이 유리하게 움직일 경우 발생하는 환차익은 최대한 보장해주는 것이 일반적이다. 그러나 KIKO는 환율변동으로 인한 손실은 제한적으로 보상하는 반면, 환율 예측이 빗나가면 손실이 엄청나게 확대되는 투기적인 성격을 가진 파생상품으로 설계된 것이다.

환위험관리의 실패 사례

연간 매출 800억원 중 60%(당시 약 4,000만 달러)를 수출로 벌어들이는 중소기업 A

는 환율변동으로 고심하다 거래은행의 권유로 KIKO에 가입하였다. 약정 환율 구간은 미 달러당 905원에서 947원, 행사환율은 930원이었다. 따라서 환율이 905원까지 하락해도 930원에 은행에 팔 수 있고, 만약 905원 이하로 하락하면 계약은 자동 해지된다. A사는 수출액의 1/4 정도(1,200만 달러)를 KIKO에 가입하면 환율하락시 최대 3억원의 환차익을 얻을 수 있을 것으로 기대하였다. 그러나 기대와는 달리 환율이 947원 이상으로 상승하면서 엄청난 손실이 발생하게 되었다. A사는 2008년 환율이 1,200원으로 상승하자 영업이익(57억원)보다 많은 65억원의 환차손을 입게 되었다.

더 심각한 문제는 이러한 손실이 누적된다는 것이다. KIKO의 경우 환율이 상승하면 손실이 계속 쌓이게 되는데 A사의 경우 환율이 1,300원이면 손실이 88억원, 환율이 1,400원이면 손실이 112억원, 환율이 1,500원이면 손실이 136억원으로 수직 상승하게 된다. 최대 3억원의 수익을 기대했다가 수십 배의 손실이 발생하게 된 것이다. 그렇다고 KIKO를 중도 해지하기도 어렵다. 만기(통상 1~2년) 전에 중도 해지하려면 남은 기간 동안의 손실을 현재의 높은 환율을 기준으로 일괄 처리해 줘야 하기 때문이다.

뿐만 아니라 환율급등으로 KIKO에 가입한 기업들은 달러를 사서 다시 은행에 팔아야 하고 이는 다시 달러에 대한 수요를 부채질하여 다시 환율을 상승시키는 악순환이 발생하였다.

KIKO로 700여개의 기업이 10조원 정도의 피해를 입은 것으로 추산되고 있다. 그 후 100개 이상의 피해기업들이 계약불평등, 상품설명 부족 등의 이유로 13개 은행을 상대로 부당이익금 반환 청구소송을 제기하였으나 대법원은 사실상 은행들의 손을 들어주었다.

(3) 영업환위험

영업환위험(operating exchange risk)이란 환율변동으로 발생하는 모기업 영업수익의 불확실성을 말한다. 영업환위험은 예상하지 못한 환율변동으로 판매량, 판매가격, 매출원가 등이 변동하여 현금흐름의 불확실성이 증가하는 것으로 구조적이고 장기적인 성격을 갖는 위험이다.

2. 환위험의 내부적 관리

환위험관리에서 가장 주된 문제는 거래환위험을 관리하는 일이다. 거래환위험을 관리하는 방법으로는 기업 내부적으로 관리하는 내부적 관리와 외환 및 국제금융시장을 이용하는 외부적 관리가 있다. 환위험의 내부적 관리전략은 다음과 같다.

(1) 상계와 매칭

상계(netting)란 기업의 모기업과 자회사(지사), 그리고 자회사(지사) 상호간에 발생하는 채권 · 채무를 개별적으로 결제하지 않고 정기적으로 차액만을 결제하여 국가간 결제를 축소시킴으로써 환위험을 줄이는 제도를 말한다. 상계를 통해 지급건수와 결제자금의 규모를 최소화함으로써 환위험을 줄이고, 자금관리비용을 절약하며, 효율적인 유동성 관리를 통해 기업 내부의 결제기능을 강화할 수 있다.

매칭(matching)이란 외화자금의 유입과 지급을 통화별 · 만기별로 일치시킴으로써 외화자금흐름의 불일치에서 발생할 수 있는 환위험을 제거하는 방법이다. 매칭은 다국적기업의 본 · 지사간뿐만 아니라 제3자와의 환거래에서도 이용된다.

(2) 리딩과 래깅

리딩(leading)과 **래깅**(lagging)은 외화자금의 결제시기를 인위적으로 앞당기거나 지연시킴으로써 환위험을 극소화하거나 환차익을 극대화하는 전략을 말한다. 자국통화의 평가절하가 예상되는 경우에 수입업자는 수입대금의 결제를 앞당기는 리딩전략을 사용함으로써 자국통화표시 수입대금을 줄일 수 있다. 같은 상황에서 수출업자는 선적이나 수출환어음의 매도를 지연시킴으로써 자국통화표시 수출대금을 증대시킬 수 있다.

(3) 자산부채종합관리

자산부채종합관리(asset liability management: ALM)란 환율전망에 따라 기업이 보유하고 있는 자산 · 부채의 포지션을 조정함으로써 환위험을 관리하는 방법을 말한다. 환위험관리를 위한 자산부채종합관리는 금융기관의 종합적 자산부채종합관리기법의 일부로 볼 수 있다.

자산부채종합관리에는 환차손을 최소화하기 위한 소극적 전략과 환차익을 극대화하기 위한 적극적인 전략이 있다. 소극적인 자산부채종합관리는 약세통화와 강세통화를 구분하지 않고 통화별 · 만기별로 자산과 부채, 현금수입과 지급의 규모를 일치시켜 **중립포지션**(square position)을 유지함으로써 환위험을 극소화시키려는 전략이다.

적극적인 자산부채종합관리는 강세가 예상되는 통화로 표시된 자산이나 현금포지션을 증대시키고, 채무는 조기상환하고 현금지급은 조기결제는 전략이다. 반대로 약세가 예상되는 통화로 표시된 자산은 축소하고 부채는 증대시킨다. 예를 들어 약세통화로 표시된 외상매출금 등의 채권은 빨리 회수하고 채무의 지급은 지연시킴으로써 환차익을 극대화할 수 있다. 그러나 환율이 예측과는 반대로 움직이는 경우 오히려 환차손이 발생할 수도 있다.

3. 환위험의 외부적 관리

(1) 선물환

선물환거래를 통한 환위험관리는 현물환거래와 연계하여 정반대의 선물환포지션을 취함으로써 환율변동에 따라 현물환거래에 발생하는 손익과 선물환거래의 손익이 상쇄되도록 하는 거래를 말한다.

선물환거래를 통한 환위험관리

A전자는 반도체 수출대금 500만달러를 3개월 후에 수령하기로 되어있다. 3개월 후에 환율변동으로 발생할 있는 환차손을 방지하기 위한 선물환거래는?

A전자는 500만 달러의 외상매출금을 보유하고 있으므로 현물환시장에서 500만 달러의 매입포지션을 갖고 있는 것이다. 환위험을 헤지하기 위해서는 선물환시장에서 500만 달러의 매도포지션을 가지면 된다. 이 경우 환율의 상승 또는 하락에 상관없이 현물환포지션의 환차손익과 선물환포지션의 환차손익이 정확히 상쇄되어 원화로 표시된 반도체 수출대금을 수출당시의 환율로 고정시킬 수 있다.

(2) 통화선물

통화선물거래는 현물환포지션과 반대되는 통화선물포지션을 보유함으로써 환위험을 제거하는 수단으로 활용할 수 있다. 통화선물거래를 이용한 환위험관리는 거래비용이 낮고, 포지션을 조정하기가 쉬우며, 거래상대방의 신용을 걱정하지 않아도 된다는 것이 장점이다. 그러나 통화선물거래가 가능한 통화가 제한되어 있고, 거래형태가 표준화되어 있어 거래자의 개별적인 요구를 충족시키기에는 한계가 있을 수 있다.

(3) 통화옵션

특정 통화에 대한 부채(매도포지션)가 있는 투자자는 미래에 지급할 통화가 강세로 예상될 경우에 이 통화에 대한 콜옵션을 매입함으로써 지급할 금액의 최고치를 고정시킬 수 있다. 반대로 특정 통화에 대한 자산(매수포지션)을 보유하고 있는 투자자는 미래에 지급 받을 통화가 약세로 예상될 경우에 이 통화에 대한 풋옵션을 발행함으로써 지급 받을 금액의 최저치를 고정시킬 수 있다.

통화옵션을 이용한 환위험 관리

한국의 A은행은 일본은행으로부터 1억 달러를 차입하고 6개월 후에 상환해야 한다. 향후 미국 달러의 강세가 예상되는 경우 행사가격이 ₩1,180/U$인 6개월물 달러 콜옵션을 매수함으로써 원화로 표시된 차입금 상환액의 최고금액을 1,180억원으로 고정시킬 수 있다. 6개월 후에 달러의 현물환율이 콜옵션의 행가가격보다 낮은 경우에는 콜옵션의 행사를 포기하고 현물시장에서 미국 달러를 매입하여 상환하면 된다. 이때 환위험 헤지비용은 옵션프리미엄과 거래비용을 합한 금액이다.

(4) 통화스왑

통화스왑은 일정 통화로 차입한 자금을 다른 통화차입으로 대체하는 맞교환거래를 말한다. 통화스왑은 거래자의 개별적인 요구에 맞게 계약을 할 수 있어 융통성이 크며 적은 비용으로 중장기적인 환위험을 관리할 수 있는 방법이다. 통화스왑은 장부외

거래의 성격을 갖고 있어 금융기관의 경우 자산 · 부채비율의 제한을 받지 않고 거래를 할 수 있는 장점이 있다.

〔'국가 부도의 날'〕 외환보유 4천억불 · 통화스왑 1,270억불 '안전판'

영화 '국가 부도의 날'에서 한시현 한국은행 통화정책팀장(김혜수)은 가용 외환보유고가 100억달러 수준에 불가하다고 경고한다. 만기가 돌아오는 단기외채를 갚지 못해 국가가 부도에 직면할 수 있다는 것. 이 경고는 현실이 됐다. 1997년 말 한국의 외환보유액은 불과 39억달러였다. 국제통화기금(IMF)의 구제금융 체제로 가게 되는 직접적인 이유가 됐다.

21년이 지난 지금은 사정이 달라졌다. 지난달 말 기준 외환보유액은 4,024억달러다. '환란'을 겪을 당시에 비해 100배 이상 불어난 셈이다. 한국은행에 따르면 우리나라 외환보유액이 4,000억달러를 처음 넘은 건 지난 6월이다. 이후 이 수준을 안정적으로 유지하고 있다. 이는 세계 8위 수준이다.

외환위기를 불러온 이유는 텅빈 곳간(외환보유액) 외에 과다한 빚이었다. 1년 안에 갚아야 하는 외화 빚이 곳간에 들어 있는 돈보다 6배 이상 많았던 것.

하지만 단기외채비율은 이듬해인 1998년 분기별로 210.1% → 108.3% → 84.1% → 74.2%의 추세를 그리며 급속히 떨어진다. 올해 3분기 말 기준 단기외채비율은 31.8%에 불과하다.

영화에서 한시현 한국은행 팀장은 IMF와 협상을 하는 대신 일본 등에서 달러를 빌려오자는 아이디어를 제시한다. 바로 '통화스왑(swap)'이다. 당시로서는 생소한 얘기였고, 이 아이디어는 받아들여지지 않았다.

우리나라는 현재 총 1,274억달러(+α) 상당의 통화스왑계약을 체결하고 있다. 이는 사전한도가 설정되지 않은, 무제한인 캐나다와의 계약을 제외한 금액이다.

양자간 통화스왑을 체결한 나라는 스위스(106억달러 상당), 중국(560억달러 상당), 말레이시아(47억달러 상당), 호주(77억달러 상당), 인도네시아(100억달러 상당) 등 6개국이다. 또 다자간 통화스왑은 아세안(ASEAN)+3 국가(384억달러, 3개국)와 체결 중이다.

(뉴스핌: 2018. 12)

연습문제

1. 지난 1년간 미국의 소비자물가는 3% 상승하고 한국의 소비지물가는 6% 상승하였다면 같은 1년 동안 양국의 통화가치는 어떻게 될 것인지 설명하라.

2. 한국과 미국의 금리가 각각 10%, 5%이고 현재의 현물환율이 ₩1,000/U$이면 1년 후의 환율은 어떻게 변할 것으로 기대되는지 설명하라.

3. 유로채(euro bond)와 외국채(foreign bond)의 차이점을 설명하라.

4. 한국의 K기업은 미국에 직접투자를 하기 위해 자회사를 설립하려고 한다. 투자비용은 설립초기에 5,000만 달러가 지출되고 자회사가 설립된 후 3년간 예상되는 현금흐름은 다음과 같다.

기 간	1년	2년	3년
예상현금흐름(백만 달러)	30	35	40

투자기간 동안 한국의 금리는 8%, 미국의 금리는 4%를 유지할 것으로 예상된다. 현재 원-달러 환율은 달러당 1,000원이고, 원화 현금흐름에 대한 할인율은 10%로 가정한다. 이 투자프로젝트의 *NPV*를 구하라.

5. 한국 주식시장에 투자했을 때 기대수익률은 15%이고 표준편차로 측정한 위험은 30%이며, 미국 주식시장에 투자했을 때의 기대수익률은 10%이고 표준편차는 20%이다. 한국과 미국 주식시장의 수익률간의 상관계수는 0.5이다.
   (1) 한국과 미국의 주식시장에 각각 50%씩 투자하는 국제포트폴리오와 한국 주식시장에만 투자하는 국내포트폴리오의 기대수익률과 위험을 비교하고 국제분산투자효과를 설명하라.
   (2) 원-달러 환율이 현재의 1,000원에서 원화가 10% 평가절상되는 경우에 국제포트폴리오의 기대수익률을 구하라.

6. 한국에 있는 본사는 미국 지사에 5,000만 달러를 지불해야 하고 일본 지사에는 3,000만

달러를 지불해야 한다. 미국 지사는 한국의 본사에 3,000만 달러를 지불해야 하고 홍콩 지사로부터 2,000만 달러를 지급받아야 한다. 일본 지사는 한국 본사에 1,000만 달러를 지불해야 하고 홍콩 지사와 미국 지사로부터 각각 3,000만 달러씩을 받아야 한다. 홍콩 지사는 한국 본사에 4,000만 달러를 지불해야 하고 미국 지사로부터는 1,000만 달러를 받아야 한다. 외환거래를 간단하게 하기 위한 상계전략의 효과를 총거래의 수와 거래금액을 이용하여 설명하라.

7. 한국의 A정유는 1억 달러 규모의 원유를 도입하면서 원유대금은 3개월 후에 미국 달러로 지불하기로 하였다. 다음과 같은 시장상황에서 환위험을 헤지하기 위한 방법들과 그 중 어느 것이 유리한지를 설명하라.

현물환율: ₩1,100/U$

3개월물 선물환율: ₩1,150/U$

달러화 차입금리: 연 6% 달러화 예금금리: 연 5%

원화 차입금리: 연 8% 원화 예금금리: 연 6%

8. 외환시장에서 현재 거래되는 원/달러 현물환율은 ₩1,100/$이고 원/엔 현물환율은 ₩1,100/100￥이다. 또한 한국, 미국 및 일본의 만기별 채권수익률은 다음과 같다. (2013년. CPA)

만 기		1년	2년	3년
만기별 채권수익률	한국	4.0%	3.5%	3.0%
	미국	3.0%	4.0%	4.5%
	일본	0.5%	0.5%	0.5%

(물음 1) 향후 원/달러(₩/$)와 원/엔(₩/100￥) 환율은 어떻게 변할 것으로 기대되는가? 구매력평가이론과 피셔이론이 성립한다고 가정한다. 환율은 반올림하여 소수점 둘째 자리까지 표기하라.

(물음 2) 채권수익률의 기간구조이론 중 유동성선호가설이 성립하며, 한국의 경우 2차 연도와 3차 연도의 유동성프리미엄이 각각 0.5%와 0.7%이고 미국의 경우 2차 연도와 3차 연도의 유동성프리미엄이 각각 0.2%와 0.5%이다. 한국과 미국의 1년 만기 채권수익률은 1년 후와 2년 후 각각 얼마가 될 것으로 예상되는가? 반올림하여 소수점 셋째 자리까

지 %로 표기하라.

(물음 3) 한국의 K자동차는 미국의 소비자들에게 보다 원활한 서비스를 제공하기 위해 부품공장을 건설할 계획이다. 이 투자에는 초기 6,000만 달러가 소요되며 이후 3년간 매년 3,000만 달러의 현금유입이 예상된다. 3년 후 발생하는 현금흐름은 무시한다. 이 투자프로젝트에 적용되는 할인율은 여러 가지 요소를 고려하여 자국통화 기준으로 20%로 결정하였다. 금액은 반올림하여 소수점 둘째 자리까지 표기하라.

(1) 자국통화 기준 해외프로젝트의 *NPV*를 산출하라.

(2) 미국통화 기준 해외프로젝트의 *NPV*를 산출하라. 단, 환율을 고려하여 매년 할인율을 제시하라.

부 록

미래가치표와 현재가치표

미래가치표
현재가치표
보통연금의 미래가치표
보통연금의 현재가치표

〈미래가치표〉

$$FVIF(r, n) = (1 + r)^n$$

기간이자율(r) / 기간수(n)	1%	2%	3%	4%	5%	6%	7%	8%	9%	10%
1	1.0100	1.0200	1.0300	1.0400	1.0500	1.0600	1.0700	1.0800	1.0900	1.1000
2	1.0201	1.0404	1.0609	1.0816	1.1025	1.1236	1.1449	1.1664	1.1881	1.2100
3	1.0303	1.0612	1.0927	1.1249	1.1576	1.1910	1.2250	1.2597	1.2950	1.3310
4	1.0406	1.0824	1.1255	1.1699	1.2155	1.2625	1.3108	1.3605	1.4116	1.4641
5	1.0510	1.1041	1.1593	1.2167	1.2763	1.3382	1.4026	1.4693	1.5386	1.6105
6	1.0615	1.1262	1.1941	1.2653	1.3401	1.4185	1.5007	1.5869	1.6771	1.7716
7	1.0721	1.1487	1.2299	1.3159	1.4071	1.5036	1.6058	1.7138	1.8280	1.9487
8	1.0829	1.1717	1.2668	1.3686	1.4775	1.5938	1.7182	1.8509	1.9926	2.1436
9	1.0937	1.1951	1.3048	1.4233	1.5513	1.6895	1.8385	1.9990	2.1719	2.3579
10	1.1046	1.2190	1.3439	1.4802	1.6289	1.7908	1.9672	2.1589	2.3674	2.5937
11	1.1157	1.2434	1.3842	1.5395	1.7103	1.8983	2.1049	2.3316	2.5804	2.8531
12	1.1268	1.2682	1.4258	1.6010	1.7959	2.0122	2.2522	2.5182	2.8127	3.1384
13	1.1381	1.2936	1.4685	1.6651	1.8856	2.1329	2.4098	2.7196	3.0658	3.4523
14	1.1495	1.3195	1.5126	1.7317	1.9799	2.2609	2.5785	2.9372	3.3417	3.7975
15	1.1610	1.3459	1.5580	1.8009	2.0789	2.3966	2.7590	3.1722	3.6425	4.1772
16	1.1726	1.3728	1.6047	1.8730	2.1829	2.5404	2.9522	3.4259	3.9703	4.5950
17	1.1843	1.4002	1.6528	1.9479	2.2920	2.6928	3.1588	3.7000	4.3276	5.0545
18	1.1961	1.4282	1.7024	2.0258	2.4066	2.8543	3.3799	3.9960	4.7171	5.5599
19	1.2081	1.4568	1.7535	2.1068	2.5270	3.0256	3.6165	4.3157	5.1417	6.1159
20	1.2202	1.4859	1.8061	2.1911	2.6533	3.2071	3.8697	4.6610	5.6044	6.7275
21	1.2324	1.5157	1.8603	2.2788	2.7860	3.3996	4.1406	5.0338	6.1088	7.4002
22	1.2447	1.5460	1.9161	2.3699	2.9253	3.6035	4.4304	5.4365	6.6586	8.1403
23	1.2572	1.5769	1.9736	2.4647	3.0715	3.8197	4.7405	5.8715	7.2579	8.9543
24	1.2697	1.6084	2.0328	2.5633	3.2251	4.0489	5.0724	6.3412	7.9111	9.8497
25	1.2824	1.6406	2.0938	2.6658	3.3864	4.2919	5.4274	6.8485	8.6231	10.835
26	1.2953	1.6734	2.1566	2.7725	3.5557	4.5494	5.8074	7.3964	9.3992	11.918
27	1.3082	1.7069	2.2213	2.8834	3.7335	4.8223	6.2139	7.9881	10.245	13.110
28	1.3213	1.7410	2.2879	2.9987	3.9201	5.1117	6.6488	8.6271	11.167	14.421
29	1.3345	1.7758	2.3566	3.1187	4.1161	5.4184	7.1143	9.3173	12.172	15.863
30	1.3478	1.8114	2.4273	3.2434	4.3219	5.7435	7.6123	10.063	13.268	17.449
35	1.4166	1.9999	2.8139	3.9461	5.5160	7.6861	10.676	14.785	20.414	28.102
40	1.4889	2.2080	3.2620	4.8010	7.0400	10.286	14.974	21.725	31.409	45.259
45	1.5648	2.4379	3.7816	5.8412	8.9850	13.765	21.002	31.920	48.327	72.891
50	1.6446	2.6916	4.3839	7.1067	11.467	18.420	29.457	46.902	74.358	117.39
60	1.8167	3.2810	5.8916	10.520	18.679	32.988	57.946	101.26	176.03	304.48

기간이자율(r) / 기간수(n)	11%	12%	13%	14%	15%	16%	17%	18%	19%	20%
1	1.1100	1.1200	1.1300	1.1400	1.1500	1.1600	1.1700	1.1800	1.1900	1.2000
2	1.2321	1.2544	1.2769	1.2996	1.3225	1.3456	1.3689	1.3924	1.4161	1.4400
3	1.3676	1.4094	1.4429	1.4815	1.5209	1.5609	1.6016	1.6430	1.6852	1.7280
4	1.5180	1.5735	1.6305	1.6890	1.7490	1.8106	1.8739	1.9388	2.0053	2.0736
5	1.6851	1.7623	1.8424	1.9254	2.0114	2.1003	2.1924	2.2878	2.3864	2.4883
6	1.8704	1.9738	2.0820	2.1950	2.3131	2.4364	2.5652	2.6996	2.8398	2.9860
7	2.0762	2.2107	2.3526	2.5023	2.6600	2.8262	3.0012	3.1855	3.3793	3.5832
8	2.3045	2.4760	2.6584	2.8526	3.0590	3.2784	3.5115	3.7589	4.0214	4.2998
9	2.5580	2.7731	3.0040	3.2519	3.5179	3.8030	4.1084	4.4355	4.7854	5.1598
10	2.8394	3.1058	3.3946	3.7072	4.0456	4.4114	4.8068	5.2338	5.6947	6.1917
11	3.1518	3..4785	3.8359	4.2262	4.6524	5.1173	5.6240	6.1759	6.7767	7.4301
12	3.4985	3.8960	4.3345	4.8179	5.3503	5.9360	6.5801	7.2876	8.0642	8.9161
13	3.8833	4.3635	4.8980	5.4924	6.1528	6.8858	7.6987	8.5994	9.5964	10.699
14	4.3104	4.8871	5.5348	6.2613	7.0757	7.9875	9.0075	10.147	11.420	12.839
15	4.7846	5.4736	6.2543	7.1379	8.1371	9.2655	10.539	11.974	13.589	15.407
16	5.3109	6.1304	7.0673	8.1372	9.3576	10.748	12.330	14.129	16.172	18.488
17	5.8951	6.8660	7.9861	9.2765	10.761	12.468	14.427	16.672	19.244	22.186
18	6.5436	7.6900	9.0243	10.575	12.375	14.463	16.879	19.673	22.901	26.623
19	7.2633	8.6128	10.197	12.056	14.232	16.777	19.748	23.214	27.252	31.948
20	8.0623	9.6463	11.523	13.743	16.367	19.461	23.106	27.393	32.429	38.338
21	8.9492	10.804	13.021	15.668	18.822	22.574	27.034	32.324	38.591	46.005
22	9.9336	12.100	14.714	17.861	21.645	26.186	31.629	38.142	45.923	55.206
23	11.026	13.552	16.626	20.362	24.891	30.376	37.006	45.008	54.648	66.247
24	12.239	15.179	18.788	23.212	28.625	35.236	43.297	53.109	65.032	79.497
25	13.586	17.000	21.231	26.462	32.919	40.874	50.658	62.669	77.388	95.396
26	15.080	19.040	23.991	30.167	37.857	47.414	59.270	73.949	92.092	114.48
27	16.738	21.325	27.109	34.390	34.535	55.000	69.345	87.260	109.56	137.37
28	18.580	23.884	30.634	39.204	50.066	63.800	81.134	102.97	130.41	164.84
29	20.624	26.750	34.617	44.693	57.575	74.009	94.927	121.50	155.19	197.81
30	22.892	29.960	39.116	50.950	66.212	85.850	111.06	143.37	184.67	237.38
35	38.575	52.800	72.068	98.100	133.18	180.31	243.56	327.99	440.70	590.67
40	65.001	93.051	132.78	188.88	267.86	378.72	533.86	750.38	1051.6	1469.8
45	109.53	163.99	244.64	363.68	538.77	795.44	1170.5	1716.7	2509.6	3657.3
50	184.56	289.00	450.74	700.23	1083.7	1670.7	2566.2	3927.4	5988.9	9100.4
60	524.06	897.60	1530.1	2595.9	4384.0	7370.2	12335.	20555.	34105.	56347.

〈현재가치표〉

$$PVIF(r, n) = \frac{1}{(1+r)^n}$$

기간이자율(r) / 기간수(n)	1%	2%	3%	4%	5%	6%	7%	8%	9%	10%
1	.9901	.9704	.9709	.9615	.9524	.9434	.9346	.9259	.9174	.9091
2	.9803	.9612	.9426	.9246	.9070	.8900	.8734	.8573	.8417	.8264
3	.9706	.9423	.9151	.8890	.8638	.8396	.8163	.7938	.7722	.7513
4	.9610	.9238	.8885	.8548	.8227	.7921	.7629	.7350	.7084	.6830
5	.9515	.9057	.8626	.8219	.7835	.7473	.7130	.6806	.6499	.6209
6	.9420	.8880	.8375	.7903	.7462	.7050	.6663	.6302	.5963	.5645
7	.9327	.8706	.8131	.7599	.7107	.6651	.6227	.5835	.5470	.5132
8	.9235	.8535	.7894	.7307	.6768	.6274	.5820	.5403	.5019	.4665
9	.9143	.8368	.7664	.7026	.6446	.5919	.5439	.5002	.4604	.4241
10	.9053	.8203	.7441	.6756	.6139	.5584	.5083	.4632	.4224	.3855
11	.8963	.8043	.7224	.6496	.5847	.5268	.4751	.4289	.3875	.3505
12	.8874	.7885	.7014	.6246	.5568	.4970	.4440	.3971	.3555	.3186
13	.8787	.7730	.6810	.6006	.5303	.4688	.4150	.3677	.3262	.2897
14	.8700	.7579	.6611	.5775	.5051	.4423	.3878	.3405	.2992	.2633
15	.8613	.7430	.6419	.5553	.4810	.4173	.3624	.3152	.2745	.2394
16	.8528	.7284	.6232	.5339	.4581	.3936	.3387	.2919	.2519	.2176
17	.8444	.7142	.6052	.5134	.4363	.3714	.3166	.2703	.2311	.1978
18	.8360	.7002	.5874	.4936	.4155	.3503	.2959	.2502	.2120	.1799
19	.8277	.6864	.5703	.4746	.3957	.3305	.2765	.2317	.1945	.1635
20	.8195	.6730	.5537	.4564	.3769	.3118	.2584	.2145	.1784	.1486
21	.8114	.6598	.5375	.4388	.3589	.2942	.2415	.1987	.1637	.1351
22	.8034	.6468	.5219	.4220	.3418	.2775	.2257	.1839	.1502	.1228
23	.7954	.6324	.5067	.4057	.3256	.2618	.2109	.1703	.1378	.1117
24	.7876	.6217	.4919	.3901	.3101	.2470	.1971	.1577	.1264	.1015
25	.7798	.6095	.4776	.3751	.2953	.2330	.1842	.1460	.1160	.0923
26	.7720	.5976	.4637	.3604	.2812	.2198	.1722	.1352	.1064	.0839
27	.7644	.5859	.4502	.3468	.2678	.2074	.1609	.1252	.0976	.0763
28	.7568	.5744	.4371	.3335	.2551	.1956	.1504	.1159	.0895	.0693
29	.7493	.5631	.4243	.3207	.2429	.1846	.1406	.1073	.0822	.0630
30	.7419	.5521	.4120	.3083	.2314	.1741	.1314	.0994	.0754	.0573
35	.7059	.5000	.3554	.2534	.1813	.1301	.0937	.0676	.0490	.0356
40	.6717	.4529	.3066	.2083	.1420	.0972	.0668	.0460	.0318	.0221
45	.6391	.4102	.2644	.1712	.1113	.0727	.0476	.0313	.0207	.0137
50	.6080	.3715	.2281	.1407	.0872	.0543	.0339	.0213	.0134	.0085
60	.5504	.3048	.1697	.0951	.0535	.0303	.0173	.0099	.0057	.0033

기간이자율(r) / 기간수(n)	11%	12%	13%	14%	15%	16%	17%	18%	19%	20%
1	.9009	.8929	.8850	.8772	.8696	.8621	.8547	.8475	.8403	.8333
2	.8116	.7972	.7831	.7695	.7561	.7432	.7305	.7182	.7062	.6944
3	.7312	.7118	.6931	.6750	.6575	.6407	.6244	.6086	.5934	.5787
4	.6587	.6355	.6133	.5921	.5718	.5523	.5337	.5158	.4987	.4323
5	.5935	.5674	.5428	.5194	.4972	.4761	.4561	.4371	.4190	.4019
6	.5346	.5066	.4803	.4556	.4323	.4104	.3898	.3704	.3521	.3349
7	.4817	.4523	.4251	.3996	.3759	.3538	.3332	.3139	.2959	.2791
8	.4339	.4039	.3762	.3506	.3269	.3050	.2848	.2660	.2487	.2326
9	.3909	.3606	.3329	.3075	.2843	.2630	.2434	.2255	.2090	.1938
10	.3522	.3220	.2946	.2697	.2472	.2267	.2080	.1911	.1756	.1615
11	.3173	.2875	.2607	.2366	.2149	.1954	.1773	.1619	.1476	.1346
12	.2858	.2567	.2307	.2076	.1869	.1685	.1520	.1372	.1240	.1122
13	.2575	.2292	.2042	.1821	.1625	.1452	.1299	.1163	.1042	0935
14	.2320	.2046	.1807	.1597	.1413	.1252	.1110	.0985	.0876	.0779
15	.2090	.1827	.1599	.1401	.1229	.1079	.0949	.0835	.0736	.0649
16	.1883	.1631	.1415	.1229	.1069	.0930	.0811	.0708	.0618	.0541
17	.1696	.1456	.1252	.1073	.0929	.0802	.0693	.0600	.0520	.0451
18	.1523	.1300	.1103	.0946	.0803	.0691	.0592	.0508	.0437	.0376
19	.1377	.1161	.0981	.0829	.0703	.0596	.0506	.0431	.0367	.0313
20	.1240	.1037	.0863	.0723	.0611	.0514	.0433	.0365	.0303	.0261
21	.1117	.0926	.0768	.0633	.0531	.0443	.0370	.0309	.0259	.0217
22	.1007	.0326	.0680	.0560	.0462	.0382	.0316	.0262	.0218	.0181
23	.0907	.0738	.0601	.0491	.0402	.0329	.0270	.0222	.0183	.0151
24	.0817	.0659	.0532	.0431	.0349	.0284	.0231	.0188	.0154	.0126
25	.0736	.0588	.0471	.0378	.0304	.0245	.0197	.0160	.0129	.0105
26	.0663	.0525	.0417	.0331	.0264	.0211	.0169	.0135	.0109	.0087
27	.0597	.0469	.0369	.0291	.0230	.0182	.0144	.0115	.0091	.0073
28	.0538	.0419	.0325	.0255	.0200	.0157	.0123	.0097	.0077	.0061
29	.0485	.0374	.0289	.0224	.0174	.0135	.0105	.0082	.0064	.0051
30	.0437	.0334	.0256	.0196	.0151	.0116	.0090	.0070	.0054	.0042
35	.0259	.0189	.0139	.0102	.0075	.0055	.0041	.0030	.0023	.0017
40	.0154	.0107	.0075	.0053	.0037	.0026	.0019	.0013	.0010	.0007
45	.0091	.0061	.0041	.0027	.0019	.0013	.0009	.0006	.0004	.0003
50	.0054	.0035	.0022	.0014	.0009	.0006	.0004	.0003	.0002	.0001
60	.0019	.0011	.0007	.0004	.0002	.0001	.00008	.00005	.00003	.00002

〈보통연금의 미래가치표〉

$$FVIFA(r, n) = \frac{(1 + r)^n - 1}{r}$$

기간이자율(r) / 기간수(n)	1%	2%	3%	4%	5%	6%	7%	8%	9%	10%
1	1.0000	1.0000	1.0000	1.0000	1.0000	1.0000	1.0000	1.0000	1.0000	1.0000
2	2.0100	2.0300	2.0300	2.0400	2.0500	2.0600	2.0700	2.0800	2.0900	2.1000
3	3.0301	3.0604	3.0909	3.1216	3.1525	3.1836	3.2149	3.2464	3.2781	3.3100
4	4.0604	4.1216	4.1836	4.2465	4.3101	4.3746	4.4399	4.5061	4.5731	4.6410
5	5.1010	5.2040	5.3091	5.4163	5.5256	5.6371	5.7507	5.8666	5.9847	6.1051
6	6.1520	6.3081	6.4684	6.6330	6.8019	6.9753	7.1533	7.3359	7.5233	7.7156
7	7.2135	7.4343	7.6625	7.8983	8.1420	8.3938	8.6540	8.9228	9.2004	9.4872
8	8.2857	8.5830	8.8923	9.2142	9.5491	9.8975	10.260	10.637	11.028	11.436
9	9.3685	9.7546	10.159	10.583	11.027	11.491	11.978	12.488	13.021	13.579
10	10.462	10.950	11.464	12.006	12.578	13.181	13.816	14.487	15.193	15.937
11	11.567	12.169	12.808	13.486	14.207	14.972	15.784	16.645	17.560	18.531
12	12.683	13.412	14.192	15.026	15.917	16.870	17.888	18.977	20.141	21.384
13	13.809	14.680	15.618	16.627	17.713	18.882	20.141	21.495	22.953	24.523
14	14.947	15.974	17.086	18.292	19.599	21.015	22.550	24.215	26.019	27.975
15	16.097	17.293	18.599	20.024	21.579	23.276	25.129	27.152	29.361	31.772
16	17.258	18.639	20.157	21.825	25.657	25.673	27.888	30.324	33.003	35.950
17	18.430	20.012	21.762	23.698	25.840	28.213	30.840	33.750	36.974	40.545
18	19.615	21.412	23.414	25.645	28.132	30.906	33.999	37.450	41.301	45.599
19	20.811	22.841	25.117	27.671	30.539	33.760	37.379	41.446	46.018	51.159
20	22.019	24.297	26.870	29.778	33.066	36.786	40.995	45.762	51.160	57.275
21	23.239	25.783	28.676	31.969	35.719	39.993	44.865	50.423	56.765	64.002
22	24.472	27.299	30.537	34.248	38.505	43.392	49.006	55.457	62.873	71.403
23	25.716	28.845	32.453	36.618	41.430	46.996	53.436	60.893	69.532	79.543
24	26.973	30.422	34.426	39.083	44.502	50.816	58.177	66.765	76.790	88.497
25	28.243	32.030	36.459	41.646	47.727	54.865	63.249	73.106	84.701	98.347
26	29.526	33.671	38.553	44.312	51.113	59.156	68.676	79.954	93.324	109.18
27	30.821	35.344	40.710	47.084	54.669	63.706	74.484	87.351	102.72	121.10
28	32.129	37.051	42.931	49.968	58.403	68.528	80.698	95.339	112.97	134.21
29	33.450	38.792	45.219	52.966	62.323	73.640	87.347	103.97	124.14	148.63
30	34.785	40.568	47.575	56.085	66.439	79.058	94.461	113.28	136.31	164.49
35	41.660	49.994	60.462	73.652	90.320	111.43	138.24	172.32	215.71	271.02
40	48.886	60.402	75.401	95.026	120.80	154.76	199.64	269.06	337.88	442.59
45	56.481	71.893	92.720	121.03	159.70	212.74	285.75	386.51	525.86	718.90
50	64.463	84.579	112.80	152.67	209.35	290.34	406.53	573.77	815.08	1163.9
60	81.671	114.05	163.05	237.99	353.58	533.13	813.52	1253.2	1944.8	3034.8

기간이자율(r) / 기간수(n)	11%	12%	13%	14%	15%	16%	17%	18%	19%	20%
1	1.0000	1.0000	1.0000	1.0000	1.0000	1.0000	1.0000	1.0000	1.0000	1.0000
2	2.1100	2.1200	2.1300	2.1400	2.1500	2.1600	2.1700	2.1800	2.1900	2.2000
3	3.3421	3.3744	3.4069	3.4396	3.4725	3.5056	3.5389	3.5724	3.6061	3.6400
4	4.7097	4.7793	4.8498	4.9211	4.9934	5.0665	5.1405	5.2154	5.2913	5.3680
5	6.2278	6.3528	6.4803	6.6101	6.7424	6.8771	7.0144	7.1542	7.2966	7.4416
6	7.9130	8.1152	8.3230	8.5355	8.7537	8.9775	9.2068	9.4420	9.6830	9.9299
7	9.7830	10.089	10.405	10.730	11.067	11.414	11.772	12.142	12.523	12.916
8	11.859	12.300	12.757	13.233	13.727	14.240	14.773	15.327	15.902	16.499
9	14.163	14.776	15.416	16.085	16.786	17.519	18.285	19.086	19.923	20.799
10	16.722	17.549	18.419	19.337	20.304	21.321	22.393	23.521	24.709	25.959
11	19.561	20.655	21.814	23.045	24.349	25.733	27.199	28.755	30.404	32.150
12	22.713	24.133	25.650	27.271	29.002	30.850	32.823	34.931	37.180	39.581
13	26.211	28.029	29.984	32.089	34.352	36.786	39.404	42.219	45.244	48.497
14	30.095	32.393	34.883	37.581	40.505	43.672	47.103	50.818	54.841	59.196
15	34.405	37.280	40.418	43.842	47.580	51.660	56.110	60.965	66.261	72.035
16	39.199	42.753	46.672	50.980	55.717	60.925	66.649	72.939	79.850	87.442
17	44.501	48.884	53.739	59.118	65.075	71.673	78.979	87.068	96.022	105.93
18	50.396	55.750	61.725	68.394	75.836	84.141	93.406	103.74	115.26	128.12
19	56.939	63.440	70.749	78.969	88.212	98.603	110.29	123.41	138.16	154.74
20	64.203	72.052	80.947	91.025	102.44	115.38	130.03	146.63	165.42	186.69
21	72.265	81.699	92.469	104.77	118.81	134.84	153.14	174.02	197.85	225.03
22	81.214	92.503	105.49	120.44	137.63	157.41	180.17	206.34	236.44	271.03
23	91.148	104.60	120.20	138.30	159.28	183.60	211.80	244.49	282.36	326.24
24	102.17	118.16	136.83	158.66	184.17	213.98	248.81	289.49	337.01	392.48
25	114.41	133.33	155.62	181.87	212.79	249.21	292.10	342.60	402.04	471.98
26	127.99	150.33	176.85	208.33	245.71	290.09	342.76	405.27	497.43	567.38
27	143.08	169.37	200.84	238.50	283.57	337.50	402.03	479.22	571.52	681.85
28	159.82	190.70	227.95	272.89	327.10	392.50	471.38	566.48	681.11	819.22
29	178.39	214.58	258.58	312.09	377.17	456.30	552.51	669.45	811.52	984.07
30	199.02	241.33	293.19	356.79	434.75	530.31	647.44	790.95	966.71	1181.9
35	341.59	431.66	546.68	693.57	881.17	1120.7	1426.4	1816.7	2314.2	2948.3
40	581.83	767.09	1013.7	1342.0	1779.1	2360.8	3134.5	4163.2	5529.8	7343.9
45	986.64	1358.3	1874.2	2590.6	3585.1	4965.3	6879.2	9531.6	13203.	18281.
50	1668.7	2400.0	3459.5	4994.5	7217.7	10436.	15089.	21813.	31515.	45497.
60	4755.1	7471.6	11762.	18535.	29220.	46057.	72555.	114189.	179494.	281737.

〈보통연금의 현재가치표〉

$$PVIFA(r, n) = \left[\frac{1}{r} - \frac{1}{r(1+r)^n}\right] = \frac{(1+r)^n - 1}{r(1+r)^n}$$

기간이자율(r) / 기간수(n)	1%	2%	3%	4%	5%	6%	7%	8%	9%	10%
1	0.9901	0.9804	0.9616	0.9615	0.9524	0.9434	0.9346	0.9259	0.9174	0.9091
2	1.9704	1.9416	1.9165	1.8861	1.8594	1.8334	1.8080	1.7833	1.7591	1.7355
3	2.9410	2.8839	2.8286	2.7751	2.7232	2.6730	2.6243	2.5771	2.5313	2.4868
4	3.9020	3.8077	3.7171	3.6299	3.5460	3.4651	3.3872	3.3121	3.2397	3.1699
5	4.8534	4.7135	4.5797	4.4518	4.3295	4.2124	4.1002	3.9927	3.8897	3.7908
6	5.7955	5.6014	5.4172	5.2421	5.0757	4.9173	4.7665	4.6229	4.4859	4.3553
7	6.7282	6.4720	6.2303	6.0021	5.7864	5.5824	5.3893	5.2064	5.0330	4.8684
8	7.6517	7.3255	7.0197	6.7327	6.4632	6.2098	5.9713	5.7466	5.5348	5.3349
9	8.5660	8.1622	7.7861	7.4353	7.1078	6.8017	6.5152	6.2469	5.9952	5.7590
10	9.4713	8.9826	8.5302	8.1109	7.7217	7.3601	7.0236	6.7101	6.4177	6.1446
11	10.368	9.7868	9.2526	8.7605	8.3064	7.8869	7.4987	7.1390	6.8052	6.4951
12	11.255	10.575	9.9540	9.3851	8.8633	8.3838	7.9427	7.5361	7.1607	6.8137
13	12.134	11.348	10.635	9.9856	9.3936	8.8527	8.3577	7.9038	7.4869	7.1034
14	13.004	12.106	11.296	10.563	9.8986	9.2950	8.7455	8.2442	7.7862	7.3667
15	13.865	12.849	11.938	11.118	10.380	9.7122	9.1079	8.5595	8.0607	7.6061
16	14.718	13.578	12.561	11.652	10.838	10.106	9.4466	8.8514	8.3136	7.8237
17	15.562	14.292	13.166	12.166	11.274	10.477	9.7632	9.1216	8.5436	8.0216
18	16.398	14.992	13.756	12.659	11.690	10.828	10.059	9.3719	8.7556	8.2014
19	17.226	15.679	14.324	13.134	12.085	11.158	10.336	9.6036	8.9501	8.3649
20	18.046	16.351	14.877	13.590	12.462	11.470	10.594	9.8181	9.1285	8.5136
21	18.857	17.011	15.415	14.029	12.821	11.764	10.835	10.017	9.2922	8.6487
22	19.660	17.658	15.937	14.451	13.163	12.042	11.061	10.201	9.4424	8.7715
23	20.456	18.292	16.444	14.857	13.489	12.303	11.272	10.371	9.5802	8.8832
24	21.243	18.914	16.935	15.247	13.799	12.550	11.469	10.529	9.7066	8.9847
25	22.023	19.524	17.413	15.622	14.094	12.783	11.654	10.675	9.8266	9.0770
26	22.795	20.121	17.877	15.983	14.375	13.003	11.826	10.810	9.9290	9.1609
27	23.560	20.707	18.327	16.330	14.643	13.210	11.987	10.935	10.027	9.2372
28	24.316	21.281	18.764	16.663	14.898	13.406	12.137	11.051	10.116	9.3066
29	25.066	21.844	19.188	16.984	15.141	13.591	12.278	11.158	10.198	9.3696
30	25.808	22.397	19.600	17.292	15.373	13.765	12.409	11.258	10.274	9.4269
35	29.409	24.999	21.487	18.665	16.374	14.498	12.948	11.655	10.567	9.6442
40	32.835	27.356	23.115	19.793	17.159	15.046	13.332	11.925	10.757	9.7791
45	36.095	29.490	24.519	20.720	17.774	15.456	13.605	12.108	10.881	9.8628
50	39.196	31.424	25.730	21.482	18.256	15.762	13.801	12.233	10.962	9.9148
60	44.955	34.761	27.676	22.623	18.929	16.161	14.039	12.376	11.048	9.9671

기간이자율(r) / 기간수(n)	11%	12%	13%	14%	15%	16%	17%	18%	19%	20%
1	0.9009	0.8929	0.8850	0.8772	0.8696	0.8621	0.8547	0.8475	0.8403	0.8333
2	1.7125	1.6901	1.6681	1.6467	1.6257	1.6052	1.5852	1.5656	1.5465	1.5278
3	2.4437	2.4018	2.3612	2.3216	2.2832	2.2459	2.2096	2.1743	2.1399	2.1065
4	3.1024	3.0373	2.9745	2.9137	2.8550	2.7982	2.7432	2.6901	2.6386	2.5887
5	3.6959	3.6048	3.5172	3.4331	3.3522	3.2743	3.1993	3.1272	3.0576	2.9906
6	4.2305	4.1114	3.9975	3.8887	3.7845	3.6847	3.5892	3.4976	3.4098	3.3255
7	4.7122	4.5638	4.4226	4.2883	4.1604	4.0386	3.9224	3.8115	3.7057	3.6046
8	5.1461	4.9676	4.7988	4.6389	4.4873	4.3436	4.2072	4.0776	3.9544	3.8372
9	5.5370	5.3282	5.1317	4.9464	4.7716	4.6065	4.4506	4.3030	4.1633	4.0310
10	5.8892	5.6502	5.4262	5.2161	5.0188	4.8332	4.6586	4.4941	4.3389	4.1925
11	6.2065	5.9377	5.6869	5.4527	5.2337	5.0286	4.8364	4.6560	4.4865	4.3271
12	6.4924	6.1944	5.9176	5.6603	5.4206	5.1971	4.9884	4.7932	4.6105	4.4392
13	6.7499	6.4235	6.1218	5.8424	5.5831	5.3423	5.1183	4.9095	4.7147	4.5327
14	6.9819	6.6282	6.3025	6.0021	5.7245	5.4675	5.2293	5.0081	4.8023	4.6106
15	7.1909	6.8109	6.4624	6.1422	5.8474	5.5755	5.3242	5.0916	4.8759	4.6755
16	7.3792	6.9740	6.6039	6.2651	5.9542	5.6685	5.4053	5.1624	4.9377	4.7296
17	7.5488	7.1196	6.7291	6.3729	6.0472	5.7487	5.4746	5.2223	4.9897	4.7746
18	7.7016	7.2497	6.8399	6.4674	6.1280	5.8178	5.5339	5.2732	5.0333	4.8122
19	7.8393	7.3658	6.9380	6.5504	6.1982	5.8775	5.5845	5.3162	5.0700	4.8435
20	7.9633	7.4694	7.0248	6.6231	6.2593	5.9288	5.6278	5.3527	5.1009	4.8696
21	8.0751	7.5620	7.1015	6.6870	6.3125	5.9731	5.6648	5.3837	5.1263	4.8913
22	8.1757	7.6446	7.1695	6.7429	6.3587	6.0113	5.6964	5.4099	5.1486	4.9094
23	8.2664	7.7184	7.2297	6.7921	6.3988	6.0442	5.7234	5.4321	5.1668	4.9245
24	8.3481	7.7843	7.2829	6.8351	6.4338	6.0726	6.7465	5.4509	5.1822	4.9371
25	8.4217	7.8431	7.3300	6.8729	6.4641	6.0971	5.7662	5.4669	5.1951	4.9476
26	8.4881	7.8957	7.3717	6.9061	6.4906	6.1182	5.7831	5.4804	5.2060	4.9563
27	8.5478	7.9426	7.4086	6.9352	6.5135	6.1364	5.7975	5.4919	5.2151	4.9636
28	8.6016	7.9844	7.4412	6.9607	6.5335	6.1520	5.8099	5.5016	5.2223	4.9697
29	8.6501	8.0218	7.4701	6.9830	6.5509	6.1656	5.8204	5.5093	5.2292	4.9747
30	8.6938	8.0552	7.4957	7.0027	6.5660	6.1772	5.8294	5.5168	5.2347	4.9789
35	8.8552	8.1755	7.5856	7.0700	6.6166	6.2153	5.8582	5.5386	5.2512	4.9915
40	8.9511	8.2433	7.6344	7.1050	6.6418	6.2335	5.8713	5.5482	5.2582	4.9966
45	9.0079	8.2825	7.6609	7.1232	6.6543	6.2421	5.8773	5.5523	5.2611	4.9986
50	9.0417	8.3045	7.6572	7.1327	6.6605	6.2463	5.8801	5.5541	5.2623	4.9995
60	9.0736	8.3240	7.6873	7.1401	6.6651	6.2491	5.8819	5.5553	5.2630	4.9999

찾아보기

ㄱ

ㄴ

ㄷ

ㄹ

ㅁ

ㅂ

ㅇ

ㅈ

ㅊ

ㅋ

ㅌ

ㅍ

ㅎ

기타

임석필

서강대학교 경제학 학사
University of Florida 경영학 박사(재무학 전공)
한국은행 조사부, 저축부 근무
단국대학교 경영경제대학 경영학부 교수 역임

[저서]
증권투자의 이해(창민사, 2023) 공저

이춘범

고려대학교 학사
단국대학교 경영학 박사(재무관리 전공)
현재, 단국대학교 경영경제대학 경영학부 강사

[저서]
증권투자의 이해(창민사, 2023) 공저

김병모

KAIST 산업경영학과 학사
KAIST 경영대학원 석사(재무 전공)
KAIST 경영대학원 박사(재무 전공)
현재, 단국대학교 경영경제대학 경영학부 교수

재무관리(제2판)

2021년 2월 22일 초판 발행
2025년 2월 25일 제2판 발행

저　자 임석필, 이춘범, 김병모
발행인 윤 동 구
발행처 **창 민 사**
주　소 서울시 마포구 창전로 46 4층 401호
등　록 1999. 10. 28/제10-1846호
전　화 3272-1243~4
팩　스 3272-1245
e-mail cmbooks@hanmail.net

정가 29,000원　ISBN 979-11-92272-26-9　93320